POURQUOI VACCINER ?

La fin de la vaccination, documentée et argumentée

Pierre-Jean Arduin

ISBN : 978-2-9538351-0-6

Imprimé par IngramSpark

Dépôt légal : janvier 2016

A mon filleul Joseph

"Voyons, voyons un peu par quel biais, de quel air
Vous voulez soutenir un mensonge si clair."

Molière

Le Misanthrope

"La vérité est si obscurcie en ces temps et le mensonge si
établi qu'à moins d'aimer la vérité on ne saurait la
reconnaître."

Blaise Pascal

Pensées

"Toute vérité franchit trois étapes. D'abord, elle est
ridiculisée. Ensuite, elle subit une forte opposition. Puis, elle
est considérée comme ayant toujours été une évidence."

Arthur Schopenhauer

"La vérité n'est pas pas une fille qui saute au cou de qui ne la
désire pas."

Arthur Schopenhauer

Le Monde comme Volonté et comme Représentation

"La plupart des êtres humains ont une capacité infinie à tout
prendre pour acquis."

Aldous Huxley

"La liberté commence où l'ignorance finit."

Victor Hugo

"Aucun acte médical ni aucun traitement ne peut être
pratiqué sans le consentement libre et éclairé de la personne
et ce consentement peut être retiré à tout moment"

Principes Généraux du Code de la santé publique

Table des matières

Notes au lecteur

Ce livre est destiné à tous. Il conviendra autant aux parents sans bagage scientifique qu'aux médecins. Si de nombreux extraits proviennent d'articles scientifiques, nous avons pris le soin de ne sélectionner que les phrases les plus claires et les plus convaincantes ou d'expliciter au maximum les termes peu usuels. Seuls les contenus et liens accessibles sans accès payant ont été utilisés afin que tous puissent vérifier l'information. Sauf précision, toutes les traductions sont de l'auteur ; les notes personnelles à l'intérieur d'une citation sont typographiquement indiquées par des crochets [ ]. Il est parfois fait mention d'indication pour retrouver des données dans un document ; il conviendra alors si on le souhaite de se référer à la bibliographie et d'examiner soi-même le lien internet proposé.

Les seules vraies notions scientifiques utiles à la lecture de ce texte sont les termes statistiques de corrélation (r) et de valeur-p (p) : si r est proche de zéro, il n'y a pas de corrélation entre les phénomènes ; s'il est proche de 1, ils sont très fortement imbriqués ; s'il est proche de -1, ils sont fortement liés, mais de manière inverse. La valeur-p dépend de la taille de l'échantillon, et si l'association entre deux évènements a été observée suffisamment en proportion et en nombre, la valeur-p devient assez petite pour qu'on puisse parler de significativité. Si p est inférieur à 0,05, cela veut dire qu'il n'y a que 5 % de chances pour que l'association découverte soit due au hasard. En un mot, plus p est petit, plus l'hypothèse testée a des chances d'être vraie. Nous utilisons par ailleurs indifféremment les termes facteur de risque, facteur de chances, rapport des chances ou rapport des côtes pour traduire l'augmentation ou la diminution du risque. Ces termes statistiques peuvent au final représenter plusieurs façons proches de le calculer, la plus courante dans les articles scientifiques étant l'*odds ratio*.

* * *

D'aucuns pourront trouver cet aperçu du monde vaccinal trop long ou trop riche. Ils auraient préféré un résumé percutant, avec éventuellement une ou deux sources pour se convaincre de la bonne foi de l'auteur. Celui-ci répondra en reprenant la note *Au lecteur* du livre de Pierre Delbet *Politique préventive du cancer* écrit en 1944, qui s'applique pour l'essentiel :

"Ce livre est l'exposé de faits expérimentaux, cliniques, géographiques, géologiques, démographiques. C'est un dossier, le dossier d'une grave question, la prophylaxie du cancer.

Lire une documentation, c'est plus pénible que de parcourir des conclusions brillamment exposées.

Je supplie le lecteur de tout lire, même les répétitions qui sont nombreuses.

Il m'importe peu que l'on dise : Delbet pense, soutient, affirme qu'il est facile de diminuer le nombre de cancéreux.

Je veux que le lecteur se fasse à lui-même sa certitude et je lui en donne le moyen.

Je veux que le mot cancer évoque pour lui non des mots, mais des faits. Je veux que surgisse dans son esprit la vision d'expériences et surtout de vastes régions où les populations sont à peu près indemnes de ce fléau. Je veux qu'il sente dans le tréfonds intime où règnent les certitudes que la population dont il fait partie, celle qui le touche, qu'il aime plus que les autres, pourrait jouir de cet avantage, parce qu'il est aussi facile de prévenir le cancer qu'il est difficile de le guérir".

* * *

L'auteur ne déclare, comme il est de coutume de le faire, aucun conflit d'intérêt. La recherche d'informations, la rédaction du document, et l'écriture des programmes informatiques ont été réalisés sans l'aide de tiers. Aucune sorte de financement n'est venu provoquer la genèse de cette synthèse. Aucune motivation d'ordre émotionnel n'a suscité l'envie de traiter ce sujet particulier, simplement la volonté d'apporter un éclairage à ceux qui n'ont pas le temps de chercher. Dans le but à moitié caché de stimuler un désir d'émancipation intellectuelle qui leur fera dépasser le simple cadre de la vaccination.

Glossaire

AMM : Autorisation de mise sur le marché
ANSM : Agence nationale de sécurité du médicament et des produits de santé
BMJ : *British Medical Journal*
CDC : Centers for Disease Control and Prevention
DTC : vaccin diphtérie-tétanos-coqueluche
DTP : vaccin diphtérie-tétanos-poliomyélite
FDA : Food and Drug Administration
FR : facteur de risque
GSK : GlaxoSmithKline
HAS : Haute Autorité de Santé
HCSP : Haut Conseil de la santé publique
Ig : immunoglobuline
IMEP : Initiative Mondiale pour l'Éradication de la Polio
Inpes : Institut national de prévention et d'éducation pour la santé
InVS : Institut de Veille Sanitaire
NEJM : *New England Journal of Medicine*
OMS : Organisation Mondiale de la Santé
PFA : paralysies flasques aiguës
RC : rapport des chances
ROR : vaccin rougeole-oreillon-rubéole
SEP : sclérose en plaque
SV40 : virus simien 40
VHB : virus de l'hépatite B
VPI : vaccin poliomyélitique inactivé injectable
VPO : vaccin poliomyélitique (vivant) oral

Introduction

La problématique de la question vaccinale peine à susciter un vrai enthousiasme. En dehors de certaines actualités où le débat resurgit timidement, elle n'engendre pas de polémique à la hauteur d'autres faits sociétaux qui monopolisent les médias. Une frange de personnes opposées à la vaccination dénoncent en marge les excès de la politique vaccinale et les effets secondaires des produits, tandis que leur répondent quelques scientifiques ou des institutions prestigieuses, avec plus ou moins d'impatience, qu'ils sont des oiseaux de mauvais augure et qu'ils mettent en péril le bien commun. Pendant ce temps, la grande majorité se fait un avis sommaire à partir des idées qui circulent, nuancées par ses propres conceptions philosophiques ou religieuses.

Dans la conscience collective, les vaccins entraînent parfois des effets secondaires, mais qui sont peu de choses mis en perspective des maladies qu'elles préviennent. Le terme bénéfice/risque suffit en général à convaincre de l'intérêt de la démarche. De toute façon, la loi française impose que soit injecté un certain nombre de valences aux nouveaux-nés, et le calendrier vaccinal simplifie la démarche de savoir lesquelles utiliser. Il y a donc peu de marge de manœuvre, en particulier si une institution de l'enfant demande la preuve de l'acte médical. Se convaincre du bien-fondé de la vaccination semble par conséquent relativement inutile à la masse des personnes qui n'ont que peu de temps à consacrer à la question.

Pourquoi alors un énième livre sur les vaccins ? Tout d'abord dans un but personnel. La lecture d'un livre de Sylvie Simon, très à charge contre les vaccins, persuade aisément de l'aberration de l'entreprise et du cynisme des firmes pharmaceutiques. Cependant, si tout semble vrai au lecteur crédule, il est nécessaire de confronter les arguments d'une part aux personnes favorables à la vaccination et d'autre part à la réalité. Le travail effectué par les anti-vaccinalistes est à notre avis précieux, mais parfois précipité et quelquefois inexact. Mais alors comment convaincre, seuls contre beaucoup, de la justesse d'une vision que certains qualifieraient de prime abord d'exagérée, d'extrême, voire de paranoïaque ?

***

Notre souhait originel, outre celui de se convaincre, fut d'alimenter notre blogue avec un article résumant les arguments de Mme Simon et de quelques autres sites, assorti de liens vers des preuves irréfutables. Mais la tâche s'est révélée bien plus fastidieuse et complexe. Le défi fut de démêler la part du vrai et du faux dans un premier temps, mais surtout trouver les références indiscutables de la thèse soutenue. Ainsi, tous les graphes de courbes de morbidité repris à l'envi, toutes les citations apocryphes, tous les témoignages ne pouvaient suffire. C'est pourquoi nous avons privilégié aux arguments et courbes des réfractaires les citations émanant d'institutions comme l'OMS, les ministères ou les tribunaux, et les données gouvernementales d'incidence et de mortalité. Cela ne fut pas chose facile, à cause d'un manque certain d'informations officielles sérieuses et étendues dans le temps. Heureusement, l'Angleterre et le Pays de Galles nous ont permis d'exploiter de manière assurée les données annuelles pour chaque maladie depuis 1900 au minimum. Les courbes de couverture vaccinale ne remontent en général quant à elles qu'aux années 1980. L'auteur a pris soin de mettre à disposition les liens vers les données officielles, et tous les programmes informatiques permettant de les tracer simplement. La seule difficulté sera d'installer ces outils, d'ajuster les chemins, et de les lancer. La majorité des liens du livre renvoient vers des articles scientifiques. Il serait faux d'attendre une totale impartialité dans ce choix, car elle supposerait l'exhaustivité. Nous nous sommes appliqués à essayer de renvoyer la vision la plus vraie possible, quoique nécessairement biaisée puisqu'il s'agit ici de contrer l'opinion dominante quand elle se révèle erronée. Notre volonté de tout documenter et de certifier nos assertions nous a par contre empêchés d'aborder certains sujets plus anciens, comme l'histoire de la vaccination et la création des premiers vaccins par Pasteur.

Les adultes de notre siècle, savamment entretenus dans l'idée qu'il est difficile ou impossible d'accéder à la vérité compte tenu du flot d'informations, et particulièrement sur internet, se méfieront, à tort ou à raison, de tout ce qu'ils pourront y lire. Cette attitude, laquelle selon eux les prémunit de se faire une fausse opinion, leur porte au contraire le plus grand tort : ils croient ne subir aucune influence alors qu'ils sont baignés par les idées ambiantes qu'ils reçoivent malgré eux, de la télévision, de leur médecin, de leurs collègues, de leur éducation. Il y a donc un vrai besoin de présenter une version différente de celle que les institutions entretiennent. On nous parle évidemment de bénéfice/risque ; mais sans l'avoir étudié, doit-on faire confiance identiquement pour chaque vaccin ? Quand on voit que même le corps médical manque très largement d'informations sur leurs possibles effets négatifs, on peut se demander soi-même si l'on possède la capacité d'émettre un jugement aussi tranché : tous les vaccins sont-ils à mettre dans un même plan ? même si un vaccin est efficace, un changement dans sa composition ne pourrait-il pas justement augmenter encore son rapport bénéfice sur risque ? Il serait trompeur d'admettre que les groupes pharmaceutiques s'appliquent à le maximiser, puisque l'histoire de l'économie libérale et les nombreux scandales sur ce sujet ou d'autres le contredisent directement. On ne peut donc s'arrêter à ce jugement trop hâtif et quelque peu désinformé.

* * *

Parler de la vaccination en général n'a qu'un sens réduit, dans la mesure où l'efficacité, le contexte, l'année de l'arrivée du vaccin, le pays, le mode de transmission de la maladie varient notablement suivant les cas. Nous avons procédé à une analyse de la plupart des vaccins courants, à travers une description de la maladie, de l'efficacité théorique et pratique du vaccin, de ses effets secondaires, et des conséquences de la vaccination généralisée. Nous n'avons que peu ou pas abordé les derniers vaccins et ceux à venir, comme ceux destinés aux rotavirus, à Ebola, ou au sida. Il y aura toujours de nouveaux vaccins, de nouveaux médicaments, et de nouveaux arguments pour nous convaincre ou nous contraindre de les accepter. Nous pensons que le recul acquis avec l'analyse des vaccins utilisés au XXe siècle permettra au lecteur de saisir avec assez de justesse et de réalisme les enjeux autour des futurs produits vaccinaux. En effet, les méthodes, les acteurs, les producteurs, le contexte politique et médiatique, le mode de production, les produits additionnels contenus dans les vaccins, le cycle et l'évolution des virus demeurent relativement stables, et permettent également de dresser quelques généralités malgré la diversité des vaccins et des maladies. Nous nous sommes par ailleurs concentrés sur l'étude des pays européens. L'étude particulière de nos pays et de leur histoire tend largement à montrer que les ravages causés par les maladies infectieuses dans les pays émergents sont moins dus à la maladie elle-même qu'à la situation sanitaire du pays.

Des excipients utilisés dans de nombreux vaccins, particulièrement l'aluminium et un composé du mercure, le thimérosal, semblent causer des dégâts certains dans l'organisme. Les différents produits, ainsi que leur association aux antigènes des maladies, pourraient expliquer en partie l'émergence ou l'explosion de certaines maladies, comme la myofasciite à macrophages, les allergies ou l'autisme. La mesure du rôle vaccinal et celle des autres facteurs de risques demeurent néanmoins difficile à établir à l'heure actuelle. Certains constats peuvent expliquer que des produits dangereux et pas nécessairement utiles arrivent sur le marché, et soient même remboursés ou rendus obligatoires par nos gouvernements : le lien croissant entre l'industrie et la recherche scientifique, et les conflits d'intérêt au sein des institutions publiques et des gouvernements, sans parler d'une certaine forme d'idéologie. Nous dressons aussi pour mémoire un éventail des mauvais agissements et des sanctions déjà exercées à l'encontre des laboratoires pharmaceutiques fabriquant des vaccins, quoique les médicaments soient pour l'heure plus visés que les vaccins.

Nous terminons notre enquête par la déconstruction de certains mythes de l'inconscient collectif, comme l'éradication de la variole par la vaccination. Nous avons même découvert inopinément que plus les pays riches vaccinent leurs enfants, plus leur taux de mortalité infantile est élevé, quoique la relation soit non significative ; ce résultat, désormais vérifiable par tous, mais ignoré par la recherche actuelle, devrait en soi au moins interroger sur la pertinence des politiques vaccinales de nos pays. Enfin nous présentons plus en détail un produit qui pourrait s'avérer efficace contre de nombreuses maladies infectieuses, le chlorure de magnésium. Nous terminons le sujet en réfléchissant sur le concept de liberté et de bien commun, souvent mis en avant par les défenseurs de la vaccination généralisée.

* * *

L'ambition première n'est point ici de désigner des coupables, de conspuer certains milieux, ou de juger des hommes. Certains se sentiront inévitablement attaqués, mais il s'agit plutôt que nous cherchions tous, dans ce monde imparfait, à déceler la vérité afin d'œuvrer pour le bien de tous. Cela suppose au départ la connaissance.

Première partie

Maladies d'actualité

Chapitre 1
Gardasil

Le cancer du col de l'utérus

Le Gardasil est un vaccin de Sanofi-Pasteur MSD (coentreprise européenne de Sanofi-Pasteur et Merck[1]) destiné à empêcher indirectement les cancers du col de l'utérus. D'après l'Institut National du Cancer, la mortalité due au cancer du col est en baisse régulière depuis au moins 1980, passant de 5 pour 100.000 à cette époque à 1,8 en 2012[2]. L'incidence (cas de maladie par an) est de 7,2 pour 100.000. C'est la tranche d'âge 50-54 ans qui compte le plus de décès, avec 126 des 1102 décès en 2012[3]. Ce cancer menace bien plus les pays pauvres : d'après l'Institut de Veille sanitaire[4], il est dans les pays en développement "la première cause de mortalité par cancer dans la population féminine", avec "en 2005 près de 260.000 décès". Ces pays cumulent 95 % des décès mondiaux, alors que dans l'Union Européenne, il se positionne 9e en terme d'incidence et 12e en terme de mortalité parmi les autres cancers.

Le cancer n'est en lui-même pas soignable par les techniques de vaccination actuelles. Comment fonctionnent ces vaccins contre le cancer du col ? Ils tentent de prévenir des virus, en particulier les VPH 16 et 18, qui peuvent être des terrains favorables à ces cancers. Selon cet article[5] de 2014, "les virus du papillome humain (VPH) 16 et 18 comptent pour 70 % des cancers invasifs du col à travers le monde", que ciblent les deux vaccins à cet usage, Gardasil et Cervarix. Le Gardasil cible également les VPH 6 et le 11, quoique très peu responsables de ces cancers. Le VPH 16 est le premier facteur, et d'autres papillomavirus (VPH 33, 45, 31, 58, 52 et 35) ont différents degrés de responsabilité suivant les continents. La vaccination n'évitera donc pas 30 % des cancers, mais le vaccin s'attaque, quoiqu'indirectement, à environ 70 % des causes de cancer du col. Cela étant dit, les personnes porteuses d'un VPH ne développent pas nécessairement de cancer.

Le même rapport de l'InVS pour l'année 2007 nous apprend que "l'infection génitale par un papillomavirus humain est une des infections sexuellement transmissibles les plus répandues chez les femmes jeunes sexuellement actives", et sa prévalence dépend donc de l'âge des premières relations sexuelles et du nombre de partenaires. "Il est estimé que 50 à 75 % des femmes de 15 à 44 ans sont ou ont été exposées aux [VPH]". Pour atteindre le stade de cancer invasif, on passe selon l'ancienne nomenclature par 3 stades de néoplasies intra-épithéliales cervicales, classées selon leur taille (CIN 1 à 3), et qui peuvent régresser d'elles-mêmes ou progresser vers le stade suivant. L'évolution de ces stades est favorisée par des facteurs tels que "l'utilisation au long cour[s] (≥ 5 ans) de contraceptifs oraux, le tabagisme actif (> 15 cigarettes par jour) ou passif, l'existence d'autres infections sexuellement transmissibles" ou des facteurs génétiques. "Le cancer invasif du col de l'utérus met au moins 15 ans à se développer après une infection [au VPH] à haut risque oncogène". Un document de 2010 de la Haute Autorité de Santé[6] (HAS) précise : "Du fait de son évolution lente et de l'existence de nombreuses lésions précancéreuses curables, le cancer du col peut être dépisté à un stade précoce et même être prévenu par la détection des lésions qui le précèdent. Le dépistage repose sur un test cytologique : le frottis cervico-utérin. [...] Un dépistage régulier de la population cible devrait permettre de réduire l'incidence de plus de 90 %".

Efficacité du Gardasil

Concernant l'efficacité du vaccin, celle-ci n'a au mieux pu être testée qu'en terme de prévention des papillomavirus et des lésions précancéreuses, compte tenu du temps de déclenchement des cancers plus long que celui des études (3-4 ans). Un ensemble de 6 études nommées FUTURE démontrent une très grande efficacité prophylactique du vaccin pour les femmes de 16-26 ans non encore infectées au moment du vaccin, entre 93,8 % et 100 % suivants les types de lésions, les VPH et les études (fiche Gardasil[7] de Merck, p. 28). Si par contre la personne a déjà été infectée par un VPH au moment du vaccin, Merck concède qu'il "ne dispose pas de preuves indiquant qu'il peut protéger contre les maladies causées par les VPH des types contenus dans le vaccin pour lesquels le participant avait, au départ, des résultats positifs".

Toutefois, si l'on ne comptabilise que les lésions de type au moins 2, et en intégrant aussi les femmes éventuellement déjà infectées, l'efficacité chez les 16-26 ans passe à 51,1 % pour les VPH ciblés (6, 11, 16, 18) et seulement 18,4 % si l'on compte les lésions dues à n'importe quel VPH (p. 43). Ce dernier chiffre semble au final le plus pertinent : il indique la proportion de filles qui vont au total être épargnées par une lésion (pré)cancéreuse. Ce chiffre peut paraître contradictoire avec l'efficacité du vaccin contre les souches les plus oncogènes. Il peut s'expliquer par le phénomène de substitution : les souches de VPH originellement moins virulentes, avec seulement 30 % des causes de cancer, vont accaparer une proportion plus élevée que dans une population non vaccinée où ce sont principalement les souches 16 et 18 qui le déclenchent. Le chiffre de l'efficacité toutes souches confondues pour la 2e catégorie d'âge étudiée, les 24-45 ans, est quant à lui absent. On peut conjecturer, au vu du chiffre de 18,4 % pour les plus jeunes, et de la moindre efficacité du vaccin pour les adultes, plus susceptibles d'avoir déjà eu des rapports sexuels, que l'oubli de Merck n'est pas nécessairement fortuit.

Une autre limitation est qu'un seul type de lésion cancéreuse, l'adénocarcinome in situ (AIS) est étudié, alors qu'il "représente [seulement] environ 10 % des cancers du col utérin"[8], l'autre lésion étant le carcinome épidermoïde.

Pour la classe d'âge spécialement ciblée par le gouvernement, les 9-15 ans, seule une analyse des titres d'anticorps a été effectuée. Il ne s'y trouve aucune information sur la prévention des lésions, encore moins sur la survenue d'un cancer : "À la lumière de ces données comparatives sur l'immunogénicité[a], on en conclut à l'efficacité de GARDASIL® chez filles et les garçons de 9 à 15 ans". Quel intérêt a un enfant d'avoir un titre élevé contre un certain VPH s'il n'empêche pas la survenue de la lésion, la précipite ou si c'est par un autre VPH qu'il contractera la maladie ?

En résumé :

- aucune étude sur l'efficacité pratique n'a été faite sur la classe d'âge 9-13 ans, celle prioritairement ciblée par la recommandation vaccinale.

- l'efficacité sur la classe d'âge 16-26 ans, et en supposant que la personne sache qu'elle n'a jamais été infectée par un VPH, n'est qu'au global de 33,8 %. Si elle n'est pas sûre d'avoir été infectée, l'efficacité descend à 18,4 %. Ce chiffre inclut les lésions de type 2 ou 3, qui peuvent encore régresser. Étonnamment, le chiffre de 70 % qui n'a qu'une base théorique est bien plus souvent mis en avant que celui de 18,4 % (vaccination non ciblée) ou de 33,8 % (vaccination ciblée sur les non porteurs de VPH).

- l'efficacité sur la classe d'âge 26-45 ans, quand bien même calculée sur des personnes non encore infectées, n'est pas donnée par le document de Merck.

Efficacité du Gardasil contre le cancer du col de l'utérus
CIN [*] ou AIS [**]

(source : Fiche produit Merck)

Population	Toutes		Non-infectées au VPH avant 1e dose	
Âge / Origine des lésions	VPH 6, 11, 16 ou 18	Tous VPH	VPH 6, 11, 16 ou 18	Tous VPH
9-15 ans	Titres [***]	?	Titres [***]	?
16-26 ans	51,1 % [2]	18,4 % [2]	97,3 % [2]	33,8 % [2]
24-45 ans	47,5 % [1]	?	89 % [1]	?

[*] Lésions cervicales (du col) dysplasiques (de 1er, 2e ou 3e grade), précédant le cancer
[**] Adénocarcinome in situ (10 % des lésions cancéreuses)
[***] Seuls les titres d'anticorps, et non l'efficacité réelle, ont été évalués
[1] Inclut lésions de grade 1/2/3 et AIS
[2] Inclut lésions de grade 2/3 et AIS

Par ailleurs, d'après cette revue[9] parue en 2007, "la plus longue durée moyenne de suivi pour tous les essais en date est de 5,5 ans. Un suivi additionnel d'essais cliniques reste critique pour étayer l'efficacité du vaccin à long-terme". Les Centres pour le contrôle et la prévention des maladies[b] (Centers for Disease Control, CDC) le confirment[10] : "Il est attendu que la protection du vaccin VPH soit de longue durée. Mais la vaccination n'est pas un substitut pour le dépistage du cancer du col. Les femmes doivent toujours faire des tests Pap régulièrement". Il serait donc intéressant d'avoir un bilan économique de l'ajout d'une vaccination à 135,59 € par dose aux frottis qui

a   Capacité de déclencher une réaction immunitaire
b   Principale agence gouvernementale états-unienne en matière de protection de la santé publique et de sécurité publique

coûtent en France 20,22 €[11] (plus le coût de la consultation), en comparaison d'un abandon de la vaccination avec une meilleure politique de dépistage par frottis.

Sécurité des vaccins VPH

Selon Merck[7], "chaque dose de 0,5 mL du vaccin renferme environ 225 µg d'aluminium, [...] 50 µg de polysorbate 80, 35 µg de borate de sodium". Ce dernier produit indique[12] : "Cancérigène, Mutagène, Reprotoxique" ; "Peut nuire à la fertilité. Peut nuire au fœtus". Quant au polysorbate 80, "généralement considéré comme inerte", une étude[13] en 2005 l'a "identifié comme l'agent causal d'une réaction anaphylactoïde[a] d'origine non immunologique chez [un] patient". En 1993, une étude[14] montrait que l'injection intrapéritonéale de 0,1 mL de ce produit dilué à 1, 5 ou 10 % 4 à 7 jours après la naissance "induisait un œstrus[b] vaginal persistant. Le poids relatif de l'utérus et des ovaires était diminué par rapport aux contrôles non traités. Une métaplasie squameuse[c] du revêtement épithélial de l'utérus et des changements cytologiques indiquaient une stimulation œstrogénique. Les ovaires n'avaient pas de corps jaune[d], et avaient des follicules dégénératifs".

Concernant la sécurité du vaccin, plusieurs études prouvent son innocuité. Par exemple, l'une porte sur 92 participants[15] sidéens, où ne sont pas détectés d'effets indésirables du Cervarix ou du Gardasil. On pourrait objecter le faible nombre de participants. Financée par GlaxoSmithKline et co-menée par 5 de ses employés, une autre étude[16] montre que sur 1.000 patients, le Cervarix "induit de plus hauts titres d'antigènes neutralisants [que le Gardasil] pour toutes les classes d'âge", et conclut par ailleurs que "les deux vaccins ont été généralement bien acceptés". Les deux vaccins ne présentaient pas significativement plus d'effets indésirables l'un que l'autre, durant les 7 mois de l'étude, avec un vaccin aux mois 0, 1 et 6. En effet, ils ont noté pour l'un et l'autre vaccin 14 et 13 femmes déclenchant un nouvel épisode de maladie chronique, dont "les plus fréquentes étaient la dépression, l'hypertension et l'hypothyroïdie. Quatre cas furent considérés comme un nouvel épisode de maladie auto-immune. [...] Six évènements sévères ont été reportés, dont deux considérés comme éventuellement liés à la vaccination (un épisode de grande convulsion un jour après la 3e dose, ou un avortement spontané 47 jours après la 1e dose)". Cinq et quatre femmes se sont respectivement retirées à cause d'effets indésirables du Cervarix et du Gardasil. Leur conclusion d'innocuité mise en avant dans le résumé de l'étude est audacieuse, et la population contrôle n'est pas pertinente. En effet —et nous ferons ce constat simple de nombreuses fois encore —pour prouver l'innocuité d'un produit, il faudrait le tester en aveugle avec un médicament placebo inoffensif, et non un autre vaccin.

Une des études FUTURE[17], financée par Merck et parue dans le *New England Journal of Medicine* en 2007, montrait une efficacité de 98 % pour prévenir les papil-

---

a   Violente réaction allergique
b   Phénomènes qui accompagnent l'ovulation
c   Modification bénigne de l'épithélium du col de l'utérus
d   Glande située dans le follicule, zone ovarienne abritant l'ovule

lomavirus 16 et 18 avant infection, et 44 % pour l'ensemble des femmes. Le "place-bo" contenait de l'aluminium sous la forme de sulfate d'hydroxyphosphate d'aluminium amorphe, ce qui en terme d'effets secondaires ne tient guère le rôle de contrôle inoffensif et interroge sur une hypothétique idéologie pro-vaccinale des éditeurs et re-lecteurs de ce prestigieux journal. Comme pour les morts où il est difficile de prouver la cause et l'effet, hormis sur des statistiques, les 5 cas d'anomalie congénitale du groupe vaccin, contre 0 dans le groupe placebo (statistiquement significatif) ont été admises par les auteurs comme "relativement communes et patho-génétiquement non reliées [au vaccin], suggérant des causes différentes". Le lecteur aurait souhaité au moins connaître le type d'anomalie signalée et se demande quelle preuve scientifique peut être avancée pour assurer qu'aucun des adjuvants et excipients présents dans le produit n'a pu induire au moins l'une de ces 5 anomalies. Les statistiques de "l'essai randomisé, en double-aveugle et contrôlé par placebo[a]" avaient parlé, mais les auteurs les ont fait taire de manière bien sibylline.

Citons encore l'étude clinique PATRICIA[18] présentée en 2012 dans le *Lancet* qui indiquait : "Des effets indésirables sérieux sont apparus chez 835 (9,0 %) et 829 (8,9 %) des femmes du groupe avec le vaccin [Gardasil] et du groupe contrôle [vacci-né contre l'hépatite A], respectivement ; seuls 0,1 % [...] furent considérés comme liés à la vaccination". On aurait souhaité que cette étude financée par GlaxoSmithKline Biologicals utilisât un groupe contrôle vacciné avec une solution a priori moins dan-gereuse qu'un autre vaccin qu'elle fabrique —probablement le Havrix, contenant de l'hydroxyde d'aluminium. Respectivement 10 et 13 morts ont été enregistrées (0,1 %) pour les deux vaccins, mais "aucune n'a été considérée comme éventuelle-ment liée à la vaccination". On lit sur la figure 2 que sur 9.319 femmes du premier groupe, vaccinées au Gardasil, 1521 se sont retirées, dont 12 pour effets secondaires sérieux, 905 perdus de vue (dont des morts ?) et 146 pour raisons 'autres'. Le lecteur aurait encore souhaité savoir sur quelle base ils ont été ou se sont retirés et sur quelle autre base ils excluent la vaccination comme principe moteur du déclenchement des 9 % d'effets secondaires. D'autant plus qu'on lit une correction de l'article dans la lé-gende de la figure : "Une femme dans le groupe vaccin a été classée comme s'étant re-tirée pour une raison "autre", mais était en fait morte. Elle aurait due être classée dans la catégorie effet secondaire sérieux et est donc désormais indiquée comme telle".

En fait, une méta-analyse[b][19] parue en décembre 2014 visant à évaluer les effets se-condaires de la vaccination contre les papillomavirus montre que ces contrôles très discutables constituent la règle et non l'exception. Sur les 12 études retenues dans une base de 2.494, 8 avaient comme contrôle l'hydroxyde d'aluminium, 2 le vaccin contre l'hépatite, un le même adjuvant, et le dernier était un contrôle sans vaccin. Cela rela-tivise les affirmations d'innocuité du vaccin VPH. La synthèse trouvait malgré tout des effets significatifs, avec entre autres : douleur (facteur de risque 3,29), fatigue (1,29), rougeur (2,41), gonflement (3,14), myalgie[c] (1,97), arthralgie[d] (1,40).

---

a   Qui limite grandement le biais et maximise l'objectivité des résultats
b   Synthèse d'autres études sur le sujet
c   Douleurs musculaires
d   Douleurs au niveau des articulations

Dans un rapport[20] de la Commission nationale de pharmacovigilance en novembre 2011, on apprend que "le taux de notification des effets graves est de 8 pour 100 000 doses de vaccin", et ainsi supérieur à l'incidence du cancer du col. Il faut nuancer ces chiffres : d'un côté certains effets ne sont pas nécessairement dus au vaccin, mais d'un autre la notion de notification volontaire implique une minimisation des chiffres. On voit donc que ce taux de notification volontaire de 0,08 % sous-estime comme souvent l'occurrence des effets, chiffre plus de dix fois inférieur à celui de 0,1 % trouvé par l'étude PATRICIA —qui en éliminait déjà 99 % sous le motif d'absence de lien avec la vaccination. Une étude de 2009[21] propose de "comparer la proportion de notifications d'effets indésirables après immunisation [avec le Gardasil] avec celle pour toutes les autres vaccinations par groupe d'âge et par sexe", à partir toutefois de notifications passives (volontaires) d'effets secondaires. Ils ne trouvent pas de différence significative pour la plupart des paramètres, comme les maladies auto-immunes, mais déduisent que le Gardasil cause plus de thromboses veineuses[a] et de syncopes (4,8 fois plus pour les mineures, et 6,7 fois plus pour les adultes), dont les chutes subséquentes peuvent occasionner "des accidents traumatiques significatifs". Concernant les morts, 32 sont rapportées chez les 6-17 ans pour le Gardasil, dont 4 inexpliquées contre 23 pour les autres vaccins. Cette augmentation de 40 % n'étant pas statistiquement significative, ni celle de 20 % pour les 8-29 ans, ils n'en font pas plus grand cas. Une des justifications savoureuse des morts potentiellement liée à cette vaccination met en cause la contraception et dédouane ainsi le produit : "Les rapports [de décès] de 2 des 3 morts par thrombose veineuse décrivent l'utilisation de contraceptif oraux, qui peuvent augmenter le risque de thrombose veineuse par 3 à 6 fois". Toujours sur le sujet des effets secondaires, la fiche Gardasil[7] de Merck indique que "le pouvoir carcinogène[b] et la génotoxicité de GARDASIL n'ont pas été évalués".

Mark Geier et son fils, chercheurs assez critiques envers la vaccination, ont quant à eux publié en 2014 une étude[22] à partir de la base de données de notifications volontaires d'effets indésirables des vaccins (VAERS[23]), pour des femmes entre 18 et 39 ans. "Il a été observé que les cas avec apparitions d'évènements indésirables autoimmuns sérieux de gastro-entérite (facteur des risques = 4,6), arthrite (2,5), lupus systémique érythémateux[c] (5,3), vascularité[d] (4), alopécie[e] (8,3), ou problèmes du système nerveux central (1,8) avaient significativement plus de chance que les contrôles d'avoir reçu un vaccin [tétravalent contre les papillomavirus humains] (apparition médiane des symptômes entre 6 et 55 jours après vaccination)". Ils n'ont pas trouvé de danger significatif pour le syndrome de Guillain-Barré ou la thrombocytopénie.

En 2012, un chercheur aux États-Unis[24] a "testé [dans le Gardasil] la présence d'ADN de papillomavirus humain car [des médecins] suspectaient que les résidus recombinants d'ADN de VPH restés dans les vaccins pouvaient avoir été un facteur

---

a   Obstructions d'une veine par un caillot
b   Qui peut provoquer un cancer
c   Maladie inflammatoire chronique auto-immune causant une éruption cutanée
d   Inflammation des parois des vaisseaux sanguins
e   Accélération de la chute des cheveux ou des poils

contribuant à mener à certains effets secondaires inexpliqués post-vaccination. [...] Les résultats ont montré que tous les 16 échantillons de Gardasil, chacun avec un différent numéro de lot, contenaient des fragments d'ADN de VPH-11 ou VPH-18, ou un mélange de fragments d'ADN des deux génotypes. On a trouvé que l'ADN de VPH détecté était fermement attaché à la fraction insoluble et résistante à la protéinase, présumément du sulfate d'hydroxyphosphate d'aluminium amorphe utilisé comme adjuvant". Cela "peut aider à délivrer l'ADN étranger dans les macrophages, et causer des effets pathophysiologiques non désirés"[25].

De manière moins scientifique, d'autres relais se sont fait échos des craintes liées à cette vaccination. La presse locale a révélé des vagues d'hospitalisation à la suite de la vaccination contre le VPH : le *Correio do Estrado* relatait en septembre 2014[26] que "trois adolescents de Bertioga [...] sont hospitalisés pour des réactions présumées causées par le vaccin contre le VPH [comme] maux de tête, bouffées de chaleur du corps et [...] perte de sensation dans les jambes". A la même époque, *RTL* Belgique parlait de "jeunes filles qui tremblent et s'évanouissent avec des convulsions. Un mal étrange frappe une petite localité dans le nord de la Colombie, où les habitants mettent en cause une campagne de vaccination contre le virus du papillome humain (VPH). [...] Des dizaines d'adolescentes ont vécu les mêmes symptômes: les mains glacées, le visage blême et la perte de connaissance. [...] Pour la plupart des familles touchées dans cette ville de 67.000 habitants, cela ne fait aucun doute. C'est le résultat de la campagne nationale de vaccination contre le VPH, une des infections sexuelles les plus courantes, qui peut déboucher sur des cancers de l'utérus. [...] Cette épidémie inexpliquée a soulevé un émoi dans tout le pays et le président Juan Manuel Santos est lui-même monté au créneau. Affirmant que la campagne de vaccination était sûre, le chef de l'Etat a évoqué un "phénomène de suggestion collective". [...] Le ministre de la Santé Alejandro Gaviria y a récemment été accueilli[27] sous les huées et des incendies de pneus. S'il a promis une série de mesures - recensement des patientes, nouveaux examens, aide psychosociale - , le ministre a toutefois écarté l'idée de suspendre les vaccinations. "Nous n'avons pour le moment aucune raison d'arrêter", a fait valoir M. Gaviria".

De nombreuses associations de victimes ont également vu le jour, comme aux États-Unis[28] et en France avec Les filles et le Gardasil parrainée par Francis Lalanne, ainsi que des groupes[29][30] sur réseaux sociaux.

Le magazine de médecine non conventionnelle *Principes de Santé* publiait en avril 2014 un entretien avec Bernard Dalbergue, un ancien de Merck. On peut certes soupçonner qu'il veuille tirer vengeance de son licenciement ou qu'il veuille vendre son livre. Il "prédi[t] que le Gardasil sera le plus grand scandale médical de tous les temps. Parce qu'à un moment on va prouver par A + B que ce vaccin, pour prouesse technique et scientifique qu'il soit, n'a aucun effet sur le cancer du col de l'utérus et que les très nombreux cas d'effets indésirables qui détruisent des vies, voire tuent, ne sont là que pour le seul profit des laboratoires. [...] Lorsque j'ai été lanceur d'alerte interne pour le problème de stylo injecteur contre l'hépatite C, je suis remonté jusqu'au numéro 3 de la compagnie pour lui signaler le problème de notre produit qui risquait de tuer par inefficacité et lui rappeler qu'un labo est tenu de faire remonter aux autorités de santé tout effet indésirable sur nos produits, la fameuse pharmacovigilance. Ça m'a valu mon licenciement pour résumer. Je n'avais jamais vu ça de ma vie: en interne, les industriels planquent toutes les données de la pharmacovigilance, au mépris de la santé, au mépris des lois, au mépris de l'éthique!" Sans présumer de la véracité de ses affirmations, les procès décrits plus loin (voir Chapitre 16) lui donnent au moins le bénéfice du doute.

Recommandations dans les différents pays

Au Japon, le *Japan Times* nous apprend en juin 2013[31] que "le ministère de la santé a produit une note nationale disant que les vaccinations contre le cancer du col de l'utérus ne doivent plus être recommandées pour les filles de 12 à 16 ans parce que plusieurs effets indésirables sévères ont été reportés aux médecins". Le journal israélien *Haaretz* nous apprenait en 2013[32] que "les autorités du Ministère de la santé considèrent annuler les projets d'administrer le vaccin VPH à 52.000 filles de 4ᵉ, après des études suggérant des maladies auto-immunes liées au vaccin et d'autres effets indésirables".

En Inde, les vaccins contre le papillomavirus ne s'imposent pas sans peine. D'après *The Economic Times* d'Inde en 2013[33], "la Cour Suprême a fait paraître une note au gouvernement dans un plaidoyer pour que les licences de ventes et commercialisation du Gardasil et du Cervarix [...] soient révoquées puisque ces produits sont "non sûrs" et que les permis ont été obtenus sans recherche adéquate". D'après *The Hindu*[34], "on a rapporté que le Gardasil avait mené à la mort de quatre filles [de] Andrha Pradesh. Plus de 120 filles, qui ont reçu les injections, ont rapporté des effets secondaires indésirables". Le réputé journal *Nature* a publié en juin 2011 un article[35] sur ce sujet. "Un comité de trois scientifiques [...] commissionnés par le gouvernement pour examiner le procès ont confirmé que les morts n'étaient pas liées au vaccin [...]. Mais leur rapport, qui a fuité dans les médias indiens le mois dernier, dit que l'étude [pour évaluer la faisabilité d'un programme d'immunisation, financée par la Fondation Bill & Melinda Gates et comptant 23.000 jeunes filles] impliquait plusieurs violations sérieuses sur le plan éthique. D'après ce qu'en rapportent les médias, les participants ont été recrutés dans les populations tribales vulnérables, leur accord [pour se faire vacciner] n'a pas été obtenu de manière convenable —les directeurs des écoles de ces filles ont signé les formulaires —et les effets indésirables ont mal été enregistrés".

La Finlande, dont un article[36] constatait que "les autorités refusent [contrairement à la plupart des autres pays européens[37]] d'accepter les indiscutables preuves scientifiques de l'efficacité et de la sûreté des vaccins VPH, [et qui] rapportent que le cancer du col est efficacement contrôlé par le programme national de dépistage", se classe première[38] en terme de faible incidence, à 4 pour 100.000. A l'opposé, le Groenland, "qui a été le premier[39] [pays Nordique avec le Danemark] à introduire la vaccination VPH" atteint 25 pour 100.000, taux "le plus élevé" parmi les pays nordiques. Cela ne prouve pas nécessairement que le vaccin entraîne une augmentation des cas, mais que le dépistage offre une voie solide pour limiter ces cancers. Dépistage que l'on pourrait coupler à une prévention contre le tabagisme chez les jeunes et une débanalisation des rapports sexuels précoces et nombreux, la prévention des contacts génitaux étant "le plus sûr moyen d'éliminer le risque d'infection" selon le gouvernement américain[40]. Notons qu'enfin, le champignon japonais Shiitake possède un nutriment (AHCC) capable de contrevenir à la percée de cancers, et des recherches encourageantes[41] semblent être en cours, montrant la destruction des VPH et une diminution du taux de croissance de la tumeur du col.

En France, qui a introduit le vaccin dès l'origine en 2007[42], le Haut Conseil de la Santé Publique recommande[43] en 2014 deux doses pour les jeunes filles âgées de 11 à 13 ans et 3 doses pour les jeunes filles âgées de 14 à 19 ans. Selon lui[44], "[l']efficacité vaccinale [...] est maintenant démontrée. Des études suggèrent que le vaccin induit une immunité de groupe". "Les données, [...] avec un recul de plus de sept ans, ne permettent pas de retenir l'existence d'un lien de causalité entre cette vaccination et les événements indésirables graves qui lui ont été attribués en France", et il "réitère ses recommandations pour la généralisation rapide du dépistage [et] la mise en place de modalités d'administration de la vaccination permettant d'atteindre un pourcentage élevé de jeunes filles, indépendamment de leur niveau social". Pour l'OMS, selon un rapport d'octobre 2014[45], "au départ, les stratégies de vaccinations devront viser prioritairement l'obtention d'une forte couverture parmi la population des filles de 9 à 13 ans, constituant la cible primaire recommandée par l'OMS".

En 2012, le Gardasil dont la dose coûte 135,59 €[46] a généré 1,6 milliard de dollars de chiffre d'affaires[47], en progrès de 13,6 % par rapport à 2011. En tout, 136 millions de doses avaient été distribuées en 2013[48]. Son homologue Cervarix a rapporté 0,4 milliard à GlaxoSmithKline. Merck avait consacré 44 millions de dollars pour promouvoir ce vaccin[49], en baisse nette comparé aux années précédentes. Dans la campagne de publicité française[50], il est dit que le vaccin "peut prévenir 70 % des cancers du col de l'utérus", ce qui sans être mensonger à cause du verbe hypothétique *pouvoir* induit quelque peu l'auditeur en erreur sur son efficacité réelle. Pour finir, on se reportera au chapitre sur les conflits d'intérêt (voir Chapitre 15), au sujet de l'influence que Merck a pu avoir sur l'homologation du vaccin, en particulier par le truchement du gouverneur texan Rick Perry.

A toutes fins utiles, on se rappellera que Harald zur Hausen a été récompensé du prix Nobel de Médecine 2008[51] "pour sa découverte des papillomavirus humains causant le cancer du col de l'utérus", un an après la sortie en Europe des vaccins associés. On attendait plutôt cette même année Jean-Claude Chermann[52], découvreur du virus du SIDA, qui voyait après 25 ans d'attente sa chargée de recherche et son directeur d'unité récompensés sans lui. Rappelons les soupçons de conflit d'intérêt dans cette affaire : premièrement, Pr Bo Angelin, du Karolinska Institute[53], membre votant du comité du prix Nobel de médecine (il le dirige désormais en 2015[54]), siège également au conseil d'administration d'AstraZeneca depuis juillet 2007[55]. Deuxièmement, AstraZeneca coopère avec Nobel Media[56] pour "augmenter la compréhension générale et l'intérêt du public envers les accomplissements des lauréats du prix en Physiologie et Médecine", et va également soutenir "Nobel Web [pour] créer une programme éducationnel interactif chaque année"[57]. Troisièmement, la filiale MedImmune d'AstraZeneca[58], d'après un article[59] de *Nature Biotechnology*, a "acquis la licence exclusive de la technologie du vaccin VPH" en octobre 1995, avant que "Merck et GSK [n']entrent dans un accord de licence croisée pour des brevets sur les vaccins VPH".

Le Gardasil est un vaccin annoncé comme empêchant le développement de 70 % des cancers du col de l'utérus. En fait, s'il cible bien 70 % des papillomavirus responsables d'un tel cancer, son efficacité n'est pas totale : de nombreux facteurs, en particulier le fait d'avoir déjà eu une relation sexuelle, donc l'âge, limitent largement cette efficacité. Au final, par le jeu des niches vacantes, d'autres papillomavirus pourront se développer dans l'espace laissé libre, et ce vaccin qui n'en cible que 4 prévient au final moins de 20 % des lésions (pré)cancéreuses menant aux cancers du col de l'utérus, et ce dans la catégorie d'âge des 16-26 ans où il est le plus efficace. Il n'a pas eu le temps de prouver une efficacité directe sur le cancer lui-même compte tenu du temps très long qu'il met à se développer. L'incidence du cancer principalement ciblé (qui diminue régulièrement en France depuis déjà au moins 35 ans) pourrait d'après la HAS être réduite de plus de 90 % par une généralisation du frottis dont le coût est 8,8 fois inférieur à une seule dose de vaccin, ou par exemple par des mœurs moins libérées. D'ailleurs la politique vaccinale d'un pays ne semble pas prédominante dans l'incidence de la maladie. Le Gardasil comme son homologue Cervarix contient des produits nocifs et génère des effets secondaires sévères multiples, que les études mal contrôlées mais publiées dans de prestigieux journaux tendent à occulter. Les deux sociétés fabriquant ces vaccins financent de nombreux articles scientifiques sur le sujet, des partis politiques et des campagnes de publicité intensives. Il est recommandé par de nombreux pays européens alors que ce type de cancer ne s'y classe en moyenne qu'à la 12e place en terme de mortalité. Des voix rebelles se font malgré tout entendre[60].

Chapitre 2
Rougeole

La maladie

Selon l'Inserm[61], "Le virus de la rougeole est un des pathogènes humains les plus contagieux et peut entraîner de graves complications, parfois mortelles. Il est transmis d'hôte à hôte principalement par voie aérienne (postillons, éternuements). Ce phénomène est à l'origine de la propagation rapide de ce virus dans les populations à risque (non ou mal vaccinées) et interfère avec les programmes mondiaux de vaccination visant à l'éradiquer. Ainsi, on dénombre plus de 10 millions d'enfants malades et 120 000 décès par an dans le monde". Selon un document de l'OMS[62], parmi les maladies à prévention vaccinale, la rougeole arrivait en tête des causes de décès des enfants de moins de 5 ans en 2005, avec une proportion de 38 % des 1,4 million de décès annuels. Haemophilus influenzae b, coqueluche et tétanos couvraient l'essentiel des autres morts contre lesquelles un vaccin existe.

Selon l'Institut de Veille Sanitaire[63] (InVS), "la rougeole est perçue [toutefois de nos jours et en France] comme une maladie de l'enfance bénigne". Les complications graves surviennent plus fréquemment chez les nourrissons et les adultes, complications dont la fréquence "passe de 6,6% pour les enfants de 1 à 4 ans à 24,3% pour les adultes de 20 ans et plus", selon un rapport suisse de 2003[64]. Sur 51 complications, l'on comptait principalement des hospitalisations sans mention de la complication, des pneumonies, des otites, des encéphalites[a] ou des hépatites[b], sans aucun décès subséquent. Selon l'InVS, "la rougeole a été exclue de la liste des maladies à déclaration obligatoire en 1986", avant de "redeven[ir] une maladie à déclaration obligatoire en 2005"[65].

Effet général de la vaccination

D'après cet article[66], "le premier vaccin vivant atténué, Edmonston B, fut vendu aux États-Unis sous le nom de Rubeovax en 1963" par Merck, bien qu'il provoquât de la fièvre (> 38,3°C) chez 45,9 % des personnes injectées[67] et fut remplacé rapidement par d'autres souches. Toujours d'après l'InVS, le vaccin contre la rougeole fut "mis sur le marché en France en 1966 et introduit dans le calendrier vaccinal en 1983". Ce document d'*Eurosurveillance*[68] résume l'ensemble des dates d'entrée pour plusieurs pays : le vaccin Rougeole-Oreillons-Rubéole (ROR) fut introduit en France en 1986 et la 2e dose fut recommandée en 1997. Pour l'Angleterre et le Pays de

---

a   Inflammation de l'encéphale (cerveau)
b   Inflammation aiguë ou chronique du foie

Galles dont nous verrons plus loin les courbes, le premier vaccin anti-morbilleux[a] fut introduit en 1968 et le ROR (*MMR* en anglais) en 1988 et 1996 pour la 2e dose.

La vaccination anti-rougeoleuse est simplement recommandée en France, le calendrier vaccinal préconisant une dose du vaccin ROR à 12 mois et une à 16-18 mois[69]. Cette recommandation est depuis quelques années remise en question. Le Groupe d'études sur la vaccination engagé par l'Assemblée Nationale émettait une synthèse en 2012[70], dont la première recommandation "Engager une réflexion sur les vaccins à rendre obligatoire" contenait le paragraphe suivant : "La question se pose également pour le **vaccin « ROR »** qui protège contre la rougeole, les oreillons et la rubéole. Les récentes épidémies de rougeole ayant entraîné des décès d'adultes et de nourrissons en France nécessitent, de l'avis du groupe d'études, de **rendre ce vaccin obligatoire**". Avis que les épidémies plus récentes de rougeole vont probablement tendre à conforter.

Selon les chiffres de l'Inpes (figure 2 du Guide des vaccinations 2012[71]), la mortalité de la rougeole en France tournait autour de 20 par an dans les années 1980, et moins de 10 dans les années 1990. En 1983, année de l'introduction au programme vaccinal pendant laquelle la couverture "apparaît être inférieure à 20 %"[72], la rougeole n'était donc plus en France un problème de santé publique. Un article hollandais de 2013[73] confirme cet état de fait dans les pays développés : "Au début des années 1960, [...] bien que la rougeole tuait (et tue encore) beaucoup dans les pays en développement, aux États-Unis et en Europe occidentale, cela n'était plus le cas". Un article de 2014[74] attribue la vaccination comme un facteur majeur de décroissance de l'incidence rougeoleuse en Italie, mais admet que "au cours du siècle passé, l'incidence de la rougeole a[it] subi une tendance baissière remarquable qui commença bien avant l'introduction du programme national d'immunisation". Les auteurs estiment que la baisse avant le vaccin résulte de la transition démographique et du plus faible nombre d'enfants par famille ; ce raisonnement un peu simpliste n'explique pas en tout cas que le tétanos ait suivi une tendance à la baisse similaire alors que cette maladie n'est pas contagieuse.

Les courbes des trois premières figures du Guide[71] (p. 4-5) laissent accroire à une corrélation très nette entre l'incidence rougeoleuse et la vaccination. Comme beaucoup de courbes qui cherchent à démontrer le rôle crucial d'un vaccin, celles-ci se focalisent sur une période courte et ne permettent pas d'embrasser la totalité du phénomène. Tout d'abord la baisse de l'incidence de la figure 1 est un phénomène qui date d'avant l'arrivée de la vaccination et que l'on ne peut pas comprendre sur ce graphique 1985-2005 ; on peut noter que l'incidence diminue subitement en 1988 soit deux ans après la fin de l'obligation de déclarer la maladie, et ce sans que la couverture vaccinale ait sensiblement changé ; le graphe s'arrête au moment où la déclaration est redevenue obligatoire en 2005. Pour la mortalité et l'incidence dans les deux figures suivantes, la fenêtre commence également tardivement, en 1979 ; de plus les figures ne tracent plus la couverture vaccinale, alors que la maladie refait surface. On ne saura pas si une baisse de la couverture en est la cause.

---

a   Qui a rapport avec la rougeole

Pour mieux appréhender la globalité du phénomène, nous avons cherché des données plus larges. Le site de l'OMS fournit les données d'incidence, de mortalité et de couverture pour tous les pays. Malheureusement, leur fiabilité n'est pas avérée et les nombreux trous perturbent la lecture, comme le montre le cas de celles de la rougeole en France[75]. Nous avons extrait informatiquement les données de la mortalité entre 1901 et 2000 en Angleterre/Pays de Galles, ainsi que celles trouvées indépendamment pour 1940-2013. Ces courbes correspondent sur leur partie commune (1940-2000), ce qui valide notre méthode de saisie d'information. On constate la chute massive entre 1900 et 1960, puis une stabilisation jusqu'à la date de l'arrivée du vaccin. Les données pour l'incidence n'ont pu être recueillies qu'à partir de 1940. L'arrivée du vaccin est concomitante avec une nouvelle diminution de la mortalité, et plus encore d'une diminution de l'incidence. Le vaccin pourrait donc avoir eu un effet bénéfique à cette période, sur le nombre de cas et de décès. Il est toutefois difficile de prédire quel aurait été le taux de mortalité sans vaccin, au vu de la baisse constante et régulière avant 1960. Pour conforter ce doute, on se rend compte qu'en 1982, la France et l'Angleterre/Pays de Galles avaient environ le même nombre de décès (respectivement 16 et 13, soit des taux à peu près équivalents), alors que la France n'avait pas encore introduit cette vaccination au calendrier.

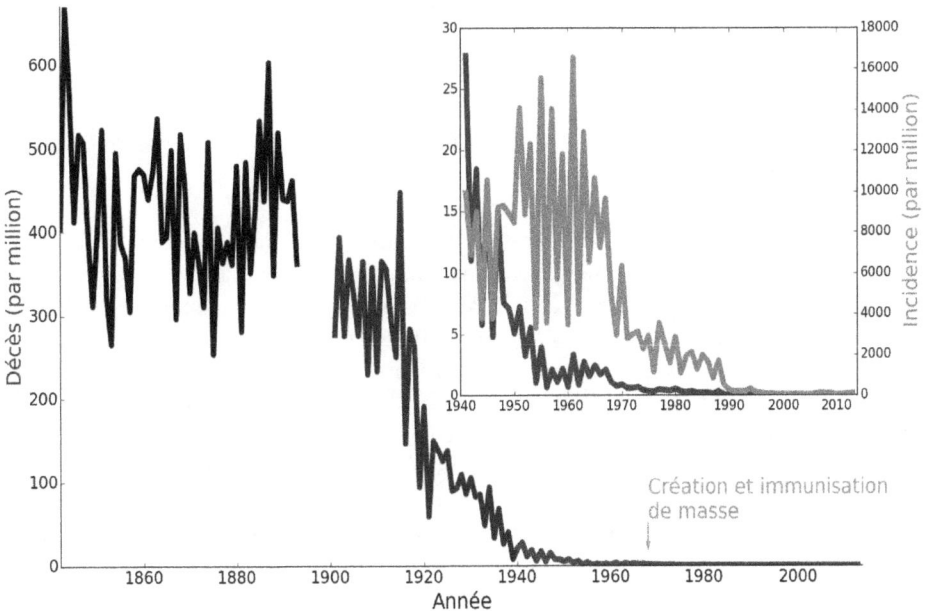

Rougeole (Angleterre et Pays de Galles)

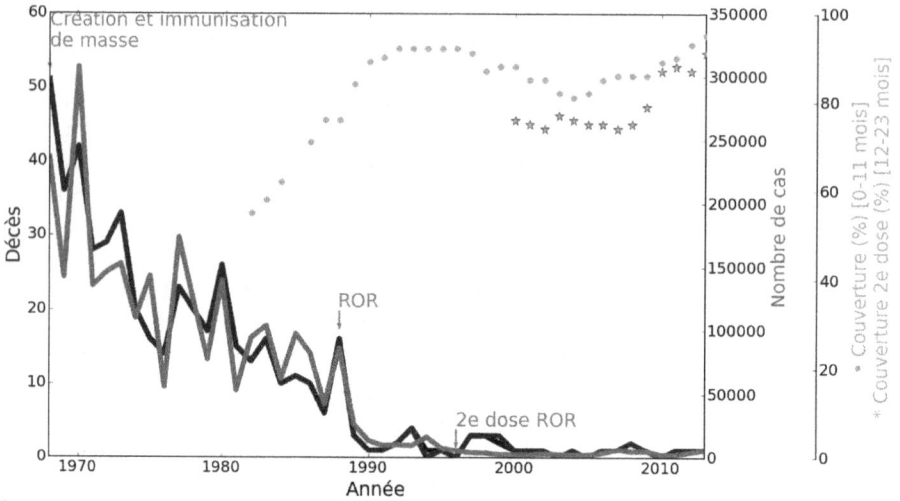

Sources:
A History of Epidemics in Britain (Volume II of II) by Charles Creighton, https://www.gutenberg.org/files/43671/43671-h/43671-h.htm#Page_742 (Mort. 1842-1893)
http://www.ons.gov.uk/ons/publications/re-reference-tables.html?edition=tcm%3A77-215593 (Mort. 1901-2000)
https://www.gov.uk/government/publications/measles-deaths-by-age-group-from-1980-to-2013-ons-data/measles-notifications-and-deaths-in-england-and-wales-1940-to-2013 (Mort. 1940-2013)
https://www.gov.uk/government/publications/measles-deaths-by-age-group-from-1980-to-2013-ons-data/measles-notifications-and-deaths-in-england-and-wales-1940-to-2013 (Inc. 1940-2013)
http://apps.who.int/immunization_monitoring/globalsummary/coverages?c=GBR (Couv. 1982-2013)
http://apps.who.int/immunization_monitoring/globalsummary/coverages?c=GBR (Couv. 2000-2013)

Les taux de couverture vaccinales fournis par l'OMS commencent seulement en 1981, et il est difficile de connaître la couverture effective juste après l'introduction du vaccin en 1968. On constate que le lien entre couverture et incidence/mortalité n'est pas trivial, contrairement à ce que l'on peut croire sur des fenêtres de temps plus courtes comme celles du Guide des vaccinations. Par exemple, l'introduction de la deuxième dose de ROR ne paraît pas entraîner de baisse significative de la mortalité ou de l'incidence.

Nous verrons plus tard que l'ex-médecin Andrew Wakefield, au cœur d'une polémique sur le ROR et l'autisme a été accusé d'avoir contribué à partir de 1998 à la baisse de la couverture pour ce vaccin et à la résurgence de la maladie. Cependant, si l'on regarde la période suivante où la couverture est revenue à ses plus hauts niveaux, on constate malgré cela une hausse de l'incidence morbilleuse à partir de 2010. Et cela également malgré la forte couverture de la 2ᵉ dose, qui n'existait pas avant 1996. L'on est passé de plus de 2.000 cas de rougeole en 2010 et 2011, puis plus de 4.000 en 2012 et enfin plus de 6.000 en 2013, avec des couvertures pourtant croissantes sur ces années-là. En France, la situation est similaire, comme l'illustre la figure 3 du Guide[71] : l'incidence est passée de 604 cas en 2008 à plus de 14.000 au premier semestre 2011.

Ce qui encore plus marquant dans l'attaque contre Wakefield, c'est que si l'incidence états-unienne a monté pendant cette période, la mortalité et l'incidence anglaise ont quant à elles diminué assez régulièrement entre 1997 et 2005. L'incidence est passée de 3962 à 2089, malgré un minimum vaccinal à 81 % en 2004. La mortalité est passée de 3 cas annuels en 1997 1998 et 1999 à moins de 1 depuis 2000, excepté 2 morts en 2008. Tous les enfants non vaccinés dans ces années de creux vaccinal n'ont pas contribué jusqu'à leur 10 ans à augmenter les statistiques de la mortalité. Par contre, à cause du décalage de l'âge d'occurrence de la maladie suite à la vaccination massive (voir *Effets indirects de la vaccination généralisée*), il n'est pas certain qu'ils échappent tous à la rougeole à l'âge adulte dans les 20 prochaines années. Cela pourrait alors avoir de possibles retombées fatales puisque la maladie est 8 fois plus mortelle à cet âge-là.

Notons qu'il est peut-être à mettre au crédit de la vaccination, qui a contribué à réduire l'incidence de la rougeole, qu'elle doit du même coup diminuer le nombre de panencéphalite sclérosante subaiguë (PESS), encéphalite progressive grave survenant quelques années après l'infection et caractérisée par une démyélinisation des neurones cérébraux. Le Guide des vaccinations affirme que les encéphalites (environ 1 sur 1500 cas de rougeole) et la PESS (1 sur 100.000 cas) "justifient à elles seules la vaccination antirougeoleuse dans ces pays". Selon une revue de 2002[76] toutefois, "les enfants infectés par la rougeole avant 1 an ont un risque 16 fois plus élevé [de contracter la PESS] que ceux infectés après 5 ans". Risque élevé également "chez les adultes, en particulier chez les personnes immunodéprimées, mais aussi chez les femmes enceintes, pour elles-mêmes comme pour leur enfant"[77]. Nous verrons plus bas que l'enfant est désormais moins bien protégé qu'autrefois avant un an à cause de la vaccination et d'un moins bon allaitement, et que l'adulte est également plus touché par la rougeole qu'avant (voir *Effets indirects de la vaccination généralisée*). Il est donc difficile de prédire exactement les retombées de la vaccination, d'autant que les notifications de PESS ne remontent pas plus loin que 1974 et montrent des profils assez différents suivant les pays[78]. Par exemple, en Papouasie-Nouvelle-Guinée, "après le programme d'immunisation étendue en 1982, l'incidence de la PESS aurait dû décroître [...] mais cela n'est pas arrivé". Dans l'étude, sur 83 malades, "quarante-cinq enfants avaient un historique de vaccination positif avec au moins une dose contre la rougeole"[79]. Au Pakistan, "43 patients (86%)" avaient été vaccinés[80]. Quant aux morts par encéphalites, elles sont comptabilisées dans les courbes de mortalité rougeoleuse, ce qui minimise au final l'affirmation du Guide sur la nécessité vaccinale.

Efficacité des vaccins anti-rougeoleux et anti-ourliens

Plusieurs études montrent une bonne efficacité du vaccin, comme celle effectuée en 2003[81] sur les Îles Marshall où elle était de l'ordre de 92 % pour une dose et 95 % pour 2 doses. Pourtant même d'éminents chercheurs pro-vaccinaux nuancent ces chiffres, ainsi que la faculté de la vaccination à éradiquer la maladie. Dans son article *La réémergence de la rougeole dans les pays développés : l'heure de développer une nouvelle génération de vaccins contre la rougeole ?*[82], le Dr Poland[83] prend les devants dans la critique du vaccin. Cet homme est entre autres président de la Société Internationale des Vaccins, rédacteur en chef états-unien de la revue scientifique *Vaccine*, récipiendaire de nombreux prix, président du comité d'évaluation de la sécurité des essais vaccinaux chez Merck[84], titulaire de brevets de fabrication de vaccins[85].

Selon lui[86], "la rougeole est la maladie humaine la plus contagieuse connue. Même avec les soins médicaux modernes, environ 1 personne infectée sur 3000 meurt". Dans un autre article il mélange d'ailleurs les chiffres : "dans les pays hautement développés, la rougeole tue environ 3 personnes sur 1000 infectées". Selon les courbes en France dans les années 1980[71], la moyenne des morts sur l'incidence était inférieure à ce chiffre, avec moins de 1 sur 10.000. Il constate[82] surtout que de "larges éruptions de rougeole arrivent aussi dans beaucoup de pays développés, [...] qui résultent à la fois d'un échec à vacciner et d'un échec de la vaccination". "Alors que le vaccin actuel est reconnu être un bon vaccin, nous ainsi que d'autres avons démontré que la réponse immunitaire au vaccin anti-rougeoleux varie substantiellement sur le terrain. Plusieurs études ont démontré que 2-10 % des personnes immunisés avec deux doses du vaccin n'arrivent pas à développer des niveaux protecteurs d'anticorps, et que cette immunité peut diminuer au cours du temps et résulter en une infection. [...] Par exemple, pendant les éruptions de rougeole aux États-Unis entre 1989 et 1991, 20 à 40 % des individus affectés avaient été immunisés avec une ou deux doses du vaccin. Pour une éruption en octobre 2011 au Canada, plus de 50 % des 98 individus avaient reçu deux doses du vaccin anti-rougeole. [...] Cela mène à la situation paradoxale où la rougeole dans les sociétés hautement immunisées arrive principalement parmi ceux qui étaient précédemment immunisés". En 1989 à Québec[87], 1363 cas de rougeole furent détectés dans une population vaccinée à 99 %. Au moins 84,5 % des personnes infectées avaient été vaccinées, ce qui montre que "le fait que la couverture vaccinale soit incomplète n'est pas une explication valable de l'éruption de rougeole dans la ville de Québec". En Pennsylvanie[88], 9 élèves sur 600 furent touchés, répartis en 1 non vacciné, 2 vaccinés une fois et 6 doublement vaccinés ; 94,9 % des élèves étant doublement vaccinés, l'efficacité du vaccin fut toutefois évaluée à juste titre à 98,6 %. Des évènements semblables se sont produits des dizaines de fois[89]. La bonne efficacité du vaccin, qui peut paraître contre-intuitive à un non-statisticien au vu de ces chiffres, est réelle, mais ne procure toutefois pas une protection individuelle et collective suffisante pour éviter les épidémies.

Comment alors expliquer que l'OMS en 2010, dans son 63e congrès mondial, présentait des voies d'éradication mondiale de la rougeole[90] en exposant uniquement des problèmes de financement et de couverture vaccinale, mais sans parler d'une quête d'une meilleure efficacité vaccinale sans laquelle il sera donc impossible d'éviter sa propagation ? De plus, ces objectifs de vaccination constituent selon eux "un élément décisif [...] concernant la réduction de la mortalité infantile" : pourtant ils ne semblent pas parler d'hygiène ou d'autres facteurs, alors que la rougeole ne tuait plus guère que des dizaines de personnes à l'arrivée du vaccin dans les pays développés. La priorité serait donc plutôt d'améliorer les conditions de vie, qui du même coup contribuerait à limiter la plupart des maladies de ce genre, sans avoir à recourir à un vaccin pour chaque infection virale ou bactérienne. L'optimisme de l'OMS n'était pas ébranlé en février 2015[91], elle qui entend "avant fin 2020, éliminer la rougeole et la rubéole dans au-moins 5 Régions de l'OMS", sachant que 4 des 5 volets de sa stratégie se base sur la vaccination. On trouvait d'ailleurs en 2005 la même tentative dans un rapport du Ministère de la Santé et des Solidarités de juin 2005[92] pour "éliminer en France la rougeole et les infections congénitales rubéoleuses d'ici 2010", pour un budget total estimé pour le plan sur 6 années de fonctionnement [à] 37.6 millions [d'euros]". Cela rappelle l'optimisme des experts vaccinologues du Service de Santé Publique des États-Unis qui considéraient en 1966[93] qu'il était "évident que quand le niveau d'immunité était supérieur à 55 %, l'épidémie ne se développait pas" et qu'ainsi "l'éradication pouvait être réalisée dans ce pays dans l'année 1967".

Comme pour la rougeole, on observe depuis 2005-2006 des vagues d'épidémies de rubéole, avec des niveaux sans commune mesure avec les niveaux de 1995-2005, comme le trace un document du Département de la santé britannique[94]. Plusieurs études mettent en avant l'efficacité toute relative des différentes souches de vaccin.

Une étude récente de 2014[95] indique que sur 74 Indiens suspectés d'avoir contracté les oreillons, 67 avaient reçu le vaccin. Chez ces derniers, l'analyse de leur taux d'immunoglobuline révéla une concentration suffisante de l'immunoglobuline M (IgM) des oreillons chez 100 % des patients, mais chez seulement 15 % pour l'IgG[a], faisant suspecter aux auteurs "une faible efficacité vaccinale de la composante oreillons du vaccin ROR utilisé". Sur une population asiatique, l'efficacité des souches Jeryl-Lynn, Urabe et Rubini étaient respectivement évaluées à 80,7 %, 54,4 % et -55,3 %[96]. Le faible nombre de malades ne permet pas des chiffres très précis, mais les résultats restent plus ou moins cohérents entre études, avec pour le canton de Genève des taux de 61,6 %, 73,1 % et 6,3 %. Un article d'*Eurosurveillance* paru en 2000[97] nous apprend qu'"en 1998, 2859 cas d'oreillons ont été rapportés [en Espagne,] survenus essentiellement chez des enfants vaccinés de moins de 6 ans, dans des populations ayant reçu le vaccin contenant la souche Rubini au cours des années précédentes". Dans son Bulletin d'avril 2002[98], l'Office fédéral de la santé publique suisse "recommande de ne plus utiliser de vaccins contenant la souche Rubini en raison de la faible protection qu'elle confère", suivant ainsi les recommandations de l'OMS en 2001, et après une décision semblable des trois pays qui l'utilisaient, Italie, Espagne et Portugal[99]. Cette souche, très inefficace voire nuisible, était fabriquée par Berna Biotech, à Berne et "homologuée pour la première fois en Suisse en 1985" selon l'OMS[100]. Le fait que le vaccin ROR contenant la souche Rubini était efficace contre la rougeole et la rubéole ne suffit pas à expliquer pourquoi, en dépit de son inefficacité manifeste contre les oreillons et de sa nocivité, il gagna une autorisation de mise sur le marché et ne fut pas retiré plus tôt.

Sans que la justice ait tranché, il peut être utile de noter qu'une plainte[101] de deux anciens scientifiques de Merck a été déposée en 2012 à la Cour du district de Pennsylvanie, pointant "les efforts de Merck [...] pour vendre au gouvernement son vaccin anti-ourlien [de souche Jeryl-Lynn], qui est mal étiqueté, frelaté et faussement certifié comme ayant une efficacité [de 95 %] significativement plus haute qu'en réalité".

Effets indirects de la vaccination généralisée

Des chercheurs de Stanford ont passé en revue en 2013[102] un des problèmes de l'immunisation maternelle sur l'enfant. "La protection contre les maladies infectieuses est transmise aux jeunes enfants par immunité passive par le biais du transfert transplacental d'immunoglobuline G durant la grossesse et de l'immunoglobuline A[b]

---

a   Protéines immunitaires qui luttent contre les agressions. La forme G représente environ 75 % des anticorps circulants

b   Anticorps majoritairement produit au niveau des muqueuses

dans le lait maternel". Or "le niveau [des anticorps] baisse à travers le temps", et l'on constate que "les titres d'anticorps induits par la vaccination sont typiquement plus bas que les titres induits par la maladie naturelle. [...] Cela est particulièrement évident pour la vulnérabilité à la rougeole chez les jeunes enfants vivant dans des populations hautement vaccinées [à cause de] l'importation mondiale de la rougeole et, paradoxalement, par le succès des programmes de vaccination contre la rougeole, où la quantité d'anticorps passifs due au vaccin diminue plus vite que celle due à l'infection naturelle de la mère". Ainsi en Hollande[103], dans des communautés protestantes orthodoxes où la couverture est de 40 % inférieure au reste de la population, la concentration en anticorps contre la rougeole chez le jeune enfant est 3,6 fois supérieure, et la durée de protection contre la rougeole passe de 3,3 mois à 5,3 mois. Pour la varicelle servant de contrôle à l'expérience, pour laquelle aucune population n'était vaccinée, les titres étaient équivalents, ce qui empêche l'hypothèse d'une meilleure immunité générale des communautés orthodoxes. Ces modifications de l'immunité laissent à penser qu'il serait préférable que les mères aient contracté la maladie au lieu d'être vaccinées, d'autant que la létalité est plus élevée chez les moins d'un an que chez les 5-9 ans (respectivement 43/100.000 et 10/100.000 entre 1971 et 1988 au Royaume-Uni) ; la maladie survenant chez l'adulte est plus préoccupante encore (85/100.000).

La résurgence des épidémies questionne aussi sur notre capacité à la juguler, tandis que d'autres méthodes d'hygiène, d'isolement ou d'alimentation pourraient s'avérer utiles. En effet, "la malnutrition, en particulier quand il existe une carence en vitamine A[104] et la promiscuité, sont des facteurs augmentant le risque de décès". Enfin, l'immunisation des enfants conduit à augmenter le risque de développer cette maladie adulte. En 1950, l'OMS préconisait[105] (p. 12) que si un agent prophylactique efficace contre la rougeole était mis au point, "son emploi devrait être limité à moins qu'il ne soit prouvé qu'il confère une immunité pour toute la vie au prix de risques très restreints. Une méthode assurant une immunité de quelques années seulement aurait pour effet de retarder l'apparition de la maladie (alors que c'est pendant la seconde enfance qu'elle présente le moins d'inconvénients et de dangers) jusqu'à l'âge adulte, où elle a un caractère plus sérieux". C'est bien ce qui semble s'être produit d'après le site du Ministère[106] : "on observe actuellement une recrudescence des cas de rougeole, avec un décalage de l'âge de la maladie aux dépends des adolescents et des jeunes adultes. La moitié des cas déclarés en 2010 concernait les personnes de 15 ans et plus avec une proportion d'hospitalisation de 45 % chez les 20-29 ans". Malheureusement, l'OMS a radicalement changé le discours qu'elle tenait en 1950.

Au sujet cette fois des oreillons, dans le rapport de l'OMS de 1950[105], on peut lire que "les experts [...] insistent sur le fait que, à moins de disposer d'un vaccin conférant un immunité pour la vie entière, on devait éviter de vacciner les enfants, car on accroîtrait les risques de complications en retardant l'apparition de la maladie jusqu'après la puberté".

Effets secondaires du vaccin ROR

Puisque la rougeole n'est plus chez nous un problème de santé publique grave, il convient de peser le bénéfice-risque, financier et humain. Une méta-analyse[107] menée indépendamment en 2003 par deux chercheurs en parallèle, incluant des dizaines d'études portant en tout sur 14 millions d'enfants de moins de 15 ans, conclut qu'une "exposition au ROR était peu vraisemblablement associée à l'autisme, l'asthme, la leucémie, le rhume des foins, le diabète de type I, [...] aux maladies démyélinisantes[a], ou aux infections bactériennes ou virales". Ils trouvent toutefois un fort lien avec la survenue de méningites aseptiques (infection bénigne caractérisée par fièvre brusque, maux de tête et raideur de nuque), de convulsions fébriles, et de purpura thrombocytopéniques. Les risques étaient 14,28 et 22,5 fois supérieurs à la normale pour 2 souches de vaccin anti-oreillons (Urabe et Leningrad-Zagreb) pour la méningite au cours des 3 semaines post-immunisation, 5,68 fois supérieur pour les convulsions "chez les 12-35 mois [...] dans les 6 à 11 jours après exposition au vaccin", et 2,4 à 6,3 fois supérieurs pour les purpura respectivement chez les enfants de 1 à 18 mois ou de 12 à 23 mois. Selon l'étude en question[108], "le risque de développer la purpura thrombocytopénique dans les 6 semaines après vaccination ROR était estimé à un sur 25.000 vaccinations", risque que les auteurs qualifient de "bas". Cela correspondrait tout de même en France, pour 800.000 naissances annuelles, à 32 cas par an avec un couverture vaccinale totale. Un article marseillais publié en 2002[109] décrit cette grave maladie : "Le purpura thrombotique thrombo[cyto]pénique (PTT) est un désordre multisystémique rare, décrit pour la première fois en 1924 par Moschowitz. Il est caractérisé par des lésions thrombotiques microvasculaires généralisées. Le tableau classique associe une thrombopénie, une anémie hémolytique micro-angiopathique[b], des troubles neurologiques fluctuants et réversibles et dans 40 % des cas, de la fièvre et une insuffisance rénale. [...] Avant l'avènement des échanges plasmatiques, la mortalité du PTT était voisine de 90 %. Grâce aux échanges plasmatiques (EP), seuls ou associés aux immunosuppresseurs, 70 à 80 % des patients atteints de PTT survivent sans séquelle".

L'Espagne, que l'on a vu dix ans plus tard abandonner la souche Rubini du vaccin anti-ourlien, avait auparavant déjà subi les effets indésirables d'une autre souche, la souche Urabe. "A l'origine, deux vaccins contre les oreillons étaient utilisés l'un contenant la souche Jeryl-Lynn et l'autre la souche Urabe Am9. La seconde a été retirée en 1992 et remplacée peu à peu par le vaccin contenant la souche Rubini, dans l'ensemble du pays". En effet, en 1991[110], des chercheurs avaient par analyse génique d'une protéine associée aux oreillons présente dans le liquide cérébro-spinal "conclu que la souche Urabe du vaccin était la cause de méningite post-vaccinale", entraînant l'arrêt de sa vente au Canada. La leçon ne fut pas retenue partout, comme le montre un article en 2000[111] : "La campagne d'immunisation massive avec la souche Urabe du vaccin ROR fut entreprise en 1997 dans la ville de Salvador, au nord-est du Brésil, avec une population cible d'enfants de 1 à 11 ans. Il y eut une éruption de méningite

---

a   Troubles sensoriels, moteurs ou psychiques dus à la disparition de la myéline des nerfs

b   Trouble relatif aux petits vaisseaux

aseptique suivant cette campagne. [...] Le risque estimé de méningite aseptique était de 1 sur 14.000 doses. L'étude confirme le lien entre la vaccination ROR et la méningite aseptique". Notons que le risque très large associé à la méningite aseptique ne fait pas consensus, avec par exemple une étude en Égypte parue en 2010[112] qui conclut à l'absence d'association, mais qui est basée sur des questionnaires.

Un document[113] de l'Agence Européenne des Médicaments résume les effets secondaires du M-M-RVAXPRO de Merck, comme rhino-pharyngite, urticaire ou vomissements. Un flou accompagne ces données, la plupart des complications étant de fréquence indéterminée : anaphylaxie[a] (voir Chapitre 12), syndrome de Guillain-Barré[b], paralysie oculaire, polyneuropathie[c], syncope, vascularite[d], etc. Pour information, un article de 2012 comptait au Royaume-Uni "12 cas [d'anaphylaxie] pour 100.000 doses de vaccin monovalent contre la rougeole"[114].

Quant à Sanofi Pasteur, elle confiait dans un communiqué en 2014[115] avoir "décidé de mettre fin à la production et à la commercialisation de ses vaccins contenant l'antigène rougeole", soit deux vaccins ROR et un vaccin monovalent, pour des questions de demande, de prix et d'infrastructures.

Nous verrons dans d'autres chapitres que pour le ROR des études ont conclu d'un côté à diminution du risque de bronchiolite en 2015 au Danemark[116](voir Chapitre 18), et d'un autre côté à une augmentation des risques d'asthme et d'eczéma[117].

Les vaccins contre la rougeole ne contiennent plus de l'adjuvant controversé qu'est le thiomersal, un composé du mercure (voir Chapitre 10), d'après la liste[118] établie sur le site vaccino-critique infovaccin. Depuis 1999-2000[119], l'Agence Européenne d'Évaluation des Médicaments "prom[eut] l'utilisation de vaccins ne contenant pas de thiomersal chez les nourrissons et les jeunes enfants", par précaution et en l'absence de conclusion claire sur son innocuité, tout en "estim[ant] que, pour la santé de la population générale et des enfants, le bénéfice de l'utilisation des vaccins contenant du thiomersal reste très largement supérieur au risque actuellement non démontré associé aux faibles doses de thiomersal". Le principe de précaution a donc été suivi sur ce sujet, au moins en France.

Polémique sur le ROR et l'autisme

L'affaire de la connexion avec l'autisme a fait grand bruit hors même du milieu scientifique. Andrew Wakefield, un médecin, publia en 1998 dans le *Lancet* une étude[120] montrant un lien entre la vaccination et l'autisme. L'étude fut retirée en 2004 pour fraude, et les co-auteurs se désengagèrent de l'étude, Wakefield seul continuant à clamer la validité de son étude. La Cour lui reprocha notamment[121] d'avoir été

---

a   Grave réaction allergique
b   Atteinte réversible des nerfs périphériques caractérisée par une faiblesse voire une paralysie progressive
c   Atteinte du système nerveux périphérique
d   Inflammation des parois des vaisseaux sanguins

irresponsable, malhonnête et d'avoir agi contre l'éthique médicale, pour des motifs mercenaires et pour faire fortune avec un vaccin et des produits concurrents. Il perdit en conséquence son travail au Royal Free Hospital de Londres, en démissionnant en 2001[122], ainsi que sa licence médicale[123]. Dennis Flaherty, de l'université de Washington —et accessoirement détenteur avec Monsanto d'un brevet[124] sur la stimulation du système immunitaire par la production d'anticorps —décréta dans un article de 2011[125] que cette histoire "est, peut-être, le canular médical le plus nuisible de ces 100 dernières années".

Sans chercher à démêler le vrai du faux dans cette complexe affaire, et outre l'exagération grossière, ce qu'il appelle canular comporte toutefois des zones obscures qui peuvent interroger. Écoutons l'un des parents d'une fille devenue autiste après la vaccination au ROR : « En juillet 2003[126], le propriétaire du *Lancet*[127], Crispin Davis devient le directeur non-exécutif de GlaxoSmithKline, fabricant du vaccin. En février 2004, sous de fallacieuses raisons, le *Lancet* rejette la publication[128] d'Andrew Wakefield [acceptée en 1998], qui est traîné dans la boue par la BBC et le *Sunday Times*[129]. Le 27 février 2004, son frère, le juge Davis[130] [qui "oublia de révéler que son frère était un des directeurs de GlaxoSmithKline [et dont] la possibilité d'un conflit d'intérêt émanant de la position de son frère "ne lui était pas venue à l'esprit" "] retire l'assistance judiciaire des plaignants. En juillet 2004, Crispin Davis, frère du juge, est anobli[131] par le gouvernement de Tony Blair. » Il aurait pu ajouter que Robert Murdoch, dont la fortune s'élève à 13,9 milliards de dollars en 2014[132], et qui contrôle l'immense empire médiatique News Corporation, a un fils du nom de James Murdoch, qui dirigeait jusqu'à 2011 le *Sunday Times* impliqué dans le dénigrement de Wakefield[133], et qui siégeait au conseil d'administration de GlaxoSmithKline jusqu'à 2012[134], date à laquelle il dut le quitter à la suite du scandale du piratage téléphonique[135]. On peut trouver un résumé graphique de tous ces liens sur ce graphique[136].

Andrew Wakefield a publié un livre[137] en 2011 avec sa version des faits. Sa recherche orientée sur l'autisme et la voie gastro-intestinale l'a amené à émettre un jugement critique sur l'une des vaccinations, sans lequel il n'aurait probablement jamais suscité une telle attention. On peut souligner en tout cas qu'à l'instar de la célébrité Jenny McCarthy, il a une opinion plutôt positive des vaccins. Dans un long entretien avec le Dr Mercola en 2010[138], il précise ses vues : "Je ne suis pas contre les vaccins du tout. En fait, ironiquement, ce sont les personnes qui veulent [...] un calendrier vaccinal mettant la sécurité au premier plan qui seront au final les sauveurs de la politique vaccinale de ce pays et dans le monde parce que la politique vaccinale, comme vous savez, dépend de la confiance du public. Et si le public perd sa confiance en des personnes comme le Dr. Offit (voir Chapitre 15), ce qui est un risque réel, alors ils retireront tous les vaccins en même temps à tous les niveaux et cela mènera à une résurgence des maladies et des problèmes infectieux. A l'heure actuelle, les vaccins sont imparfaits et il y a un besoin [...] d'optimiser la sécurité de ces vaccins avant toute autre considération pour mettre la santé de l'enfant d'abord".

Nous renvoyons le lecteur à notre discussion sur risque général de la vaccination concernant l'autisme, que ce soit pour le ROR ou pour les produits contenant du mercure en général (voir Chapitre 10).

Résurgence de la rougeole et traitement médiatique

Comme nous l'avons vu, l'incidence de la rougeole dans les pays occidentalisés revient à des niveaux élevés qu'elle n'avait pas atteints depuis plusieurs décennies, par pic du moins[139]. Face à cela, on peut prendre le parti de blâmer soit l'efficacité du vaccin qui ne parvient pas à prévenir la maladie, soit les non vaccinés qui mettent en péril relatif la société. Un article de *Rue 89*[140], à l'encontre de la pensée dominante bien qu'écrit pendant la flambée de maladie de 2011, relativisait la nécessité de vacciner contre la rougeole, et mettait en relief le changement de discours sur la nocivité de la maladie de la presse médicale à l'arrivée d'un vaccin français de Mérieux. Il pointait aussi les risques de la vaccination systématique que nous avons énoncés plus haut. À l'opposé de cette attitude non alarmiste, une grande partie de la presse cherche à avertir des dangers d'une absence de vaccination, par la peur ou la culpabilité. Ainsi en 2013, un article[141] du *Daily Mirror* lançait une alerte après "la première mort par rougeole au Royaume-Uni en 5 ans". Selon eux, "les responsables de la santé exhortent des millions de familles à faire vacciner leur enfant au ROR après qu'une éruption a frappé 808 personnes, dont 77 ont eu besoin d'une hospitalisation". On apprend pourtant que la personne décédée avait 25 ans, et l'on sait que la rougeole frappe plus violemment les adultes, ce qui relativise l'urgence à vacciner les enfants. Qui sait même si la vaccination n'a pas empêché l'infortuné d'attraper enfant la maladie et sans séquelle ? On apprend également qu'avant la dernière mort en 2008, la précédente remontait à 1992. On apprend surtout que "les tests confirment seulement que la personne décédée avait la rougeole au moment de sa mort. Des investigations sont en cours pour établir la cause de la mort". Une personne morte en 5 ans ayant la rougeole, mais dont les causes de décès sont inconnues suffit chez certains journaux à tirer la sonnette d'alarme. Pour le *New-York Times*, en 2013[142], "le Royaume-Uni subit des sérieuses flambées de rougeole qui semblent être une conséquence retardée de l'échec à vacciner les nourrissons et les jeunes enfants il y a dix ans". Pourtant nous avons vu que durant les 17 ans suivant l'article de Wakefield, la mortalité britannique, critère primant sur l'incidence pour cette maladie presque toujours bénigne, est demeurée à des niveaux nuls ou infimes. Il est certain qu'en lisant l'une ou l'autre presse, notre décision quant à l'importance de la vaccination n'aura pas les mêmes chances d'aboutir à notre adhésion. Ce qui est certes valable pour l'ensemble des sujets, autres que médicaux ou vaccinaux. D'où l'importance soit de ne pas lire la presse subventionnée, soit au moins de lire un éventail représentatif suffisamment large.

Plus récemment encore fleurissent sur les réseaux sociaux des alertes, plutôt culpabilisantes, sur la baisse de la couverture vaccinale et la recrudescence des cas de rougeole, aux États-Unis en particulier. En janvier 2015[143], *Le Parisien* nous informe que "59 cas de rougeole ont été recensés en Californie depuis la fin décembre dans un pays où la maladie avait disparu. [...] Le retour du virus a commencé dès l'année dernière, avec 644 cas de rougeole aux États-Unis, un bond énorme comparé aux 173 cas recensés l'année précédente". En fait, le sous-titre accrocheur sur la disparition de la maladie est infirmé juste après puisque "depuis le début des années 2000 il n'y avait plus qu'une soixantaine de 60 cas par an dans tout le pays". Il s'agit donc comme dans les autres pays d'une éruption de rougeole, malgré des taux de couverture vaccinale stable. D'après le Département Californien de la Santé Publique[144], sur les 59 cas, 34 avaient un historique de vaccination : 28 n'étaient pas vaccinés, 1 une fois, et 5 avaient reçu deux doses, ce qui confirme au vu de la couverture vaccinale de plus de 90 %[145] en Californie la bonne efficacité du vaccin. L'article du journal se fait écho de la pensée dominante : "«Le consensus dans la communauté scientifique est qu'il n'y a pas de lien entre vaccination et autisme», écrit ainsi le CDPH sur une page dédiée aux «mythes» autour de la vaccination, comme le fait que «injecter plusieurs vaccins en même temps est dangereux» ou qu'«un mode de vie holistique dope le système immunitaire et protège contre les maladies»". Nous discuterons le lien entre vaccination et autisme dans un chapitre ultérieur (voir Chapitre 10) : le terme *consensus* est ici comme souvent utilisé pour décrédibiliser les opposants minoritaires (consensus sur le réchauffement climatique, sur le 11 septembre, sur la politique monétaire, etc.). Pour la seconde assertion, cela suppose déjà qu'injecter un vaccin n'est jamais dangereux, ce qui est faux ; ensuite peu d'articles étudient les effets d'injections simultanées, mais certains concluent à une synergie des effets indésirables. Nous verrons à la fin de notre étude l'impact possible du nombre de vaccins administrés aux enfants de moins d'un an sur la mortalité infantile de certains pays (voir Chapitre 18).

Un article[146] du *20 Minutes* a sorti le lendemain un article très proche dans le fond comme dans les mots de celui du *Parisien*, reprenant probablement sans la citer l'annonce AFP. Tous ces articles, avec ceux du *Figaro*[147] de *La Dépêche*[148] *Paris-Match*[149] *France Info*[150] ou même TF1[151], pointent du doigt le refus des parents de reconnaître, pour des "croyances personnelles" ou la crainte de l'autisme, les bienfaits de cette vaccination. *Le Quotidien du Médecin* en parlait déjà en juin 2014[152], en "rappel[ant] que la rougeole peut tuer". Aux États-Unis, on lit des attaques plus percutantes à leur endroit : pour le *Los Angeles Times*[153], "le mouvement anti-vaccin ne sort pas de son rejet ignorant et égocentrique de la science", dramatisant un peu plus loin le pouvoir de la rougeole : "Ce qui l'a empêché de devenir un scénario cauchemardesque jusqu'à présent est le fait que la plupart des États-Uniens font encore ce qu'il faut ; ils continuent d'être vaccinés. L'"immunité de groupe" de la vaste majorité protège ceux qui sont vulnérables". Comme nous l'avons indiqué plus haut, des taux de couverture de 99 % ne sont pas même suffisants pour prévenir des flambées de rougeole.

La rougeole constitue un haut facteur de mortalité dans les pays pauvres mais sa morbidité dans nos pays s'est effondrée au cours du XXᵉ siècle, même avant le vaccin. L'arrivée d'un vaccin à la fin des années 1960 a contribué à en diminuer l'incidence et éventuellement la mortalité. De même, la mortelle mais rare panencéphalite sclérosante, qui émerge après un contact avec le virus rougeoleux, a pu bénéficier d'une diminution d'incidence. Toutefois, cette maladie relativement bénigne quand contractée au cours de la première enfance engendre de plus graves conséquences aux autres âges. Malheureusement, la vaccination généralisée a déplacé l'âge de survenue de la maladie à l'adulte d'un côté, et d'un autre côté les nourrissons sont moins bien protégés par l'immunisation vaccinale que par l'immunité naturelle maternelle. Paradoxalement, l'Assemblée Nationale, soucieuse des morts de nourrissons et d'adultes, propose ingénument de rendre ce vaccin obligatoire, ce qui ne ferait qu'accentuer ce fatal changement épidémiologique. Ni la deuxième vaccination ROR ni une couverture quasi-parfaite d'une population par ce vaccin pourtant efficace ne garantissent l'absence d'épidémies, comme l'a montré la résurgence de la maladie ces dernières années. La vaccination ROR entraîne des effets secondaires, dont certains graves comme le purpura thrombocytopénique ou l'anaphylaxie, et cause potentiellement certains cas d'autisme. Une grande partie de la presse française et anglo-saxonne entretient un climat de peur et de culpabilisation, et la déclaration de la rougeole qui n'était plus obligatoire en 1986 l'est redevenue en 2005. La vaccination pourrait devenir obligatoire malgré la faible mortalité de l'ère pré-vaccinale.

Chapitre 3
Grippe

Variantes du virus et de l'efficacité vaccinale

Selon l'Inserm en 2012[154], "la grippe est due à une infection par les virus *influenza*, de type A, B ou C. Les virus actuellement en circulation et pathogènes pour l'homme appartiennent aux groupes A et B.

Pour les virus de type A, il existe une classification en sous-types déterminés par les protéines présentes à leur surface : hémagglutinine (H1 à H15) et neuraminidase (N1 à N9). Les virus de la grippe se modifient en permanence et entraînent l'apparition incessante de nouvelles souches classées selon leur origine géographique et leur année d'isolement. Chacune d'entre elles échappe ainsi à la réponse immunitaire préexistante de l'hôte et peut infecter une personne déjà touchée précédemment par un autre variant. Exceptionnellement, un virus de grippe A peut émerger du réservoir animal et infecter l'homme, c'est ce qui s'est produit avec le virus H5N1 (grippe aviaire) et plus récemment avec le virus A(H1N1)2009". L'immunisation anti-grippale diffère ainsi des autres vaccinations en ce sens qu'elle devra lutter contre un virus multiforme dont l'évolution est incertaine et a priori beaucoup plus rapide. Les fabricants de vaccin ont donc pour mission de développer, tester et produire un vaccin chaque année en fonction de ce qu'ils observent quelques mois auparavant, en espérant que le virus ne mutera guère entre temps.

D'après le site du *Figaro* par exemple[155], le Dr Élisabeth Nicand, membre du comité technique des vaccinations au Haut Conseil de la Santé Publique (HCSP), explique que "dans l'hémisphère Nord, c'est l'OMS qui décide durant le mois de février précédant la saison grippale quelles seront les 3 souches de virus incluses dans le vaccin [...]. La composition dépend notamment de ce qu'on a observé lors de l'épidémie hivernale dans l'hémisphère Sud, entre juillet et septembre. Cette année [2015], le vaccin vise deux souches de type A, H1N1 et H3N2, et une de type B".

Sur le site de l'Inpes[156], on lit à propos de la grippe saisonnière que "environ 2,5 millions de personnes sont concernées chaque année en France. La mortalité imputable à la grippe saisonnière concerne essentiellement les sujets âgés (plus de 90 % des décès liés à la grippe surviennent chez des personnes de 65 ans et plus). La mortalité de la grippe saisonnière est évaluée à environ 4 000 à 6 000 décès chaque année (Données InVS)". Compte tenu de l'espérance de vie actuelle et de la santé sensiblement différente entre une personne fraîchement retraitée et une personne nonagénaire, diviser la dernière catégorie en plusieurs classes d'âge permettrait de mieux se rendre compte de la gravité de tels décès. Si chaque vie a son prix, quelques milliers de décès à 90 ans semblent plus acceptables qu'à 65 ans, et ne devraient pas constituer le même degré d'"enjeu majeur de santé publique"[157]. Si cette distinction est rarement faite, ce document du Ministère de la santé de 2004[158] nous apprend "que d'après les données de mortalité liée à la grippe, 95% des décès surviennent après 65 ans et 85% après 75 ans".

Selon le Groupe d'Expertise et d'Information sur la Grippe (GEIG)[159], "pendant l'hiver 2011-2012, 23 % des Français se sont fait vacciner contre la grippe, avec des variations importantes selon la tranche d'âge", puisque ce chiffre est de 62 % pour les plus de 65 ans et d'à peine 21 % pour les 50-64 ans. Cela s'explique en partie par le fait qu'une "campagne de vaccination gratuite a été introduite en 1985 chez les personnes âgées de plus de 75 ans, âge ramené à 70 ans en 1988 puis à 65 ans en 2000. La couverture vaccinale chez les personnes âgées a rapidement augmenté en France, notamment chez les personnes âgées de plus de 70 ans".

Concernant l'efficacité du vaccin, une étude en Espagne[160] a comparé les chiffres entre 2003 et 2011, suivant la prédominance de la souche : "l'efficacité vaccinale sur la grippe en général contre les infections avec [une prédominance du] sous-type A (H3N2) (quatre saisons) était de 31 %", 86 % pour le sous-type A (H1N1) majoritaire (deux saisons), et 47 % pour la souche B (trois saisons). Ainsi l'efficacité de 2014-2015 fut-elle sans surprise relativement faible, car à prédominance H3N2[161]. Pour la calculer, ils ont comparé le statut vaccinal d'une population contrôle de personnes atteintes de syndrome grippal mais sans aucun virus de la grippe confirmé en laboratoire avec celles dont le syndrome grippal était causé par la souche prédominante cette année-là. La valeur trouvée pour l'efficacité n'est par conséquent représentative que d'une sous-population, celle qui est susceptible d'attraper des syndromes grippaux, en excluant par exemple d'office les personnes qui ne tombent pas malade et pour lequel le vaccin ne saurait donc être efficace.

Alors qu'aux États-Unis, en janvier 2015, "46 États vivaient une activité grippale étendue", une étude[162] des Centres pour le Contrôle des Maladies (CDC) "l'efficacité du vaccin saisonnier anti-grippal pour prévenir les infections du virus de la grippe confirmées en laboratoire associées à une maladie respiratoire aiguë suivie médicalement, à partir de données de 2.321 enfants et adultes". Le groupe contrôle inclut donc ici aussi des patients suivis pour troubles respiratoires aigus, ce qui limite la force des conclusions. L'efficacité était de 23 %, ce qui est "relativement bas comparé aux saisons précédentes [et qui] reflète probablement le fait que plus de deux-tiers des virus A (H3N2) circulant sont antigéniquement et génétiquement différents (dérivés) du composant A (H3N2) du vaccin dans les vaccins 2014-2015 de l'hémisphère Nord". Le CDC "continue [cependant] de recommander la vaccination contre la grippe [pour] prévenir des infections du virus A (H3N2) actuellement en circulation ainsi que d'autres virus qui pourraient circuler plus tard, dont les virus grippaux B. [...] La vaccination empêche toujours des maladies et des complications sérieuses liées à la grippe, dont des milliers d'hospitalisations et de morts. Les personnes âgées de plus de 6 mois qui n'ont pas encore été vaccinées cette saison devraient être vaccinées, dont les personnes qui pourraient déjà avoir été malades de la grippe cette saison". De plus, "une modélisation [non détaillée] conduite par le CDC suggère qu'une efficacité de seulement 10 % chez les seniors pourrait éviter approximativement 13.000 hospitalisations liées à la grippe chez les plus de 65 ans".

Avec moins d'optimisme, on constate que le vaccin n'a une efficacité statistiquement significative que sur la classe d'âge 6 mois-17 ans (26 %). Pour les adultes de moins (respectivement plus) de 50 ans, le chiffre est seulement 12 % (resp. 14 %), non significatif. Puisque c'est le 3ᵉ et le 4ᵉ âge qui doivent le plus craindre la grippe en terme de mortalité, on aurait souhaité avoir les chiffres d'efficacité pour ces classes d'âge afin d'évaluer l'intérêt réel d'une injection chez ces personnes. D'autant que selon un dossier de presse de Sanofi-Pasteur sur la grippe[163], le vieillissement "réduit également la réponse immunitaire au vaccin, par rapport aux adultes plus jeunes". Au contraire, le CDC s'assura un meilleur chiffre global, en choisissant une grande proportion de mineurs (45 % de l'échantillon total, contre 27 % ayant plus de 50 ans).

Un rapport[164] paru peu après dans *Eurosurveillance* fait un constat plus négatif encore : au Royaume-Uni, "l'efficacité vaccinale à mi-saison a montré une efficacité ajustée de 3,4 % [non significative] contre les consultations en soins primaires avec une grippe confirmée en laboratoire et de -2,3 % contre A(H3N2). [...] L'utilisation anticipée d'antiviraux pour la prophylaxie et le traitement des populations vulnérables reste importante".

En fait, toutes ces données doivent être prises avec précaution. En France, loin de la "campagne de communication nationale renforcée"[157] peu subtile agencée par les principaux instituts de santé publics en 2013, un rapport argumenté du HCSP paru en mars 2014 mettait en perspective les études réalisées. Comme on l'a vu, les modalités de contrôle, incluant uniquement des patients malades, ne garantissaient pas des résultats entièrement fiables. "Du fait de l'application des recommandations pour les groupes les plus à risque, peu d'essais cliniques randomisés [...] ont été menés dans ces populations. A titre d'exemple, en 2012, la méta-analyse de Osterholm[165] s'est intéressée aux essais randomisés et aux études d'efficacité vaccinale vis-à-vis des cas de grippe virologiquement confirmée par culture ou RT-PCR. Elle n'a retrouvé, entre 1967 et 2011, aucune étude pour les vaccins inactivés chez les plus de 65 ans et une seule étude chez les adultes avec le vaccin grippal vivant atténué. La mesure de l'efficacité vaccinale (EV) clinique [...] repose, selon les études, sur des critères de jugement très variables, peu comparables et ayant un impact sur l'estimation obtenue". La méta-analyse concluait en effet que "les preuves concernant la protection chez les adultes de plus de 65 ans manquent".

Il peut d'ailleurs paraître surprenant que le document reconnaisse que la politique vaccinale, "élaboré[e] par le ministère chargé de la santé après avis du Haut Conseil de la santé publique", repose sur un pré-supposé non vérifié : "Les recommandations vaccinales ayant été faites en l'absence d'études randomisées démontrant l'efficacité de la vaccination chez les personnes âgées de plus de 65 ans, c'est a posteriori que l'on a tenté de justifier ces recommandations en s'appuyant sur des méta-analyses et des études de cohorte". Ces dernières, "utilisées pour justifier a posteriori cette recommandation sont entachées de biais qui majorent l'efficacité du vaccin". Cela ne signifie pas que les vaccins soient toujours inefficaces mais plutôt que "le caractère limité des études et leur méthodologie médiocre ne permettent pas de conclure de manière certaine quant à l'efficacité".

La campagne de vaccination pour les 3 et 4e âges ont donc eu lieu malgré ces incertitudes toujours non clarifiées. Cela est justifié par le fait qu'une efficacité même modeste sauvera des vies : "Cependant, même une efficacité vaccinale de l'ordre de 50 % sur l'excès de mortalité lié à la grippe, estimé entre 5 à 10 %, correspondrait à la prévention de plusieurs milliers de décès liés à la grippe chaque année en France. Au vu du profil de tolérance des vaccins, la balance bénéfice/risque apparaît donc largement en faveur du maintien de la stratégie de vaccination des sujets âgés". Le HCSP convient de "la nécessité de mettre au point de nouveaux vaccins, avec des cibles différentes des vaccins inactivés actuels tous dirigés[166] contre l'hémagglutinine des virus *influenzae*, et capables de surmonter le phénomène d'immunosénescence", à savoir le déclin "très progressif, et généralement clairement affirmé seulement après 80 ans"[167] des réponses immunitaires avec l'âge.

L'arrivée d'un vaccin tétravalent en 2013

Après que les vaccins trivalents de GlaxoSmithKline eurent montré "une protection inadéquate [...] éventuellement due à une différence entre la souche B du vaccin et celle en circulation", un nouveau produit fut développé, le vaccin tétravalent (FluarixTetra), dont l'autorisation de mise sur le marché fut reçue le 19 juin 2013. La décision a été prise à l'unanimité par le Haut Conseil de la Santé Publique en mai 2014[168] ; on apprend qu'elle s'est basée principalement sur deux études pivots menées en 2010-2011, l'une sur des adultes, l'autre sur des enfants de 6 mois à 17 ans.

Pour déterminer la présence d'effets indésirables consécutifs au vaccin test, les auteurs ont pris pour groupe contrôle dans chacune de ces études des personnes vaccinées avec le vaccin trivalent Fluarix. Durant les 3 semaines après vaccinations, ils ont compté[169] chez les adultes 16 individus "ayant présenté au moins un effet indésirable sévère" (0,5 %), soit une fréquence semblable à celle du vaccin trivalent de leur cru (0,6 %) et supérieure à celui contenant une autre souche B (0,2 %). "Durant les 6 mois qui suivirent [la vaccination tétravalente], 98 évènements indésirables sévères furent rapportés par 70 sujets (2,3 %)", plus fréquemment des accidents cardiovasculaires, et 9 morts, tous âgés de plus de 65 ans (dont un coma hépatique, un accident cérébrovasculaire, une hypertension pulmonaire et deux morts subites). Le groupe contrôle n'a présenté que des décès dus à des problèmes cardiaques. Sur des critères indéfinis dans l'article, "aucune de ces morts n'a été considérée par les investigateurs comme étant reliée à la vaccination". Il faut pourtant noter que les patients choisis étaient tous "en santé stable sans maladie pulmonaire, cardiovasculaire, hépatique ou rénale sérieuse". Ceux présentant un historique positif au syndrome de Guillain-Barré ou une hypersensibilité à une dose antérieure de vaccin contre la grippe ou un de ses composants étaient automatiquement exclus, ce qui laisse donc penser que les effets indésirables, minimes ou sérieux, ont été sous-évalués en général.

Dans la deuxième étude[170], chez les enfants vaccinés au tétravalent, 3,2 % des enfants de moins de 35 mois subissaient un effet indésirable sévère au cours des 6 mois suivants, et 0,8 % chez les plus de 3 ans, sans qu'à nouveau "aucun ne soit lié à la vaccination selon les investigateurs".

Citons pour terminer une étude similaire, celle-ci parue dans le *New England Journal of Medicine*, la revue médicale la plus prestigieuse (facteur d'impact 54,42 en 2013). Elle a montré pour le vaccin test "une efficacité de 55 %", et plus élevée encore pour les grippes sévères. "Des effets indésirables sérieux (document supplémentaire[171], p. 28) sont survenus sur 36 enfants (1,4 %) du groupe test, et 24 enfants (0,9 %) du groupe contrôle", au cours des 6 à 9 mois suivants, ce qui "ne constitue pas de différence notable". Cela revient pourtant à une augmentation de 50 %, certes non significative (p = 0,11 > 0,05[a]) du fait de la taille de l'échantillon, mais qui mérite d'être signalée, et testée plus avant. Là encore, on utilise comme contrôle une autre vaccination, celle contre l'hépatite A, ce qui manque clairement de force argumentative. Qu'en est-il de la prévalence d'évènements indésirables sérieux chez les enfants vaccinés avec un placebo ? S'il était de 21 au lieu de 24, alors la différence serait significative, et le vaccin serait considéré comme dangereux. Réciproquement, si on testait un hypothétique prochain vaccin pentavalent avec comme contrôle le vaccin tétravalent, on pourrait considérer que 55 évènements indésirables ne constituent pas une notable différence avec 36 (p > 0,05), et en déduire l'innocuité. Aucune réponse n'a été apportée à ces objections[172], par voie des commentaires du journal.

Les listes des conflits d'intérêt sont trop longues (10 des 15 co-auteurs[173] pour la première) pour être citées. Par ailleurs, et pour les 3 études mentionnées, "GlaxoSmithKline Biologicals SA a été la source de financement et a été impliquée dans toutes les étapes de la conduite de l'étude et de son analyse".

Enfin, notons la liste des effets secondaires reconnus[168] les plus fréquemment rapportés : chez l'adulte, douleur au site d'injection (36,4 %), fatigue (11,1 %), céphalées (9,2 %) et myalgies (11,8 %) ; chez les sujets de 6 à 17 ans, fatigue (12,6 %), myalgie (10,9 %) et céphalées (8,0 %) ; chez l'enfant, somnolence (9,8 %) et irritabilité (11,3 %). Le constat de la *Food and Drug Administration* est plus sévère encore[174] dans ses chiffres, et ajoute arthralgie (10 %), symptômes gastro-intestinaux (10 %). perte d'appétit (16 %).

Le HCSP en conclut : ce nouveau vaccin "aura une efficacité équivalente aux vaccins trivalents inactivés vis-à-vis des trois souches communes et un effet supérieur vis-à-vis de la souche B additionnelle. [...] Toutefois, l'impact en santé publique de l'ajout d'une seconde souche de virus influenza B n'est pas démontré dans la mesure où, d'après les données françaises, le virus B est rarement la lignée dominante. De plus, lorsque cela est le cas, cette circulation n'est pas associée à une augmentation des recours aux soins, le virus B apparaissant notamment moins impliqué que les virus A dans la genèse des formes graves". Ainsi, "il n'existe pas d'éléments permettant de privilégier l'utilisation du vaccin FluarixTetra® par rapport aux vaccins trivalents inactivés". "Des fréquences similaires d'événements indésirables ont été observés chez les sujets ayant reçu FluarixTetra® et Fluarix®". Le vaccin cause donc potentiellement 50 % d'effets indésirables sérieux en plus, n'est pas nécessairement plus utile, mais

a   Calculs pouvant être faits sur http://www.socscistatistics.com/tests/ztest/Default2.aspx

gagne à l'unanimité son autorisation de mise sur le marché après analyse de quelques publications à la solidité argumentative contestable, toutes financées par la firme qui fabrique ces vaccins.

Grippe A/H1N1 de 2009

Selon l'Inserm[154], "dès mars 2009, une nouvelle souche de virus grippal A(H1N1)-2009 se propage dans le monde entier. Cette grippe apparue au Mexique est causée par un virus A(H1N1) issu d'un réassortiment inédit entre des virus d'origine porcine, aviaire et humaine, ce qui explique la forte susceptibilité de la population à ce nouveau variant". Cette grippe fit prévoir en raison de son fort pouvoir contaminant une pandémie. "En France métropolitaine, entre 13 et 24 % de la population a été infectée contre habituellement 3 à 8 % pour la grippe saisonnière". Le profil selon l'âge était différent des grippes traditionnelles : "les personnes de moins de 65 ans ont représenté 75 % des décès contre 10 % en cas de grippe saisonnière", ce qui pourrait aussi s'expliquer par un précédent contact avec cette souche pour les plus âgés. Cependant la maladie est restée relativement bénigne. Selon un rapport de la Cour des Comptes[175], "en France, l'épidémie aurait été directement responsable de 1 334 cas graves et de 312 décès en métropole, 342 en incluant l'outre-mer. Il semble que ce nombre de décès soit comparable à la moyenne basse des grippes saisonnières, mais les victimes ont été plus jeunes et un nombre important de cas graves a été observé au cours de l'épidémie". Dans le monde, selon l'OMS[176], "au 15 juin 2010, la grippe A(H1N1) a fait 18.156 décès dans 213 pays", ce qui ne fait pas de la France un cas à part. D'après les données de l'InVS[177], il y eut 223 morts chez les moins de 65 ans, ce qui au final n'est pas réellement supérieur aux autres années (10 % de quelques milliers). Toujours selon la Cour des Comptes, "Près de cinq millions de personnes auraient eu un syndrome grippal lié à la grippe A (H1N1) et entre 8 et 15 millions auraient été infectées, dont un grand nombre ne présentant aucun symptôme (sic)". Cette faible incidence n'est pas à mettre entièrement au crédit de la vaccination, puisque malgré sa gratuité et les facilités mises en place, "le nombre de personnes vaccinées [en France] n'a pas dépassé 5,4 millions, soit moins de 8,5 % de la population totale. Ce fort désintérêt a pu être constaté à divers degrés dans la plupart des pays".

Si la souche H1N1 a été plus mortelle pour les adultes de moins de 65 ans que d'habitude, elle n'a pas touché à l'aveugle. Certains facteurs risques ont pu être remontés. Une étude aux États-Unis[178] a montré que "chez les plus de 20 ans, l'hospitalisation était associée avec une obésité morbide (IMC[a] = 40)" avec un facteur de risque de 4,9 ou 4,7 suivant qu'ils avaient ou non des troubles chroniques auparavant. Chez les 2-19 ans, un sous-poids (IMC = quantile 5 centièmes[b]) entraînait similairement un facteur de risque de respectivement 12,5 et 5,5. Pour les plus de 20 ans sans condition chronique préalable reconnue, "la mort était associée à l'obésité (FR = 3,1) et l'obésité morbide (FR = 7,6)". Selon cette méta-analyse de 2011[179], le risque d'être

---

a   Indice de masse corporel = poids/taille²
b   Les 5 % des personnes les plus légères

hospitalisé ou de décéder de la grippe H1N1 était deux fois plus élevé pour les patients sévèrement obèses.

Selon une étude canadienne[180], "l'intervalle entre le début des symptômes et le début d'une thérapie antivirale [était associée à] un facteur des risques de 8,24". Par ailleurs, l'ethnicité a joué sur la sévérité de la maladie, avec un facteur de risque de 6,52 pour les peuples autochtones, dits "Premières Nations", par rapport aux autres. Une méta-analyse[181] précise toutefois que ce constat est moins vrai en dehors de l'Amérique du Nord, où "il y avait peu de différences dans la proportion d'hospitalisation, de maladies sévères et de mortalité entre les minorités ethniques et non ethniques vivant dans les pays à haut revenus".

En Espagne, une étude[182] a trouvé que les "facteurs de risque indépendants pour la sévérité de la maladie [déterminée par la composition de l'accession en soins intensifs et de la mortalité] étaient l'âge inférieur à 50 ans (FR = 2,39), des conditions comorbides chroniques (2,93), l'obésité morbide (6,7), une co-infection bactérienne concomitante et secondaire (2,78) et [à l'inverse] une thérapie rapide à l'oseltamivir [dit Tamiflu] (0,32)". Au Brésil[183], pour les 18-59 ans, "l'obésité (2,73), l'immunosuppression (3,43) et la recherche d'un soin passé associé à l'hospitalisation (3,35) constituaient des facteurs de risques pour la mort" par la grippe A H1N1 de 2009. D'autres facteurs intervenaient également, comme le diabète ou des maladies chroniques de certains organes ou neurologiques. "Un traitement antiviral effectué dans les 72 heures après le déclenchement des symptômes (FR = 0,17 si dans les 48h, et 0,30 si entre 48 et 72h) protégeaient de la mort. [Ainsi,] l'identification des patients à haut-risque et le traitement rapide sont des facteurs importants pour réduire la morbi-mortalité de la grippe". En Inde, une étude[184] montrait que "un historique de diabète, le traitement dans des hôpitaux privés, le traitement aux corticostéroïdes pendant la maladie étaient [entre autres] associés de manière indépendante à la mort[alité de la grippe A]".

Une large étude[185] effectuée par l'OMS sur de nombreux pays trouvait que "pour tous les niveaux de sévérité, les femmes à leur troisième trimestre de grossesse comptaient régulièrement pour la majorité du total des femmes enceintes. Nos résultats suggèrent [aussi] que l'obésité morbide puisse être un facteur de risque pour l'admission en soins intensifs et une issue fatale (risque = 36,3)". Ils concluent que "les facteurs de risques [...] sont similaires à ceux de la grippe saisonnière, avec quelques différences notables, comme un jeune âge et l'obésité". Ne vaudrait-il pas mieux s'attaquer au problème plus général de l'obésité de laquelle peut survenir de nombreuses afflictions, plutôt que d'essayer en vaccinant de pallier ponctuellement une immunité déficiente ?

Concernant l'efficacité, la fiche de l'Agence Européenne du Médicament du Pandemrix[186], vaccin de GlaxoSmithKline dont la France a commandé 50 millions de doses (sur les 94 millions initialement demandées), ne l'évoque qu'une seule fois, pour ne rien en dire : "il n'y a pas de données de sécurité, d'immunogénicité ou d'efficacité pour permettre l'interchangeabilité de Pandemrix avec d'autres vaccins (H1N1)v ["virion fragmenté, inactivé, avec adjuvant"]". Une étude faite à Jussieu[187] basée sur les données de surveillance française montre que les vaccins contre la pandémie de 2009 ont été pendant la pandémie efficaces à 86 % contre la grippe A (cas confirmés par laboratoire), et 52 % des cas de syndromes grippaux. En effet, si 99,7 % des grippes de cette année furent des grippes A, la part des syndromes grippaux effectivement dus à la grippe "étaient estimés entre 30 % à 55 %, selon les pays" ; pour le reste, les syndromes grippaux n'étaient pas dus au virus de la grippe, donc peu susceptibles d'être évités par le vaccin. D'après les auteurs de l'article, le chiffre précédemment cité de 86 % pour l'efficacité estimée est au-dessus du chiffre de 72 % trouvé par deux autres études conduites au Royaume-Uni[188] et dans 7 pays européens[189]. Ce chiffre descend à 49 % si l'on considère que la protection doit survenir immédiatement, contrairement au chiffre de 86 % "quand la vaccination est considérée complète après l'injection", donc plus tard. L'efficacité des vaccins habituels contre la grippe saisonnière fut pour sa part de 60 % contre la grippe A et de 61 % contre les syndromes grippaux cette année-là. Cela nous conduit à dire que selon cette étude l'ensemble des syndromes grippaux, qu'ils soient dus à la grippe A ou à une autre infection, auraient été mieux prévenus par les vaccins habituels, avec une efficacité de 61 % contre 52 % avec les vaccins pandémiques. Quelques biais viennent limiter l'interprétation de ces chiffres, comme par exemple le fait que les cas de grippe soient recensés par les généralistes, ce qui pourrait entraîner que "la population qui se vaccine chaque année contre la grippe saisonnière puisse être distincte du reste de la population". L'étude faite au Royaume-Uni trouve ainsi une efficacité négative de -30 % pour le vaccin saisonnier sur la grippe A, et de 9,9 % pour l'étude européenne.

Finalement, pour ce vaccin comme pour les vaccins réguliers, nous n'aurons pas de chiffres d'efficacité basés sur une étude solide avec un contrôle par placebo en double-aveugle[a].

Notons qu'il peut arriver que certains lots de vaccins soient d'efficacité plus faible que celle attendue. Ainsi en 2009, d'après le CDC[190], 800.000 vaccins pour enfants de 6 à 35 mois ont été rappelés par Sanofi-Aventis car, avec le temps, ils "ne satisf[aisaient] plus les spécifications du fabricant concernant sa force".

Effets indésirables des vaccins anti-grippaux

D'après l'ANSM en 2009[119], les 6 vaccins contre la grippe saisonnière généralement utilisés en France contiennent tous 25 µg de thiomersal pour 0,25 mL, soit 12,5 µg d'éthylmercure. La plupart contiennent également du polysorbate 80, et les deux vaccins contre la pandémie H1N1 avaient du squalène.

Comme nous le verrons plus loin (voir Chapitre 12), le vaccin H1N1 a été responsable de réaction d'hypersensibilisation, et d'une grande multiplication des cas d'anaphylaxie (allergie sévère).

---

a   Comparaison de deux thérapeutiques, sans que ni le patient ni l'examinateur ne sachent quel produit ou placebo est utilisé, afin d'être le plus objectif possible

Une étude de l'Inserm[191] à Montpellier publiée dans *Brain* en 2013 met en évidence une "forte association" entre des cas de narcolepsies[a] accompagnées de cataplexies[b] et la vaccination anti-grippale, suite à la campagne de vaccination massive de 2009, que ce soit chez l'adulte ou l'enfant. En France, 61 cas ont été officiellement reconnus, dont 56 venant du Pandemrix, et 21 dossiers ont été établis, certains étaient déjà indemnisés à hauteur de 300.000 € selon *Le Parisien*[192]. En Suède, une étude[193] sur les enfants et les adolescents de moins de 19 ans corrobore le lien entre le vaccin Pandemrix de GlaxoSmithKline contre H1N1 et la narcolepsie, multipliée par 6,6 chez les vaccinés, avec 4,2 cas sur 100.000 personnes par an. La fiche du Pandemrix qui tient compte des diverses études parle de "1,4 à 8 cas supplémentaires pour 100.000 sujets vaccinés".

En 2010, un article de revue italien[194] regroupant 50 études établit que "les vaccins inactivés ont causé des dommages locaux et 1,6 cas additionnel de syndrome de Guillain-Barré par million de vaccinations". Les auteurs nous avertissent que toutes ces conclusions doivent de surcroît être prises avec un certain recul, puisque "15 essais sur les 36 [inclus dans la revue] étaient financés par l'industrie". Ils ont constaté que "les études financées par des fonds publics étaient significativement moins susceptibles de rapporter des conclusions favorables aux vaccins. La revue a montré que les preuves solides sur les vaccins contre la grippe sont minces mais qu'il existe des preuves d'une manipulation répandue des conclusions, ainsi que de la réputation infondée des études".

Enfin, une étude[195] met en avant la nocivité des vaccins combinés, situation qui est rarement testée pour valider l'innocuité d'un produit. En analysant le nombre de morts fœtales rapportées par des femmes précédemment vaccinées, ils ont constaté que le taux passe de "6,8 décès fœtaux par million de femmes enceintes vaccinées pour la saison 2008/2009 à simple dose [vaccin saisonnier] à 77,8 pour la saison 2009/2010 à double dose [saisonnier + grippe A]", puis redescend à 12,8 pour l'année 2010/2011. Ils écartent un biais possible par entre autres le nombre total de rapports d'effets secondaires, stable sur ces années, et par le nombre de chocs anaphylactiques rapportés suite aux injections, dont le taux est resté constant. Le fait d'injecter deux vaccins, chacun contenant du mercure, peut avoir eu selon les auteurs un effet synergique, d'autant que seules 66 % des femmes vaccinées cette année le furent avec les deux doses, augmentant d'autant plus le facteur 11,4 (77,8/6,8) de multiplication des risques de perdre son enfant. Le taux de 77,8 pour un million de femmes vaccinées n'est que le taux rapporté et les auteurs évaluent par calcul à 590 pour un million le taux réel de pertes.

Toutefois, la grippe elle-même peut dans certains cas entraîner des dégâts supérieurs à ceux de la vaccination. D'après cette étude de 2008[196], "l'incidence relative du syndrome de Guillain-Barré dans les 90 jours après la vaccination était de 0,76 [diminution du risque]. D'un autre côté, l'incidence relative du syndrome de Guillain-Bar-

a   Trouble du sommeil chronique caractérisé par un sommeil excessif
b   Perte brusque du tonus musculaire sans altération de la conscience

ré dans les 90 jours après un syndrome grippale était de 7,35". Toutes les études[197][198][199] semblent corroborer le fait que la vaccination n'augmente, dans le cas général, ni la probabilité de mort fœtale ni celle de naissance avant terme.

Coût estimé d'une grippe

Pour l'hiver 2005-2006, "le coût direct de l'épidémie 2005/2006 est estimé à environ 103 millions d'Euros, 2/3 pour les honoraires médicaux, 1/3 pour les médicaments", selon un travail[200] des Groupes Régionaux d'Observation de la Grippe (GROG). Ce chiffre ne tient pas compte des "indemnités journalières et les pertes de production occasionnées par les arrêts de travail".

D'après un document[201] de l'Institut national de recherche et de sécurité, l'estimation faite par "le groupe d'étude et d'information sur la grippe (GEIG), issu de l'association de plusieurs distributeurs de vaccins sur le marché français, [du] coût global d'une épidémie de grippe (hors hospitalisations et pertes de production des entreprises) s'échelonnait entre 227 millions d'euros en cas d'épidémie de sévérité faible (1997-1998) jusqu'à 840 millions d'euros dans le cas d'une épidémie de grippe sévère comme lors de la saison 1999-2000" (le calcul n'est pas précisé). Assurément, une grippe coûte de l'argent à l'État et aux Français. On peut toutefois comparer le coût total de la vaccination, avec un calcul basé sur une couverture de 23 % et le prix du vaccin (6,14 € par exemple pour le Fluarix), soit 93 millions d'€. Cela sans compter le coût d'une consultation médicale (23 € pour le secteur 1). On lit suivant les sources qu'elle cause 1500 (Institut Pasteur[202]) à 6000 morts par an, avec plus de 90 % parmi les plus de 65 ans[156]. En se basant à nouveau sur un plan strictement économique, cela représente une économie mensuelle d'au minimum 1,7 millions €, si l'on compte une retraite moyenne à 1288 €[203], soit 200 millions € si les personnes avaient vécu 10 ans de plus en moyenne. Si la personne était en mauvaise santé, alors les coûts journaliers d'hôpital peuvent également être décomptés de la facture. Par ailleurs, en cas de couverture à 23 % en France, plusieurs millions d'adultes par an sont concernés par les effets secondaires plus ou moins anodins du vaccin, contre 2 à 8 millions de personnes grippées[204].

La revue italienne[194] citée plus haut qui analysait 50 études relativise l'influence de la vaccination : "les vaccins anti-grippaux ont un effet modeste sur la réduction des symptômes grippaux et des jours de travail perdus. Il n'y a pas de preuve qu'ils ont un effet sur les complications, comme la pneumonie, ni sur la transmission".

Avec un vaccin dont l'efficacité moyenne est supposée sans certitude de 55 %, et dont les effets secondaires précédemment décrits présentent eux aussi un coût direct, l'argument économique, quoique cynique, mérite d'être mieux développé par ceux qui l'avancent. La pertinence de cette question s'applique plus encore à la pandémie de 2009, où les nombreux et coûteux nouveaux vaccins auraient pu être remplacés par les vaccins traditionnels, au moins aussi efficaces contre l'ensemble des syndromes grippaux.

L'État français face à la pandémie de 2009

Le 12 novembre 2009, le Ministre de la Santé Mme Roselyne Bachelot pouvait défendre sur Europe 1[205] son programme, et l'on pouvait y entendre : "Les vaccins sont absolument sûrs" (1'24), "Ils ont un vaccin sûr, ils ont un vaccin testé" (2'21), "Je veux mener cette opération dans la plus totale transparence" (4'34). Pourtant le journaliste pointait du doigt l'éventualité d'une sécurité non absolue : "Si des effets secondaires indésirables apparaissent et si des Français poursuivent des fabricants de vaccin ? Est-ce qu'il est vrai que l'État a donné son accord pour être le seul à indemniser ?", et il recevait l'affirmation péremptoire en réponse : " - [...] Si un vaccin est défectueux, la responsabilité des laboratoires est totalement engagée" (5'18).

En 2010, le Sénat constituait une *Commission d'enquête sur le rôle des firmes pharmaceutiques dans la gestion par le Gouvernement de la grippe A (H1N1)*[206]. Le dossier établi contredisait immédiatement l'assertion de Mme Bachelot. On peut y lire[207] que l'article 4 de la clause de responsabilité dans le contrat avec Novartis stipule : "L'administration déclare que l'utilisation des vaccins objets du présent marché ne se fera qu'en cas de situation épidémiologique le nécessitant. Dans ces conditions, les opérations de vaccination de la population seront décidées par la seule administration et seront placées sous la seule responsabilité de l'Etat. Dans ce cadre, le titulaire est, en principe (sic), responsable du fait des produits défectueux". Le rapport précise que les contrats passés avec les autres sociétés pharmaceutiques sont de la même veine : "Cette rédaction se retrouve, à peu près à l'identique, à l'article 3 (clause de responsabilité) de l'avenant au marché Sanofi Pasteur, et à l'article 24 du contrat Baxter".

Le document se trouve résumé dans un communiqué du 5 août 2010[208], et l'on retrouve synthétisés plusieurs axes de critiques, dont entre autres :

- "les défauts d'organisation de l'expertise sanitaire, son éloignement des réalités du terrain, ont favorisé l'expression d'une « pensée unique » et conduit à une forte surestimation du risque pandémique".

- "une stratégie vaccinale figée par des contrats déséquilibrés et rigides qui ont imposé au Gouvernement des achats démesurés. L'impossibilité de réviser les contrats en fonction de l'évolution du schéma vaccinal, la prise en charge par l'Etat des conséquences de la responsabilité des laboratoires du fait des produits défectueux, les calendriers de livraison purement indicatifs, les limitations de la responsabilité contractuelle des fournisseurs sont particulièrement problématiques". L'Espagne avait par exemple mieux négocié ses contrats, y ayant inclus "une clause de révision de ses commandes lui permettant, sans indemnités, d'adapter leur volume [...]".

- concernant la transparence, le rapport ne converge pas vers l'opinion du Ministre : "Après avoir examiné ces critiques, la commission d'enquête estime indispensable, même si c'est difficile, que la définition de la pandémie intègre un critère de gravité et souligne la nécessité pour l'OMS d'un important effort de transparence sur les liens d'intérêt de ses experts et d'amélioration de la gestion des conflits d'intérêts : les Etats devront l'y aider, notamment en lui assurant des moyens suffisants pour ne pas devenir excessivement dépendante de financements privés".

Ces mots sont forts ; tous ces points trouvent néanmoins un développement argumentaire plus fourni dans le texte intégral[207].

Le surcoût lié à la pandémie "s'élève à 662,6 M€" selon la Cour des Comptes[175], ce qui n'inclut pas les dépenses engagées contre les effets secondaires de cette vaccination. C'est plus que le déficit total des hôpitaux en France en 2010, selon un autre document[209] de la Cour des Comptes.

Avant de clore ce point, notons que de manière curieuse, la définition de pandémie a changé en avril 2009. Alors qu'elle incluait un critère de gravité, imposant qu'elle "provoqu[ât] un nombre considérable de cas et de décès", la pandémie ne retient dès lors plus ce critère : désormais, "l'OMS [...] définit clairement la pandémie du seul point de vue de sa diffusion géographique". Ce changement arriva "un peu plus d'un mois avant le passage en phase 6, le 11 juin 2009, pour une pandémie alors reconnue comme étant « de gravité modérée »". Pour une tentative de compréhension de ces dysfonctionnements, on lira les conflits d'intérêt à l'OMS à ce sujet (voir Chapitre 13), dans les ministères français et au Royaume-Uni.

Pour finir, un inquiétant constat a été fait concernant les virus traités en laboratoire, comme ce fut le cas du H1N1, et le danger que cela représente. "Mais plus surprenant, il a resurgi dans les années 70 après un accident de laboratoire". Ce virus, qui a dérivé de la souche qui avait apparemment sévi en 1918 sous le nom de grippe espagnole, a finalement disparu en 1957. En 1977, il réapparaît en Chine du Nord et en Sibérie, 20 ans plus tard. Comment un virus qui a besoin d'un hôte pour survivre, contrairement au tétanos par exemple qui peut dormir dans de la terre, a-t-il pu disparaître puis réapparaître ? La Pr Patrick Berche, chef de service en microbiologie à l'hôpital Necker enfants malades en 2009, répondait sur TF1[210] : "On pense que l'hypothèse la plus probable est que ce virus est une contamination de laboratoire ; il avait été congelé, quelque part, dans un laboratoire, [...] et il se serait échappé du laboratoire en quelque sorte, de façon accidentelle. [...] Tout se passe comme [s'il] s'était endormi pendant 20 ans, sans aucune mutation".

La grippe est une maladie relativement bénigne dont un vaccin renouvelable chaque année peut éviter la venue. L'efficacité varie très largement selon les souches et les années, avec une moyenne évaluée à 50 %, quoique la quasi-totalité des études manque de force argumentaire convaincante. Les preuves de l'efficacité chez les plus de 65 ans manquent, alors que la maladie touche et tue majoritairement les seniors et particulièrement le 4e âge. Certaines souches de virulence dissemblable comme en 2009 ont certes causé davantage de dégâts chez les actifs. Pour autant, le nombre total des décès chez les moins de 65 ans n'a été supérieur à celui des autres années qu'en proportion, mais pas en nombre compte tenu du faible nombre de décès total. Des facteurs de risque, comme l'obésité ou l'absence de traitement antiviral après déclenchement des symptômes, ont pu cette année-là largement aggraver le risque de sévérité et de mortalité. Les vaccins anti-grippaux contiennent des produits potentiellement nocifs, et entraînent de nombreux effets indésirables légers. Les effets secondaires graves établis comptent par exemple la narcolepsie et éventuellement la mort fœtale en combinaison de plusieurs vaccins. Le bénéfice/risque semble donc assez faible pour les enfants et les jeunes adultes. L'état de pandémie décrété en 2009 par la communauté internationale a largement surévalué le risque, et le bilan de cette grippe s'est révélé au final similaire à celui des années les moins virulentes. Les mesures vaccinales ont coûté plusieurs centaines de millions d'euros à la France, sans aucune garantie d'efficacité ou de sûreté, tandis que la gestion française a souffert de nombreux dysfonctionnements et conflits d'intérêts. L'ensemble des syndromes grippaux aurait d'ailleurs été mieux prévenu avec le vaccin saisonnier habituel. Similairement, le FluarixTetra a été mis sur le marché en 2013 sans que ni sa valeur ajoutée soit manifeste ni les études préalables soient exemptes de défaut.

Chapitre 4
Hépatite B

Épidémiologie de la maladie

D'après une revue parue en 2014[211], "environ 30 % de la population mondiale montre des indices sérologiques d'une infection passée ou actuelle" à l'hépatite B. "Elle est transmise par contact avec du sang ou du sperme infectés". Selon l'Institut national de prévention et d'éducation pour la santé[212] (Inpes), "en France, ce sont les transmissions par voie sexuelle et par voie parentérale (injections avec du matériel contaminé) qui sont majoritaires. Dans 30 % des cas, le mode de contamination reste inconnu", sans qu'aucun facteur de risque connu n'ait été répertorié au moment du déclenchement. L'Agence nationale de sécurité du médicament (ANSM) ajoute aussi la transmission "mère-enfant" dans un rapport de 2009[213]. Les données de l'Institut de Veille Sanitaire[214] (InVS), sur 756 notifications d'hépatite B aiguë entre 2004 et 2008 s'essayent à plus de précisions, et donnent les possibles facteurs suivants : risque sexuel (rapporté dans 36,1 % des cas) dont partenaire multiple, homosexuel ou positif à l'hépatite B, voyage en pays endémique (20,9 %), soins invasifs (9,4 %), exposition familiale (7,8 %) dont principalement un parent positif, puis de manière moindre et dans l'ordre, tatouage/piercing, vie en institution, drogues, profession exposée. Par exemple, la transmission par la mère porteuse du virus selon un article français[215] concernait en 1991 600 nouveaux-nés par an sur notre sol.

Par ailleurs, toutes les catégories ethnico-raciales ne sont pas touchées de la même manière sur un même territoire. En 1994, un article[216] portait sur 21.500 femmes enceintes en France montrait que la prévalence était "significativement plus élevée dans le groupe de femmes immigrées (2,56 %) que pour les femmes Françaises (0,15 %). La prévalence à AgHBs [antigène du virus de l'hépatite B] augmentait de la région méditerranéenne (1,75 %) vers l'Afrique sub-saharienne (4,61 %) et l'Asie du Sud-Est (5,45 %)", soit 36 fois plus que les Françaises, sans qu'il soit précisé si la culture, le nombre d'enfants[215], les gènes ou indirectement d'autres maladies étaient le principal facteur. Il serait d'intérêt de voir comment se répartissent ces catégories géographiques avec les facteurs de contagions décrits plus haut. Il semble en tout cas qu'un français de type européen, fidèle à sa terre et sa femme, non alcoolique et non sidéen (voir plus loin) aura peu de chance de contracter la maladie ou de la transmettre, moins encore si les tests révèlent une absence de maladie dans sa proche famille.

Selon l'Institut national de recherche et de sécurité pour la prévention des accidents du travail et des maladies professionnelles (INRS)[217], "la contagiosité est maximale entre 1 et 3 mois". D'après l'Inpes, une fois la maladie contractée, l'infection aiguë n'engendre des symptômes que dans 40 % des cas, très souvent légers, et plus rarement associée à une jaunisse. "Que l'hépatite aiguë soit symptomatique ou non, elle va guérir spontanément en quelques semaines dans 90 % des cas, et les éventuels symptômes vont disparaître progressivement. Dans cette situation, la maladie disparaît donc sans traitement et c'est a posteriori, à l'occasion d'une analyse de sang, que l'on apprend que l'on a été un jour infecté. Dans de rares cas, l'hépatite B aiguë peut être sévère, voir[e] même atteindre le stade d'hépatite aiguë fulminante (moins de 1% des cas). Cette forme d'hépatite B aiguë est mortelle 8 fois sur 10 en l'absence d'une transplantation hépatique en urgence. Enfin, dans les 5 à 10% de cas restants, l'hépatite B persiste et devient chronique (chez les nourrissons, l'évolution vers une forme chronique se fait dans 90% des cas). Le virus persiste alors dans le sang, pendant des mois, des années, voir[e] à vie. Ces formes chroniques s'accompagnent souvent de lésions du foie, menant à la cirrhose et au cancer (15 % à 25 % des porteurs chroniques)".

Les chiffres sur la mortalité sont récents. Selon l'Institut Pasteur[218] en effet, les "virus des hépatites A et B ont été identifiés dans les années 1960-1970". Il est donc difficile d'associer facilement la vaccination, récente elle aussi, à ses effets sur la maladie, cette dernière induisant de plus ses conséquences néfastes bien longtemps après la contagion. "En 2001, il n'existait pas de données sur la mortalité en rapport avec le virus du VHC et du VHB en France métropolitaine", selon l'InVS[219]. Un rapport de l'Inserm paru en 2008[220] mettait de la lumière sur les chiffres des décès des hépatites B et C, avec les premières "données nationales fiables sur la mortalité associée au VHB et au VHC. [...] Les chercheurs estiment qu'en 2001, en France métropolitaine, 1 327 [décès] étaient directement imputables au virus (taux de décès de 2,2 pour 100 000 habitants) : le VHB avait joué un rôle majeur dans le décès ou expliquait à lui seul le décès. [...] Pour les deux virus, les hommes étaient nettement plus touchés que les femmes, et les taux de décès progressaient fortement avec l'âge. Dans 95 % des cas, le stade de la maladie au décès était au moins une cirrhose et, une fois sur trois, un carcinome hépatocellulaire sur cirrhose. L'âge moyen au décès était de 65 ans, contre une moyenne nationale de 75 ans. Cet âge diminue très nettement en cas de consommation excessive de boissons alcoolisées ou de co-infection par le VIH". Selon l'InVS, "la fréquence de la co-infection par le VIH était de 11 % [et] une consommation excessive d'alcool était rapportée dans 15 % des cas".

Vaccination et efficacité théorique

D'après le calendrier vaccinal 2014[69], trois vaccinations sont recommandées pour les nouveaux-nés, recommandation facilitée par certains vaccins multivalents : "pour les nourrissons, l'utilisation d'un vaccin combiné hexavalent contre la diphtérie, le tétanos, la coqueluche (vaccin acellulaire), la poliomyélite (vaccin inactivé), les infections à Haemophilus influenzae de type b et l'hépatite B permet d'immuniser contre ces maladies en une seule injection aux âges de 2, 4 et 11 mois, selon le nouveau schéma vaccinal introduit en 2013".

La volonté de vacciner au plus jeune âge s'explique par deux raisons : le passage à la chronicité très fréquent à l'âge enfant, et la plus faible immunité vaccinale avec l'âge. Selon le rapport de l'InVS de 2010[214], "si l'infection passe le plus souvent inaperçue dans la petite enfance, le risque de passage à la chronicité[a] est en revanche majeur quand la contamination survient avant l'âge de cinq ans", avec 90 % de passage à la chronicité à la naissance, chiffre qui décroît jusqu'à 5-10 % après l'âge de 5 ans. Sur un site de statistiques du gouvernement canadien[221], on voit que l'immunité acquise par la vaccination décroît largement avec l'âge : de 73 % entre 14-19 ans, elle passe progressivement à seulement 7 % entre 70-80 ans.

La vaccination possède selon l'introduction de nombreux articles scientifiques "un excellent profil de sûreté et d'immunogénicité, conférant une séroprotection de plus de 95 % dans la population vaccinée", par exemple selon un article de *Nature* 2005[222] ou, repris mot pour mot pendant tout un paragraphe sans le citer, une revue de 2012[223]. L'article de revue[224] auquel ils font référence fut publié en 1999 par deux employés de SmithKline Beecham Biologicals, un des parents de GlaxoSmithKline, qui conclut également à "une haute efficacité protectrice [...] pour trois groupes à haut risque pour l'infection à l'hépatite B, les hommes homosexuels, les sujets handicapés mentaux en institution et les nouveaux-nés de mères porteuses chroniques [de la maladie]". L'OMS dans son aide-mémoire n°204 de juillet 2014[225] énonce même, sans appui bibliographique, que le vaccin "est efficace à 95% pour prévenir l'infection et ses conséquences chroniques", sans distinguer quantité d'anticorps protecteurs et protection réelle contre la maladie. Pareillement, la documentation du vaccin Engerix en 2013[226], de GlaxoSmithKline, ne met en avant que les titres d'anticorps.

Mettre en avant la seule immunogénicité, à savoir le taux d'anticorps contre la maladie, n'est qu'un moyen imparfait pour se rendre compte de la protection réelle. Le guide vaccinal 2012 de l'Inpes[227] précise lui-même : "En effet, si l'immunogénicité du vaccin chez le nouveau-né est démontrée depuis longtemps, l'efficacité de cette sérovaccination n'est pas totale. Une tolérance immunitaire, induite par de faibles doses d'ADN du VHB [vaccin contre l'hépatite B] transmises in utero, pourrait être en cause, mais plus probablement, pour certains, une contamination in utero. D'autres échecs ont été imputés à la sélection de mutants d'échappement décrits au Japon, à Singapour, en Gambie, en Chine, au Sénégal, mais aussi en Europe". De plus, certains groupes de personnes ne jouiront quoiqu'il arrive pas d'une même efficacité, en moyenne du moins : "Une surveillance de la réponse immune postvaccinale a permis de cerner des facteurs de moindre réponse à la vaccination tels que l'âge (au-delà d'environ 40 ans), le sexe (masculin), l'obésité, le tabagisme et certains groupes HLA".

Deuxièmement, constater la concomitance entre l'introduction du vaccin et la chute de la maladie, comme le fait l'Inpes par exemple avec les exemples taïwanais, italiens ou coréens, est un indicateur intéressant mais qui ne remplit pas tous les critères objectifs pour s'assurer de l'efficacité. Les maladies anciennes que nous étudierons dans la prochaine partie nous montreront que le déclin à l'arrivée de la vaccination peut se révéler plus fortuit que causal. Pour s'assurer de l'efficacité vaccinale, on préférera à une simple mesure d'immunogénicité une population identique divisée en deux et à laquelle on administrera d'un côté un placebo et de l'autre le vrai vaccin.

a   Maladie qui persiste dans le temps

Impact général réel

S'appuyant sur un bulletin de l'InVS[228], un avis du Haut Conseil paru en 2008[229] et dont nous reparlerons, conclut : "l'incidence des infections aiguës a diminué d'environ 8 500 cas en moyenne par an au début des années 1990, avant la mise en place de la vaccination des nourrissons et des enfants, à environ 650 cas en moyenne par an, tous âges confondus entre 2004 et 2007". Le bénéfice est-il à mettre au compte de la vaccination pour les enfants ? Un rapport de l'Inserm[230] sur l'incidence et la prévalence des hépatites B et D autour des années 1990 rend cette hypothèse absolument impossible. On constate bien une chute de l'incidence de l'hépatite B dans la communauté urbaine de Lyon à partir de 1986 (fig. 5.2), soit tout de même 5 ans après l'introduction du vaccin en France. Par ailleurs, le Guide des Vaccinations 2012[227] commente : "Ces données de surveillance indiquaient une nette diminution du taux d'incidence de l'hépatite B au cours de la période 1986-1996, avant même la mise en place de la stratégie de vaccination systématique en France en 1994". Mais plus encore, "les sujets âgés de vingt ans et plus représentent 91 % des cas pour les années 1991-1995". Comment alors la "vaccination des nourrissons et des enfants" aurait-elle pu rendre compte de la chute de ces cas en à peine 12 ans ? Comme nous le verrons plus tard, ceci n'est qu'un des exemples d'un enthousiasme vaccinal exacerbé et exagéré de la part de nombreux organismes publics.

Un rapport de l'Assemblée et du Sénat de 2007[231] décorrélait la recommandation vaccinale et l'incidence de l'hépatite B : "En Finlande et au Royaume-Uni où il n'y a pas de recommandation généralisée concernant l'hépatite B (mais une politique ciblée sur les groupes à risque), les incidences du portage de l'antigène HBs sont très inférieures à celle de la France. L'incidence en Finlande en 2001 était de 2,4 cas pour 100 000 habitants et au Royaume-Uni, elle était de 2,29 cas pour 100 000 habitants en 2003 (contre 8 pour 100 000 en France en 2006)". De même, un autre rapport de l'InVS[232] dresse un constat semblable dans d'autres pays : "Aux Pays-Bas, où l'incidence est stable, inférieure à 2 pour 100 000 dans les années 1990-2001, la vaccination contre l'hépatite B n'est pas intégrée au calendrier des nourrissons ni des adolescents. La stratégie de prévention repose sur la vaccination des groupes à risque (incluant récemment les enfants dont un des parents au moins est né dans un pays d'endémicité haute ou intermédiaire), le dépistage généralisé des femmes enceintes et l'immunisation des nouveau-nés de mères AgHBs positives".

Il faut malgré tout prendre certains chiffres avec circonspection et conclure prudemment. Les données sur l'hépatite B varient en fonction des pays, et même au cours du temps au sens d'un même pays, comme on peut le voir sur les chiffres de 27 pays d'Europe entre 1995 et 2005 : selon un rapport d'*Eurosurveillance* en 2008[233], "il y a une grande hétérogénéité entre les systèmes de surveillance, en terme de définitions du cas, du signalement des cas chroniques et aigus, l'inclusion des cas asymptomatiques, les sources des données, et les aspects légaux de l'enregistrement des cas".

L'ANSM nous prévient dans un rapport déjà cité[213] que "depuis une dizaine d'années, on assiste à une augmentation de la fréquence de virus dont les déterminants antigéniques de l'AgHBs ont subi une ou plusieurs mutations qui s'observent pour les virus soumis à une pression immunitaire naturelle ou induite par la vaccination ou la thérapie. Ces mutations modifient la structure de l'épitope avec comme conséquence possible la non-reconnaissance de l'antigène muté par les anticorps des réactifs de dépistage de l'AgHBs". Une étude faite à Taïwan en 2004[185] a montré que "les [mutants] variants de déterminant *a* ont un avantage pour infecter les enfants immunisés", la proportion de ces variants étant "[trois fois] plus élevée chez les totalement vaccinés que chez les non vaccinés (15/46 *v* 15/153 ; p<0.001)" et que la prévalence de ces mutants a augmenté de manière significative, de 7,8 % à 28,1 % entre 1984 et 1994, pour revenir à 23,1 % en 1999. En 2007, une étude française[234] montrait que les "variations de la région hydrophile majeure, cœur central de l'antigène de l'hépatite B connu pour être exposé en surface et impliqué dans la liaison avec l'anticorps" montaient en fréquence à 27,8 %[, fréquence] similaire à celles observées au Japon[235] ou à Taïwan, mais plus faible que les fréquences (~40 %) rapportées en Espagne[236] ou en Corée[237]". Toutes ces mutations desservent nécessairement l'efficacité du vaccin.

Effets secondaires

D'après la Société Nationale Française de Gastro-Entérologie[238], "la vaccination a été introduite en France dès 1981. L'année 1991 a été une période charnière pour le vaccin anti-VHB. L'OMS recommandait de ne pas limiter la vaccination aux seuls groupes à risque car cette stratégie avait montré son impuissance à faire régresser le nombre de cas d'hépatites. En France, la vaccination devint obligatoire chez les personnels de santé. Par ailleurs, les premiers cas de poussée de sclérose en plaques chez des sujets récemment vaccinés furent rapportés. En 1994, la France a lancé une formidable campagne de vaccination, ciblant les nourrissons et les pré-adolescents (pour que les dernières générations ne soient pas oubliées). Le succès de cette campagne dépassa son objectif si bien que la France devint le premier pays du monde pour la couverture vaccinale avec presque la moitié de la population vaccinée". Selon le rapport de l'Assemblée, la France avait "des taux de couverture des élèves de 6ème de bonne qualité : 77% en 1994-1995, 73% en 1995-1996, 76% en 1996-1997". Puis, "à la suite de notifications de cas d'épisodes démyélinisants aigus chez des sujets récemment vaccinés, la campagne de vaccination en milieu scolaire a été suspendue en octobre 1998". Depuis, "la France et l'Allemagne sont loin derrière les autres pays qui recommandent cette vaccination et qui atteignent des taux de couverture vaccinale de 90%". Par exemple, la "couverture des enfants de 2 ans [...] était [en France] de 27,6% en 2003".

Un article de chercheurs chinois paru en 2012[239] montre que le vaccin, quand associé à l'adjuvant d'hydroxyde d'aluminium conduit à la mort cellulaire des cellules hépatiques[a], cancéreuse ou non, in vitro et in vivo : "Nous concluons que l'exposition des cellules [de lignée cancéreuse] Hepa1-6 à une faible dose de vaccin contre l'hépatite B avec adjuvant entraîne la perte de l'intégrité mitochondriale, l'induction de

---

a   Qui se rapporte au foie

l'apoptose[a], et la mort cellulaire. [...] En l'absence de vaccin, seulement 1,69 % des cellules subirent la mort cellulaire. Par contre, l'exposition à 1 µg/mL de vaccin contre l'hépatite B causa une toxicité significative, avec 9,19, 12,11 et 15,94 % de mort cellulaire à 24, 48 et 72h respectivement". Cela correspond à "une réduction de la viabilité de la cellule de 50 % après 24h". L'augmentation de la concentration hydroxyde d'aluminium augmente l'effet apoptotique, mais "moins que l'effet collectif de l'antigène hépatite B et l'aluminium dans le vaccin entier". De plus, "l'effet de l'apoptose a été aussi observé dans la lignée des cellules myoblastes[b] de souris C2C12 après traitement avec de faibles doses de vaccin (0,3, 0,1, 0,05 µg/mL)". Troisièmement, "l'effet apoptotique du vaccin contre l'hépatite B a été observé *in vivo* dans le foie des souris", les noyaux apoptotiques passant de moins de 10 % pour les cellules contrôles du foie à plus de 70 % après 3 jours quand injectées au vaccin adjuvanté (voir fig. 6f). (traduction[240] partielle initiativecitoyenne.be)

D'après l'Inpes, en 2012[227], "les vaccins [contre l'hépatite B] sont tous adsorbés sur hydroxyde d'aluminium".

De plus, des nouveaux-nés macaques rhésus, auxquels on avait administré une dose ajustée à leur poids du vaccin anti-hépatique, ont présenté "un retard significatif dans l'acquisition des réflexes des points cardinaux[c], de la moue et de succion, comparés aux animaux non exposés"[241]. Sur une étude d'enfants états-uniens de moins de 6 ans, d'accès payant, "le vaccin contre l'hépatite B s'est trouvé être associé à une prévalence de l'arthrite (facteur de risque = 5,91), des infections aiguës de l'oreille (FR = 1,60) et de la pharyngite/rhino-pharyngite (FR= 1,41)". La documentation[242] du vaccin combiné avec celui de l'hépatite A, Twinrix, présente la liste des effets secondaires, semblable à celle de l'Engerix[226], avec des troubles du système nerveux, sanguin, lymphatique, ou locomoteurs. Par contre, dans sa rubrique questions/réponses[243], le site de promotion du Twinrix au Canada, probablement bien plus lu, tait les effets secondaires rares qui arrivent dans moins de 1 % de cas au cours des essais cliniques, pourtant les cas le plus susceptible d'intéresser les parents. Les effets secondaires rapportés après commercialisation du vaccin ne sont pas mentionnés non plus.

Perception populaire du vaccin

En août 2014, d'après *L'Express*[244], "une ex-infirmière, qui a contracté une sclérose en plaques quelques semaines après les premières injections vaccinales contre l'hépatite B va percevoir près de 2,4 millions d'euros de l'Etat". Un rapport du Sénat[245] précise qu'en France, "à titre d'exemple, entre 120 et 160 dossiers ont été indemnisés depuis 1995 pour des accidents liés à la vaccination (obligatoire ou recommandée) contre l'hépatite B, sur plus de 600 dossiers déposés". C'était en 2005, et en forte progression, le vaccin qui "suscit[ait chez les Français] le plus de réticence", avec 35,8 % de sujets méfiants, devant la grippe, l'hépatite A, le BCG puis le ROR. La figure 14 du rapport de l'Assemblée Nationale[231] précise ces chiffres.

a   Processus par lequel des cellules s'autodétruisent sous l'impulsion d'un signal
b   Variété de cellule musculaire précurseur de cellule musculaire de l'adulte
c   Rotation de la tête et ouverture de la bouche pour téter après stimulation tactile de la joue

Pourquoi cette méfiance ? Le 9 mai 2001, un autre rapport de l'Assemblée Nationale [246] traitant de la campagne de vaccination des années 90 nous éclaire en profondeur sur l'intense et abusive propagande utilisée à l'époque : elle peut expliquer, en partie, notre manque de confiance envers ce vaccin. La campagne tournait "autour du thème « *L'hépatite B : se faire vacciner, c'est l'éviter* » en ciblant plus particulièrement les adolescents [par ex. les radios Fun Radio, NRJ ou Skyrock]. Tous les supports furent utilisés : film télévisé de 30 secondes, messages radiophoniques, encarts dans la presse, affiches et dépliants destinés au grand public, « kit pédagogique », forums régionaux d'information et réunions de médecins. Au total, cette campagne coûta 13,9 millions de francs en 1995. La volonté de « faire peur » sur les risques de contracter l'hépatite B a sans doute été l'un des vecteurs de cette campagne comme le prouve une certaine exagération des données médicales ; les documents officiels de la campagne parlent ainsi de 2 millions de morts par an dans le monde, alors que l'OMS les estime à 1 million, et de 30 000 à 100 000 le nombre de nouveaux cas en France alors que le réseau Sentinelle estimait ce nombre à 8 000 en 1994 ; le nombre de porteurs chroniques était par ailleurs triplé (de 100 000 à 300 000). Suivant leurs impératifs d'une stratégie marketing optimale, les laboratoires pharmaceutiques contribuèrent à renforcer la teneur alarmante de ces messages sanitaires ; un document interne de l'un d'entre-deux d'août 1996 souligne ainsi qu'il faut, à l'égard des adolescents, « dramatiser le danger, le risque encouru à ne pas se faire vacciner » et faire de la vaccination « un rite initiatique moderne de passage à l'âge adulte, une sorte de passeport pour les premiers baisers. » A ce sujet, la présentation d'un risque de transmission de la maladie par la salive a été sans doute abusivement utilisé[e]. Les documents officiels font état d'un doute en la matière. Dans le document présentant la campagne co-signé par le ministère du travail et des affaires sociales, la CNAMTS et le Comité français d'éducation pour la santé (CFES), on peut lire : « on ignore encore si l'hépatite B peut être transmise ou non par la salive et la transpiration. Des recherches sont actuellement en cours ». Cet élément d'information a été hélas très vite déformé, de nombreuses brochures et des messages radiophoniques à destination des adolescents présentant la salive comme l'un des modes certains de transmission de la maladie. Ainsi en est-il d'un dépliant remis aux jeunes, établi avec le concours d'une caisse primaire d'assurance maladie, du Service de promotion de la santé en faveur des élèves et d'un collège de l'Isère qui présente les baisers comme un risque certain de transmission de l'hépatite B au même rang que le sang ou l'échange de seringues contaminées".

La machine s'est emballée ; ainsi "Jacques Drucker, directeur du Réseau national de santé publique (RNSP), notait plus tard que « beaucoup de gens ont compris qu'il était important de se faire vacciner contre l'hépatite B au même titre que contre la grippe. Si bien que cette campagne, qui aurait dû être ciblée, est devenue à tort une campagne de masse »".

Le vaccin et la sclérose en plaques

N.B : Ce sous-chapitre essaie de confronter les arguments en faveur et contre l'association avec la sclérose en plaque. Sans être forcément très technique, il balaye les études clés sur cette thématique, et expose les faiblesses ou les limites des études principales qui défendaient à cette époque le vaccin. Sa longueur nous a paru nécessaire pour être méthodique et convaincant.

La sclérose en plaque (SEP) est une maladie grave. Selon l'Inserm, c'est "une maladie auto-immune qui affecte le système nerveux central. Elle entraîne des lésions qui provoquent des perturbations motrices, sensitives et cognitives. A plus ou moins long terme, ces troubles peuvent progresser vers un handicap irréversible. Les traitements actuels permettent de réduire les poussées et améliorent la qualité de vie des patients, mais ils ont une efficacité insuffisante pour lutter contre la progression de la maladie". Des stratégies non encore au point mais prometteuses sont en cours de développement. Un article[247] fait le point entre 2003 et 2004 sur la morbidité de cette affection : "la prévalence totale[a] en France de la sclérose en plaque était de 94,7 pour 100.000, 130,5 chez les femmes et 54,8 chez les hommes. L'incidence nationale de la sclérose en plaque [...] était de 7,5 pour 100.000", soit 4.500 cas par an. Par ailleurs, selon un article[248] de l'*African Journal of Neurological Sciences*, des "études épidémiologiques des populations noires aux USA, en Grande Bretagne, dans les Caraïbes et en Afrique du Sud confirment cette relative rareté de la SEP [dans ces populations] et suggèrent l'existence d'un facteur racial et génétique".

Une association possible entre le vaccin et la survenue d'une sclérose en plaque fut et reste un grand sujet de polémique. En 2013, une revue[249] fait le point sur les conclusions scientifiques au sujet d'un lien possible. "Douze études satisfaisaient le critère d'inclusion. Aucun risque significatif d'augmentation de déclenchement ou de rechute [...], excepté pour une étude" ne fut trouvé. Pour autant, "les limitations méthodologiques et l'hétérogénéité entre elles [...] rendaient impossible des conclusions robustes au sujet de la sûreté de la vaccination contre l'hépatite B". Les auteurs concluent qu'il "n'y a pas besoin de modifier les recommandations vaccinales ; pourtant, il y a besoin d'améliorer la qualité des études d'observation". L'ensemble de l'article est d'accès payant, mais on peut très probablement trouver le nom de ces douze études dans ce diaporama[250] fait au CHU de Clermont-Ferrand, sans toutefois disposer des critères d'inclusion qu'ils ont utilisés pour la sélection parmi l'ensemble de publications traitant du sujet.

On trouve par exemple deux articles du même groupe de chercheurs de la Pitié-Salpêtrière. Le premier en l'an 2000[251] montre que le "facteur de risque ajusté [...] d'un premier épisode d'une démyélinisation du système nerveux central [symptôme de, entre autres maladies, la sclérose en plaques] et de n'importe quelle vaccination était de 1,4 pour une exposition [au vaccin] dans les 60 jours précédents [l'épisode] et 2,1 entre 61 et 180 jours avant". Pour le vaccin contre l'hépatite B, ces chiffres étaient de 1,7 et 1,5. Les personnes ayant subi un premier épisode avaient donc plus tendance à avoir été vaccinés précédemment, mais les résultats n'étaient pas significatifs. Les auteurs concluent donc prudemment que "ces résultats ne permettent pas d'ex-

---

a   La prévalence comptabilise tous les cas, alors que l'incidence ne compte que les nouveaux cas (annuels)

clure de manière confiante une association entre la vaccination contre l'hépatite B et l'occurrence d'un premier épisode de démyélinisation du système nerveux central". Cela encourage plutôt à pousser des études avec plus de personnes au vu écarts perceptibles. Le deuxième article[252] voit le jour en 2002 et donne un chiffre de 1,8 pour une injection deux mois avant le premier épisode. "La restriction des analyses aux cas sûrs ou probables de scléroses en plaque, le facteur de risque ajusté était de 2.0 et 1,6, respectivement", quoiqu'encore une fois le nombre de cas ne donnent pas de résultat significatif. Pour rappel, le facteur de risque serait de 1 s'il n'y avait aucun risque dans un sens ou dans l'autre, et le risque est double s'il vaut 2.0.

Ensuite on trouve quatre études dans des journaux très prestigieux, quoique les quatre furent financées par l'industrie pharmaceutique. La première[253] parut dans *Nature Medicine* en 1999. L'article est malheureusement payant, mais le peu d'information nous renseigne sur le fait qu'un des trois auteurs travaillait à SmithKline Beecham Biologicals. Le titre explicite "*Pas d'augmentation de maladies démyélinisantes après la vaccination à l'hépatite B*" contraste pour le moins avec le dernier élément visible, à savoir une note aux éditeurs : "des recensions anecdotiques sur la vaccination recombinante contre l'hépatite B ont suggéré que le vaccin puisse donner lieu à une augmentation de la démyélinisation dans le système nerveux central. Des caractéristiques moléculaires à la fois du virus et du vaccin pourrait, en théorie, expliquer de tels effets indésirables". On trouve néanmoins un commentaire critique éclairant au sujet de cette étude parue dans ce journal pourtant prestigieux, dans un rapport[254] de l'Agence de Nationale de Sécurité du Médicament (ANSM) paru en 2000 et traitant de la question : "La présence de nombreux problèmes méthodologiques doit faire considérer les résultats de cette étude avec beaucoup de circonspection (absence de discussion sur la comparabilité des groupes, pas de prise en compte de facteurs de confusion, pas de validation des diagnostics, puissance très limitée, discordances majeures entre l'article publié dans *Nature Medicine* et le rapport préliminaire ...). Ces défauts rendent cette étude très critiquable et ont fait rejeter la prise en compte de ses résultats dans l'évaluation".

La deuxième[255] parut en 2000 dans le *Lancet*, mais n'est pas accessible gratuitement, et ne nous donne quasiment aucun renseignement. Un article critique du Dr Houézec[256] (voir plus bas) paru en décembre 2014 référençait cet article comme ayant reçu des fonds de l'industrie pharmaceutique, avec les trois autres. L'ANSM émettait un avis mitigé sur cette étude : "Elle a comparé l'incidence de la sclérose en plaques chez des adolescents entre 11 et 17 ans après et avant la mise en place d'une campagne de vaccination chez les enfants de 11-12 ans. [...] Ces résultats non significatifs sont à considérer avec prudence compte tenu des difficultés de réalisation de ce type d'étude rétrospective et de la puissance limitée, attestée par le petit nombre de cas retrouvés. Cependant, à ces réserves près, la conclusion des auteurs est acceptable", à savoir qu'il n'y avait "pas de preuve d'un lien entre la vaccination contre l'hépatite B et la sclérose en plaques ou d'autres affections démyélinisantes". On se prend à rêver d'une recherche libre où les résultats et les chiffres sont effectivement visibles et accessibles par tous.

La troisième[257], d'Ascherio et collègues, parut en 2001 dans le *New England Journal of Medicine*, et fut "financée par des bourses des Instituts Nationaux de la Santé

(NIH) états-uniens et par Merck Research Laboratories". Elle se concentre sur une vaccination moins de deux ans avant le déclenchement de la maladie, chez des infirmières, et trouve un facteur de risque de 0,7, donc un risque négatif, quoique non significatif. Elle signale rapidement les données avec une vaccination survenue plus de deux ans avant le déclenchement de la sclérose en plaques, mais sans calculer le risque, alors que celui est au contraire positif (risque = 1,2), quoique non significatif. Le document de l'ANSM, publié avant l'étude, discute cependant de la pertinence de l'étude préliminaire ayant donné par la suite l'article : "Cependant le nombre de cas inclus reste modéré, ce qui s'accompagne d'une puissance limitée compte tenu de l'ordre de grandeur de l'odds-ratio [ou facteur de risque] à mettre en évidence [...]. Enfin, la population incluse dans cette cohorte bénéficiant d'une recommandation de la vaccination, il peut être envisagé que les personnes vaccinées diffèrent des non vaccinées notamment sur leur état de santé. Cela pourrait introduire un biais dans l'étude de l'association entre la vaccination contre l'hépatite B et la survenue d'une sclérose en plaques. Il est important que les résultats définitifs et complets de cette étude soient publiés afin qu'ils puissent être pris en compte". En tout cas, les résultats sont opposés, quoique non significatifs, selon que l'on regarde une éventuelle vaccination moins ou plus de deux ans avant le déclenchement de la maladie.

Enfin, la quatrième étude[258], parue dans le même numéro du journal, tous deux exposés en tête de ce numéro[259], fut "financée par des bourses inconditionnelles de Aventis Pasteur et de Aventis-Pasteur–Merck Sharp & Dohme, Lyon, France". En parallèle, la Base de Donnée Européenne de la Sclérose en Plaque (EDMUS), dans laquelle "les sujets d'étude furent choisis parmi les patients atteints de sclérose en plaque" voit son Centre Coordinateur entre autres "financé par de bourses inconditionnelles du Biogen France, Schering, Serono France, et Teva Pharma". L'étude confronte deux types de personnes, parmi "des patients atteints de sclérose en plaque qui n'avaient pas eu de rechute depuis au moins 12 mois" : ceux ayant eu un rechute entre 2 et 10 mois après la vaccination (contre plusieurs maladies), qui formeront selon leur définition la population contrôle, et ceux ayant une rechute rapide, soit moins de deux mois après injection. La vaccination entraînant une rechute trois mois après sera donc considérée comme innocente et inoffensive, ce qui décrédibilise fortement les conclusions de l'article. D'ailleurs la plupart des chiffres montrent qu'il y a moins de chance entre 0 et 2 mois pour 6 des 7 vaccins étudiés qu'entre 2 et 10 mois : soit tous ces vaccins diminuent les chances de survenue de sclérose en plaque, soit au contraire, cela veut dire qu'ils en augmentent l'occurrence, mais à plus longue échéance. S'ils avaient d'ailleurs choisi une date de trois mois au lieu de deux comme frontière de contrôle, alors "le risque relatif associé à l'ensemble des vaccinations durant une période de trois mois était de 0,58 [statistiquement significatif]", ce qui peut être interprété à l'envers : plutôt que de dire que la vaccination diminue le risque, ce que l'on pourrait trouver peu intuitif, on pourrait raisonner que le risque est accru si l'on observe une fenêtre de trois mois à neuf mois. Selon les auteurs, "le choix d'une période de risque de deux mois dans laquelle on pourrait considérer que la vaccination a déclenché la rechute était basée sur des données de la littérature et sur l'opinion des experts". S'ils ne citent pas le nom des experts, ils renvoient massivement à 39 sources pour étayer ce choix. Nous verrons plus bas avec les études du Pr Tardieu que c'est un choix pour le moins discutable. De nouveau, il eût été préférable de prendre une population dont le contrôle fût irréfutable, comme une population non vaccinée et ayant une rechute à des périodes similaires.

Sans prétendre que les liens d'intérêt des éditeurs de ces prestigieux journaux scientifiques puissent tout expliquer de la faiblesse et du biais de ces articles, nous mettrons en avant plus loin ceux qui concernent les éditeurs du *Lancet* et du *New England Journal of Medicine* en 2001 (voir Chapitre 14), qui fut cette même année touché également par le scandale du Vioxx.

Ensuite, nous trouvons une étude de 2003[260] parue dans un journal de moins haute volée qui ne précise pas ses sources de financement, mais qui selon l'article de 2014 de Houézec a été financée par l'industrie pharmaceutique. Elle émane principalement du Centers for Disease Control and Prevention (CDC). "Les cas étaient restreints aux adultes de 18 à 49 ans". Elle "évaluait l'exposition vaccinale ayant ou n'ayant jamais été utilisée avant la date index", à savoir la date de l'apparition de la maladie chez les cas ou la date correspondante chez les sujets contrôles. Ils ont trouvé un facteur de risque de 0,9, soit moins de chances de trouver des sujets vaccinés chez les malades que chez les contrôles. Celui du vaccin contre tétanos était de 0,7 avec par conséquent un risque significatif de *ne pas* se faire vacciner, ce qui s'explique difficilement, hormis peut-être par un biais dans la sélection des critères et des personnes : "étant donné que la plupart des facteurs de risques sont inférieurs à 1, nous devons considérer la possibilité que les contrôles qui ont participé auraient été plus susceptibles d'avoir été vaccinés que la population générale des HMO (Organisations des Soins de Santé Intégrés)". Ils ont logiquement écarté ce biais, sachant que dans une enquête nationale, "65 % des adultes entre 18 et 49 ans avaient répondu avoir reçu le vaccin anti-tétanique dans les 10 années précédentes, [alors que] parmi les contrôles d'âges similaires dans [leur] étude, [ils étaient] 48 %". Par ailleurs, ils ont "collecté les données pour toutes les vaccination reçues de l'âge de 10 ans à la date de l'extraction du dossier médical". Cette étude ne traite donc pas du cas des enfants, la vaccination pour les nouveaux-nés n'étant d'ailleurs recommandée que depuis 1991 aux États-Unis[261] —désormais avec 3 doses dans les 18 premiers mois de la vie.

Une courte étude française[262] parue en 2001 comparait le nombre de cas de sclérose attendus, soit 102,7 chez les 20-44 ans vaccinés entre 1994 et 1996, au nombre réellement notifié, soit 108 et concluait à une différence non significative, donc une absence de risque. L'avis de l'ANSM[254] sur la question permet non seulement de relativiser ce résultat mais probablement même d'en inverser les conclusions : "Toutefois, comme pour tout système de notification volontaire, les cas notifiés ne représentent qu'une fraction de l'ensemble total des cas survenus. Il existe un phénomène de sous-notification qu'il est nécessaire de prendre en compte pour interpréter valablement les résultats de cette étude. [...] L'approche capture-recapture utilise l'information connue de manière exclusive par plusieurs sources, ainsi que l'information commune de ces sources pour produire une estimation du nombre total de cas existants. [...] Trois sources de données étaient disponibles, les cas notifiés aux laboratoires commercialisant des vaccins (source 1), les cas notifiés aux Centres de Pharmacovigilance (source 2), et les cas connus de l'association de malades REVAHB (source 3). [...] Les résultats obtenus avec les différents modèles sont voisins les uns des autres. Des analyses de sensibilité (selon le délai entre vaccination et survenue de l'événement, la nature de l'événement, le sexe et l'année de vaccination) conduisent à des résultats semblables. Quel que soit le modèle retenu, le facteur de sous-notification est compris entre 2 et 2,5. Ce facteur est faible par rapport à ce que l'on observe habituellement, ce qui s'explique sans doute par la notoriété du problème étudié. Les résultats de la comparaison observés/attendus montrent un excès faible non statistiquement significatif du nombre de cas observés par rapport aux cas attendus. Cependant, il suffirait d'une multiplication du nombre de cas par un facteur de 1,1 pour que l'excès devienne statistiquement significatif. L'estimation du taux de sous-notification par l'approche capture-recapture montre que le nombre de cas notifiés doit être multiplié par un facteur d'au moins 1,66 (valeur la plus faible des bornes inférieures des intervalles de confiance) pour obtenir une estimation du nombre réel de cas. Ainsi, la combinaison de ces deux études suggère un nombre réel de cas significativement supérieur au nombre de cas attendus".

Enfin il y eut trois études de Mikaeloff, avec le Pr Tardieu, le chercheur au centre de la polémique. La première[262], du journal *Brain* en 2007, ne montre pas chez les enfants de risque de rechute tout au long d'une période de trois ans (et non deux mois comme l'article du *New England* de 2001 vu plus haut), "en évaluant si le risque de rechute était plus grand après exposition au vaccin contre l'hépatite B qu'après exposition au vaccin contre le tétanos". On aurait encore préféré une population non vaccinée pour servir de population contrôle. C'est ce que fait la deuxième étude[263], parue en 2007 également, sur une population de jeunes ayant décelé la maladie avant leur 16 ans : "le taux de vaccination contre l'hépatite B dans les trois ans avant [le déclenchement de la maladie] était d'approximativement 32 %", taux similaire à des patients pris au hasard. Pourtant la troisième étude[264], conduite sur des enfants et parue en 2008 dans la revue *Neurology*, précisera que si "la vaccination contre l'hépatite B n'augmente généralement pas le risque d'inflammation démyélinisante du système nerveux central dans l'enfance, [...] le vaccin Engerix B paraît augmenter ce risque, particulièrement pour des cas confirmés de scléroses en plaque, sur le long terme". De plus, "quand l'analyse était restreinte aux sujets ayant respecté le calendrier vaccinal français, l'exposition au vaccin > 3 ans avant le déclenchement de la maladie était associée avec une augmentation de la tendance (1,50, [non significatif]), surtout pour le vaccin Engerix B ([1,74, significatif]). Le facteur de risque était particulièrement élevé pour cette marque chez des patients où la sclérose en plaque était confirmée (2,77, [significatif])".

L'ANSM réagit rapidement début octobre 2008 dans un communiqué[265], soulignant que "jusqu'à présent, aucune étude épidémiologique n'a démontré d'association entre le vaccin contre le VHB et la survenue d'une sclérose en plaques chez l'enfant [et que] chez l'adulte, parmi la douzaine d'études réalisées, seule l'étude Hernan [voir plus bas], publiée en 2004, a montré une association significative chez des patients adultes vaccinés dans les trois ans avant la survenue des premiers symptômes". La nouveauté, rejetée par l'Agence, n'est qu'apparente au vu des tendances et des incertitudes des études que nous avons citées. Elle conclut que "en raison des multiples limites évoquées lors de la séance, les résultats de l'analyse du sous-groupe d'enfants ayant respecté le calendrier vaccinal présentent les caractéristiques d'un résultat fortuit". Pour sa part, le Haut Conseil de la santé publique, publiera lui aussi un mois plus tard un avis déjà cité[229], et "considère que cette nouvelle publication n'apporte aucun élément scientifiquement fondé en faveur d'un lien entre la vaccination contre l'hépatite B du sous-groupe visé et la survenue d'atteinte démyélinisante du système nerveux central", et "recommande le renforcement de la mise en œuvre de cette politique [vaccinale chez l'enfant], compte tenu des faibles couvertures vaccinales actuelles".

Si l'on met de côté une des études qui parle seulement de névrite optique[266], il nous reste la dernière étude faite à Harvard par Hernan en 2004[267], qui montre un risque significatif de la vaccination. Elle porte sur "163 cas de sclérose en plaque et 1.604 contrôles", et montre que "le facteur de risque de la sclérose en plaque d'une vaccination dans les 3 ans avant la date index comparé à aucune vaccination est de 3,1 [(significatif)]. Aucune augmentation de risque de la sclérose en plaque n'était associée aux vaccinations contre le tétanos et la grippe". Remarquons que "Hernan montre aussi un résultat négatif ([RC]=1,8; IC= 0,5-6,3) pendant la période de la première année et ne devient significative qu'entre les 2 et 3 ans du suivi après la vaccination contre l'HB", ce qui contredit la pertinence du critère d'étude de deux mois dans l'étude[258] citée plus haut du *NEJM*. Notons également l'existence d'une étude sur les effets secondaires de la vaccination à l'hépatite B faite par les Geier en 2005[268], qui a, selon le Dr Houézec, été "[entre autres] retirée [d'une revue systématique parue en 2011[269]], étant considérée comme une *"source d'hétérogénéité"*". Celle-ci montrait que "les adultes ayant reçu le vaccin contre l'hépatite B avaient un facteur de risque significativement plus élevé pour la sclérose en plaque (FR = 5,2, p < 0,0003) [...] comparé au groupe ayant reçu le vaccin anti-tétanique". De nombreuses autres maladies susceptibles d'être déclenchées par le vaccin étaient mises en avant, cela à partir de la base de donnée qui recense les évènements indésirables auto-immuns sérieux notifiés après vaccination : par exemple l'arthrite (FR = 2,01), la névrite optique (14), la thrombocytopénie[a] (2,3), ou encore le lupus érythémateux[b] (9,1). Les auteurs ne sont pas de féroces anti-vaccinalistes puisqu'ils concluent : "il est clair que la vaccination contre l'hépatite B offre bien, en effet, des bénéfices significatifs, mais il est aussi clair que les chances d'exposition au virus de l'hépatite B chez les adultes sont largement dépendantes du style de vie. Les adultes devraient faire un choix informé, en pesant les risques et les bénéfices de cette vaccination, sur le fait de se faire ou non immuniser".

En plus de ces données globales, un suivi au cas par cas a permis de visualiser cette possible association : une étude réalisée en 1999 à la Pitié-Salpêtrière[270] sur huit patients chez qui avait été confirmée une inflammation du système nerveux central moins de 10 semaines après la vaccination à l'hépatite B a montré après une moyenne

---

a   Affection caractérisée par un faible nombre de plaquettes sanguines

b   Maladie auto-immune chronique où le système immunitaire s'attaque aux tissus conjonctifs du corps

de 18 mois de suivi à l'IRM que "la persistance de l'activité inflammatoire [...] suggère pour cette encéphalite plus une sclérose en plaque qu'une encéphalomyélite disséminée aiguë". Nous parlerons plus tard (voir Chapitre 11) d'une étude italienne[271] concernant l'aluminium, qui a montré que "les niveaux d'Al à la fois chez les patients atteints de sclérose en plaque ou de troubles neurologiques étaient significativement plus élevés que ceux obtenus chez les patients sains", comme le montre leur figure 2.

* * *

Pour résumer, parmi les 14 études qui indiquent globalement une absence de lien, on trouve :

- 2 articles qui montrent une augmentation, mais non significative (dont un doublement pour les cas confirmés), et seulement 2 mois après vaccination

- 4 études parues dans des journaux prestigieux et financées par l'industrie : une d'accès payant, aux problèmes méthodologiques manifestes selon l'ANSM, qui ajoute en note qu'il est possible et biologiquement explicable que le vaccin donne lieu à des cas de démyélinisation du système nerveux central ; une autre d'accès payant qui effectue une analyse temporelle de l'impact d'une campagne de vaccination, et de puissance limitée selon l'ANSM, donc aux conclusions limitées (et opposées à la situation française, voir au prochain paragraphe) ; une à la puissance limitée selon l'ANSM, qui trouve chez les infirmières une légère diminution non significative avant deux ans, ou une légère augmentation non significative après 2 ans ; une dont la fenêtre d'analyse de 2 mois permet de conclure à une absence de risque sur le court terme, ou au contraire à un risque sur le plus long terme

- une étude du CDC et probablement financée par l'industrie, qui ne trouve pas de risque, voire un risque de *ne pas* se faire vacciner avec le vaccin contrôle anti-tétanique

- une étude basée sur les notifications volontaires qui montre une absence de risque, mais qui selon une étude reprise par l'ANSM indique une multiplication significative par au minimum 1,74 en tenant compte de l'estimation du total des cas

- 3 de l'équipe du Pr Tardieu sur les enfants, qui ne montrent pas de risque sauf après 3 ans et pour ceux vaccinés à l'Engerix B, avec un risque relatif de 2,77 pour les cas confirmés de sclérose

- l'étude d'Hernan qui montre un risque de 3,1 sur 3 ans pour ce vaccin, mais aucun risque pour ceux du tétanos et de la grippe.

- l'étude des Geier, qui sur la base des notifications volontaires, montre un risque de 5,1 comparé au vaccin anti-tétanique ; conclusion écartée par une revue car "source d'hétérogénéité"

- une étude sur la névrite optique qui ne parle pas de sclérose en plaque.

En synthèse de ces études, il semble que rejeter définitivement l'association entre vaccination et sclérose en plaque ne se défend que difficilement, au vu des tendances de certaines études, des incertitudes des autres, des sources de financement des plus diffusées et enfin des critiques émises contre celles-ci par l'ANSM. Comme nous l'avons vu plus haut, l'État —et non le fabricant —a déjà indemnisé des personnes, dont une infirmière ayant contracté la sclérose en plaque après ce vaccin. Il semble néanmoins que si le vaccin induit la sclérose en plaque, l'association n'est pas extrêmement forte. Ceci dit, pour un simple doublement des cas, et compte tenu du nombre de nouveaux cas par an de la sclérose en plaque, hypothèse basse d'environ 3000 selon la Haute Autorité de Santé (environ 5 pour 100.000[272]), cela impliquerait que repasser à un régime de vaccination systématique pourrait entraîner des milliers de nouveaux malades tous les ans, et cela parmi les populations à faible risque pour l'hépatite B.

C'est ce que montrerait l'article de décembre 2014[256] de Houézec : selon l'auteur, les chiffres issus de la Caisse Nationale d'Assurance Maladie montrent (fig. 1) qu'entre 1990 et 1994, l'incidence de la sclérose en plaque est d'un peu moins de 6 pour 100.000, puis subit une sorte de palier après la systématisation vaccinale 1994-1998 pour arriver à environ 8 pour 100.000 entre 1998 et 2008. Il serait intéressant d'étendre la fenêtre de temps pour confirmer ce lien. Le *Quotidien du Médecin*, journal le plus lu par les médecins[273], a en tout cas repris l'information immédiatement, sous le titre "Une augmentation de 65 % de SEP après le pic de vaccination contre l'hépatite B en 1994" et laisse pour le moins le bénéfice du doute à l'auteur : "Dans sa discussion scientifique, le Dr Dominique Le Houézec montre que 7 des 9 critères de Hill qui permettent de relier une cause à un effet (puissance de l'association, lien temporel de l'association, spécificité de l'association…), en l'occurrence le déclenchement d'une SEP dans les suites d'une vaccination hépatite B, sont présents". Faut-il privilégier le coût financier, physique et les milliers de scléroses en plaque annuelles potentiellement dues au vaccin, sans compter les autres effets secondaires, à la prévention vaccinale incertaine de milliers ou plus probablement de centaines de cas d'hépatite B aiguës, dans une population générale très hétérogène face à cette maladie ?

L'hépatite B est une maladie reconnue depuis seulement quelques décennies, et dont 30 % de la population mondiale montre des signes d'infection. Elle se manifeste principalement chez les adultes, mais le pronostic évolutif est d'autant plus défavorable que la maladie survient tôt dans les premières années de vie. En général asymptomatique, sa forme aiguë touche très diversement la population française, suivant le mode de vie, la culture ou les gènes. La vaccination, qui développe efficacement des défenses immunitaires, ne semble pourtant pas de manière claire liée à l'endiguement de la maladie, comme le montrent les exemples de politique vaccinale en Europe. En France, contrairement aux allégations des institutions publiques, la baisse de l'hépatite B ne peut être due à la campagne de 1994 puisque les personnes alors vaccinées étaient trop jeunes pour contribuer à la classe d'âge qui subissait majoritairement la maladie avant 1994, à savoir les plus de 20 ans. L'utilisation massive du vaccin entraîne par contre un développement des mutants de ce virus. Elle est recommandée en France, ou obligatoire pour certaines professions. Des effets indésirables comme l'arthrite ont été mis en évidence, mais c'est principalement la survenue de sclérose en plaque qui soulève le débat, d'autant que c'est l'État qui finance les millions d'euros de dommages et intérêts des plaignants. Malgré les articles financés par l'industrie qui disculpent assez imparfaitement le vaccin, et malgré la propagande intense, exagérée et parfois mensongère des institutions françaises, d'autres études indiquent une association. Au vu de l'incidence relativement faible et très ciblée de l'hépatite B et au vu du nombre possible d'effets secondaires graves déclenchés par la vaccination, on peut comprendre que ce vaccin soit très impopulaire chez les Français.

Deuxième partie

Maladies anciennes

Chapitre 5
Tuberculose

La maladie

La tuberculose est une maladie infectieuse contagieuse et non immunisante. D'après l'OMS[274], "les bactéries deviennent actives à la faveur de tout ce qui peut réduire l'immunité de la personne, comme le VIH, la vieillesse, ou certaines conditions médicales. [...] La majorité des gens en bonne santé avec une immunité normale peuvent ne jamais contracter la tuberculose à moins d'être fortement exposés à des malades contagieuses qui ne soient pas traitées ou sous traitement depuis moins d'une semaine. Même dans ces cas-là, 90% des gens infectés par les bactéries de tuberculose ne développent jamais la maladie". En 2012[275], l'OMS "estime que 8,6 millions de personnes ont contracté cette maladie et que 1,3 million en sont mort[e]s", constituant la "deuxième cause de décès par maladie infectieuse dans le monde après l'infection par le VIH" selon Sanofi Pasteur[276]. En France, comme dans les autres pays développés, la mortalité a largement chuté au XXᵉ siècle, et on comptait environ 600 morts annuelles en 2012[277]. Selon le Guide des vaccinations de l'Inpes[278], l'incidence a quant à elle diminué jusqu'à 1991, puis a "pour la première fois [...] augmenté", "a été stable" entre 1997 et 2006, puis légèrement augmenté entre 2006 et 2008 — tendances probablement dues aux processus migratoires. Le Guide ne parle pas de mortalité, mais note simplement que "le nombre de formes graves parmi les enfants est très faible et stable depuis plusieurs années (moins de 3 cas de méningites par an chez les moins de 5 ans au cours de la période 2000-2009)".

En France, la tuberculose cible tout particulièrement certaines populations. Selon le Ministère de la santé[279], "les cas déclarés en France sont [...] assez fortement concentrés géographiquement puisque c'est dans les régions Ile de France, Provence-Alpes- Côte d'Azur et Rhône-Alpes qu'on recense plus de la moitié des déclarations". "L'incidence la plus élevée de la maladie se retrouve en Île de France et en Guyane", avec des incidences respectives de 18 et 23 personnes pour 100.000[280]. D'après l'Institut de Veille Sanitaire[277] (InVS), les taux de déclaration de la maladie en 2010 sont de 4,1 pour 100.000 pour les personnes nées en France, mais de 43,9 pour celles nées en Asie, et de 112,6 pour les personnes nées en Afrique sub-saharienne, soit 27 fois plus (désormais 29 fois plus en 2012[281]), ce qui laisse présupposer un biais génétique, local ou comportemental. La Mission d'Information sur la Pauvreté et l'Exclusion Sociale en Île-de-France (MIPES, organisme d'État et de Région) précise que[280] "la maladie est plus fréquente chez les personnes âgées, dans les populations en extrême précarité comme les personnes sans domicile fixe ou vivant dans des conditions insalubres, chez les personnes incarcérées et chez les migrants en provenance de pays à forte endémie". On apprend par ailleurs qu'en "l'absence ou en cas de refus de traitement, la [tuberculose maladie] évolue vers une atteinte grave, mortelle en quelques années dans la moitié des cas". Si vous êtes Français de souche, d'un milieu aisé, et que vous ne fuyez pas les médecins, votre enfant ou vous-même n'aura que peu de chances d'être un des 700 Français décédé à cause de cette maladie en 2013.

Utilité du vaccin BCG

En 2013, l'OMS s'exprimait ainsi sur le vaccin[282] : "Le seul vaccin existant contre la tuberculose, préparé à partir du bacille de Calmette-Guérin (BCG) et mis au point en 1921, est d'une efficacité variable [entre 0 % et 80 %[283]]. L'OMS recommande d'inoculer le BCG aux nourrissons qui ne sont pas porteurs du VIH car il protège contre les formes extra-pulmonaires graves de la tuberculose pédiatrique. Toutefois, il ne protège pas de façon fiable contre la tuberculose pulmonaire, qui représente la plus grande part de la charge de la maladie dans le monde. Un vaccin sûr, efficace et d'un prix abordable serait un progrès considérable dans la lutte contre la maladie". En France par exemple, 72,9 % des cas de tuberculose sont de type pulmonaires d'après l'InVS[277].

Une étude européenne de 2002[284] constatait que "l'efficacité de ce vaccin varie de 0 à 80 % suivant les différentes populations, avec la récurrence d'une faible efficacité dans de nombreuses régions tropicales du monde où le besoin du vaccin est le plus élevé". La question de ces divergences se pose toujours pour les chercheurs qui tentent de trouver son explication. Dans l'édition de mai 2014 de *Trends in Immunilogy*, l'article *Vaccins contre la tuberculose - repenser le paradigme actuel*[285] constate toujours que "le BCG induit fortement les cellules Th1[a] [...], et pourtant a une protection limitée chez l'adulte". Toujours en 2014, on lit[286] encore que "le BCG a peu ou pas d'efficacité dans la prévention du cas le plus commun de tuberculose pulmonaire adulte". Par exemple deux études en Inde, l'une de 1979 portant sur 260.000 personnes et relayée par l'OMS[287], l'autre parue en 1999 et comptant 366.625 sujets, affirment respectivement qu'il "n'y a aucun signe d'effet protecteur des vaccins BCG" et que le "BCG n'offre aucune protection contre les formes adultes du bacille pulmonaire de la tuberculose".

Nous avons tracé les courbes d'incidence et de décès au Royaume-Uni et Pays de Galles entre les années 1856 et 2013, à partir des données disponibles. Il est difficile au vu de ces courbes de tendance constamment décroissante de voir une quelconque rupture de pente à l'arrivée du vaccin. Nous constatons effectivement une baisse encore plus marquée à partir des années 1950, mais celle-ci semble même bien amorcée au moment du "programme d'immunisation au BCG [qui] fut introduit au Royaume-Uni en 1953" d'après un document du gouvernement[288]. Pareillement, on observe sur la figure 1 de cet article[289] une chute très forte de la tuberculose, de plus de deux-tiers, autour des années 50 pour la ville de São Paulo. Pourtant, d'après un numéro du *Journal of Pediatrics* en 2010[290], "le Brésil a introduit l'immunisation univer-

---

a   Lymphocytes T auxiliaires, agissant seulement comme intermédiaires dans la réponse immunitaire

selle au BCG en 1967-1968", ce qui tend à limiter encore la contribution supposée de l'arrivée du vaccin au Royaume-Uni sur la tuberculose dans les années 50.

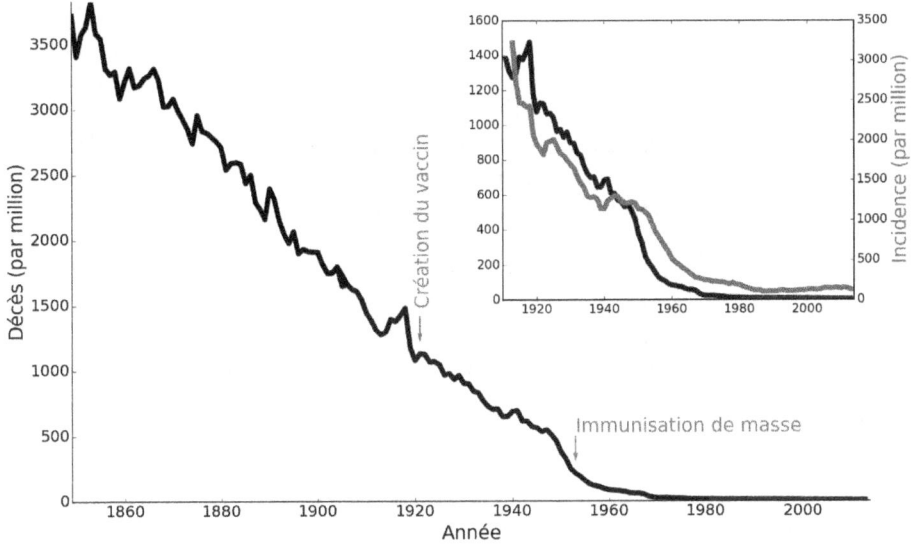

Tuberculose (Angleterre et Pays de Galles)

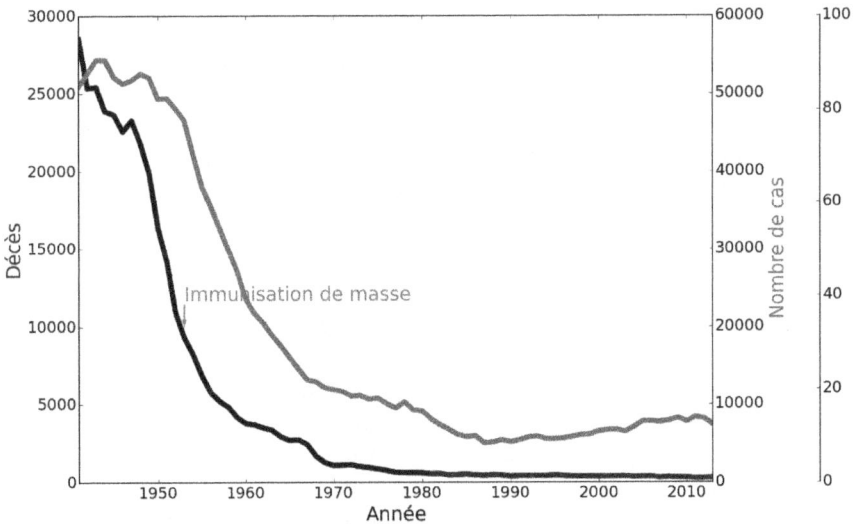

Sources:
Mortality Statistics, 1907 Volume 8 p.509, http://books.google.fr/books/about/Mortality_Statistics.html?id=THe3AAAAIAAJ&redir_esc=y (Mort. 1849-1906)
http://www.ons.gov.uk/ons/publications/re-reference-tables.html?edition=tcm%3A77-215593 (Mort. 1901-2000)
https://www.gov.uk/government/uploads/system/uploads/attachment_data/file/363056/Tuberculosis_mortality_and_mortality_rate.pdf (Mort. 1981-2013)
https://www.gov.uk/government/uploads/system/uploads/attachment_data/file/360235/Tuberculosis_notifications_1913_2013.pdf (Inc. 1913-2013)

En 2007, un rapport du Sénat cité plus haut[245] généralisait ce constat à d'autres pays : "Au sein de l'Europe, il est difficile d'établir une corrélation dans un pays donné entre la stratégie vaccinale retenue et l'incidence de la tuberculose. Les pays connaissant la plus basse incidence ont tour à tour une vaccination ciblée (Suède : 4,8), généralisée (Grèce : 5,8), ciblée puis généralisée avec l'âge (Norvège : 6,4) ou encore aucune recommandation (Allemagne : 9,2). L'incidence est davantage liée aux stratégies globales de lutte contre la tuberculose qu'à la seule stratégie de vaccination". De même, un rapport de l'Inserm[291] notait qu'en Europe occidentale, "les politiques vaccinales pour le BCG restent donc très variables [...]. L'arrêt de la vaccination généralisée par le BCG des nouveau-nés a commencé dans les années 1970 en Allemagne de l'Ouest et en Suède et a été surtout induit par la crainte des effets secondaires du BCG face à un bénéfice réduit et à la conviction d'une efficacité limitée du vaccin. Les Pays-Bas n'ont jamais pratiqué de vaccination généralisée par le BCG. En 2003, aucune vaccination BCG des enfants n'est recommandée dans 5 pays : Andorre, Autriche, Allemagne, Islande, Saint-Marin. [...] Aucune relation entre niveau global d'incidence de tuberculose et politique de vaccination BCG n'a été établie en Europe". "En 1975, la Suède a décidé d'interrompre la vaccination systématique des nouveau-nés. L'incidence de la tuberculose a continué à décroître au même rythme après l'arrêt de la vaccination qu'avant. [...] Cependant chez les enfants, une augmentation du nombre de cas a été observée après 1975. Cette augmentation a porté sur les enfants nés de parents de nationalité étrangère, âgés de 0 à 9 ans". Pour l'Allemagne, dans la RDA aucun cas de méningite tuberculeuse n'a été détecté chez les enfants nés entre 1975 et 1978 sur 0,8 million d'habitants et une couverture proche des 100 % alors qu'en RFA, 57 cas dont 13 mortels l'ont été chez les enfants nés entre 1975 et 1980 sur 2,1 millions d'habitants et une couverture inférieure à 10 % : les auteurs ont conclu à l'intérêt de la vaccination chez les enfants en bas âge, les conditions épidémiologiques étant similaires dans les 2 pays avant 1975 et l'arrêt du programme de vaccination en Allemagne de l'Ouest. Il paraît donc probable que le BCG puisse avoir une influence positive sur la baisse du nombre de cas de tuberculose chez l'enfant. Le rapport relativise toutefois le gain total : en France, "dans l'hypothèse la plus favorable à la vaccination envisagée, la vaccination éviterait jusqu'à 800 cas de tuberculose chez l'enfant de moins de 15 ans, dont au moins 16 cas de forme grave (méningite/miliaire)".

Pour une idée plus visuelle et plus précise de l'impact vaccinal, nous avons tracé, d'après les données de ce rapport[292] d'*Eurosurveillance*[a], l'incidence dans les pays d'Europe en 2003 en fonction de la couverture vaccinale estimée. Il est malaisé d'en tirer une tendance, mais les seuls constats que nous pourrions faire penchent plutôt en faveur de la nuisance ou l'inutilité du vaccin : 1. les pays à moins de 80 % de couverture ont tous une incidence inférieure à 20 pour 100.000 ; 2. les pays à plus 40 (resp. 70) pour 100.000 ont tous une couverture supérieure à 80 % (resp. 95 %) ; 3. les pays d'Europe de l'Ouest semblent les moins touchés. L'article, qui n'a pas tracé ce graphe, produit malheureusement des conclusions et des recommandations plutôt vagues sur la politique vaccinale à privilégier.

---

a Facteur d'impact 4,66

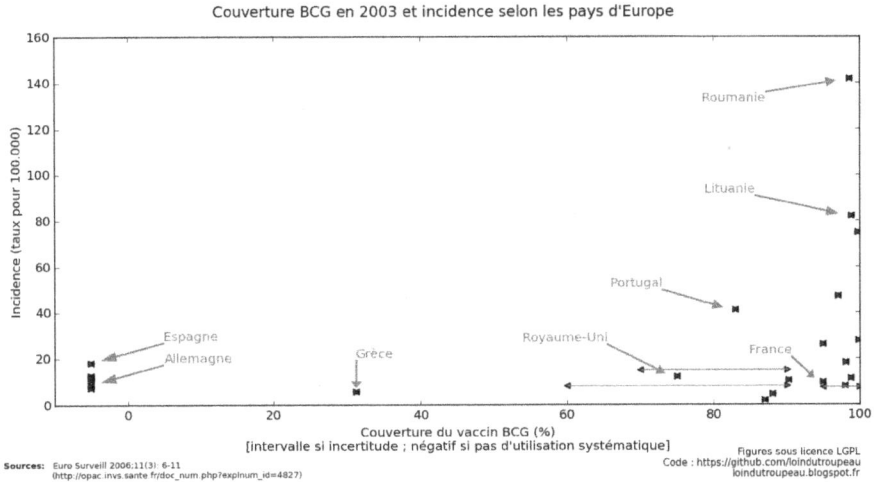

Couverture BCG en 2003 et incidence selon les pays d'Europe

Sources: Euro Surveill 2006;11(3): 6-11
(http://opac.invs.sante.fr/doc_num.php?explnum_id=4827)

Figures sous licence LGPL
Code : https://github.com/loindutroupeau
loindutroupeau.blogspot.fr

Pour ce qui est de l'argument souvent mis en avant du bien collectif qu'apporte la vaccination, il ne s'applique guère pour la tuberculose, en Europe du moins. Selon l'Inserm[291], "Cependant, le BCG étant surtout efficace dans la prévention des formes extra-pulmonaires non contagieuses, son impact sur le risque d'infection est très faible (Styblo et Meijer, 1976). Même dans l'hypothèse probable d'une efficacité du BCG dans la prévention des formes pulmonaires de tuberculose de l'enfant, l'impact du vaccin sur la transmission de la maladie reste très peu important, ces formes étant exceptionnellement bacillifères[a] chez l'enfant".

Malgré tout le vaccin contre la tuberculose, obligatoire en France depuis 1949[293], l'est resté jusqu'en 2007, pour tous les enfants scolarisés[294]. S'en est suivi un abandon de raison, puisque l'InVS n'observe malgré des "couvertures vaccinales insuffisantes chez les enfants, [...] pas d'impact significatif de la suspension de l'obligation vaccinale par le BCG en 2007 sur l'épidémiologie de la tuberculose de l'enfant"[295]. Le taux de cas de tuberculose descend depuis 2008[296], et ce malgré des augmentations locales de populations à risques (immigration, hygiène) comme la Seine-Saint-Denis (cf. page 15 du rapport par exemple). Le calendrier vaccinal 2014[69] établit que "la vaccination par le BCG ne peut plus être exigée à l'entrée en collectivité mais fait l'objet d'une recommandation forte pour les enfants à risque élevé de tuberculose".

Étonnamment, le site du Service Public[297] n'est pas aussi ferme et indique "une recommandation forte de vaccination pour les enfants de moins de 6 ans accueillis en collectivité (par exemple : en crèche, à l'école maternelle, en centre de loisirs, chez une assistante maternelle)", sans parler de populations à risque.

---

a   Lorsque le malade présente des bacilles tuberculeux dans ses crachats

On peut également être surpris par le fait que malgré "le débat de grande ampleur en rapport avec l'efficacité du contrôle de la tuberculose, le BCG reste le vaccin le plus populaire à travers le monde avec 80 % de couverture de la population mondiale", selon un article de 1999[298] paru dans *Archives of Disease in Childhood*. Ce n'est peut-être pas la cause première de son plébiscite, mais le BCG trouve son utilité là où l'attendait peu, à savoir dans les effets non spécifiques bénéfiques : donné dès la naissance, il a tendance à faire baisser la mortalité infantile dans pays pauvres, ce dont nous discuterons plus loin (voir Chapitre 18).

Toujours selon le site du Service Public[297], le vaccin n'en reste pas moins obligatoire pour "les étudiants en médecine, en chirurgie dentaire et en pharmacie, ainsi que les étudiants sages-femmes et les étudiants inscrits dans des écoles préparant aux professions à caractère sanitaire ou social ; les personnes qui exercent une activité dans les laboratoires d'analyse de biologie médicale ; les personnels des établissements pénitentiaires ; le personnel soignant des établissements et des services de santé ; les professionnels du secteur social ; les assistantes maternelles ; les sapeurs-pompiers des services d'incendie et de secours". Ceux-ci ne pourront pas avancer l'argument de leur origine ethnique, de leur santé ou des effets secondaires : "Le refus de se soumettre aux obligations de vaccination, notamment contre la tuberculose, ou la volonté d'en entraver l'exécution sont punis de : 6 mois d'emprisonnement [et] 3 750 € d'amende".

Problèmes liés au vaccin BCG

Notons pour terminer les troubles potentiellement causés par cette vaccination, dont les effets indésirables ne sont certes pas parmi les plus virulents en comparaison des autres vaccins. Le vaccin BCG SSI, "seul vaccin BCG distribué en France depuis 2006"[278], ne contient ni mercure, ni aluminium, ni borate de sodium, ni formaldéhyde, ni polysorbate 80, ni squalène, ni latex, ni ovalbumine. Il coûte 10,72 €.

Un article[299] du *Lancet* montrait en 2008 que les enfants sidéens avaient 1000 fois plus de chance d'être affectés par une bécégite[a] disséminée, avec un taux de 417 pour 100.000. "La BCGite disséminée se présente typiquement plusieurs mois après la vaccination chez les enfants avec une progression rapide de la maladie du VIH, et a une mortalité toute cause confondue de 75 à 86 %". En conséquence, "l'an dernier, l'OMS arrêta de recommander la vaccination du bacille BCG vivant et atténué à la naissance pour les enfants infectés par le VIH asymptomatique, même quand il existe un risque d'exposition à la tuberculose". On peut s'interroger sur le nombre d'enfants qui auraient pu échapper à ce sort, et si au lieu de cette systématisation vaccinale, des stratégies favorisant l'hygiène et la surveillance n'eussent pas été plus appropriées.

En 2005, l'Académie française de médecine indiquait à ce sujet[300], et sur le plan économique, les bénéfices d'un "arrêt total du BCG[:] d'une part l'économie estimée en 1996 à 115 millions d'euros, coût supérieur à celui du traitement des malades,

---

a   Réaction inflammatoire locale ou régionale suite à la vaccination au BCG

d'autre part la disparition des effets indésirables évalués à 300 adénites dues au BCG et 12 bécégites disséminées par an. Le coût de la vaccination BCG par cas [de tuberculose] évité serait de 35.950 euros. L'interprétation des tests tuberculiniques sera plus facile chez des sujets non vaccinés".

Le Ministère nous apprend[279] que cette situation s'est même détériorée un an avant l'annulation du caractère obligatoire pour tous du vaccin : "De plus, ses effets indésirables sont plus nombreux avec la forme intra dermique, seule disponible depuis 2006. Une augmentation de fréquence des complications locales liées au changement de la technique vaccinale et de la souche a été constatée. Ces données font pencher la balance entre bénéfice et risque au détriment de son indication dès lors que le risque de tuberculose est faible". Le Guide des vaccinations précise[278] : "Parmi les complications locales et loco-régionales, on peut noter une ulcération au site de l'injection de taille supérieure à 1 cm, une adénite de taille supérieure à 1 cm de diamètre, évoluant parfois vers la caséification[a] et la fistulisation[b]. Chez le sujet immunocompétent, les ulcérations locales post-BCG sont bien connues et surviendraient dans 1 à 2 % des cas, [qui] finissent par guérir sans séquelles, si ce n'est la cicatrice".

L'OMS pointe du doigt[274] un autre problème général de la surmédicalisation de notre époque : "Depuis quelques années nous voyons des cas isolés de [tuberculose] extrêmement résistante à travers le monde que nous appellerions aujourd'hui tuberculose-[ultra-résistante]. Tous les médicaments utilisés contre la [tuberculose] sont disponibles depuis longtemps. S'ils ne sont pas utilisés avec soin, alors la résistance peut se développer". Évolution par pression sélective qui laisserait présager que désormais "l'effet du BCG contre la tuberculose-[ultra-résistante] serait donc probablement très limité".

De manière plus ponctuelle, le BCG n'a pas non plus échappé à des accidents vaccinaux, comme la catastrophe de Lübeck en 1930, où "sur 250 [nouveaux-nés] vaccinés, il y eut 73 morts [de tuberculose généralisée] la première année et 135 furent infectés mais guérirent"[301], par suite de négligence dans la confection desdits vaccins.

En 2012, la FDA, à la suite d'inspections sur les sites canadiens et français de Pasteur, a émis une lettre d'avertissement[302] mentionnant "de nombreuses déviations"[303] des procédures qualités attendues, par exemple "concernant l'isolation de la moisissure dans les zones de traitements aseptiques". Par ailleurs, elle nota "la mauvaise revalidation de la méthode test de la firme concernant la stérilité pour le TheraCys BCG", vaccin utilisé contre les tumeurs de la vessie[304] en y déclenchant une inflammation volontaire. Il "devrait être entièrement produit dans un environnement de traitement aseptique, ce qui est requis pour éviter la contamination du produit par d'autres micro-organismes potentiellement dangereux". Si cela ne concerne pas directement la tuberculose, cette information pourrait intéresser le lecteur. A la suite de ce courrier, "en juin 2012, Sanofi Pasteur informa la FDA de sa décision de temporaire-

---

a   Destruction progressive qui frappe les tissus infectés par le bacille de Koch
b   Formation d'une cavité, la fistule, à l'intérieur ou à la surface du corps

ment suspendre la production du TheraCys BCG afin de rénover les installations où le produit est fabriqué".

La tuberculose reste une maladie dévastatrice dans les pays peu développés. Elle continue à entraîner quelques centaines de décès annuels en France. Elle touche surtout une partie très ciblée de la population, ethnique, culturelle ou sociale. Vaccin vedette en terme d'utilisation dans le monde, le BCG est pourtant reconnu pour être peu efficace contre la forme pulmonaire, qui est la plus répandue ; l'exemple du Royaume-Uni montre que sa contribution au déclin de la mortalité apparaît comme insignifiant, et l'analyse de la politique vaccinale dans les différents pays d'Europe ne démontre aucun intérêt sinon un désintérêt à l'utiliser. L'intérêt collectif ne peut pas non plus être mis en avant. Pourtant il était encore en 2007 obligatoire pour tout enfant français scolarisé, sous peine de prison et d'amende, de recourir à l'injection du BCG, soit plus de 50 ans après sa mise en service en routine. Certaines professions subissent encore en 2015 cette obligation. Le BCG contient moins de produits potentiellement nocifs que les autres vaccins d'usage courant, mais peut contribuer à des complications très graves voire mortelles, sans parler des accidents de fabrication. Par contre, on peut porter au crédit du BCG qu'il induit une certaine forme de résistance chez les enfants en bas-âge des pays pauvres, notamment concernant le taux de mortalité, quoique celle-ci soit non spécifique à la tuberculose.

Chapitre 6
Tétanos

La maladie

D'après le Guide des vaccinations 2012 contre le tétanos de la Direction générale de la Santé[305], "le tétanos est une toxi-infection aiguë grave, non contagieuse, souvent mortelle, due à une neurotoxine extrêmement puissante produite par un bacille anaérobie[a] [...], Clostridium tetani. [Celui-ci] persiste dans les déjections animales et dans le sol sous forme sporulée, extrêmement résistante. La source étant tellurique[b] et inépuisable, l'éradication du tétanos est impossible. Elle pénètre dans l'organisme via une plaie cutanée. Quand les conditions d'anaérobiose sont réunies, il y a alors, au site de la plaie, germination des spores et production de toxines. Disséminées dans la circulation générale, ces toxines vont interférer avec les neurotransmetteurs et entraîner, après une période d'incubation de quatre à vingt et un jours, une atteinte neuromusculaire avec contractures, spasmes musculaires et convulsions".

Si le bacille se trouve partout, il ne touche pourtant pas tout le monde de la même façon et ne frappe pas uniquement au hasard : aux États-Unis, d'après le Centers for Disease Control[306], on voit (fig. 4) que sur la période 1998-2000, plus d'un quart des 30-60 ans touchés s'injectaient de la drogue, constat repris au Royaume-Uni[307], où "vingt-cinq cas chez des consommateurs de drogues [injectables âgés de 20 à 53 ans] ont été enregistrés entre juillet 2003 et septembre 2004", constituant "un changement dans l'épidémiologie du tétanos au Royaume-Uni" où habituellement "8 à 10 cas de tétanos sont rapportés annuellement". Le diabète semble également d'après la même figure jouer un rôle aux États-Unis chez les personnes âgées[308].

Selon une note de la Haute Autorité de Santé[309] (HAS), "en France, sur la période 2005-2007, la gravité des formes généralisées est caractérisée par une létalité de 32 % (25-50 % dans les pays industrialisés), une durée moyenne d'hospitalisation de 39 jours et l'observation de séquelles chez 17 % des survivants (difficulté à la marche, complications ostéo-articulaires,...) [...]. Parmi les formes généralisées de tétanos déclarées de 2005 à 2007 [...], la porte d'entrée était une blessure (68,3 %) (le plus souvent minime, dont les 2/3 faisaient suite à des travaux de jardinage ou étaient souillées de terre), était inconnue (21, 9 %) ou une plaie chronique (9,8 %). Les cas de tétanos généralisés objectivés en France surviennent chez des individus mal ou non vaccinés [...]. Il semblerait ainsi que la quasi-totalité des cas de tétanos en France surviennent chez des patients n'ayant pas eu de primovaccination antitétanique complète". Entre 2008 et 2011, les statistiques sont semblables selon l'InVS[310], et l'on a compté 9 cas annuels en moyenne, et une létalité de 31 %. Trois quarts sont des

---

a   Qui exclut la présence d'oxygène
b   Ayant pour origine des microbes qui se trouvent dans le sol

femmes, "86% sont âgées de 70 ans ou plus [et] l'âge médian des cas est de 82 ans (extrêmes : 28-97 ans). Trois cas avaient moins de 60 ans, dont un jeune homme de 28 ans résidant à Mayotte". Par contre les personnes décédées étaient toutes du 4ᵉ âge : "L'âge médian des sujets décédés était de 82 ans (extrêmes : 80-97 ans)". Pour les cas d'origine identifiée, on trouve plus de précisions sur la porte d'entrée : " il s'agissait de plaies chroniques dans 9 cas (25,0%) : ulcères variqueux, dermatoses ainsi qu'un érysipèle et un mal perforant plantaire gangr[e]né. Pour les 24 autres (66,7%), il s'agissait de blessures, le plus souvent minimes. Les circonstances de la blessure ont été précisées : blessure par du matériel souillé (13 cas dont 6 lors de travaux de jardinage), chute avec plaie souillée de terre (9 cas), griffure de chat (1 cas), morsure de rat (1 cas)".

Efficacité du vaccin

Le Guide des vaccinations[305] nous apprend la chute de l'incidence et la mortalité tétaniques à l'ère vaccinale, passant de 1.000 décès en 1945, 171 en 1975, et 7 en 2005 (17 cas). et seulement 8 cas en 2009. Un graphique agrémente la chute très marquée de la maladie, grâce à l'utilisation "depuis plus de 50 ans d'un vaccin d'une innocuité et d'une efficacité parfaites".

Si l'on revient toutefois à des données antérieures, comme celles de l'INED depuis 1925[311], on note que 1945 n'était qu'un pic dû aux années de guerre[312], et il devient moins évident que l'entièreté du mérite revient au vaccin. Nous avons tracé comme précédemment les courbes d'incidence et de mortalité en Angleterre et Pays de Galles pour tenter de déceler l'impact de la vaccination. Nous constatons une chute marquée et continue de la mortalité tout au long du XXᵉ siècle, mises à part quelques rares années aux données inattendues. La date de création du vaccin ou de l'immunisation de masse ne semble pas modifier le cours de cette tendance outre mesure. L'incidence n'a été retrouvée qu'à partir de 1970, et suit une même progression. Il manque également des données sur la couverture à partir de son introduction généralisée en 1961, pour considérer l'impact qu'elle aurait pu avoir ; il nous est difficile de conclure péremptoirement sur un rôle bénéfique possible de la vaccination à partir de ces courbes.

Tétanos (Angleterre et Pays de Galles)

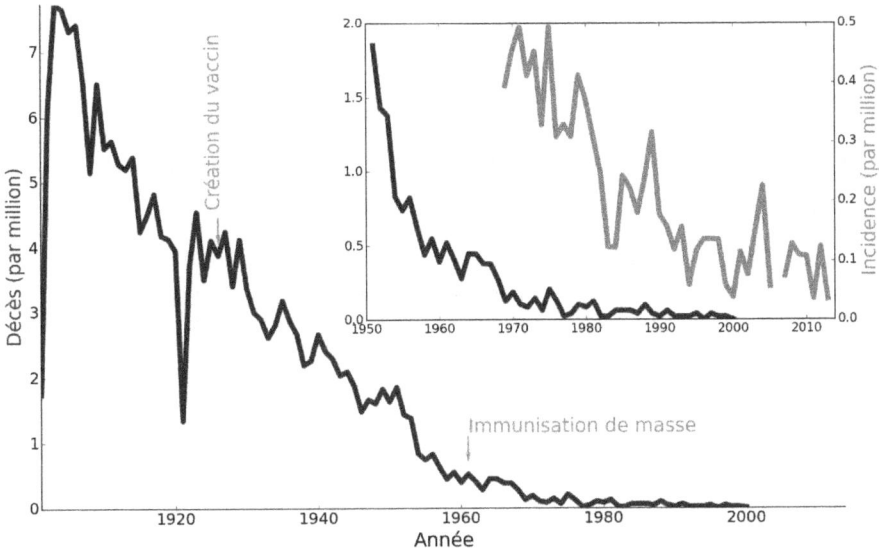

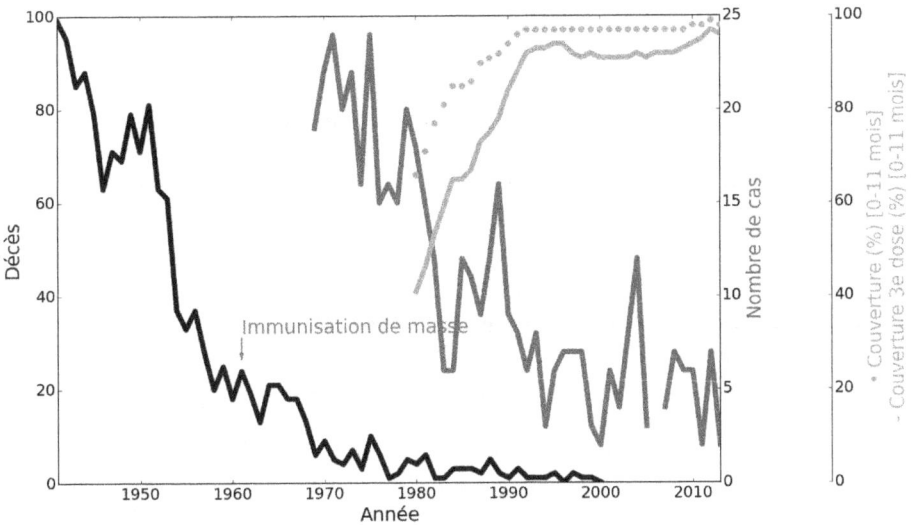

Sources:
http://www.ons.gov.uk/ons/publications/re-reference-tables.html?edition=tcm%3A77-215593 (Mort. 1901-2000)
https://www.gov.uk/government/publications/notifiable-diseases-historic-annual-totals (Inc. 1969-2013)
http://data.unicef.org/child-health/immunization, DTP1 (Couv. 1980-2013)
http://data.unicef.org/child-health/immunization, DTP3 (Couv. 1980-2013)

Un article de 1972[313] de l'*American Journal of Epidemiology* remarquait de manière identique pour le cas des États-Unis que "chaque cohorte née depuis 1870 a eu un risque de tétanos substantiellement moindre que celle née avant elle. Cette diminution stable de la mortalité du tétanos depuis 1900 suggère que des facteurs environnementaux ont été aussi importants que l'immunisation contre le tétanos dans la prévention du tétanos parce que le déclin a commencé avant l'introduction de l'anatoxine tétanique et a continué pendant la dernière décennie, période durant laquelle l'administration d'anatoxine n'a pas augmenté significativement".

Concernant "l'efficacité parfaite" avancée par le Guide de vaccinations, ils s'appuient uniquement sur les titres d'antitoxine tétanique et non de manière directe sur des comparaisons entre mortalité ou incidence chez sujets vaccinés et non vaccinés. En 1991, une étude[314] d'un centre médical de Tanzanie montre l'insuffisance de cette approche : "En utilisant la technique ELISA", qui est "considéré[e par la HAS en 2009] comme le test actuel de référence pour déterminer le niveau de protection d'un patient vis-à-vis du tétanos"[309], "sept nouveaux-nés avec un tétanos clinique avaient des taux d'anticorps 4 à 13 fois supérieurs au niveau protecteur minimum présumé de 0,01 IU/mL", quoiqu'aujourd'hui "une valeur seuil de 0,1 IU/mL" soit retenue par l'OMS[315], car "le[s] test[s] HA et ELISA classique tendent à surestimer des titres qui sont alors considérés comme protecteurs". "Toutes sauf une des mamans avaient été vaccinés avec l'anatoxine[a] tétanique durant leur grossesse. Pour deux autres nouveaux-nés, dont les mères avaient reçu plusieurs doses de rappel de l'anatoxine durant leur grossesse, les concentrations d'antitoxine[b] étaient 100 à 400 fois le niveau protecteur présumé". Ces conclusions ont été répétées diverses fois, ce que reconnaît un rapport de l'OMS[316] sur le tétanos maternel ou néonatal paru dans le *Lancet* en 2007 : "de nombreux cas de tétanos, certains fatals, ont été rapportés sur des patients dont le niveau d'anticorps tétaniques étaient bien au-dessus du seuil protecteur", que les cas soient périnataux[317] [318] ou chez des adultes[319] [320] [321]. Avoir des titres élevés ne garantit donc pas la protection, mais cela semblerait diminuer gravité de la maladie : dans une étude sur 64 patients en 1972, dont 54 seulement avaient des titres inférieurs au seuil, "la forme la plus grave et les 5 décès ont été observés dans le groupe de patients dont le taux d'antitoxine était égal ou inférieur à 0,002 UI/ml". Mais l'article ne dit pas si les conditions de vie de ces personnes sous-immunisées étaient les mêmes, et si leur immunité générale n'était pas également défaillante.

Des études en double aveugle existent, cependant aucune ne semble récente, comme le confirme une revue sur la question du Centre Cochrane en 2013[322] qui n'en retient que deux, en 1966 et 1980. Celle-de 1966, une étude en Colombie[323], montrait que "ceux du groupe contrôle [injectés d'un vaccin anti-grippal] qui avaient reçu 2 ou 3 injections avaient un taux de mortalité de tétanos néonatal de 7,8 morts pour 100 naissances, et les sujets correspondants dans le groupe d'étude [injectés du vaccin antitétanique] ne comptaient aucune mort". Une seule injection n'avait par contre aucun effet apparent sur la mortalité. D'après le document de l'OMS en 1993[315], d'autres études existent, mais ne dépassent pas 1988 : "L'étude de la mortalité liée au tétanos néonatal chez les enfants nés de mères vaccinées ou non, fournit des informations qui permettent d'évaluer l'efficacité du vaccin antitétanique. Dans la plupart des études cette efficacité se situe entre 80 et 100%", selon 6 études dans des pays différents avec deux doses injectées. Pour information, la revue de Cochrane était moins optimiste et retenait bien 98 % d'efficacité dans la première étude, mais

---

a   Toxine débarrassée de sa toxicité
b   Anticorps sécrété par l'organisme au contact d'une toxine pour la neutraliser

seulement 32 % dans la deuxième. Toutes concernent le tétanos néonatal : il n'y a donc jamais eu aucune étude en double aveugle sur l'efficacité du vaccin sur tétanos adulte.

Les données du Centers for Disease Control[324] pour les différentes classes d'âge aux États-Unis indiquent qu'entre 2001 et 2008, 20 des 26 décès par tétanos l'étaient pour des personnes de plus de 65 ans (table 1). On y voit également que des personnes de toutes classes d'âge ont contracté la maladie alors qu'elles avaient reçu 4 doses ou plus. Les statuts vaccinaux au moment de la maladie étaient malheureusement inconnus dans 60 % des cas, mais pour les statuts connus, 24 avaient reçu au moins 4 doses, soit 26 % (24/92), et 25 % (4/16) des 5-19 ans. L'efficacité semble donc imparfaite. Notons aussi que parmi les 56 cas de tétanos chez les 5-35 ans, aucun décès n'a été relevé, quand bien même 43 % (13/30) parmi les statuts connus n'avaient reçu aucune dose. Les statuts vaccinaux des malades remontés par les institutions des États-Unis diffèrent pour des raisons indéterminées de ceux du bulletin épidémiologique français que nous avons vu plus haut où tous étaient incomplètement vaccinés. Un document[325] du Centre européen pour la prévention et le contrôle des maladies (ECDC[a]) aurait pu nous éclairer. Malheureusement et de façon étrange, son analyse des cas européens en 2012, au total de 98, constatait que "le statut de vaccination était rapporté comme étant inconnu dans tous les cas".

N.B : Certains sites déploient un argumentaire qui vise à invalider la possibilité de l'efficacité d'un vaccin anti-tétanique, sous le prétexte que la toxine ne rencontrera jamais les agents immunitaires, qui eux circulent dans le sang. Or si la toxine se situe dans les nerfs au niveau de la jonction neuromusculaire, elle passerait également dans le sang, où elle peut être éliminée par immunité ; en effet, c'est le bacille qui meurt au contact de l'oxygène, mais la toxine n'est quant à elle pas anaérobie. Par contre, une fois fixée au pont nerf-muscle, elle ne sera plus atteignable, donc les dommages ne seront pas réversibles par la vaccination.

Par ailleurs, la maladie n'est pas immunisante, ce qui leur faire conclure que le vaccin ne peut être efficace. En fait, d'après le document de l'OMS de 1993[315], "la toxine tétanique est très toxique; on estime la dose mortelle pour l'homme à moins de 2.5 ng par kilo". Cela expliquerait que la maladie ne soit pas immunisante, mais que le vaccin puisse l'être : "En effet, une faible quantité de toxine tétanique, suffisant à provoquer la maladie, ne permet pas de stimuler la production d'anticorps". Par contre, le vaccin contient une dose plus élevée, mais inactivée, qui permet de stimuler cette réaction immunitaire, suffisante pour un certain nombre d'années. Sans que cela soit une preuve, cela pourrait expliquer que le vaccin, au moins partiellement, soit efficace.

---

a   Agence de l'UE créée en 2005 pour renforcer les défenses contre les maladies infectieuses en Europe

Rôle de la législation dans l'incidence du tétanos

La France est le seul pays qui oblige à la vaccination contre le tétanos. Qu'en est-il des taux de couverture des autres pays et des taux d'incidence ? Les modes et les lieux de notifications sont différents selon tous les pays d'Europe, mais la plupart ont choisi la déclaration obligatoire, comme le montre le document de l'ECDC[325], excepté Allemagne, Autriche, Finlande et Liechtenstein (table 1 p. 32). La Belgique n'a par exemple eu qu'un cas entre 2008 et 2012, alors que la France en comptait 41, soit chez les Français un taux 7 fois supérieur ramené à la population. Pourtant un article de 2011[326] donnait quelques chiffres de la couverture belge : "la couverture de la vaccination contre le tétanos en Belgique reste insatisfaisante : 64,2 % des patients entrant en salle opératoire ont une immunité protectrice. C'est en accord avec les résultats de 2001 d'une Enquête Nationale du Ministère Fédéral de la Santé où seulement 68 % des participants adultes affirmaient avoir été vaccinés". En France, l'estimation de la couverture vaccinale dans la population générale remonte à 2002 : selon l'Institut de Veille Sanitaire "les données vaccinales [...] en France métropolitaine montrent que pour le tétanos, 62,3 % (61,1-63,5) des personnes âgées de plus de 15 ans déclaraient avoir été vaccinées depuis moins de 10 ans et 71,2 % (70,0-72,3) depuis moins de 15 ans". Le taux de couverture simple est donc supérieur à ce chiffre, du moins en France métropolitaine, et par conséquent supérieur à la couverture belge de 68 %. Pourtant elle recense bien plus de cas qu'en Belgique, qui a un taux quasi-nul. La répartition de la couverture par âge et par dernier rappel permettrait une meilleure appréhension de l'influence de la vaccination sur le taux de mortalité. Notons que les comparaisons restent difficiles, mais qu'il serait intéressant de comprendre d'où viennent les différences de mortalité entre pays, sachant par exemple que l'Italie concentrait en 2012 44 % des cas européens et la Pologne 15 %.

Le site du Service Public[327] nous précise l'obligation en France : "contre la diphtérie et le tétanos : seule la primo vaccination avec le 1er rappel à 11 mois est obligatoire." Le Guide des vaccinations 2012[305] énumère ensuite ce qui ne sont que des recommandations : "des rappels sont recommandés à l'ensemble de la population, à 6 ans, 11-13 ans, 16-18 ans, puis tous les dix ans". La politique a cependant changé après s'être rendu compte d'une efficacité plus longue que prévue du vaccin chez les moins âgés, d'après le Haut Conseil de la santé publique[328] : "Le calendrier vaccinal 2013 allonge les intervalles des rappels de vaccins diphtérie-tétanos-poliomyélite (dT-Polio) chez l'adulte : ceux-ci sont désormais de vingt ans entre 25 et 65 ans. Un intervalle de dix ans est maintenu au-delà de cet âge". Selon le rapport de l'Assemblée Nationale de 2003 déjà cité[231], seuls 59 % des personnes âgées de 50 ans sont à jour pour la vaccination anti-tétanique (tableau XX). Selon l'InVS, un sondage en 2011[329] a établi que "parmi les personnes âgées de 65 ans et plus, 44 % étaient à jour de leur rappel décennal dTP". Malgré le nombre important de personnes non ou mal vaccinées à ces âges, on n'a recensé autour de 2010 uniquement 9 cas annuels en moyenne, dont environ un tiers de décès comme nous l'avons vu plus haut. Puisqu'il n'y a aucun bénéfice collectif par immunité de groupe dans la vaccination antitétanique, ne pas vacciner contre le tétanos semblerait donc au pire impliquer environ 8 cas annuels additionnels, et pour la grande majorité du 3e ou 4e âge. Ce chiffre grossier doit être nuancé par le nombre de personnes non à jour mais partiellement vaccinées, qui ont peut-être évité la maladie grâce à cette moindre immunisation.

Concernant une raison purement économique, la dose coûte en 2014 10 € en monovalent ou du moins 5 € minimum en combiné, à multiplier par le nombre de vaccinations annuelles, soit environ un dixième de la population française plus 3 doses pour les 800.000 naissances[330], soit au minimum 40 millions d'euros par an, sans compter le coût de l'acte médical. Compte tenu du nombre estimé de contaminés ou de morts sans vaccination, l'argument économique, plus encore au vu de la classe d'âge la plus concernée, ne peut se suffire à lui seul. La synthèse des recommandations de l'Assemblée Nationale[70] déjà citée dans le cas de la rougeole ne partage pas cet avis : "En effet, pour le tétanos notamment, les soins très lourds qui doivent être apportés au malade représentent un coût financier important qu'il revient, in fine, au contribuable de financer. Le groupe d'études recommande donc le maintien du caractère obligatoire de vaccins même non altruistes". Nous serions intéressés de connaître quelques précisions sur leurs postulats et leur méthode de calcul. Une étude au Sénégal[331] établissait que le "coût de traitement relativement élevé" des cas de tétanos au CHNU de Dakar s'élevait à 315 € en moyenne. Il faudrait donc que le vaccin soit parvenu à prévenir au minimum 127.000 cas de tétanos par an en France, ce qui est infiniment loin d'être le cas.

Enfin, il existe surtout une sorte de paradoxe à ne faire que recommander la vaccination antitétanique aux âges où la toxine tue le plus, et à l'obliger pour les nourrissons alors qu'aucun décès ou même aucun cas ne survient en France à cet âge. Comme nous allons le voir, cette incidence infantile nulle ne résulte pas de l'efficacité du vaccin, mais bien plus certainement des conditions d'hygiène.

Le tétanos néonatal et sa prévention

Selon un document de l'OMS de 2014[332], "on estime qu'en 2010, [le tétanos néonatal] a été la cause d'environ 58 000 décès néonatals dans le monde". Par ailleurs, "le taux de létalité approche des 80%, en particulier dans les communautés dépourvues d'accès aux services de santé". D'après l'OMS en 2012[333], il "a été éliminé dans 23 pays entre 2000 et 2011", et ne représentait en 2008 plus que 1 % des causes de décès néo-nataux, contre 14 % en 1993. L'InVS constate en 2012[310] que "le tétanos néonatal a quasiment disparu des pays industrialisés à couverture vaccinale élevée, mais fait encore des ravages dans les pays en développement". Le vaccin peut-il responsable de l'absence de tétanos néonatal en France ? La vaccination antitétanique n'est obligatoire ou recommandée qu'à partir de deux mois[327] au moment de la première dose de DTP, et ne joue par conséquent aucun rôle sur le tétanos néonatal. Celui-ci se déclenche beaucoup plus tôt, après quelques jours, avec par exemple selon une étude vietnamienne[334], des patients admis à hôpital en moyenne à 8 jours, une période d'incubation moyenne de 6 jours, et les déclenchements de spasmes en 24h (tableau 1). L'Unicef le confirme : "Présentée dans l'Ancien Testament comme « la mort du septième jour », le tétanos néonatal frappe rapidement, tuant les nouveaunés peu après la naissance. [...] Entre 70 et 100 pour cent des décès ont lieu entre trois et 28 jours après la naissance"[335]. Vacciner à deux mois n'a aucun intérêt. Il reste donc la vaccination de la mère.

L'Unicef, comme cet article du *Lancet* en 2015[336], prônait en 2010 la "vaccination des femmes par le vaccin antitétanique à des fins de protection"[337], avant de citer l'hygiène ou les soins. Similairement, l'OMS conseillait en 1999[338] la "préven[tion du] tétanos néonatal en vaccinant les femmes avec au moins deux doses d'anatoxine tétanique avant l'accouchement". S'il est possible que la vaccination ante-natale contribue à diminuer la mortalité tétanique, l'exemple français démontre que cela n'est en aucun cas nécessaire, et satisfaire aux conditions d'hygiène voire de bonne santé des mères semble suffire, le jeûne âge et le faible poids étant par exemple corrélés au taux d'enfants vietnamiens contaminés dans l'étude précitée[334]. Un kilo de plus à la naissance entraînait un facteur des risques sur la mortalité de 0,09 (p < 0,001), soit 11 fois moins de chance de mourir (tableau 2).

Réciproquement, une bonne hygiène est par contre indispensable et permet de prévenir le tétanos comme d'autres infections. L'Unicef rapportait en 2012[339] : "En plus d'apporter une réduction substantielle dans la mortalité maternelle et néonatale, la politique chinoise d'accouchement à l'hôpital a aussi entraîné l'élimination du tétanos maternel et néonatal en tant que problème de santé publique", le taux d'accouchement à l'hôpital étant passé entre 1995 et 2012 dans les régions rurales de 10-25 % à 96 % pour la plupart d'entre elles. Son Directeur de la Santé et de la Nutrition, Dr. Robert Scherpbier, va même plus loin : "L'élimination en Chine du tétanos maternel et néonatal est une formidable histoire, parce que, pendant que la plupart du globe immunise aussi les femmes enceintes pour combattre cette terrible maladie, la Chine a réussi avec la "manière dure" pour ainsi dire, par des investissements massifs et une attention dans l'amélioration plus répandue des taux d'accouchement à l'hôpital et des conditions sanitaires des enfants et des mères en milieu rural". Constat d'autant plus convaincant qu'il émane de l'Unicef, autrefois ardent promoteur de la vaccination, comme en 2010 ou plus encore en 2007[340] : les conditions d'hygiène des trois propres (mains propres, surface propre, cordon sectionné et soigné avec instruments propres) ne venait à cette époque qu'après le conseil de vacciner les "femmes en âge de procréer ou les femmes enceintes [avec] 3 doses", puis 3 autres doses pour le bébé entre sa 4e et 10e semaine de vie.

L'avantage d'une approche holistique et en particulier centrée sur l'hygiène et non sur la simple vaccination permet en effet cette réduction substantielle de mortalité. Une méta-analyse en 2013[341] concernant des données sur les pays en voie développement concluait que "l'application de [chlorhexidine[a]] sur le cordon ombilical des nouveaux-nés peut significativement réduire l'incidence d'infection du cordon et la mortalité en général parmi les naissances à domicile dans les communautés. Cette intervention simple et peu coûteuse peut sauver un nombre important de vies chez les nouveau-nés en pays sous-développés", avec 23 % de réduction comparé au groupe contrôle.

---

a   Antiseptique bactéricide à large spectre

Effets secondaires du vaccin

Concernant l'innocuité parfaite annoncée dans le Guide des vaccinations[305], il convient tout d'abord de voir que l'antigène du tétanos se trouve dans plusieurs vaccins, tous combinés à l'exception du Vaccin tétanique Pasteur qui est monovalent (p. 232) ; l'innocuité du seul vaccin tétanique est donc difficilement quantifiable. Le paragraphe suivant du Guide indique malgré tout la possibilité de "réactions systémiques de type urticaire généralisé, anaphylaxie ou trismus[a]", quoique rarement. On aurait souhaité plus de précisions, la maladie étant elle-même très rare, pour connaître le bénéfice-risque de l'opération.

Un relevé épidémiologique de l'OMS en 2006[342] précise toutefois les effets connus de cette seule anatoxine, quoiqu'ils ne renvoient à aucun vaccin en particulier, ni aucun document scientifique : "L'anatoxine tétanique utilisée seule ou en associations fixes variées est considérée comme très sûre. L'[anatoxine tétanique] ou [diphtérique] peuvent être utilisées à n'importe quel moment pendant la grossesse; l'immunodéficience, y compris l'infection à VIH, n'est pas une contre-indication à son utilisation. L'anatoxine tétanique provoque des réactions locales mineures de douleur et d'érythème[b] dans 25 à 85 % des cas, parfois des nodules et très rarement des abcès stériles (1-10 par million de doses administrées). Des réactions générales bénignes [du] type fièvre, douleur et malaise se produisent chez 0,5 à 1% des vaccinés après les injections de rappel. En général, les réactions locales et générales augmentent avec le nombre de doses reçues. Des manifestations indésirables générales graves telles que des réactions anaphylactiques, et des névrites brachiales sont extrêmement rares, de l'ordre de 1-6 et de 5 à 10 par million de doses administrées, respectivement". D'après la revue *Cochrane*[343], la névrite brachiale est "caractérisé[e] par des épisodes (attaques) de douleurs neuropathiques extrêmes, ainsi qu'une faiblesse multifocale et une atrophie rapides des membres supérieurs. [...] Le rétablissement est lent, de plusieurs mois à plusieurs années, et de nombreux patients restent avec une douleur résiduelle et une résistance réduite à l'effort dans le(s) membre(s) affecté(s)". Cela à des fréquences "extrêmement rares", mais de l'ordre de grandeur de celle du tétanos lui-même.

Chaque vaccin est-il d'ailleurs identiquement inoffensif ? Une recherche des articles sur le Revaxis dans la base de données PubMed donne 5 articles, dont 4 évaluent entre autres la sécurité du vaccin : 3 comparent les effets secondaires à ceux d'un autre vaccin DTP ou DT, et le dernier provenant du Pasteur Mérieux Connaught conclut à l'absence d'effets secondaires à partir d'un échantillon d'environ 2.100 personnes. L'une d'entre elles[344] montre même que "l'on a rapporté plus fréquemment des effets secondaires après la vaccination avec [le Repevax (65,3 %)] qu'avec [le Revaxis (environ 50 %)]", ce qui nuance l'idée d'"innocuité parfaite" de tous les vaccins. Pour le Repevax, la recherche bibliographique donne un résultat moins convaincant encore puisqu'aucun n'étudie le vaccin seul, mais toujours des

---

a   Contraction constante et involontaire des muscles des mâchoires
b   Rougeur de la peau

comparaisons ou des synergies entre vaccins. Pour le BoostrixTetra, la recherche ne donne rien. Si ce ne sont pas des réactions graves, il faut noter que la fiche du produit[345] indique des effets indésirables "pouvant survenir jusqu'à 1 dose de vaccin sur 100" : "fièvre > 39,0°C, gonflement étendu du membre vacciné, frissons, douleurs, sensations vertigineuses, douleurs articulaires, douleurs musculaires, démangeaisons, herpès buccal, gonflement des ganglions du cou, des aisselles ou de l'aine (lymphadénopathie), perte d'appétit, picotements ou engourdissement des mains ou des pieds (paresthésie), somnolence, asthme" ou encore chez l'enfant "troubles du sommeil, apathie", et entre autres évènements plus fréquents ("jusqu'à 1 dose de vaccin sur 10") : "douleur abdominale, nausées, vomissements".

Pour fabriquer la vaccin, "l'anatoxine tétanique est obtenue après inactivation de la toxine par le formol. [Elle] est adsorbée sur des sels d'aluminium (hydroxyde d'aluminium ou phosphate d'aluminium) afin d'accroître son antigénicité". Nous pouvons vérifier cela à partir du tableau des vaccins[346] pour les différentes valences recommandées en France en 2012. Pour le tétanos, on trouve une dizaine de vaccins environ, tous désormais adjuvantés, entre autres, à l'aluminium : DTvax[347] (hydroxyde d'aluminium + thiomersal, non commercialisé mais disponible sur demande[348]), DTPolio (sans aluminium[349], mais retiré en 2008[350]), Revaxis[351] (6 ans et adultes, hydroxyde d'aluminium + phénoxyéthanol + formaldéhyde), InfanrixTetra[352] (hydroxyde d'aluminium)/Tétravac-acellulaire (enfants, hydroxyde d'aluminium + formaldéhyde), BoostrixTetra (hydroxyde d'aluminium)/Repevax (adultes, phosphate d'aluminium + phénoxyéthanol + polysorbate 80), InfanrixQuinta (hydroxyde d'aluminium, lactose anhydre), Pentavac (hydroxyde d'aluminium + formaldéhyde + phénoxyéthanol), Infanrix Hexa[353] (hydroxyde ou phosphate d'aluminium), vaccin tétanique Pasteur (hydroxyde d'aluminium). Après le retrait du DTPolio en 2008, le seul qui n'en contenait pas était Tétagrip de Sanofi-Pasteur MSD, mais il semble que la firme ait arrêté la commercialisation de ce vaccin en février 2012[354], sans que de plus amples informations puissent être récoltées sur ce choix. Tous les vaccins anti-tétaniques contiennent donc des sels d'aluminium, ce qui accroît notre scepticisme sur leur parfaite innocuité. Nous référons pour cela le lecteur au chapitre sur l'aluminium dans les vaccins (voir Chapitre 11).

Des possibilités de guérison

Aucun traitement n'est reconnu aujourd'hui comme pouvant traiter le tétanos de manière certaine. Des indices présentent toutefois certaines molécules comme de bons moyens de soigner la maladie une fois survenue.

Comme pour la poliomyélite, la vitamine C influe de manière positive sur la rémission de la maladie. Une revue de *Cochrane*[355] nous renseigne sur l'état de la littérature à ce sujet en 2013. "Deux auteurs de revue ont [cherché] de manière indépendante [des] essais cliniques sur la vitamine C en tant que moyen de prévention ou traitement du tétanos, qu'ils soient ou non contrôlés par placebo, dans n'importe quelle langue, publiés ou non publiés". Au final, "un seul essai pouvait être inclus. Cet essai non randomisé, non aveugle, avec contrôle, réalisé au Bangladesh a inclus

117 patients atteints du tétanos. La vitamine C a été administrée par voie intraveineuse à raison d'1 g/jour en association avec un traitement standard. [...] Chez les patients âgés de 1 à 12 ans (n = 62), le traitement par vitamine C a été associé à une diminution de 100% du taux de létalité du tétanos [avec 31 sauvés sur 31 contre 8 sur 31 sans vitamine C]. Chez les patients âgés de 13 à 30 ans (n = 55), le traitement par vitamine C a été associé à une diminution de 45% des cas de taux de mortalité [67,8 % à 37 %]". On peut en conclure que si cet essai semble très convaincant, les données manquent, et on pourrait s'étonner que de plus amples travaux de vérification de cette approche n'aient été entrepris depuis ces résultats plus qu'encourageants publiés en 1984[356]. C'est bien le souhait de la revue : "De nouveaux essais devraient être menés pour examiner l'effet de la vitamine C dans le traitement du tétanos".

Des recherches furent aussi effectuées sur des animaux. L'article original[357], article indien datant de 1966, n'étant pas accessible, on se fiera à un article du même chercheur, du moins aux copies du Dr Hamilä (qui ne déclare pas de conflit d'intérêt) : cinq groupes de 5 ou 10 rats recevaient deux fois la dose létale minimale de la toxine tétanique. Hormis le premier groupe qui fut laissé sans soin, les groupes 2 à 5 furent respectivement injectés dans le péritoine avec de la vitamine C deux fois par jour pendant 3 jours après la dose de toxine (groupe 2), avant et après la dose (groupe 3), après qu'un "tétanos local [eut apparu] dans la jambe affectée", soit "habituellement 16h à 26h après" l'injection (groupe 4), et enfin "après 40 à 47h, [quand] les symptômes du tétanos généralisé [s'étaient développés] de manière notable", vitamine cette fois-ci "administrée en intraveineuse après anesthésie de l'animal". Les résultats furent spectaculaires : hormis les 5 rats du premier groupe qui décédèrent tous, entre 47h et 65h, tous les animaux injectés avec de la vitamine C survécurent.

Autre produit d'intérêt, le sulfate de magnésium a été employé dans une étude pakistanaise[358]. D'après les chercheurs, "le traitement conventionnel [du tétanos] inclut une lourde sédation et la ventilation artificielle. Les complications qui résultent d'une lourde sédation de long-terme et de la ventilation artificielle contribuent à 60 % de la mortalité totale causée par le tétanos". Sur 33 patients retenus pour l'analyse entre début 2004 et fin 2007, ils ont montré que "l'utilisation du sulfate de magnésium est sûre et réduit le besoin de sédation et de ventilation artificielle dans le cas de tétanos de haut degré contribuant ainsi à un bénéfice en terme de survie chez les cas de tétanos post-traumatique chez l'adulte. L'efficacité du sulfate de magnésium a pu être démontrée dans la majorité des cas pour contrôler les spasmes musculaires et a grandement réduit le besoin de la ventilation artificielle qui n'a été utilisée que chez 9 patients et une sédation annuelle chez 12 patients, comparé à [nos] précédentes pratiques de 100 % de l'utilisation d'un support ventilatoire". Par ailleurs, "la durée moyenne du séjour du patient en unité de soins intensifs a été réduite de 11 jours". On aurait souhaité un contrôle concomitant et non antérieur à 2004, quoique l'on puisse comprendre ce choix au vu du faible nombre de patients sur ces 4 ans (44).

Deux articles basés sur des études de cas rendent compte de l'évolution des symptômes après administration du sulfate de magnésium. La première publiée en Grèce en 2010[359] porte sur 3 cas, tous admis "pour cause de rigidité musculaire généralisée et déficience respiratoire nécessitant intubation et ventilation mécanique". Pour le premier patient, au jour 3, "la rigidité musculaire s'est améliorée dans les quelques heures après que nous eûmes commencé l'infusion au Mg [magnésium, forme non précisée]". Pour le patient 2, comme "la rigidité musculaire persistait" au jour 8, ils commencèrent l'infusion : "la rigidité s'améliora significativement après que nous eûmes commencé l'infusion au Mg, et en quelques heures il n'avait plus besoin de relaxants non dépolarisants pour les muscles". Le troisième patient, drogué à l'héroïne trois jours avant, réagit sensiblement de la même manière, avec une infusion intraveineuse dès son arrivée dans l'unité. L'apport de cette étude, "qui pourrait être le seul rapport de l'utilisation d'une thérapie au Mg en intraveineuse dans l'Union Européenne", a permis par ses différences d'observer "qu'une thérapie avec une haute dose de Mg en intraveineuse, si précautionneusement titrée et suivie, peut continuer pendant une longue période sans effets secondaires évidents ni toxicité majeure pour les organes", ce qui constitue "dans [leur] opinion, le résultat le plus intéressant de l'étude". Ils précisent tout de même d'être prudent car "leurs données sont insuffisantes pour confirmer la sûreté de cette thérapie". Ils proposent une explication biologique de l'action du magnésium contre le tétanos : "la tétanospamine se lie avec le bouton présynaptique de la membrane du neurone et bloque la décharge d'acides aminés inhibiteurs (GABA et glycine)[, ce qui] conduit à des spasmes, des syncopes et une suractivité du système sympathique[a]. Le magnésium est un bloqueur neuromusculaire présynaptique avec propriétés vasodilatatrices, bloquant la décharge de catécholamine[b], et anticonvulsivantes, chacune étant souhaitable pour le contrôle de la spasticité[c] et du dysfonctionnement autonomique dans le tétanos". Ces effets désirables doivent être maîtrisés toutefois, sachant qu'en contrecoup "des problèmes de faiblesse excessive et d'hypotension ont été décrits" dans d'autres articles.

L'autre étude[360] a eu lieu au Gabon au Centre Hospitalier Universitaire de Libreville en 2013, sur un jeune patient de 12 ans : "L'évolution était marquée par la persistance de spasmes et la survenue d'une détresse respiratoire justifiant une intubation orotrachéale avec mise sous ventilation mécanique avec analgésie et sédation associant du diazépam, du fentanyl et une curarisation (avec du vécuronium). [...] Au 14ème jour, le sulfate de magnésium était introduit devant la persistance des spasmes. Il était administré au pousse seringue électrique à la dose de 1g/h pendant 48 heures. [...] Durant les 48 h suivant l'introduction du sulfate de magnésium, la fréquence des paroxysmes diminuait de façon considérable. Les doses de diazépam étaient abaissées et l'extubation du patient était décidée à J19. Le patient recevait également de l'acide ascorbique[d] à la dose de 0.5 g /24 heures en [intraveineuse lente] et une alimentation entérale[e] était instaurée. A J23, plus aucun spasme musculaire n'était noté". L'apport de cette étude sur les autres porte sur le fait que "dans la littérature, [les auteurs n'ont] pas retrouvé d'études portant sur l'utilisation du sulfate de magnésium dans le tétanos grave chez les enfants". Toujours selon eux, "le sulfate de magnésium peu coûteux

---

a   Partie du système nerveux traitant la mise en état d'alerte de l'organisme, et la préparation à l'activité physique et intellectuelle.

b   Classe de neurotransmetteurs dont font partie l'adrénaline et la dopamine

c   Augmentation exagérée et permanente du tonus musculaire d'un muscle au repos

d   Vitamine C

e   Solution thérapeutique de nutrition par sonde

ouvre de meilleures perspectives dans la prise en charge de cette pathologie grave dont la prévention reste primordiale. Pour l'amélioration de la prise en charge du tétanos grave dans notre unité de soins, les protocoles thérapeutiques devraient introduire le sulfate de magnésium".

Il y a donc encore de nos jours des angles de recherche peu ou mal explorés, surtout compte tenu de l'ancienneté de cette maladie, et des voies d'amélioration que la confiance et la focalisation vaccinales pourraient tendre à occulter. Pour finir l'article gabonais discute de deux études antérieures, non accessibles : dans la première[361], portant sur 8 patients en 1997, "la régression des contractures et des spasmes survenait 2-3 heures après l'introduction du sulfate de magnésium" ; pour la deuxième[362], parue dans le *Lancet* en 2006 et portant sur 256 patients, "l'infusion de magnésium ne réduit pas le besoin de ventilation mécanique chez les adultes avec tétanos sévère mais réduit la nécessité d'autres médicaments pour contrôler les spasmes musculaires et l'instabilité cardiovasculaire".

Nous verrons plus loin au chapitre Chlorure de magnésium (voir Chapitre 19) de nombreuses similitudes dans les faits rapportés par les docteur Neveu, bien que nous n'ayons plus à l'heure actuelle que sa bonne foi et celle du Pr Delbet sur lesquelles nous appuyer. Sans avoir à prétendre que l'industrie pharmaceutique et vaccinale bloque toute recherche ou diffusion d'une science prophylactique et thérapeutique plus douce, nous ne pouvons pas refuser la possibilité de l'efficacité de la vitamine C et du magnésium dans le traitement du tétanos tant que des études n'auront pas tranché la question explicitement. Nous pouvons seulement regretter et nous étonner que cela n'ait pas encore été le cas en 2015.

Le tétanos est une maladie grave et fréquemment mortelle, qui touche encore fortement les pays sous-développés mais ne compte plus que quelques cas et décès annuels dans les pays industrialisés. Bien que l'obligation vaccinale dans la population générale française ne porte que sur les nourrissons, le tétanos néonatal ne sévit pas dans nos pays, et l'hygiène et la bonne santé expliquent cette situation, plus que le vaccin qui n'est administré qu'après la période critique. La politique vaccinale d'obligation en France ne paraît nullement avantager les Français à leurs homologues européens, est coûteuse et ne cible pas la bonne classe d'âge. Ce sont majoritairement des personnes âgées ou très âgées qui contractent la maladie ou qui décèdent en France, avec 9 cas annuels moyens ces dernières années. L'effet collectif de l'obligation vaccinale est nul, puisque le tétanos n'est pas contagieux et que la prophylaxie n'éradiquera jamais la maladie dont la bactérie vit dans le sol. Le vaccin ne semble pas avoir eu de rôle prépondérant dans la chute de la mortalité tétanique, régulière au cours du XXᵉ siècle hors période de guerre. S'il est souvent présenté comme d'efficacité parfaite et entièrement inoffensif, les études sur les vaccins administrés en France manquent et on note malgré tout des effets indésirables légers courants et rarement plus graves, comme l'anaphylaxie ou la névrite brachiale. Ils contiennent tous de l'aluminium, et sont la plupart du temps injectés avec d'autres valences, ce qui tempère encore l'affirmation d'innocuité. Il semble exister avec la vitamine C et surtout le magnésium des moyens thérapeutiques notables voire très efficaces, mais peu de travaux de recherche ont jusqu'à présent cherché à confirmer leur action bénéfique.

Chapitre 7
Diphtérie

La maladie au cours du temps

On peut lire dans le Guide des vaccinations 2012[363] de la Direction générale de la santé que "la diphtérie est une maladie toxi-infectieuse affectant essentiellement les voies respiratoires supérieures, et parfois la peau" et ses tableaux cliniques "sont habituellement ceux d'une angine à fausses membranes qui peuvent obstruer le larynx ou d'ulcérations cutanées. La toxine produite par le bacille diphtérique peut provoquer des paralysies et des myocardites". Deux types de bactéries propagent la maladie, l'une d'homme à homme (*Corynebacterium diphtheriae*), l'autre d'animal à homme (*Corynebacterium ulcerans*). Un rapport de 2011[364] du Haut Conseil de la Santé Publique trace les chiffres depuis 1975. Avant 1990, tous les cas étaient à transmission humaine ; après douze ans sans maladie, les cas, rares, sont désormais le plus souvent à transmission animale. Aucun décès n'est à noter depuis plusieurs décennies.

Autour du début du XX⁰ siècle par contre, plusieurs milliers d'enfants mourraient chaque année de la diphtérie dans de nombreux pays, faisant de cette infection l'une sinon la plus grande cause de mortalité infantile. Selon le livre *Human Demography and Disease*[365](p. 317), entre 1915 et 1942, "la maladie se classait première en cause de mortalité chez les 4-10 ans et deuxième chez les 3-4 ans" en Angleterre et Pays de Galles. C'est d'ailleurs "pendant la pandémie de 1858/9 qu'elle est la première fois apparue mondialement ; ce n'est que dans certains régions de France, Norvège et Danemark que la diphtérie avait été épidémique la génération précédente". En Angleterre, "les deux années d'épidémie coïncidaient avec le niveau si bas de la Tamise en été qu'elle dégageait une odeur nauséabonde". Puis "les niveaux de mortalité ont monté progressivement après 1880".

Pour soigner la maladie, le rapport du Haut Conseil préconise que "l'antibiogramme doit être systématique, notamment en raison de l'évolution de l'antibiorésistance ces dernières années [...]. L'analyse de la sensibilité (méthodes des disques) des bactéries isolées entre 2008 et 2010 a montré qu'elles restent toutes sensibles à l'amoxicilline et à la rifampicine, que la résistance à l'érythromycine reste faible à 5 % [...], mais que 10 % sont résistantes à la ciprofloxacine, près de la moitié intermédiaires aux céphalosporines de 3ème génération et près de 90 % sont à sensibilité diminuée ou résistantes à la pénicilline G. La résistance à la clindamycine est faible pour C. diphtheriae (4 %) mais est importante (>90 %) pour les isolats de C. ulcerans". Pareillement, un livre vert du gouvernement britannique sur le vaccin antidiphtérique[366] écrit que "le traitement antibiotique est requis pour éliminer l'organisme et éviter sa propagation. Les antibiotiques de choix sont l'érythromycine, l'azithromycine, la clarithromycine ou la pénicilline"

La maladie désormais rare de nos jours se soigne donc par antibiotiques. Quoique l'abus d'antibiotiques ne soit aucunement souhaitable, il est étonnant de constater que cette maladie qui peut être facilement soignée requière une obligation vaccinale en France. Le lecteur pourra également se référer au chapitre sur le chlorure de magnésium et ses possibles bienfaits thérapeutiques (voir Chapitre 19). Bien que les recherches sur le sujet semblent nulles depuis 1976, le rôle bénéfique de la vitamine C contre la toxine diphtérique avait été sujet d'intérêt au XXe siècle ; Jungeblut écrivait en 1941[367] que son groupe "avait observé que la vitamine C était capable d'inactiver la toxine in vitro et que la vitamine exerce une action protectrice contre une intoxication diphtérique expérimentale", alors que l'on avait aussi "trouvé que l'acide ascorbique inactive de la même manière nombre d'autres poisons bactériologiques, comme le tétanos, le staphylocoque, la dysenterie [...] ainsi qu'un groupe de virus filtrables [dont] la poliomyélite".

Le vaccin anti-diphtérique

Selon les études, le vaccin anti-diphtérique est efficace. Une étude à Gaza[368] démontre une efficacité de 87,8 % quant à la protection immunitaire, quoique "les titres relativement bas [...] suggèrent le besoin d'une dose de rappel". Une étude aux États-Unis parue en 2009[369] indiquait 98 % de séroprotection pour les 19-64 ans. Il est difficile de trouver des chiffres concernant l'efficacité prophylactique des vaccins, à savoir combien de maladies ils préviennent effectivement, et l'on doit encore une fois se contenter d'une évaluation des titres protecteurs qui n'en sont qu'un indicateur imparfait. En effet, une mutation du virus rend ces défenses immunitaires inopérantes, et par ailleurs on trouve des personnes avec une forte séroprotection qui peuvent malgré tout attraper la maladie, comme nous l'avons vu dans le cas du tétanos. Ainsi, l'avis de la Haute Autorité de la Santé (HAS) en 2004[370] pour le vaccin tétravalent Repevax d'Aventis-Pasteur MSD indique seulement que "98,1% des adolescents et 83,8% des adultes ont développé un titre protecteur", et ne présente aucune donnée pour les enfants, pourtant nettement les plus à risques en Europe d'après une étude de 2013[371]. L'avis de la HAS paru en 2013[372] sur l'Infanrix Hexa de GlaxoSmithKline présente le même genre de données d'efficacité, qui "sont essentiellement fondées sur des données d'immunogénicité", et admet que "la tolérance et l'efficacité d'INFANRIX HEXA chez les enfants de plus de 36 mois n'ont pas été établies", que ce soit pour la diphtérie ou les autres valences. Pour le Revaxis de Sanofi Pasteur MSD, la HAS précise simplement qu'une étude auto-financée[373] a "confirm[é] la non-infériorité en termes de taux de séroprotection de Revaxis comparativement au vaccin DT Polio chez 760 enfants français âgés de 6 ans".

D'après le *Bulletin européen sur les maladies transmissibles* paru en 1997[374] dans *Eurosurveillance*, journal financé par des instituts publics, "la diphtérie est devenue rare, rendant l'exposition à ces bactéries et donc la stimulation naturelle de l'immunité peu fréquentes. En l'absence d'une exposition naturelle aux bactéries ou de rappels vaccinaux, l'immunité acquise par le vaccin diminue (probablement plus rapidement que l'on ne croyait auparavant) et les adultes deviennent susceptibles à cette maladie. Les facteurs socio-économiques ont eu un rôle important dans l'épidémie suédoise entre 1984 et 1986 qui a affecté surtout les toxicomanes et les alcooliques. Aux États-Unis, une épidémie, apparue au début des années 1970, a touché surtout des adultes alcooliques provenant de milieux défavorisés". Les cibles de la maladie se sont donc déplacées aux adultes fragiles (avant 1934 "environ 70% des cas [étaient] des enfants de moins de 15 ans"), voire à personne : "Dans les dix dernières années aucun cas de diphtérie n'a été rapporté au Danemark, en Irlande et en Espagne. En Suède et en France, les derniers cas ont été déclarés respectivement en 1988 et en 1989. Très peu de cas ont été déclarés en Autriche, aux Pays-Bas, au Portugal et en Italie (après 1990)".

La vaccination seule ne suffit à expliquer cette quasi-disparition de la maladie : "La Finlande a indiqué qu'environ 1 million de doses de vaccin ont été administré[e]s entre octobre 1993 et avril 1994 alors que l'Italie et l'Espagne nous précisent que les rappels Td [tétanos-diphtérie] pour des adultes ne sont pratiquement jamais faits en raison d'un manque de disponibilité de ces vaccins sur le marché". Une étude faite en Espagne[375] —pays épargné par la diphtérie —et publiée en 1999, confirme cette faible couverture : "seulement 26 % de la population étudiée [comptant 3.944 personnes de 5 à 59 ans] était totalement protégée" contre la diphtérie, avec aux extrémités 51 % des 5-12 ans, et 14 % des 30-39 ans.

Les preuves de l'efficacité pratique du vaccin sont donc faibles et celui-ci ne semble pas nécessaire pour qu'un pays soit indemne de la diphtérie. Pour mieux juger du rôle du vaccin dans la diminution de la diphtérie, nous avons encore repris les courbes britanniques. Nous retrouvons une évolution erratique au XIXᵉ siècle, avec l'émergence marquée de cette maladie en 1858-1859 avec un très grand pic pendant ces années sèches, une baisse puis à nouveau une augmentation après 1880. A partir de 1900, malgré des irrégularités suivant les années, la tendance générale stable ou baissière se poursuit jusqu'aux années 1970 où l'incidence et la mortalité atteignent des niveaux infimes. Entre 1976 et 1994, le nombre de cas annuels est inférieur à 10, ce qui n'est plus jamais vrai jusqu'en 2004. "L'immunisation de masse fut introduite en 1942" selon un document du Département de Santé Britannique[376] et semble selon nos courbes avoir contribué à accélérer la chute de morbidité entreprise au cours du XXᵉ siècle. Nous possédons seulement les données de couverture vaccinale à partir de 1980, pour les enfants de moins d'un an, ce qui rend difficile une conclusion péremptoire. A cette date, 66 % ont reçu une dose de vaccin et la 3ᵉ dose est administrée à moins de 50 %. Ces couvertures montent régulièrement jusqu'en 1994 pour atteindre respectivement 97 et 94 %, période durant laquelle la morbidité n'a guère évolué. A partir de ces dates, la première couverture reste stable et celle de la 3ᵉ dose oscille entre 91 et 97 %, alors qu'on constate pourtant un nombre de cas plus important. Pourtant, les classes d'âge de loin les plus touchées en Europe sont dans l'ordre les 5-14 ans et les 0-4 ans. La hausse de la couverture vaccinale jusqu'en 1994 chez les nourrissons auraient logiquement dû se répercuter sur l'incidence et la mortalité avec quelques années de décalage, mais les courbes n'indiquent rien de tel.

Diphtérie (Angleterre et Pays de Galles)

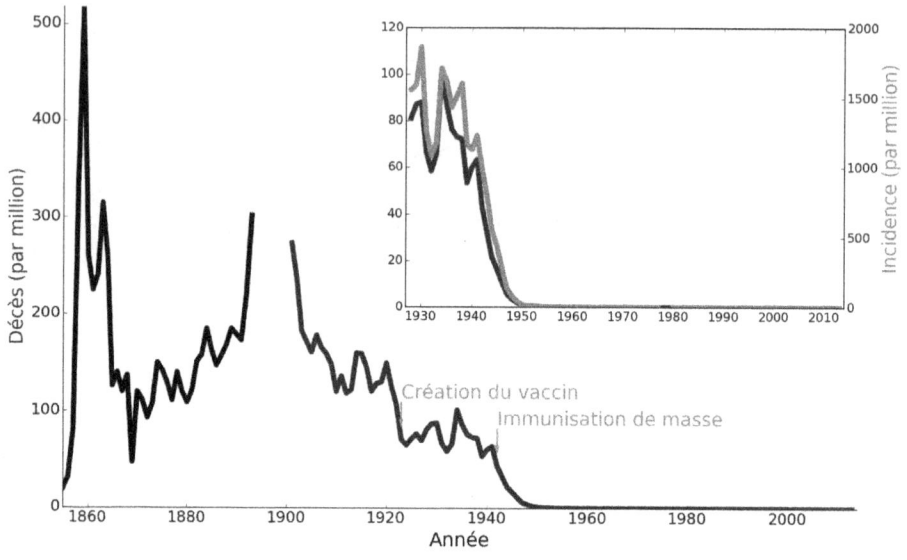

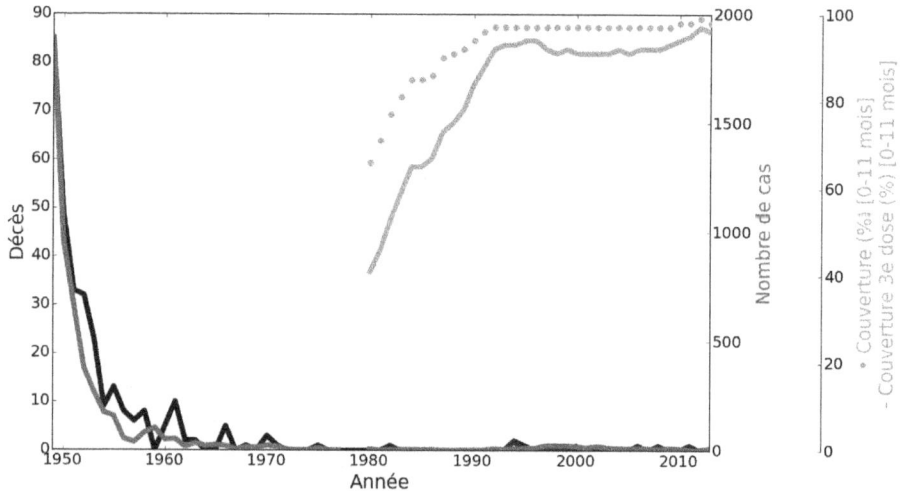

Sources:
A History of Epidemics in Britain (Volume II of II) by Charles Creighton, https://www.gutenberg.org/files/43671/43671-h/43671-h.htm#Page_742 (Mort. 1855-1893)
http://www.ons.gov.uk/ons/publications/re-reference-tables.html?edition=tcm%3A77-215593 (Mort. 1901-2000)
https://www.gov.uk/government/uploads/system/uploads/attachment_data/file/353038/Diphtheria_notifications_deaths_Eng_Wales.pdf (Mort. 1986-2013)
https://www.gov.uk/government/publications/notifiable-diseases-historic-annual-totals (Inc. 1912-2013)
https://www.gov.uk/government/uploads/system/uploads/attachment_data/file/353038/Diphtheria_notifications_deaths_Eng_Wales.pdf (Inc. 1981-2013)
http://data.unicef.org/child-health/immunization, DTP1 (Couv. 1980-2013)
http://data.unicef.org/child-health/immunization, DTP3 (Couv. 1980-2013)

En France, d'après le Guide de l'Inpes[363], cette maladie à déclaration obligatoire n'a pas été rapportée entre 1989 et 2002 (figure 1). Depuis, et jusqu'à 2010, aucun décès n'a été recensé, et on a dénombré 4 cas de la souche à transmission humaine, et

18 cas de la souche portée par l'animal. Dans ce dernier cas, 4 personnes étaient vaccinées, dont 2 avec un rappel l'année qui précédait.

"La vaccination diphtérique est obligatoire depuis la loi du 25 juin 1938", et la diphtérie est l'une des 3 maladies à vaccination obligatoire en France, avec le tétanos et la poliomyélite. La loi stipule une "obligation des trois premières injections et d'un rappel un an après, pratiqués avant l'âge de 18 mois". "Les rappels ultérieurs à 6 ans, 11-13 ans et 16-18 ans sont recommandés [ainsi] qu'une recommandation [...] tous les dix ans". Malgré ces obligations et recommandations, "la dernière étude de séroprévalence, menée en 1998 dans la population française, montre que 30 % des patients âgés de 50 ans et plus ont un titre d'anticorps non détectable ou inférieur au seuil considéré protecteur de 0,01 UI/ml."

Au vu de ces faibles taux de protection et de l'absence de la maladie dans ces pays européens, l'argument de l'intérêt individuel de la vaccination ne paraît pas tout à fait suffisant pour légitimer la recommandation vaccinale des adultes. Celui de l'intérêt collectif semble également limité, comme l'a montré l'exemple de la France où depuis 2002, 82 % des cas étaient d'origine animale : si sa propagation pourrait certes être contenue, l'éradication de la maladie paraît donc inconcevable par la seule vaccination aux hommes. Ce faible nombre de cas ne peut être attribué en totalité, du moins chez les adultes, à une action positive du vaccin sur les sujets non vaccinés ; en effet, le seuil d'immunité de groupe[377], seuil en dessus duquel les bénéfices vaccinaux s'appliquent aussi aux personnes non vaccinées, évalué selon l'Institut de Veille Sanitaire[378] à "80-85 %" de personnes immunisées, n'est pas atteint en France.

Effets indésirables du vaccin anti-diphtérique

Il reste difficile de tirer un bilan clair de la vaccination diphtérique en termes de bénéfice sur risque, d'autant que cette vaccination est aujourd'hui couplée à deux autres valences, voire intégrée dans des vaccins plurivalents de type hexavalents.

Selon l'Inpes[363], tous les vaccins —sauf le DTPolio de Mérieux "sans adjuvant, non disponible à ce jour" —sont adsorbés sur sels d'aluminium et engendrent donc a fortiori des troubles divers (voir Chapitre 11). Selon la même source, "les réactions anaphylactiques graves sont exceptionnelles (1 à 10 cas/million). Enfin, des réactions neurologiques ont été très rarement décrites". Les données gouvernementales anglaises[366] parlent de "0,65 à 3 cas par million de doses de vaccins données".

Dans la vaccination DTCoqueluche (États-Unis), une étude[379] a montré en 2008 que "parmi 11.531 enfants qui avaient reçu au moins 4 doses de DTC, le risque d'asthme était réduit de moitié pour ceux dont la première dose de DTC était reculée de deux mois au moins". L'ANSM note[380] par exemple pour le BoostrixTetra qu'il est associé à l'asthme de manière "peu fréquente" pour les 10-93 ans, soit entre 1 et 10 pour 1000 injections, correspondant tout de même à 1.000 à 10.000 cas par millions de doses, ce qui apparaît moins négligeable et en tout cas bien supérieur aux incidences actuelles des maladies que le vaccin vise —50 à 250 par millions pour la diphtérie en Europe selon la classe d'âge[371]. Citons à nouveau ses effets secondaires plus ou moins bénins qui comptent entre autres et suivant les âges : des céphalées (> 10 %), troubles gastro-intestinaux (tels que vomissements, douleur abdominale, nausées). (> 1 %), fatigue, apathie, syncope, lymphadénopathie[a], herpès oral, somnolence, paresthésie[b], conjonctivite, perte d'appétit, prurit, arthralgie, myalgie (> 0,1 %). Il faut ajouter et multiplier ces probabilités avec le nombre de vaccins reçus, et cumuler les données issues d'essais cliniques que l'on vient de citer avec les effets secondaires découverts après mise en circulation du vaccin.

Nous verrons plus loin (voir Chapitre 12) que le vaccin DTP contenant de la gélatine, dont le marché couvrait les trois-quarts du marché au Japon, a contribué à augmenter les effets indésirables par 17 et les réactions anaphylactiques par 8 (voir Table II[381]) en comparaison aux réactions dues aux vaccins rougeole, rubéole et oreillons sans vaccination DTP préalable. La modification du calendrier vaccinal (fig. 1) avait alors entraîné cette hausse d'évènements indésirables, dont les études n'avaient pas prévu la synergie négative avec les vaccins ROR. On comptait alors sur la période 1994-1999 18 cas rapportées d'anaphylaxies par million de doses de vaccin pour le vaccin anti-rougeoleux, 24 par millions pour celui des oreillons, et 4 pour celui de la rubéole[382].

Sans exhaustivité, l'immunisation contre la diphtérie a elle aussi connu d'autres types d'accidents, plus graves encore que le cas de la gélatine au Japon. Un livre[383] paru en 1994 aux *National Academies Press* publié par le Comité de Sûreté Vaccinale de l'Institut de Médecine relate par exemple que "dans plusieurs rapports, des accidents mortels causés par les effets toxiques de la toxine diphtérique insuffisamment neutralisée sont survenus chez des enfants auxquels on avait donné ces mélanges [de toxine active et d'antitoxine]. [...] A Kyoto, au Japon, en 1948, 68 sur 606 enfants moururent après l'inoculation du vaccin détoxifiée au formol". Pour information, cette année-là, date du début de l'immunisation de masse du vaccin au Japon, on recensait environ 2.000 décès annuel par diphtérie selon leur Centre de Surveillance des Maladies Infectieuses[384]. On constate soit dit en passant ici encore la chute des incidences et des décès avant cette introduction, avec environ 8.000 décès en 1945[385].

La diphtérie qui sévissait aux siècles derniers a connu une chute de sa morbidité dans nos pays et les cas ou les décès sont devenus rarissimes. Le poids de cette maladie infectieuse a pu bénéficier de l'arrivée du vaccin diphtérique, mais il est délicat d'établir un lien clair, au vu des ères pré-vaccinales où la maladie diminuait et au vu des dernières décennies où les vaccinations massives ne semblent guère modifier son occurrence. Son épidémiologie en France a néanmoins changé, et la maladie à transmission

a   Atteinte des ganglions lymphatiques qui augmentent de volume et peuvent devenir douloureux
b   Sensation désagréable mais non douloureuse de fourmillements, engourdissements ou autres picotements

animale, inexistante auparavant, prédomine désormais avec quelques cas ponctuels par an. Les vaccins diphtériques, tous à base d'aluminium et administrés avec d'autres valences, possèdent leur lot d'effets secondaires légers ou graves comme certaines réactions allergiques, sans parler des accidents vaccinaux ponctuels. Les données sur l'efficacité réelle manquent. Bien que l'on ne puisse escompter une éradication de la maladie, que le nombre de cas soit infime, que des pays mal vaccinés comme l'Espagne ne subissent plus la maladie, et surtout qu'elle se soigne par sérothérapie et antibiotiques, la loi française continue depuis 1938 de comporter une obligation légale de vaccination de 3 doses pour les moins de 18 mois, et une recommandation pour plusieurs périodes de la vie.

Chapitre 8
Poliomyélite

La maladie et son émergence

D'après l'OMS[225], la poliomyélite "est une maladie très contagieuse provoquée par un virus qui envahit le système nerveux et peut entraîner une paralysie totale en quelques heures. Le virus se propage d'une personne à une autre principalement par la voie fécale-orale ou moins fréquemment par le biais d'un véhicule commun (eau ou aliments contaminés, par exemple) et se multiplie dans l'intestin. La fièvre, l'asthénie[a], les céphalées, les vomissements, la raideur de la nuque et les douleurs dans les membres en sont les premiers symptômes. Une paralysie irréversible (des jambes en général) survient dans un cas sur 200. Entre 5 et 10% des malades paralysés décèdent lorsque leurs muscles respiratoires cessent de fonctionner. [Elle] touche principalement les enfants de moins de cinq ans". En général "toutefois, seules 4 à 8% des personnes infectées présentent un quelconque symptôme de la maladie, avec pour la plupart de ceux-ci une poliomyélite abortive avec fièvre légère et rien de plus", selon cet article de 2011[386].

Contrairement à la plupart des autres maladies infectieuses, comme le tétanos ou la coqueluche, la poliomyélite est une maladie relativement récente. Le Dr Rutty a rédigé un document[387] pour l'Initiative Mondiale pour l'Éradication de la Polio (IMEP) sur l'histoire de la polio : "Pendant des siècles, le virus était resté invisible, bénin et endémique, avec seulement quelques rares cas isolés de « paralysie infantile » connus. Mais voilà que soudain, l'amélioration des normes de santé publique ayant réduit les infections immunisantes naturelles au poliovirus chez les jeunes enfants, des foyers épidémiques apparaissent. Bourgs, zones périurbaines et régions rurales sont plus gravement touchés que les villes. En réalité, plus les parents protègent leurs nouveaux-nés et enfants en bas âge de la « crasse » et les isolent des autres enfants, plus la menace de la polio augmente. Ironie de la situation, un nombre croissant d'enfants (et autres membres de la famille ou de la fratrie) deviennent ainsi vulnérables à une infection du système nerveux lorsque, à un âge plus avancé —notamment à la scolarisation —ils se trouvent inévitablement exposés au poliovirus : en effet, leur système immunitaire est moins apte à réagir efficacement".

Un article paru en 2010[388] reprend cette idée et précise le contexte de l'émergence de la maladie : "A partir d'environ 1880, une séries d'épidémies de paralysies infantiles ont été constatées dans plusieurs pays scandinaves et aux États-Unis. L'apparition abrupte de poliomyélites épidémiques est illustrée sur la figure 1 [de l'article], qui montre les données des pays où les premiers flambées ont été enregistrées. Le plus re-

---

a   Affaiblissement de l'organisme

marquable est l'apparition simultanée d'épidémies dans des pays européens et aux États-Unis. A noter également l'absence d'épidémies dans le reste du monde, comme l'illustrent Cuba et le Brésil". L'auteur poursuit : "Qu'est-ce qui explique ce phénomène frappant ? L'hypothèse la plus probable est que les épidémies étaient associées à une augmentation de l'âge auquel l'infection du poliovirus arrivait. Dans les époques pré-épidémiques, les infections entériques étaient tellement omniprésentes que la plupart des enfants étaient infectés entre 6 et 12 mois, à un moment où ils avaient des anticorps circulant passivement hérités de l'allaitement maternel. Bien que les anticorps sériques ne prévenaient pas l'infection entérique, ils étaient suffisants pour empêcher la virémie[a], évitant par là l'invasion du système nerveux central et la paralysie. Le résultat était l'acquisition d'une immunité active sous la couverture d'une protection passive. Pourtant, avec l'arrivée d'une hygiène personnelle et de conditions sanitaires publiques améliorées, la transmission des infections entériques ont été décalées de telle manière que certains enfants étaient pour la première fois infectés après l'âge de 12 mois, quand les niveaux d'anticorps passifs avaient tari, réduisant la barrière contre l'infection du système nerveux central. En accord avec cette hypothèse, toutes les premières épidémies sont arrivées parmi des enfants très jeunes, et la maladie était connue sous le nom de "paralysie infantile"". À Casablanca par exemple, "pendant la période 1947-1953, il y eut des cas de poliomyélites paralytiques dans [la population de souche européenne et chez les natifs marocains], mais le taux d'attaque était 20 fois plus élevés dans le secteur européen. De plus, les cas marocains arrivaient surtout chez les nourrissons, alors que beaucoup de cas européens apparaissaient chez les enfants plus vieux et de jeunes adultes". En 1955, une étude[389] avait corrélé de manière très nette les courbes de prévalence des taux d'anticorps contre le virus de type 2 suivant l'âge et celles du pourcentage cumulé du nombre de cas de maladies par âge : au Caire, seuls les jeunes enfants n'avaient pas d'anticorps, et eux seuls étaient touchés, contrairement à Miami.

Efficacité et sûreté des vaccins vivant et inactivé

Toujours d'après l'OMS[225], "il n'existe pas de traitement", hors symptomatique, de cette maladie, et "la prévention reste la seule option. Le vaccin antipoliomyélitique, administré à plusieurs reprises, confère à l'enfant une protection à vie". Selon le Ministère de la Santé[390], "il existe deux types de vaccins contre la poliomyélite :

- Le vaccin poliomyélitique inactivé injectable (VPI) préparé à partir des trois types de virus poliomyélitique. Il est utilisé dans la plupart des pays industrialisés.

- Le vaccin poliomyélitique oral (VPO) contenant les trois sérotypes de virus vivants atténués. Le VPO est encore largement utilisé dans le monde dans le cadre du programme d'éradication de la poliomyélite. Il n'est plus commercialisé en France.

La primovaccination par le vaccin VPI est obligatoire en France ainsi que les rappels jusqu'à l'âge de 13 ans". D'après le Guide des Vaccinations 2012 de l'Inpes[391], l'obligation légale de la vaccination date du 1er juillet 1964, tandis que "la déclaration de la poliomyélite est obligatoire depuis 1936".

---

a   Présence de virus dans le sang circulant

Selon cette même source, "l'efficacité protectrice du vaccin inactivé dans sa version initiale a été démontrée dans un essai contrôlé[392] mené par Thomas Francis aux États-Unis en 1955 [...]. L'efficacité calculée du vaccin [sur 400.000 enfants] était comprise entre 80 et 90 %. Cette efficacité a été confirmée par des travaux ultérieurs".

Les résultats d'études différentes concordent relativement pour l'efficacité du vaccin oral. Une étude à Delhi en 1992[393] sur 47 cas "a trouvé une efficacité du vaccin oral poliomyélitique de 93 %". A Madras en Inde[394], "l'efficacité du vaccin [oral trivalent pour 3 doses] était de 83 %. Un enfant non immunisé avait 5 fois plus de risque de développer une poliomyélite paralytique aiguë qu'un enfant totalement immunisé". La première dose n'avait par contre qu'une efficacité de 21,4 % pour les enfants de 6 à 35 mois. Au Caire en 1993[395], des questionnaires remplis par les mères ont montré que "l'efficacité du vaccin [oral] était de 86 % et 92 % pour 3 et 4 doses de vaccin oral polio respectivement". Résultat un peu décevant à leur sens : "Pour un vaccin comme le vaccin oral polio dont l'efficacité potentielle après 3 doses est proche de 100 %, le niveau estimé de protection (86 %) est considéré bas surtout quand nous réalisons les énormes efforts engagés par le Ministère de la Santé et l'UNICEF en Egypte pour améliorer la chaîne du froid". En 1991, une étude à Oman[396] parue dans le *Lancet* en 1991 a montré que "3 doses de vaccin poliomyélitique oral réduisaient le risque de paralysie [dû au virus de type 1] par 91 %. [...] Le taux d'attaque estimé de l'infection parmi les enfants de 9 à 23 mois dépassait 25 % dans certaines régions, suggérant qu'une proportion substantielle d'enfants complètement vaccinés ont été impliqués dans la chaîne de transmission".

En fait, l'efficacité peut dépendre de la mise en forme du produit vaccinal. Une étude parue en 2008[397] dans le *New England Journal of Medicine* (NEJM) sur le cas du Nigéria a comparé un vaccin oral destiné à lutter contre le poliovirus de type 1 et un vaccin oral destiné à lutter contre les types 1, 2 et 3 : "Les efficacités estimées sur la poliomyélite paralytique de type 1 par dose de vaccin oral monovalent poliovirus de type 1 et vaccin oral poliovirus trivalent étaient respectivement de 67 % et 16 %, et l'efficacité estimée par dose de vaccin oral polio trivalent contre la poliomyélite paralytique de type 3 était de 18 %". Les données supplémentaires montrent qu'au Nigéria, seul le vaccin trivalent (celui de faible efficacité) a été donné entre 2001 et février 2006, date où les vaccins monovalents l'ont souvent remplacé (tableau 2). L'efficacité du vaccin monovalent de type 1 était elle-même modulée par l'âge (tableau 3b), et était maximale à 3-4 ans (99 %) et minimale à 1-2 ans (49 %).

Une étude[398] décrit la "grande variabilité de l'immunogénicité d'une dose à la naissance du vaccin oral polio", alors que "le vaccin polio inactivé a des taux de séroconversion plus élevés chez les nouveau-nés et peut être un meilleur choix dans les pays qui peuvent engager cette dépense, mais il y a eu peu d'études sur une dose de vaccin polio inactivé sur les nouveau-nés".

Concernant son innocuité, l'OMS affirme que[399] "le vaccin antipoliomyélitique oral (VPO) est l'un des vaccins les plus sûrs jamais mis au point. Son innocuité est telle qu'il peut être donné aux enfants malades et aux nouveau-nés. [...] Ce vaccin est sûr pour tous les enfants. Chaque dose supplémentaire renforce leur immunité face à la maladie". Concernant le syndrome de Guillain-Barré, les conclusions des chercheurs divergent pourtant. Une étude dans le nord de la Chine[400] avait montré en 2003 "que le syndrome de Guillain-Barré était associé avec quelques facteurs, comme l'immunisation au vaccin polio avant le déclenchement de la maladie (facteur des chances=7,27) [ou] l'absence de lavage de mains après défécation ou avant le repas (6,15)". Des liens temporels avec des campagnes de vaccination avaient également mis des chercheurs sur cette voie-là. "Concomitamment à la campagne nationale de vaccination oral polio en Finlande en 1985, une augmentation inattendue du nombre de patients hospitalisés avec le syndrome de Guillain-Barré a eu lieu. [L'examen attentif] de 10 cas avec déclenchement du syndrome dans les 10 semaines après immunisation [...] suggère que les poliovirus vivants atténués peuvent, comme d'autres virus infectieux, parfois déclencher le syndrome de Guillain-Barré"[401]. En 2009, les Centers for Disease Control (CDC) sont comme souvent plus optimistes[402] : "dans une précédente revue l'Institut de Médecine a conclu que les preuves étaient en faveur d'une association causale entre le vaccin polio oral et les vaccins contenant l'anatoxine tétanique et le syndrome de Guillain-Barré. Pourtant les preuves récentes de vastes études épidémiologiques [non-citées dans le résumé] et des campagnes d'immunisation massive dans différents pays n'ont pas trouvé de corrélation entre le vaccin polio oral et les vaccins contenant l'anatoxine tétanique et le syndrome de Guillain-Barré".

Dans tous les cas, nous verrons plus loin (voir *Paralysies flasques aiguës*) que la vaccination peut indirectement induire, de manière individuelle ou collective, des troubles paralytiques. Nous parlerons également des accidents vaccinaux liés à ces vaccins.

De nos jours et en Occident, cette vaccination est difficilement séparable d'autres vaccins en combinaison, et il est moins pertinent de parler des effets secondaires de cette seule vaccination que de celle du DTP par exemple.

* * *

L'exemple de l'Angleterre et Pays de Galles nous donne un aperçu d'un possible impact de l'arrivée de ces deux vaccins sur le marché anglais. Pourtant le caractère erratique de la morbidité poliomyélitique, dans ce pays comme dans d'autres, rend difficile une interprétation poussée. Comme nous l'avions vu, le Royaume-Uni fut l'un des premiers pays touchés, avec un pic remarquable autour des années 1910. D'après le livre vert du gouvernement britannique[403], "l'immunisation de routine avec le vaccin poliomyélitique inactivé (VPI —Salk) a été introduite en 1956", au cours d'une épidémie de bien moindre importance que celle de 1910, et après son pic. "Il est remplacé par le vaccin vivant atténué oral (VPO —Sabin) en 1962". A cette date correspond une chute de la maladie, et particulièrement de l'incidence.

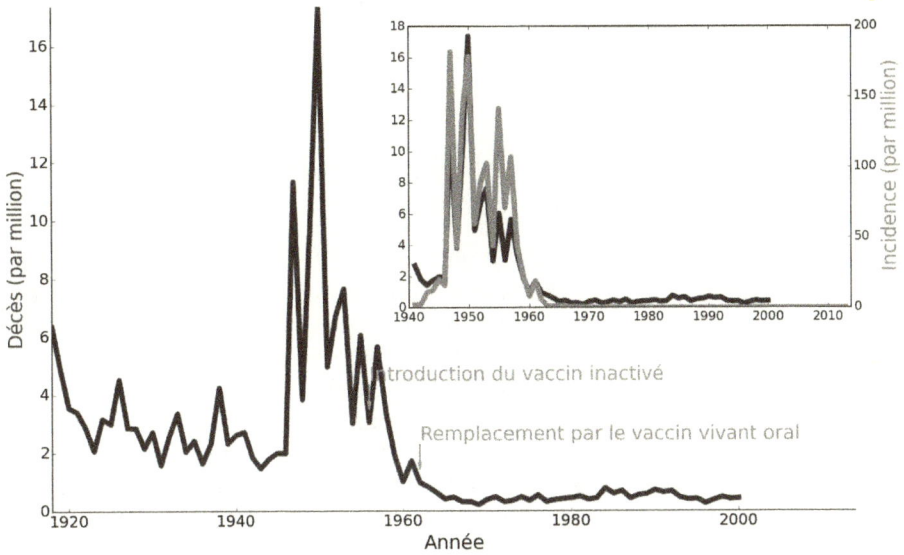

Poliomyélite (Angleterre et Pays de Galles)

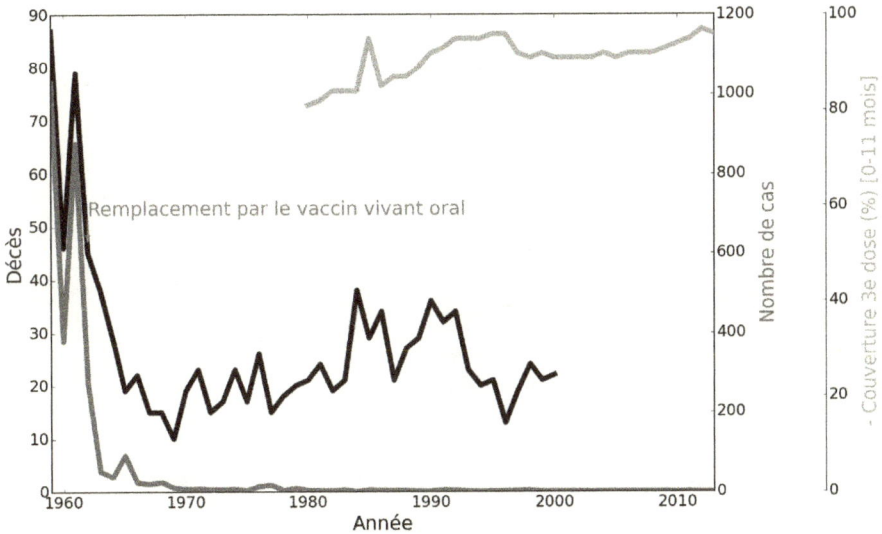

Sources:
http://www.ons.gov.uk/ons/publications/re-reference-tables.html?edition=tcm%3A77-215593 (Mort. 1918-2000)
https://www.gov.uk/government/publications/notifiable-diseases-historic-annual-totals (Inc. 1912-2013)
http://data.unicef.org/child-health/immunization, Pol3 (Couv. 1980-2013)

Cette correspondance temporelle tend en faveur d'un rôle bénéfique du vaccin sur le nombre de cas, avec trois motifs de réserve cependant : l'absence de données de couverture vaccinale à cette époque, l'efficacité assez moyenne du vaccin oral en dessous de trois doses, et le fait qu'une coïncidence temporelle fortuite soit toujours envisageable. On peut en tout cas affirmer que depuis, si la mortalité est restée à un niveau bas mais non nul, du fait du temps qui peut survenir entre l'occurrence et la mort, l'incidence n'a jamais connu de nouveaux pics. Il aurait fallu que d'autres pays occidentalisés ne recourent jamais à la vaccination pour pouvoir confirmer ou infirmer l'idée d'un bénéfice vaccinal.

La Suède fut un des pays très touchés, plus encore que le Canada et les États-Unis selon cet article[404] qui reprend les données de l'OMS (p. 616[405]). Elle a connu des pics en 1936, 44, 49 et un pic maximum en 53. Les données vaccinales fournies par l'article montrent que la vaccination ne survient qu'en 1957, deux ans après la création du vaccin et un an après son utilisation en pays anglo-saxon. En 1955 pourtant la dernière épidémie est déjà terminée, ce qui laisse planer un certain doute sur l'utilité du vaccin pour arrêter l'épidémie en Angleterre par exemple. Mais là encore, depuis l'ère vaccinale, la Suède n'a fait face à aucune nouvelle épidémie. L'étude de l'OMS qui date de 1955 a constaté les nombreuses épidémies qui surviennent à des temps et avec une force variables suivant les pays, et aucune analyse n'est semble-t-il depuis ce jour parvenue à expliquer ces différences. Les raisons des épidémies de poliomyélites restent encore aujourd'hui en partie mystérieuses.

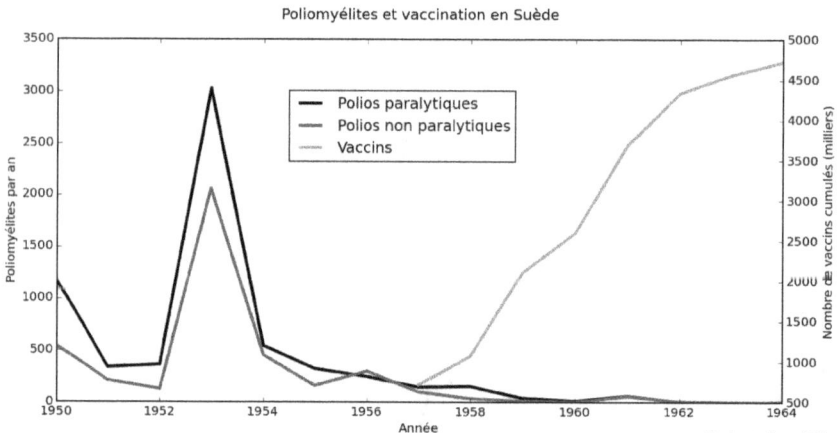

Poliomyélites et vaccination en Suède

Sources: The Cutter incident and the development of a Swedish polio vaccine, 1952-1957, http://scielo.iscii.es/pdf/dyn/v32n2/03.pdf

Tentatives d'éradication

En 1988 commença la tentative d'éradication mondiale de la poliomyélite. Selon l'OMS[406], "le nombre des cas a baissé de plus de 99% depuis 1988, passant de 350 000 selon les estimations dans plus de 125 pays d'endémie à 416 cas notifiés en 2013. [...] Sur les 3 souches de poliovirus sauvage (type 1, type 2 et type 3), le poliovirus de type 2 a été éradiqué en 1999 et le nombre de cas dus au poliovirus de type 3 a été ramené à son plus bas niveau, le dernier cas ayant été notifié en avril 2012 au Pakistan". Le dernier cas du virus de type 3 a été observé le 11 novembre 2012 il y a deux ans[407], ce qui pousse également à croire que ce type a été éradiqué.

Bien que l'on constate une nette diminution du nombre de pays touchés et de cas, pour l'instant, aucun des plans d'éradication totale de la poliomyélite n'a pu aboutir. Un document de l'OMS[408] évoquait par exemple la situation en 2000 : "Le Secrétaire général de l'ONU [et] plus de 350 personnes [...] ont pris l'engagement d'éradiquer la polio du monde entier d'ici à 2005". Le plan était estimé coûter 1 milliard de dollars, mais "l'économie mondiale annuelle après l'éradication de la poliomyélite sera d'environ de $ 1,5 milliard". Déjà en 1988 lors de la création de ce programme d'éradication, l'OMS s'était engagée dans "le défi palpitant de l'Éradication Mondiale de la Poliomyélite d'ici à l'an 2000"[409].

Un "nouveau plan a été présenté lors d'un Sommet mondial sur la vaccination qui s'est tenu à Abou Dhabi (Émirats arabes unis) à la fin du mois d'avril 2013. [...] Il s'agit du premier plan visant à éradiquer simultanément tous les types de poliomyélite —dus aux poliovirus sauvages et aux poliovirus dérivés de souches vaccinales"[225]. Le site de la Fondation Bill & Melinda Gates[410], qui sur les 6 ans d'efforts participe à hauteur de 1,8 milliard de dollars sur 4 milliards recueillis[411], confirme leur forte orientation vaccinale : on apprend dans le paragraphe qui traite des moyens pour éradiquer la polio qu'ils mettront en place des stratégies dont "plusieurs [...] ont fait leur preuve, comme des campagnes de vaccination ciblées, la mobilisation des communautés, et des efforts pour une plus forte immunisation de routine". Leur stratégie n'évoque pas les virus circulant issus du vaccin.

Un document de l'IMEP[412] précise quant à lui la pertinence de ce plan en comparaison des précédents. "Ce nouveau plan, mis en place par l'IMEP [...], est le premier à cibler simultanément les poliovirus sauvages et les poliovirus dérivés de souches vaccinales en vue de leur éradication ; ce plan dispose d'un vaste budget et il devrait permettre de libérer le monde de la poliomyélite d'ici à 2018".

En effet, comme certains à l'OMS même l'avaient déjà envisagé dans les précédentes tentatives d'éradication[408], inquiétés par exemple par "une flambée épidémique de polio due à la circulation d'un virus dérivé d'une souche vaccinale", le remplacement du vaccin oral atténué par le vaccin injecté inactivé sera nécessaire. Le Robert Koch-Institut en 2001 confirmait ce point de vue[413] : "Pour une éradication complète des poliovirus, le vaccin oral polio vivant devrait être substitué au vaccin inactivé", défi "inatteignable, à cause des problèmes logistiques et du coût élevé". Un article du *NEJM* de 2014[414] abondait dans ce sens : "avec le vaccin polio inactivé, qui coûte au moins 10 fois plus cher[a] à produire et qui est donné par injection, l'abandon du vaccin polio oral a toujours été une composante des plans d'éradication de la polio à cause de l'occurrence de poliomyélites paralytiques associées au vaccin [oral] dans une très petite proportion [...] (< 1 sur 750.000 receveurs aux Etats-Unis, par exemple)". Le rapport officiel de 2009 du mouvement mondial d'éradication[415] estime que "durant la décennie passée, plus de 10 milliards de doses du vaccin oral ont été administrées à plus de deux milliards d'enfants". Ils ne comptèrent que 414 cas de poliovirus circulant issu du vaccin, estimation inférieure à un chiffre s'appuyant sur la statistique précédente, qui s'élèverait à au moins 2000.

---

a   3 $ la dose contre 0,15 $ pour le vaccin oral

Quoiqu'il en soit, les fortes sommes investies dans ce nouveau programme peuvent laisser entrevoir la possibilité de recourir plus systématiquement au vaccin inactivé et d'ainsi espérer voir les souches issues des vaccins réduire et disparaître. Toutefois, un certain nombre d'années semble au minimum nécessaire. La mise à jour biannuelle[416] par les CDC des cas de poliomyélite issus du vaccin fait état fin 2013 de nombreux cas, durables : "une flambée au Pakistan en 2012, avec propagation en Afghanistan ; une flambée en Afghanistan précédemment identifiée en 2009 qui a continué en 2013 ; une nouvelle flambée au Tchad qui s'est étendue au Cameroun, au Niger et au Nord-Est du Nigéria ; une flambée qui a commencé en Somalie en 2008 qui a continué et s'est étendue au Kenya en 2013. Une forte flambée au Nigeria qui a été identifiée en 2005 fut presque stoppée à la fin de l'année 2013". Par ailleurs, si le virus de type 2 de la polio est censé avoir été éradiqué de la surface de la Terre, "la majorité des poliovirus issus des vaccins sont de type 2". Le travail pour l'éradication totale d'ici 2018 semble au vu de ces chiffres ambitieux.

Une des stratégies possible est de délaisser les vaccins trivalents pour des bivalents, qui ne contiennent plus le type 2 du vaccin, puisqu'il a disparu à l'état sauvage en 1999. Il est contre-intuitif de le trouver encore dans les vaccins. D'après l'article du *NEJM* cité plus haut[414], l'approche simpliste de n'utiliser comme en Occident que le vaccin inactivé n'est pas réaliste ; "la seule approche réaliste pour contrôler les flambées serait une immunisation étendue des populations à risque avec le vaccin oral ou une combinaison du vaccin oral atténué et du vaccin inactivé injectable. Mais l'une comme l'autre option engendre le risque de créer en aval des poliovirus circulant issus des vaccins, menaçant l'éradication finale. Pour mieux se préparer à cette possible menace, la fondation Bill et Melinda Gates finance le développement et l'évaluation clinique de nouvelles souches génétiquement stables pour le vaccin oral avec possibilité réduite d'à nouveau muter génétiquement en des poliovirus circulant issus des vaccins". Vaste défi. Concernant les mutations, une étude[417] en Afrique du Sud a trouvé dans les rivières et les eaux usées que 2 poliovirus issus du vaccin oral sur 26 (7,7 %) divergeaient génétiquement de 0,9 et 1,4 % de la souche Sabin originale, "mutations que l'on a précédemment associées à un retour des souches atténuées du poliovirus Sabin vers une neurovirulence accrue". Affaire à suivre, d'autant que pour l'instant "les taux de séroconversion [sont] de moins de 20 % par dose du vaccin polio oral trivalent dans certains endroits, ce qui laisse de nombreux enfants qui ont reçu de multiples doses toujours susceptibles d'attraper la poliomyélite". D'autant également que tenir les objectifs des programmes de maintien de la vaccination paraît difficile : une "étude révèle un étonnant 68 % de participation au Pulse Polio Programme ce qui est loin en dessous du niveau désiré", puisque ce programme "vise à une couverture de 100 %"[418].

Pour finir, il est difficile de croire que la vaccination seule ait pu aboutir à l'éradication des virus de type 2 et 3. Un relevé de l'OMS[419] paru en 2009 sur l'éradication de la poliomyélite en Inde signalait que sur 1433 cas de poliovirus sauvage (PVS) "un total de 1108 cas (77%) notifiés en 2007-2008 avaient reçu plus de 7 doses de VPO; 265 (18%) ont signalé avoir reçu 4 à 7 doses; 40 (3%), 1 à 3 doses, et 20 (1%) soit n'avaient reçu aucune dose soit ignoraient le nombre de doses reçues. [...] Contrairement à d'autres pays d'endémie, en Inde, la transmission du poliovirus sauvage persiste malgré le fait que la majorité des cas dus au PVS sont signalés comme ayant reçu ≥4 doses de VPO, y compris >95% des cas dans les zones à haut risque du Bihar et de l'ouest de l'Uttar Pradesh. La poursuite de la transmission malgré une couverture vaccinale élevée a été attribuée à l'efficacité relativement moindre du VPO dans le nord de l'Inde que dans d'autres populations, peut-être due à l'association d'une forte incidence des maladies diarrhéiques et de la malnutrition, et à une transmission efficace du PVS facilitée par le surpeuplement".

Muni de ces observations (nouvelles flambées durant plusieurs années, impossibilité d'utiliser uniquement le VPI, poliovirus circulants issus du VPO, mutations génétiques des virus, efficacité très imparfaite du VPO, difficulté à vacciner), on peut d'ores-et-déjà prédire que la nouvelle date de 2018 envisagée pour l'éradication verra le même résultat que les précédentes.

Paralysies flasques aiguës

Si la zone Pacifique Ouest en 2000 et l'Europe en 2002 ont été déclarés sans polio[416], c'est récemment le cas de l'Inde qui a lancé un grand élan d'optimisme sur la possibilité d'éradiquer la maladie, sachant que l'Inde était un des pays endémiques de cette maladie peu auparavant, avec "200 000 cas de poliomyélite chaque année" dans les années 1970. Après 3 ans sans cas de poliomyélite, elle a été officiellement déclarée début 2014 débarrassée de la maladie par l'OMS[420].

Une grande victoire ? L'envers du décor s'appelle la paralyse flasque aiguë (PFA). Le site "Vaincre la poliomyélite"[421], qui "existe grâce au soutien d'Aventis Pasteur", décrit la PFA comme étant "un des principaux symptôme[s] de la polio. Dans cette forme de paralysie, les muscles n'ont aucune force et les membres sont « flasques ». Les réflexes tendineux et cutanés ont disparu. Les paralysies flasques s'opposent aux paralysies dites « spasmodiques », où les membres sont raides. Les PFA peuvent être provoquées par d'autres entérovirus[422] que le poliovirus, comme les virus coxsackie ou echo, des bactéries, des médicaments ou encore des venins d'insectes et de reptiles". Une étude en Inde de 2014[423] expose cette dernière raison comme cause principale avec plus de la moitié des cas venant de morsures de serpents. L'étiologie[a] varie selon les pays, et d'après les auteurs, "depuis l'élimination des poliovirus dans de grandes parties du monde, le syndrome de Guillain-Barré est devenu la cause clinique la plus importante de la PFA[, avec une prévalence] parmi les patients avec PFA de 42 à 47 %".

Le virus poliomyélitique reste toutefois une cause non négligeable d'occurrence de PFA, notamment en cas d'utilisation massive du vaccin oral. En Malaisie, qui ne voit plus circuler de poliovirus sauvage non-importée depuis 1985, une étude[424] comptabilisait sur l'ensemble des entérovirus trouvés dans les selles de patients touchés par la PFA environ un tiers (55 sur 159) de poliovirus issus du vaccin. Trois provenaient de souche sauvage, et le reste était de type non-poliovirus. Par contre, "de-

---

a   L'étude des causes d'une maladie, ou les causes elles-mêmes

puis l'introduction séquentielle du vaccin polio inactivé [et non oral] en 2009 dans le programme d'immunisation des enfants, aucun poliovirus Sabin [issu du vaccin] n'a été isolé à partir des cas de PFA".

En Inde, on imagine les retombées de la vaccination massive au VPO, dans un population où le taux de couverture est actuellement de 81 %[418]. L'étude indienne pré-citée[423] sur l'étiologie de la PFA, qui "n'a trouvé aucun cas de poliomyélite aiguë chez les adultes", a nécessairement raté quelque chose en ne cherchant que les cas aigus de poliomyélites et non les poliovirus issus du vaccin dans l'organisme. Peut-être les cas de syndrome de Guillain-Barré cachent-ils cette origine.

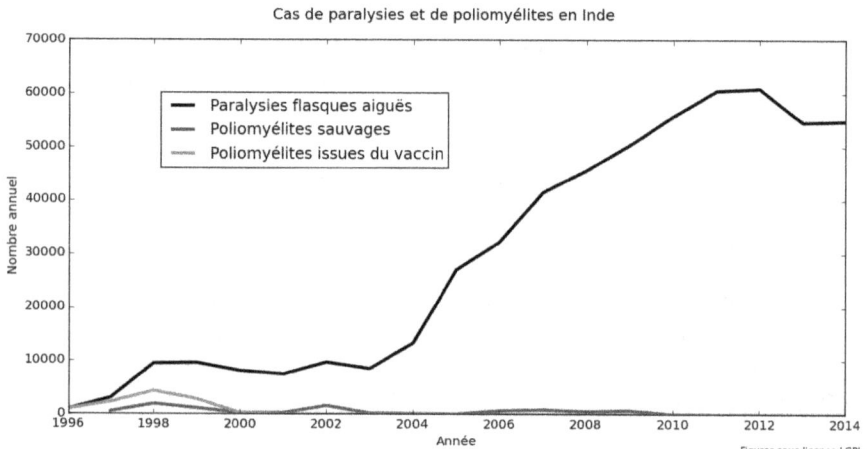

Cas de paralysies et de poliomyélites en Inde

Sources: Base de données OMS. https://extranet.who.int/polis/public/CaseCount.aspx

Dans tous les cas, les morsures de serpent expliquent difficilement l'explosion du nombre de cas comptabilisés de PFA en Inde : il est passé de 1005 en 1996 à 54.633 en 2012, selon les chiffres de l'OMS[425]. Il est éventuellement concevable qu'une surveillance accrue de la PFA pour mieux prévenir et cerner la poliomyélite ait pu causer cette multiplication du nombre de cas répertoriés, en partie au moins. Il existe néanmoins d'autres causes. Les cas, non causés directement par la polio, peuvent survenir après des injections. Dans une étude faite au Pakistan en 2005[426], "sur les 5627 cas de paralysie flasque aiguë notifiés, 456 ont été identifiés comme neuropathie traumatique consécutive à une injection". Ils affirmaient d'ailleurs que "les neuropathies traumatiques après injection avaient désormais émergé comme la troisième cause de PFA au Pakistan chez les enfants de moins de 15 ans après le syndrome de Guillain-Barré et l'hémiplégie infantile". Nous retrouverons plus loin ce constat de paralysies post-vaccinales dans d'autres études, quand nous parlerons des solutions faisable pour éviter de contracter la poliomyélite (voir *Causes et prévention de la poliomyélite*). Un autre groupe de chercheurs indiens, dont les conclusions sont plus controversées[427], a montré que "des doses multiples du vaccin monovalent polio oral sont corrélées[428] à la PFA non-polio, avec des taux élevés d'issues sévères", selon une revue[429] sur l'écologie de l'éradication des pathogènes. Cette dernière met en lumière des liens moins directs, comme "la possibilité que des virus proches puissent évoluer pour devenir neurovirulents et causer des maladies semblables à la polio", comme les mutations de C-cluster coxsackie A virus[430]", ou "la recombinaison[431] entre les coxsackie et les souches de vaccins polio". Enfin, de manière plus générale, "l'éradication d'un pathogène (et la cessation de la vaccination) mène à une 'niche vacante'[432]. [...] Les conséquences pour les autres pathogènes peuvent [être] la libération compétitive, où le déclin d'une espèce permet à ses compétiteurs de mieux agir, et l'adaptation par évolution". Nous avons vu précédemment qu'une pression sur un agent pathogène peut se traduire par un transfert de virulence, dans le cas des papillomavirus suite à la vaccination au Gardasil (voir Chapitre 1). Il serait intéressant de connaître la part de chaque facteur (surveillance accrue, vaccin oral, injection, mutations ou niche vacante) dans l'augmentation des cas de PFA en Inde. Quelles que soient les proportions, le nombre de PFA reste très préoccupant et l'éradication des poliovirus sauvages en Inde ne reflète qu'une demi-victoire.

Il nous faut également signaler que 1996 est la date où l'Inde a commencé à vacciner massivement avec le vaccin oral, comme nous l'apprend le CDC[433] : "En Inde (population en 1994 : 919 million), les premières [Journées Nationales d'Immunisation] furent conduites du 9 décembre 1995 au 20 janvier 1996, avec un objectif de vacciner environ 75 millions d'enfants de moins de 3 ans avec une dose de [VPO] dans chacune des deux sessions".

* * *

L'Inde partage ce fléau avec d'autres pays émergents. Selon un relevé épidémiologique de l'OMS en 2014[434], "les pays de certaines Régions de l'OMS certifiées exemptes de poliomyélite devraient parvenir à un taux annuel de PFA non poliomyélitique ≥1 cas pour 100 000 habitants âgés de <15 ans; tous les autres pays devraient atteindre des taux annuels ≥2/100 000". Cela correspond par exemple en Afrique à 20.264 cas en 2013, contre 18.075 en 2012, et plus de 11.000 en Méditerranée orientale.

Mêmes les pays développés ne sont pas à l'abri : le Canada selon le *National Post*[435] "a documenté entre 24 et 64 cas annuels de PFA chez des enfants de moins de 15 ans depuis les 18 dernières années", avec très récemment fin 2014 une alerte sur un entérovirus jusqu'alors considéré bénin, le D68, mais "dont la réputation d'innocuité a quelque peu changé cette année".

On trouve difficilement le taux de mortalité associé à la PFA non-poliomyélitique, mais celui-ci semble supérieur à celui de la poliomyélite. Cette étude[436] a par exemple trouvé un taux de moralité de 8,5 % (217/2553) en Inde en 2005. Cette courte réponse[437] à l'article en question indique de même un taux de 7,8 % contre 3,2 % pour le poliovirus sauvage.

On s'étonnera, s'il y avait lieu, de l'optimisme unanime de la presse traditionnelle, que ce soit *La Croix*[438], *L'Express*[439], ou *Le Figaro*[440], célébrant de concert la fin officielle de la polio en Inde, sans jamais citer le problème des entérovirus. Sanofi-Pasteur parle d'un "succès majeur obtenu par l'Inde [où] parmi les sujets paralysés, 5 à 10% meurent lorsque leurs muscles respiratoires cessent de fonctionner"[441]. Pour sa part l'OMS, par son directeur général Margaret Chan, avait le "plaisir [...] de célébrer le triomphe de l'Inde sur la poliomyélite"[420], et son optimisme en partie justifié omettait d'évoquer les dizaines de milliers de paralysies sur le sol indien.

Stratégies incertaines

S'il est juste de reconnaître certains bienfaits consécutifs aux vaccinations, il convient de remarquer que ces opérations ont un coût élevé, et de s'interroger sur la façon optimale d'employer cet argent. Selon un document de l'IMEP[442], l'Inde a dépensé 1,3 milliard de dollars dans le cadre de la lutte pour l'éradication de la poliomyélite entre 2003 et 2012, soit la même somme que le Rotary à travers le monde, la fondation Gates ayant dépensé dans le monde 1,93 milliard, et les États-Unis 2,2 milliards. Un deuxième document de l'IMEP de 2014[443] traitant des besoins financiers de l'opération confirme que le support financier extérieur était nul, puisque l'action en Inde (et en Chine) était "supposée auto-financée". Comme le notait un article anglais[444] de la Royal Society, "la PFA, qui a un taux de mortalité deux fois supérieur à celui de la polio sauvage, et d'autres infections entériques[a] restent un problème. Investir une partie de cette somme pour l'amélioration des conditions sanitaires et l'accès à l'eau potable aurait pu éviter certains de ces cas de PFA non-polio ainsi que beaucoup d'autres infections d'entérovirus ou gastrointestinales propagées par voie féco-orale". Le tout-vaccin et le milliard d'euros dépensé ont-ils été le meilleur choix, au vu des dommages causés par celui-ci et par les autres virus, et sachant qu'une bonne immunité, en particulier maternelle, et de bonnes conditions sanitaires préviendront nombre de maladies et non la seule maladie ciblée, un temps, par le vaccin ?

Par ailleurs, le but demeure l'éradication totale de la polio, et les organisations craignent que rater aujourd'hui le coche ouvre le spectre de la réémergence de la maladie dans un proche futur, comme l'expose par exemple un article[445] de la Fondation Gates : "si nous perdons de vue l'objectif d'éradication totale, nous pourrions assister à une augmentation de 200 000 cas par an, conduisant ainsi près de 4 millions d'enfants à la paralysie au cours des 20 prochaines années". Les situations du Pakistan en 2008-2011 et de l'Afghanistan en 2011, où l'on note une augmentation des cas depuis quelques années, "à la fois de manière absolue et en proportion des cas rapportés de PFA"[446] laissent imaginer que le succès de la mission n'est pas garanti[447], en particulier si les principaux états impliqués dans cette quête, comme les États-Unis, continuent paradoxalement de perpétrer le désordre dans ces régions du monde, et de perpétuer un climat propice ni à la vaccination ni aux normes d'hygiène requises. D'après le *Guardian* du 2 mars 2015[448], "des centaines de parents dans le nord-ouest du Pakistan ont été arrêtés et mis en prison après avoir refusé de donner à leur enfant des vaccinations polio, selon les autorités". La photo prise semble confirmer cette coercition, quoiqu'elle indique aussi la nécessité de protéger les vaccinateurs[449]. Dans

---

a   Qui a rapport à l'intestin grêle ou le colon

ce pays, plus d'une vingtaine de vaccinateurs[450] ont en effet été assassinés par la population locale, par réticence, suspicion ou rébellion.

En Afrique, des campagnes similaires sont effectuées, comme celle en 2013 en République Démocratique du Congo qui "a consisté en la vaccination des [16 millions d']enfants de 0 à 5 ans en vue de les protéger contre la poliomyélite", selon le journal congolais *Le Potentiel*[451]. Un médecin et un dentiste français avaient déjà lors d'une précédente campagne en 2001 rapporté des incidents[452], inévitables quand on entend arriver à vacciner tout le monde, avec un système de suivi de vaccination peu développé : "Des parents, qui avaient déjà fait vacciner leurs enfants chez leur médecin habituel se sont vu obligés de céder à la pression menaçante des agents vaccinateurs, souvent recrutés sans tenir compte d'une quelconque compétence médicale. Les parents qui refusaient la vaccination pour leurs enfants ont été battus, parfois enfermés. Ailleurs, des enfants vaccinés chez le père le matin étaient vaccinés à nouveau le soir chez la tante. Dans un autre endroit, un agent vaccinateur éleveur de poulets a vacciné les enfants de son secteur avec le vaccin contre la peste aviaire. Ce ne sont là que quelques-uns des incidents rapportés et vérifiés".

Incidents vaccinaux

Outre les effets secondaires du vaccin oral (VPO), et ceux bien moins fréquents du vaccin inactivé injecté (VPI) en Europe, l'histoire de la vaccination antipoliomyélitique accuse elle aussi quelques incidents notables.

L'OMS raconte ce qu'elle considère "l'un des plus graves événements postvaccinaux jamais survenus"[453] : "Le premier vaccin antipoliomyélitique a été mis au point par Jonas Salk, à partir de virus sauvages de la poliomyélite inactivés par le formaldéhyde. Le vaccin antipoliomyélitique inactivé de Salk a été testé et s'est avéré très efficace contre la poliomyélite paralytique lors d'un gigantesque essai clinique mené chez des enfants d'âge scolaire aux États-Unis en 1954, lequel a été rapidement suivi de l'homologation du produit et de la mise en œuvre de campagnes de vaccination de masse chez les enfants aux États-Unis, au Canada et en Europe occidentale. Toutefois, moins d'une année plus tard, ce premier [vaccin antipoliomyélitique inactivé (VPI)] a été au cœur de l'un des plus graves événements postvaccinaux jamais survenus, l'incident Cutter, au cours duquel un procédé inapproprié d'inactivation du virus de la poliomyélite au cours du processus de fabrication a abouti à 61 cas de poliomyélite paralytique associée au vaccin (PPAV), 80 cas contacts dans les familles, 17 cas contacts dans la communauté et 11 décès. À la suite de cet accident, les techniques de fabrication du VPI ont été modifiées pour garantir l'inactivation complète du virus et éviter que des virus poliomyélitiques vivants puissent être injectés à la personne vaccinée. Cela s'est également traduit par une réduction de l'immunogénicité des préparations de VPI". D'autres sources détaillent avec des chiffres différents mais proches[454] : parmi les "200.000 enfants [qui] reçurent le vaccin anti-polio[, ce dernier] causa 40.000 cas de polio, laissant 200 enfants avec différents degrés de paralysie et en tuant 10". On souhaite pour le moins que les normes et que les contrôles pour éviter de tels accidents aient gagné en précision.

Un article de 2014[455] pose un constat à tout le moins aussi inquiétant, à propos de "plusieurs exemples où des études en laboratoire prouvèrent la présence d'agents fortuits dans un produit manufacturé", comme le virus simien 40 (SV40) dans les vaccins polio. S'ensuivit et s'ensuit toujours une controverse au sujet des consé-quences de cet épisode. Le consensus porte sur la dangerosité in vitro et sur l'animal : une revue de 2006[456] écrit que "le virus [simien 40] cause des tumeurs cérébrales pri-maires, tumeurs des os, lymphomes[a], et mésothéliomes[b] quand injecté [chez] des ron-geurs. Il a été détecté dans un spectre similaire de tumeurs chez l'homme. Pourtant, les données épidémiologiques n'ont pas pu démontrer de manière conclusive une plus forte incidence de maladie dans les populations affectées". Une autre[457] pointe que "plusieurs études récentes suggèrent que les anciennes méthodes de détections étaient inadéquates, et que les limitations de ces méthodes expliquent la plupart, sinon toutes, les corrélations positives trouvées entre le SV40 et les tumeurs chez l'homme".

S'il est possible qu'il n'y ait pas de lien immédiat fort, des études indiquent en tout cas que le virus peut agir en tant que cofacteur cancérigène, comme l'écrit une revue en 2011[458] sur le sujet : "il apparaît peu probable que l'injection au SV40 seule soit suffisante pour causer une malignité chez l'homme, puisque nous n'avons pas ob-servé d'épidémie de cancers suivant l'administration de vaccins contaminés par le SV40. Pourtant, il semble possible que le SV40 puisse agir comme un cofacteur dans la pathogenèse de certaines tumeurs. Des expériences in vitro ou chez l'animal mon-trant un co-cancérogénicité entre le SV40 et l'amiante accréditent cette hypothèse". Ainsi une étude italienne[459] sur des données recueillies aux États-Unis montrent "deux preuves expérimentales de la présence d'ADN apparenté aux séquences du SV40 dans des échantillons de mésothéliome. [...] Sur la base de toutes les données biomolécu-laires étudiées et partiellement sur la base d'études épidémiologiques, SV40 semble être le meilleur candidat comme cofacteur avec l'amiante dans le développement du mésothéliome chez l'homme". Sans être exhaustif, une étude[460] liait en 2003 le SV40 avec un cancer du système immunitaire, le lymphome non hodgkinien : "des sé-quences ADN [du SV40] furent détectées dans 64 (42 %) des 154 lymphomes non hodgkinien, aucun des 186 échantillons de lymphoïdes non malins, et aucun des 54 cancers contrôles".

En 2003, l'Institut de Médecine assemblait un long document[461] évaluant l'en-semble du problème. D'après celui-ci, aux seuls États-Unis, "une estimation, basée sur les tests du vaccin de 1955, suggère que 10 à 30 millions de personnes parmi les 98 millions qui ont été vaccinées au vaccin polio inactivé avant 1963 ont pu avoir été ex-posées au SV40 vivant", de tous âges. Si ce pays fut le plus touché, d'autres y ont pris part : en Suède par exemple, "les carnets de vaccination montrèrent que 70,4 % des enfants nés entre 1946 et 1949 et 59 % des enfants nés entre 1950 et 1953 reçurent le vaccin" supposé contenir le SV40 (p. 66). En Allemagne, cette proportion se por-tait à 86 % des naissances entre 1959 et 1961.

---

a   Cancer du système lymphatique
b   Formes rares et virulentes de cancers

Si la thèse de la création du SIDA par le SV40[462] est loin d'être accréditée voire directement réfutée dans le journal *Nature* en 2004[463], les conséquences de l'introduction malheureuse du virus simien dans des millions de doses ne sont guère rassurantes, et le bilan aurait certainement pu être bien pire. En effet, le principe de précaution n'a pas prévalu. Comme le retrace un article de 2014[455], "en mai 1961, les Instituts états-uniens de la Santé (NIH) convoquèrent un comité technique sur le vaccin polio (CTVP) pour discuter du problème SV40. Le comité reconnut que le SV40 avait été trouvé à la fois dans le vaccin inactivé (produit manufacturé) et le vaccin oral (produit en test), mais dit également qu'il n'y avait pas de preuve que de petites quantités de SV40 pouvaient entraîner de maladies chez l'homme. Le CTVP énonça ainsi que tandis que des efforts pour enlever le SV40 des futurs lots de vaccin oral étaient en cours, le programme de vaccination alors en cours devait continuer avec le vaccin disponible (dont plusieurs lots étaient contaminés par le SV40). Aucun vaccin sur le marché ne fut rappelé". Leur optimisme fut de courte durée, puisque "le comité fut rappelé en juin 1961 pour discuter des résultats de Merck montrant que le SV40 pouvait causer des tumeurs chez les hamsters. Le CTVP réaffirma sa position prise un mois plus tôt, prenant en considération nombre de facteurs comme le rapport bénéfice/risque en plein milieu d'une épidémie". Ce rapport bénéfice/risque, souvent mis en avant par les défenseurs de la vaccination, paraît-il si manifeste qu'il ne faille pas attendre un minimum de retour d'études ? Si tel est le cas, le public manque-t-il de jugement pour faire la part des choses et acquiescer à cette idée ? Doit-il être tenu à l'écart de la réflexion, lui qui joue directement sa santé personnelle, au profit de la santé collective présumée ? La réponse semble positive, puisque "les conclusions et les décisions du CTVP du NIH sur le SV40 en mai et juin 1961 ne furent pas rendues publiques", et que des millions d'enfants et d'adultes reçurent à leur insu un virus de singe en voulant se prémunir de la poliomyélite.

Dans le *Lancet* en 1973[464], on lisait que "entre 1956 et 1966 l'incidence de panencéphalite sclérosante subaiguë[a] [en Nouvelle-Zélande] était approximativement cent fois plus élevée que celle attendue. Aucun cas n'a été vu avant 1956 et aucun depuis 1969. [...] La vaccination de masse des enfants d'école primaires avec le vaccin Salk avait commencé en 1956. Le vaccin utilisé était sûrement contaminé par le virus simien SV40. Le virus inactivé de la rougeole est un autre contaminant possible [...] Nous croyons que l'administration du vaccin [inactivé] Salk en Nouvelle-Zélande a été lié à l'apparition de la panencéphalite sclérosante subaiguë".

Il convient par ailleurs de modérer un optimisme basé uniquement sur la croyance que la modernité ne fait plus d'erreurs ou ne subit plus les incidents passés. Selon un article parisien de 2010[465], "le nombre croissant d'espèces cibles pour les vaccins, la diversité de l'origine des matériaux biologiques et le nombre extrêmement élevé de virus connus ou inconnus et leur constante évolution représente un défi pour les fabricants de vaccins et les autorités de régulation".

---

a   Encéphalite progressive chronique survenant quelques années après une infection par le virus de la rougeole et caractérisée par une démyélinisation des neurones cérébraux

Causes et prévention de la poliomyélite

La fièvre constitue un moyen efficace de lutter contre les poliovirus. Accompagné de sa femme Marguerite, le prix Nobel français de Médecine André Lwoff[a] avait étudié la courbe du rendement/reproduction des virions en fonction de la température, et avait calculé pour le poliovirus de type 1 un rt = 38,5°[466], température qui correspond à un rendement dix fois inférieur au rendement maximal du virus. Il n'y avait plus de reproduction à 39,5°C. Quoique "le rt du poliovirus p[uisse] être modifié par mutations et varier, par exemple de 37°3 à 40°8", on peut imaginer qu'une forte fièvre, si elle n'est pas contrée par des antipyrétiques[b], jouera en faveur du malade dans de nombreux cas, puisque le poliovirus de type 1 représentait et représente plus encore la quasi-totalité des poliovirus sauvages.

Les amygdales constituent un rempart protecteur contre le virus, et leur ablation diminue les défenses, comme le montre une étude de 1971[467] du *NEJM* : "Quatre enfants qui avaient des taux d'anticorps dans le nasopharynx ne montraient plus une telle activité d'anticorps après l'opération. Cette réduction ou absence d'activité persistait pendant 7 mois". La protection avec le vaccin vivant "était deux à quatre fois plus élevée que chez huit enfants dont les amygdales avaient été préalablement enlevées". Pour indication, selon un sondage effectué en France en 1991-1992[468], "environ 10,4 % des personnes enquêtées avaient eu une amygdalectomie".

Dans le même journal, en 1995[469], l'injection intramusculaire dans les 30 jours après le vaccin oral était avancé comme autre "facteur de risque de la paralysie poliomyélitique associée au vaccin", que ce soit par injection intramusculaire d'un vaccin ou d'un antibiotique par exemple. Ce phénomène pourrait expliquer qu'en Roumanie, où "il est courant de prescrire des antibiotiques, donnés en plusieurs injections intramusculaires d'antibiotiques, chez les enfants ayant une maladie donnant la fièvre", "le risque de paralysie poliomyélitique associée au vaccin [y est] 5 à 17 fois plus élevé que dans les 12 autres pays de l'étude". Au Royaume-Uni, une étude de cas en 2003[470] sur "un enfant [...] sévèrement handicapé par une poliomyélite paralytique" dû à un abcès para-rectal[c] post-immunisation prônait "l'adoption d'une politique de vaccination initiale par voie parentérale[d] comme aux États-Unis et dans les pays européens [pour] minimiser le risque de poliomyélite paralytique associée au vaccin, sachant que tous les cas de poliomyélite paralytique au Royaume-Uni de la dernière décennie étaient liés au vaccin". D'ailleurs, selon les données gouvernementales écossaises en 2013[471], "il n'y pas eu de cas indigène de poliomyélite sauvage depuis plus de 18 ans". Selon une étude[472] des CDC menée en 1992 à Oman, la vaccination diphtérie-tétanos-coqueluche augmente les risques de contracter la paralysie poliomyélitique de manière significative : dans un échantillon de personnes paralysées, il y avait une proportion 2,4 fois plus grande qui "avait reçu une injection de

---

a   En 1965 avec François Jacob et Jacques Monod "pour leurs découvertes concernant le contrôle génétique des enzymes et la synthèse de virus"

b   Qui agissent contre l'élévation de température du corps

c   Proche du rectum

d   Administration par injection et non par voie digestive

DTC dans les 30 jours avant le début de paralysie qu'une population contrôle sans paralysie. La proportion des cas de poliomyélite qui aurait été provoqué par le DTC était de 35 % pour les enfants de 5 à 11 mois".

Une explication proposée en 1998[473] serait que "la lésion des muscles squelettiques induit une transport axonal rétrograde du poliovirus et facilite par là l'invasion virale dans le système nerveux central et la progression des lésions de la colonne vertébrale".

Un autre moyen de prévention, mentionné par l'OMS elle-même, se retrouve dans la nourriture ou les suppléments. Dans un document de 2001[474] traitant des progrès concernant l'éradication de la polio, on lisait que "entre 1999 et 2000, des suppléments de vitamine A furent administrés pendant les campagnes d'immunisation contre la polio dans 50 pays, et ont aidé à éviter 240.000 morts estimées". Elle surenchérit en 2014[225] : "On estime à plus de 1,5 million le nombre de décès d'enfants évités grâce à l'administration systématique de vitamine A au cours des activités de vaccination antipoliomyélitique".

De manière bien plus générale, les bienfaits de la molécule semblent gigantesques, ou plutôt son absence dévastatrice : "L'administration d'une forte dose de vitamine A tous les 4 à 6 mois permet non seulement de prévenir la cécité mais elle a aussi des répercussions importantes sur la santé des enfants entre 6 mois et 5 ans en diminuant le risque de mortalité de plus de 20 %, toutes causes confondues".

Une autre vitamine, la vitamine C, a montré des propriétés intéressantes pour éviter le développement de la polio. En 1939, une étude[475] montra que "le pourcentage de singes qui restait objectivement vierge de tout symptôme paralytique était environ deux fois plus élevé parmi les animaux traités [à la vitamine C] que pour les animaux contrôles non traités (59 pourcents contre 25 pourcents)", quoique pour les cas de paralysie plus lourde, le pourcentage "était seulement légèrement plus bas dans le groupe traité que dans le groupe contrôle (66 pourcents contre 75 pourcents)". Par ailleurs, leurs résultats "montrent clairement que de petites doses d'acide ascorbique, qu'il soit naturel ou synthétique, sont capables d'inactiver *in vitro* de multiples doses paralytiques de deux différentes souches du virus. Cette action virucide de la vitamine C, toutefois, n'est pas limitée au virus poliomyélitique. En effet,[selon d'autres études,] de nombreux autres virus animaux et végétaux, comme ceux de la vaccine, de l'herpès, de la rage, de pied-main-bouche, de la mosaïque du tabac[a], et même les bactériophages[b] sont aussi inactivés par cette substance, ainsi que de nombre de toxines bactériennes, dont la diphtérie, le tétanos, la dysenterie, le staphylocoque[c], et les toxines anaérobies". Le chercheur et médecin Frederick Klenner poursuivit dans cette optique, et prétendit soigner de nombreuses maladies[476] [477][478] [479] avec des doses massives de vitamine C en intraveineuse, dont une cure complète de 60 sur 60 de ses patients touchés par la polio. Y parvint-il vraiment ?

---

a   Virus à ARN qui infecte les plantes

b   Virus n'infectant que des bactéries

c   Bactérie impliquée dans des pathologies variées et souvent responsable d'infections contractées dans les hôpitaux

Pour terminer avec le rôle des vitamines, citons un autre article qui discute du sujet en 1946[480] dans *JAMA* : "Toomey trouva que la vitamine D donnait une protection quasi complète quand la dose infectante de virus poliomyélitique était injectée directement dans les boucles exposées des intestins de singes". Pourtant le futur créateur du vaccin polio oral "Sabin trouva que la vitamine D n'offrait pas de protection sous les mêmes conditions", pas plus "qu'il ne pouvait obtenir de protection avec la thérapie à la vitamine C". Malheureusement, on peine à trouver depuis des études récentes sur le sujet pour corroborer ou contredire ces effets de la vitamine C et D sur la poliomyélite. Cela serait pourtant relativement simple à effectuer et tester, en comparaison de la difficulté des campagnes d'immunisation massive.

Si l'aspect hygiéniste de l'aseptisation poussée des ménages modernes a peut-être aidé à favoriser la maladie, l'hygiène élémentaire, comme l'utilisation d'une eau potable, en particulier pour cette maladie qui se transmet par voie féco-orale, contribue à limiter la maladie : une étude[481] sur épidémie de polio en 1982 à Taïwan conclut qu'un "enfant avait 5 fois plus de chance d'attraper la maladie s'il recevait de l'eau non municipale plutôt que l'eau municipale. De plus, parmi les enfants recevant l'eau municipale, le risque était doublé si la famille partageait ses toilettes avec au moins une autre famille".

Une théorie[482], qui corrèle le moment des grosses épidémies avec l'arrivée sur le marché de certains pesticides[483], comme le DDT, expliquerait l'émergence soudaine et tardive de la poliomyélite. Les connaissances et les données chiffrées de l'exposition aux pesticides organochlorés et des taux de poliomyélite dans les différents pays manquent en partie à l'auteur pour se faire une idée tranchée. Si selon une synthèse de l'École des Hautes Études en Santé Publique[484], "les [organochlorés] sont fortement soupçonnés d'induire ou d'accélérer la progression de certains cancers, notamment au niveau d'organes dont la physiologie est fortement régulée par les hormones sexuelles (sein, prostate, endomètre, testicule etc.)", le lien avec les virus prête lui aussi à discussion et des indices pourraient indiquer une certaine nocivité des pesticides en général. De manière indirecte, où deux études[485] chez l'ours ont montré que "l'exposition aux organochlorés influencent significativement les réponses de prolifération de lymphocyte spécifique et une part de l'immunité cellulaire". De manière plus directe sur le virus, où une étude en 1977[486] montrait que le "fenitrothion, [un insecticide organophosphoré,] avait un effet significatif sur la capacité des cellules de répliquer des virus", avec 150 % de hausse à 2,5 ppm. Les adjuvants de cet insecticide montrent un effet plus marqué encore, comme le Toximul, connu par ailleurs pour modifier le métabolisme hépatique : "l'infectiosité des virus ARN simple branche ([dont le virus] polio-1) est accrue", avec 72 % de hausse à 10 ppm pour le poliovirus[487]. "Ces adjuvants peuvent constituer jusqu'à 90 % du contenu des pesticides".

Pour terminer, nous incitons le lecteur à lire le chapitre sur le chlorure de magnésium (voir Chapitre 19) pour se faire une idée de la possibilité de traitement par ce simple composé chimique.

La poliomyélite se distingue en bien des endroits des autres maladies infectieuses. Son occurrence généralisée tardive, autour de 1900, n'est survenue que dans les pays industrialisés, avec des variations dans le temps et dans l'intensité difficilement explicables. La diminution de l'allaitement maternel pourrait expliquer le décalage de la maladie du nourrisson à l'enfant et l'émergence d'une virulence nouvelle et mortelle. Deux types de vaccin, injectable inactivé puis oral vivant, ont été conçus en 1955 et 1961 après les grandes épidémies et ont probablement contribué à diminuer la morbidité de la poliomyélite. Le premier, efficace et d'une bonne innocuité, est utilisé dans les pays développés mais coûte plus cher. Il reste encore obligatoire en France malgré l'absence de maladie. Le second nécessite plus de doses et peut contribuer à certaines maladies comme le syndrome de Guillain-Barré. Son bas coût et la facilité d'administration font qu'il a été et reste très utilisé dans les pays pauvres. Malheureusement, il a conduit en parallèle à la naissance de poliovirus circulant issus du vaccin, phénomène qui continue de mettre en péril les nombreuses tentatives d'éradication mondiale du virus qui l'ont ignoré au départ. Les mutations, les nouvelles niches de poliovirus et la faible efficacité parfois constatée du vaccin oral sont également des obstacles notables à l'éradication par la seule stratégie vaccinale. Les difficultés à faire accepter la vaccination, associées au climat difficile qu'engendrent les politiques de l'Occident, rendent cette tâche plus incertaine encore. De plus, une certaine hypocrisie règne dans les institutions et les médias qui vantent l'éradication dans certains pays, alors qu'un trouble apparenté au moins aussi mortel et invalidant, la paralysie flasque aiguë, a éclos de façon extrêmement forte, comme en Inde. Plusieurs accidents vaccinaux entourent l'histoire du vaccin, dont l'introduction dans des millions d'hommes du dangereux virus simien 40 et de certaines maladies en découlant. La fièvre, les vitamines A C ou D, le sulfate ou le chlorure de magnésium, l'hygiène, l'allaitement maternel semblent être de bonnes pistes pour limiter cet ancien fléau, ou à l'opposé la réduction des pesticides et des injections intramusculaires.

Chapitre 9
Coqueluche

N.B: les articles anglophones mentionnent souvent le vaccin "DTP", qui ciblent la diphtérie, le tétanos et la coqueluche (*diphtheria-tetanus-pertussis*), à ne pas confondre avec le vaccin DTP (diphtérie-tétanos-polio) que l'on connaît en France. Il sera donc traduit ici par DTC (C pour coqueluche).

La maladie

Selon le Guide des vaccinations de 2012 de l'Inpes[488], "la coqueluche est une infection respiratoire bactérienne peu ou pas fébrile de l'arbre respiratoire inférieur, d'évolution longue et très contagieuse et dont la gravité repose sur ses complications pulmonaires et neurologiques, surtout chez les nourrissons. [...] Le tableau clinique de la coqueluche est très variable selon l'âge et le degré de protection de l'individu. Le diagnostic de coqueluche doit être évoqué devant, d'une part, une toux évoluant depuis plus de sept jours sans cause évidente surtout si la toux est à prédominance nocturne et associée à des quintes [de toux épuisantes], aboutissant à une reprise inspiratoire difficile avec vomissements, accès de cyanose[a] et chant du coq et, d'autre part, d'autres cas dans l'entourage du malade".

"La transmission strictement humaine s'effectue par contact avec un malade qui tousse. La maladie se transmet d'autant plus que l'exposition est répétée dans un espace limité et clos. La contagiosité est maximale au début de la maladie, puis diminue tout en persistant pendant les trois premières semaines. La période de contagiosité peut être ramenée à cinq, voire trois jours, si un traitement par un macrolide[b] est mis en œuvre. Le contrôle de la maladie repose sur la détection précoce des cas et leur traitement, ainsi que sur la prophylaxie des sujets fragiles exposés (essentiellement le nourrisson non vacciné)". Selon un rapport de 2008 du Haut Conseil de la Santé Publique[489], "la transmission de la coqueluche est aérienne et [...] est essentiellement intrafamiliale ou bien intra-collectivités (établissements scolaires, milieu professionnel)".

Entre 1979 à 2005, "la moyenne est de 3 décès par an", dont "88 % [...] sont survenus chez les enfants de moins d'un an", et "sans augmentation notable depuis 1979". Les cas de coqueluche sont nettement plus fréquents, "avec une incidence moyenne nationale estimée à 276/100 000" chez les nourrissons de moins de 3 mois.

---

a   Coloration bleuâtre ou mauve de la peau et des muqueuses
b   Type d'antibiotique

Vaccination en France

Selon le même rapport, "en France, le premier vaccin coquelucheux a été introduit en 1959 (Vaxicoq®) et la vaccination s'est généralisée à partir de 1966 grâce à l'association aux autres vaccins diphtérie, tétanos et poliomyélite (TétraCoq®). La couverture vaccinale à 2 ans est de 97 % pour 3 doses et au moins de 87 % pour 3 doses et un rappel. Le maintien d'une bonne couverture vaccinale a permis de réduire de façon spectaculaire la morbidité et la mortalité coquelucheuse. Pour autant, la bactérie continue à circuler et à occasionner des pathologies parfois sévères".

"Les vaccins à germes entiers, ne sont plus disponibles en France depuis 2006" comme l'indique la *Revue française d'allergologie*[490]. Ils ont été remplacés par les vaccins acellulaires qui "contiennent deux à cinq antigènes coquelucheux purifiés et ont une meilleure tolérance locale et générale que les vaccins à germes entiers". Le vaccin n'est pas disponible seul : "Ils sont combinés avec les autres vaccins du calendrier : diphtérie, tétanos, polio, Haemophilus Influenzae b, voire hépatite B".

Réciproquement, selon le site du Ministère de la santé[346], les vaccins disponibles pour satisfaire à l'obligation vaccinale DTP contiennent tous la valence coquelucheuse, sauf trois vaccins, dont deux non commercialisés : DTvax[347] (non commercialisé mais disponible sur demande[348]), DTPolio (retiré en 2008[350]), et Revaxis[351] (à partir de 6 ans). Ainsi, les enfants de moins de 6 ans, tenus légalement d'être vaccinés contre diphtérie, tétanos et poliomyélite, doivent de facto être vaccinés contre la coqueluche, malgré l'absence d'obligation vaccinale dans la loi. Pour les enfants de plus de 6 ans, la notice du Revaxis indique que ce n'est qu'à "titre exceptionnel, pour les rappels de l'enfant et de l'adolescent à l'âge de 6 ans et de 11-13 ans, [que] ce vaccin peut être utilisé en cas de contre-indication à la vaccination coquelucheuse". Dans les faits, on observe ainsi une couverture contre la coqueluche très élevée d'après les données de l'Institut de veille sanitaire[491] : 96,4 % en 2012 pour 3 doses à 9 mois, soit sensiblement le même chiffre que pour le DTP qui obtient 96,7 % ; 98,4 % pour 3 doses à 24 mois et 90,9 % pour la dose de rappel ; 95,1 % à 6 ans contre 95,8 % pour le DTP ; 92,9 % à 11 ans soit plus que pour le DTP ; 70 % à 15 ans contre 84 % pour le DTP en 2008-2009. Il n'est pas certain que ces chiffres seraient aussi élevés si les parents avaient la liberté de choisir des vaccins monovalents et d'avoir une meilleure information sur les produits.

Selon le site de Pasteur[492], "en France, la vaccination des enfants est recommandée dès l'âge de deux mois. Le calendrier vaccinal consiste en trois injections à 2, 3 et 4 mois avec un vaccin coquelucheux associé aux vaccins tétanique, diphtérique, poliomyélitique, Haemophilus b et suivant les cas hépatite B. Les rappels ont été fixés à 16-18 mois, 11-13 ans et 27-28 ans. De plus, un rappel est recommandé chez tous les adultes n'ayant pas eu de vaccination anticoquelucheuse depuis 10 ans avec un vaccin combiné aux vaccins tétanique, diphtérique et poliomyélitique". Nouvellement[493], "depuis octobre 2004, en France, un rappel est aussi recommandé pour les jeunes parents, les adultes à risque, et les personnels de santé en contact avec des nouveau-nés".

Le schéma vaccinal qui multiplie les doses durant l'enfance, à savoir 5 doses avant 11-13 ans, ne suffira en tout cas pas à protéger tous les enfants. Les 3 premiers vaccins sont administrés à 2, 3 et 4 mois, alors qu'en proportion, l'incidence maximale se trouve à 1 ou 2 mois (figure 2 du Guide[488]), d'après les données 2004-2009.

Efficacité et durée protectrice de la vaccination

Concernant l'efficacité vaccinale, l'Inpes suggérait en 2012[488] qu'elle "est de l'ordre de 85 % pour les vaccins acellulaires, variant selon les vaccins chez l'enfant et dure autour de dix ans. Chez l'adulte, une seule dose a montré une efficacité protectrice de 92 % (IC 95 % : 32-99) sur une durée de suivi de deux ans et demi". Une étude brésilienne mise à jour en 2012[494] précise ces chiffres selon le type de vaccin acellulaire : "L'efficacité du vaccin à trois composants ou plus[a] varie entre 84 % et 85 % dans la prévention de la coqueluche classique (caractérisée par 21 jours ou plus de toux paroxystique [...]), et de 71 % à 78 % dans la prévention de la coqueluche légère (caractérisée par 7 jours de toux ou plus [...]). Au contraire, l'efficacité des vaccins à un ou deux composants[b] varie de 59 % à 75 % contre la coqueluche classique et de 13 % à 54 % contre la coqueluche légère". Il faut noter par ailleurs que la vaccination semble diminuer la durée de la toux en moyenne : "90 % des non vaccinés ont enduré une toux paroxystique pendant plus de 21 jours, comparé à 77 % chez les partiellement vaccinés, et 69 % chez les vaccinés", selon un document d'*Eurosurveillance* de 1999[495] concernant la Suède.

Dans ce rapport, on découvre que la Suède a abandonné la vaccination anti-coquelucheuse à germe entier en 1979, notamment à cause de ses effets secondaires, ce qui fait d'elle un bon cas d'étude de l'importance de la vaccination. L'incidence est largement remontée durant ces 17 années sans couverture vaccinale. Puis, après 1996 sa réintroduction, avec le vaccin acellulaire cette fois, "l'incidence déclarée de la coqueluche a chuté de 80 à 90 %", pour passer d'une centaine de cas pour 100.000 à une vingtaine[496]. Une étude suédoise publiée en 1987[497] montre que "le taux cumulé de l'incidence jusqu'à 4 ans était estimée à 16 % pour les enfants non immunisés nés en 1980 contre 5 % pour les immunisés nés en 1978". Sur les 3 ans inspectés par l'étude, de 1981 à 1983, "onze enfants reçurent une assistance ventilatoire[, et] une issue fatale fut rapportée pour 3 enfants (0,1%), dont 2 avec une infirmité congénitale sévère".

L'efficacité de la vaccination ne supprime pas le besoin des multiples rappels demandés en France. Selon un document de l'Inpes en 2012[498], "[l]es nourrissons [touchés] sont le plus souvent contaminés par un adulte, un des parents dans 50 % des cas (l'immunité, qu'elle soit acquise par la vaccination ou la maladie, s'estompe au bout d'environ une dizaine d'années, de sorte que tous les adultes sont potentiellement réceptifs à la coqueluche)".

---

a   Comme le Repevax, l'Infanrix, le Boostrix et le Pediacel
b   Comme le Tetravac-Acellulaire et le Pentavac

Une étude a publié en 2014[499] des résultats sur "les réponses immunitaires spécifiques [...] 5 ans après la primo-vaccination" avec des vaccins plurivalents. "Environ 50 % des enfants [ayant reçu une dose de rappel avant leur entrée à l'école] présentaient encore des niveaux protecteurs d'IgG relatifs à la toxine coquelucheuse, [chiffre] réduit à 36 % chez les enfants n'ayant pas reçu ce rappel". L'immunoglobuline G constitue un indicateur[500] de la réponse immunitaire de l'organisme aux toxines libérées par *Bordetella Pertussis*, l'agent de la coqueluche. Les auteurs concluent à "l'importance de donner un dose de rappel 5 ans après la primo-vaccination et suggère[nt] le besoin d'un nouveau vaccin capable de donner une réponse protectrice plus longue". Notons qu'en France, l'Inpes regrette pourtant "une administration erronée fréquente du deuxième rappel DTPolio à 6 ans au lieu de 11-13 ans"[488].

Insuffisance de la vaccination

Une résurgence de la maladie depuis les années 1990 ou plus tard a été observée en de nombreux endroits, malgré des couvertures vaccinales importantes : citons la Tunisie[501], le Pakistan où "les pratiques actuelles d'immunisation pourraient ne pas protéger efficacement les enfants de moins de 5 ans contre la coqueluche"[502] et où "22 souches de B. pertussis ont été isolées à partir d'échantillons de toux cliniques"[503] ; ou encore Taïwan avec "une multiplication par 80 des cas [...] en 1992"[504].

Les non vaccinés sont plus susceptibles d'avoir la maladie ; toutefois puisque plus nombreux, les sujets vaccinés ne sont pas épargnés en proportion : dans un comté du Wisconsin[505], "parmi 156 cas de patients avec un historique de vaccination, 84 % avaient reçu 5 doses ou plus de vaccin contre la coqueluche", 86,4 % des 30 enfants et adolescents touchés dans une flambée en Espagne[506] avaient reçu "la cinquième dose entre 4 et 6 ans". En République Tchèque[507], pays dont la couverture est restée supérieure à 97 %, 75 % des patients touchés entre 1993 et 2008 avaient reçu "5 doses avant l'infection". Trois morts dans les dernières années sont survenues uniquement chez des patients non vaccinés. Dans un centre pour enfants en Israël par contre[508], on a compté 6 cas de coqueluches sur 30 enfants, et seulement 2 des 27 correctement vaccinés l'avaient attrapée, contre 4 des 4 non vaccinés, montrant une efficacité de 92,5 %.

Cela dit, l'on peut difficilement imputer ces flambées et leur propagation aux personnes non vaccinées. En automne 2012, dans un arrondissement scolaire de la campagne texane[509], 34 cas furent identifiés chez des enfants de moins de 12 ans dans une population vaccinée à 90 % et tous "étaient à jour sur leur vaccinations contre la coqueluche". Les auteurs ajoutent que "les caractéristiques de cette flambée ont de frappantes similitudes avec la tendance nationale en termes de groupe d'âge et de statut d'immunisation des cas affectés". En Australie en 1999[510], 100 % des 21 enfants touchés de moins de 10 ans "étaient au moins partiellement vaccinés". Une étude de 2010[511] financée par Sanofi Pasteur relate également "un taux d'infection de Bordetella pertussis élevé chez les enfants danois [ce qui] suggère que la vaccin monocomposant à l'anatoxine pertussique [...] a une efficacité limitée. [...] Nos données indiquent que 5 à 10 % de la cohorte vaccinée des [217] enfants vaccinés et en bonne santé attrapaient une infection à B. pertussis la première année de leur vie".

Le dernier auteur de cette étude est James Cherry[512], médecin à UCLA[a], "consultant pour Pasteur"[511] et "membre du bureau des orateurs de Sanofi Pasteur", et auteur de 550 publications dont la plupart "sont liées à l'épidémiologie de Bordetella pertussis à travers le monde et à sa prévention par de nouvelles stratégies vaccinales". Une pointure. Il constatait en 2014[513] : "la durée de protection après une infection naturelle ou une vaccination est relativement courte. Ainsi, à moins que de nouveaux et meilleurs vaccins contre la coqueluche soient développés, l'immunité à vie par les vaccins n'est pas possible."

L'évanescence de la protection vaccinale n'est pas seule en cause, et la mutation de la bactérie explique aussi les nouveaux cas de maladie. En 1996, une étude française[514] portant sur 360 enfants de 0,5 à 158 mois suivant leur vaccination contre la coqueluche à germe entier a montré "que les taux d'anticorps décroissent rapidement après la quatrième injection (à 18 mois) mais augmentent plus tard, plus de 80 mois après la vaccination". Ils concluent qu'une "coqueluche non reconnue est courante en France malgré une immunisation massive et soutenue des enfants". Cette discordance entre la souche du vaccin et celle qui circule a été notée ailleurs et explique au moins en partie ce renouveau de la maladie. Une étude faite en 2008[515] au Royaume-Uni note que "de nouvelles sortes [de la bactérie] apparaissent constamment" et que la nouvelle souche apparue en 1982 "est soumise à une forme de sélection positive lui conférant une survie accrue dans les populations hautement vaccinées". Une étude faite aux Pays-Bas en 2001[516] fait un constat similaire : "il est concevable" que la forte utilisation de la vaccination pendant plus de 40 ans "ait affecté l'évolution de Bordetella pertussis", l'agent de la coqueluche. L'étude relève qu'un "changement notable dans la structure de population de B. pertussis a été observé aux Pays-Bas à la suite de l'introduction de la vaccination dans les années 1950", ainsi qu'une "divergence antigénique entre les isolats cliniques et les souches vaccinales". Ils concluent, que "l'adaptation a pu permettre à B. pertussis de rester endémique malgré la vaccination généralisée et a pu contribuer à [sa] réémergence". En 1998, une autre étude[517] confirme que "le vaccin anti-coquelucheux à germe entier protège mieux contre les souches avec la protéine P.69 [pertactine] associée au vaccin que contre les souches de types différents" et constate que "les vaccins anti-coquelucheux acellulaires contiennent [également] les types P.69 et S1, types que l'on trouve dans seulement 10 % des isolats hollandais récents de B. pertussis [prélevés sur des patients], ce qui implique que [ces vaccins] n'ont pas une composition optimale". Ces types "étaient présents dans 100 % des souches des années 1950 quand le vaccin à germe entier fut introduit aux Pays-Bas". Comme pour l'usage intensif des antibiotiques, et comme pour la tuberculose ou la poliomyélite, l'efficacité de la vaccination contre la coqueluche diminue en proportion de son utilisation massive.

Par ailleurs, toujours selon l'Institut Pasteur[493] qui souhaiterait voir appliquer ce vaccin également entre 18 mois et 11 ans, la pression vaccinale sur la bactérie à certains âges fait que l'on "observe actuellement un changement de transmission de la

---

a   Université de Californie à Los Angeles, de renommée mondiale

maladie. [...] En effet, la transmission ne se fait plus seulement d'enfant à enfant, comme dans l'ère pré-vaccinale, mais aussi d'adolescents-adultes à nouveau-nés. Les rappels vaccinaux n'étaient pas recommandés en raison d'une éventuelle augmentation des effets secondaires entraînés par des vaccinations répétées avec le vaccin à germes entiers".

L'Inpes constate également[488] ce changement épidémiologique : "dans les pays non ou mal vaccinés, la coqueluche touche principalement les enfants de 4 à 7 ans. Au contraire, dans les pays où la couverture vaccinale est élevée, comme aux États-Unis ou en France, la coqueluche affecte très peu l'enfant mais touche, d'une part, les nourrissons non protégés par la vaccination et, d'autre part, l'adolescent ou l'adulte qui les contamine". Cela se révèle d'autant plus problématique que les décès sont plus importants dans cette tranche d'âge, avec 88 % des décès en dessous d'un an, pour seulement 61 % des cas (figure 2). On retrouve ici la même évolution et les mêmes conséquences que pour la rougeole (voir Chapitre 2).

Sûreté du vaccin à germe entier

En Pologne, une étude[518] de l'Institut National de la Santé Publique a montré que si des évènements indésirables bénins étaient rapportés plus souvent après la vaccination à germe entier, "il n'y avait pas de différence significative dans l'incidence de la plupart des réactions sévères, dont l'encéphalopathie et les convulsions non fébriles, [ni concernant] les réactions allergiques". Dans une étude états-unienne[519] basée sur 2 millions d'enfants et 452 cas d'encéphalopathie, "le DTC contenant le germe entier et le ROR n'étaient pas associés avec une augmentation du risque d'encéphalopathie après la vaccination". L'article en accès payant précise toutefois dans le résumé, que "une fois les encéphalopathies d'étiologies connues exclues, le facteur de chance pour les enfants ayant reçu le DTC 7 jours avant l'émergence de la maladie était de 1,22", augmentation du risque de 22 % non significative au vu de l'échantillon. Il serait intéressant de connaître ce que sont ces critères connus d'origine de la maladie que l'étude faite par le Centre d'étude vaccinale du Kaiser Permanente[a] s'est permis d'exclure, sachant que le contrôle des non vaccinés devait de lui-même suffire à obtenir un facteur des chance pertinent. Au contraire, au Japon, un article de 2004[520] démontrant la bonne acceptation du vaccin acellulaire depuis 1981 concluait (chiffres non précisés sans un accès payant) que "les incidences d'encéphalopathie/encéphalites et d'état de mal épileptique[b]/convulsions fréquentes, convulsions fébriles/provocation de convulsions, et morts subites étaient significativement plus faibles pour le vaccin anti-coqueluche acellulaire que pour la vaccination anti-coqueluche à germe entier". Dans l'ouest des États-Unis, une étude avait montré en 1994[521] qu'avec "l'encéphalopathie ou les convulsions complexes[c], le

---

a   Réseau d'organisations de santé basé à Oakland

b   Complication médicale la plus redoutée de l'épilepsie qui engage le pronostic vital et fonctionnel

c   Crise convulsive avec des contractions musculaires involontaires généralisées, liée à une température élevée. La crise est dite « complexe » si elle dure 15 minutes ou plus, s'il existe des signes focaux ou si elle récidive dans les 24 heures (Wikipédia)

risque était multiplié par 3,6", mais divisé par deux pour les convulsions non fébriles. Au vu du petit échantillon, les résultats n'étaient pas statistiquement significatifs.

A l'origine de ce débat se trouve un article écrit en 1981[522] dans le *British Medical Journal*. Il avait analysé les données de l'Étude Nationale de l'Encéphalopathie infantile recensant l'encéphalite/encéphalopathie, les convulsions prolongées, les spasmes infantiles et le syndrome de Reye[a]. Sur 1000 enfants, "35 [...] (3,5 %) avaient reçu l'antigène pertussique [à germe entier] dans les 7 jours avant de devenir malade", alors que seul 1,7 % des enfants contrôles "avaient été immunisé [...] dans les 7 jours avant la date à laquelle ils atteignaient l'âge de l'enfant malade correspondant". Le risque relatif était de 2,4 (p < 0,001). "Des 35 enfants notifiés, 32 n'avaient pas d'antécédent d'anormalité neurologique. Un an plus tard, deux étaient morts, neuf avaient développé un retard mental et 21 étaient normaux". Ce risque était même de 2,6 dans les 3 jours après vaccination. Le vaccin diphtérie-tétanos, sans antigène de la coqueluche, générait lui un risque relatif de 1,5, quoique non-significatif. Ces risques montaient de surcroît à 3,3 et 1,8 si l'on ne comptait que les personnes sans problèmes préalables, respectivement avec et sans antigène de la coqueluche dans le vaccin injecté.

En 1985, un article[523] de *PNAS* reprenait ces chiffres et présentait une cause biologique possible : "Le vaccin contre la coqueluche du vaccin DTC est associé à [entre autres[524]] des convulsions dans une dose sur 1750, alors que de sévères et permanents dommages neurologiques arrivent d'après les calculs [de l'article de 1981] avec une dose sur 310.000. Bien que le rapport bénéfice risque du programme du vaccination actuel contre la coqueluche soit de très loin positif[525], le développement d'un vaccin plus efficace et plus sûr est un but important". Les auteurs concluaient après avoir testé plusieurs types de produits qu'ils avaient identifié un "élément particulier de Bordetella Pertussis, la toxine pertussique, [qui] combinée à de l'albumine de sérum bovin, pouvait provoquer [un modèle de] l'encéphalopathie [chez la souris]". Ils préconisaient donc d'essayer de modifier génétiquement Bordetella Pertussis pour rendre ce vaccin plus sûr. On apprend donc qu'à cette époque, l'innocuité du vaccin était connue pour ne pas être totale et que celui-ci pouvait provoquer de graves dommages neurologiques irréversibles, voire la mort. En 2012, l'albumine bovine sert toujours de stabilisant dans certains vaccins (Repevax[526]), et la toxine pertussique continue à être utilisée dans tous les vaccins DTP[488] (Infanrix, Tetravac acellulaire, Pentavac, Repevax, Boostrix-Tetra). Cependant le vaccin dans les pays développés est désormais acellulaire, et l'on peut donc penser que cela suffit à ne plus déclencher d'encéphalopathies dans ces pays plus aisés.

Les résultats publiés par les Geier en 2004[527] à partir de la base de données de notifications volontaires d'effets indésirables des vaccins (VAERS[23]) ont montré "des augmentations statistique[ment significatives] pour tous les évènements examinés après les vaccins contre la coqueluche à germe entier en comparaison avec les vaccins acellulaires, excepté l'ataxie cérébelleuse", soit "des réactions potentiellement mor-

---

a   Atteinte du foie et des reins chez l'enfant de moins de 7 ans dans 85 % des cas, s'associant à une encéphalopathie

telles, hospitalisations, handicaps, morts, crises, spasmes infantiles, encéphalites/encéphalopathies, autisme, mort subite du nourrisson et troubles de la parole". Le facteur des chances était de 4,4 pour l'autisme, de 8,2 pour l'encéphalite/encéphalopathie, et de 1,7 pour la mort subite avec 1,5 notification par million de doses. Selon eux, "les mécanismes biologiques d'une réactogénicité accrue du vaccin coquelucheux à germe entier peut provenir du fait que les vaccins à germe entier contiennent 3.000 protéines différentes, alors que le DTCoqueluche acellulaire contient deux à cinq protéines".

S'il est délicat ici d'être catégorique envers tel ou tel parti, nous pouvons entrevoir l'incertitude qui point au niveau même des instances favorables à la vaccination comme l'OMS. Celle-ci, dans un rapport de mai 2014[528] cite le réputé Institute of Medicine : "le bilan des preuves est compatible avec une relation causale entre le DTC à germe entier et le dysfonctionnement chronique du système nerveux chez les enfants dont le grave trouble neurologique aigu est arrivé dans les 7 jours après [cette] vaccination". Le document poursuit : "Cela peut impliquer que la vaccination déclenche rarement un tel évènement dans un individu qui pourrait être prédisposé à développer une telle condition à cause d'une anormalité sous-jacente". Au vu de toutes ces données et d'une étude qui ne trouve "pas de risque significativement accru de maladie neurologique sérieuse aiguë" (malgré un facteur de risque de 3,6 non significatif dans les 7 jours après vaccination, pour l'encéphalopathie et les crises complexes), ils minimisent le risque engendré par ce vaccin.

D'autres articles évoquent l'ambiguïté de la cause de l'effet indésirable, en partie lié à ce vaccin. En 2010[529], des chercheurs du Département de Médecine de l'Université d'Ottawa, au sujet d'inflammations et de réactions fébriles reconnues par les autorités publiques à la suite de ce vaccin, ou même selon les parents touchés par la mort subite du nourrisson ou l'encéphalopathie, proposaient une explication à l'absence d'association selon les différentes études épidémiologiques : "ces réactions pourraient être survenues chez des enfants au métabolisme vulnérable, spécifiquement ceux avec des défauts d'oxydation des acides gras. Chez ces enfants, la combinaison de l'anorexie et de la fièvre qui pourrait avoir été causée par le vaccin pourrait avoir entraîné des épisodes hypoglycémiques et peut-être la mort. Nous pensons que cette association n'a pas été détectée parce que ces conditions n'étaient pas connues à l'époque et étaient peu communes". Le vaccin aurait alors causé, quoique de manière indirecte, des effets néfastes que les études préalables omirent de détecter.

De façon similaire, des données récentes[530] montrent que "les nombreux cas d'encéphalopathies consécutives au vaccin contre la coqueluche à germe entier étaient dus à une épilepsie myoclonique sévère[, les] vaccinations [pouvant seulement] induire les premières convulsions et les suivantes". Cette épilepsie sévère, appelée syndrome de Dravet, "est une encéphalopathie épileptique génétique rare caractérisée par[531] [un déclenchement dans la jeune enfance et] des convulsions polymorphiques résistantes aux traitements et un recul du développement", comportemental et mental. Puisque selon cette étude[532], le vaccin précipite "l'âge des premières crises et [augmente] la fréquence des états de mal épileptiques", est-il responsable du déclenchement de la maladie chez les personnes génétiquement prédisposées ou l'auraient-elles développée de toute façon ? Dans une étude allemande[533] portant sur 70 patients ayant ce syndrome, 27 % ont eu une crise post-vaccinale, crise qui pour plus de la moitié était la première manifestation de la maladie, dans les 3 jours suivant la vaccination. Il paraît péremptoire d'affirmer comme cette étude australienne en 2010[534] que les enfants génétiquement défavorisés "étaient destinées à développer la maladie", alors qu'un large ensemble de mutations génétiques défavorables[535] peuvent causer le syndrome sans que lien génotype/phénotype soit éclairci ; et sachant que dans la plupart des cas, la maladie se déclare avant 18 mois, l'enfant l'aurait-il développé sans vaccination et si oui avec quel degré de sévérité ? Il conviendrait donc désormais d'évaluer scientifiquement l'hypothèse du déclenchement par la vaccination du syndrome de Dravet. Supposons même que la vaccination ne soit pas responsable de cette grave maladie, mais simplement de la date de son premier déclenchement. Elle a en 2013 "une prévalence estimée à 1 sur 20.000 à 40.000"[536], et selon l'étude allemande, 15,7 % des personnes ayant ce syndrome l'auraient découvert juste après une vaccination. Ce qui implique qu'avant cette étude, on aurait dû à l'époque, par coïncidence temporelle, attribuer le syndrome à la vaccination coquelucheuse à germe entier pour environ 5,22 personnes par millions. Aucun signal d'alerte n'a pourtant été levé malgré la gravité du syndrome comparée à la celle de la coqueluche. Les chiffres récents parlent même désormais d'une prévalence bien plus élevée, comme l'indiquent les incidences suivantes : en 2015, "l'incidence estimée [du syndrome de Dravet] était de 1 sur 33.000 naissances" en Suède[537], ou "d'une incidence [au Danemark[538]] de 1 sur 22.000, ce qui est plus élevé que ce qui était établi auparavant".

Enfin, hormis les troubles neurologiques, l'OMS cite également[528] dans son rapport deux études indiquant un taux d'anaphylaxie de 1,3 cas pour 1 million de doses administrées du vaccin à germe entier, parmi une population d'enfants et d'adolescents.

Malgré tous ces chiffres, la vaccination à germe entier n'a été suspendue en France qu'en 2006 . Des contraintes financières jouent dans son maintien dans d'autres pays. Une étude indienne de 2012[539] à propos d'un "patient masculin de 5 mois [qui] avait développé des crises récurrentes et une encéphalite aiguë" dont "une fraction pertussique du vaccin DTC était responsable" suggérait que "le vaccin coquelucheux acellulaire devrait être utilisé en lieu et place du vaccin à germe entier puisqu'il est associé à une plus basse fréquence de complications neurologiques, comme les crises, les encéphalopathies et les épisodes d'hypotension". Il déplorait que "pourtant, les vaccins coquelucheux acellulaires sont à ce jour trop chers pour la plupart des pays en développement".

Rôle rétrospectif du vaccin dans la chute de la mortalité anglaise

Si la coqueluche est une maladie pénible, c'est par sa mortalité qu'elle est le plus insupportable. Nous avons tracé à partir des données gouvernementales, à partir de

1900. Nous observons que le taux de mortalité passe de 300 par millions par an à moins de 1 par million en 1957. Cette chute marquée et constante au cours du XXe siècle n'a pas même semblé subir le contrecoup, contrairement à l'incidence, de la baisse vaccinale autour des années 1980. Notre figure met en perspective celle de l'article, et montre que la coqueluche n'était plus un fléau à l'arrivée de la vaccination systématique, ni ne l'a été pendant la période de vaccination moindre. Il est d'ailleurs étonnant que la coqueluche soit la seule maladie pour laquelle on possède des données sur la couverture entre 1970 et 1980. Ne possède-t-on pas les couvertures pour les autres maladies, dont diphtérie et tétanos qui possèdent les mêmes couvertures après 1980 que la coqueluche ? Si elles ont le même tracé dans les années 1970, cela montrerait que la hausse temporaire de l'incidence coquelucheuse dans cette période-là était plus fortuite que due à la baisse de la couverture, puisque le nombre de cas de tétanos et de diphtérie ont baissé au cours de cette décennie-là.

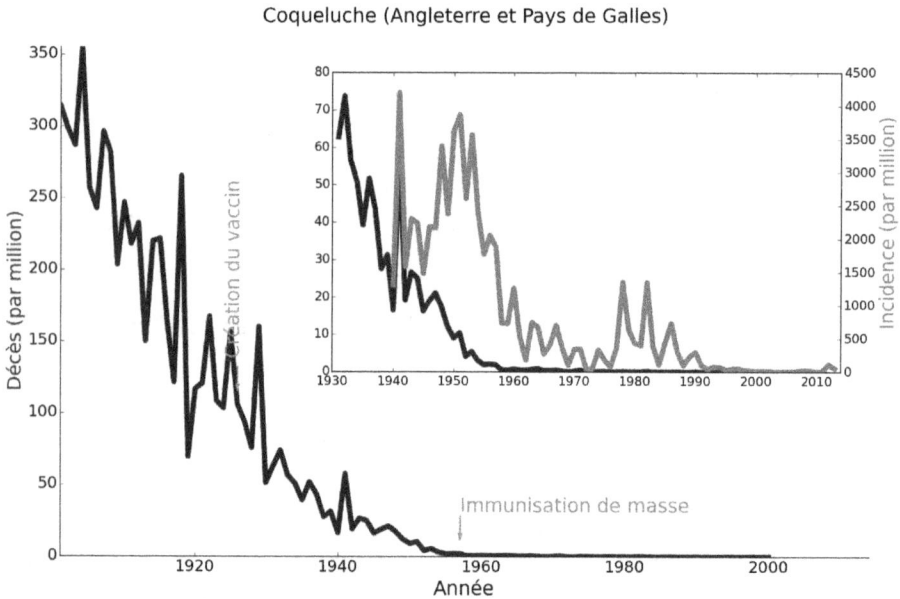

Coqueluche (Angleterre et Pays de Galles)

Si nous n'avions eu que le deuxième graphe, sans la courbe de la mortalité et en nous arrêtant à l'année 2010, nous aurions pu aisément nous convaincre du rôle utile et essentiel de la vaccination dans la lutte contre la coqueluche. Certains ne s'en sont pas privé.

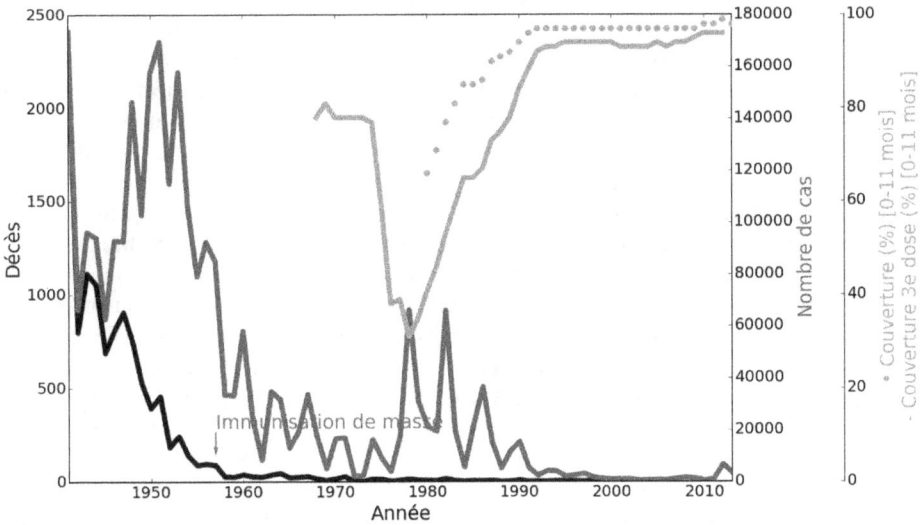

Sources:
http://www.ons.gov.uk/ons/publications/re-reference-tables.html?edition=tcm%3A77-215593 (Mort. 1901-2000)
https://www.gov.uk/government/publications/notifiable-diseases-historic-annual-totals (Inc. 1940-2013)
http://data.unicef.org/child-health/immunization, DTP1 (Couv. 1980-2013)
http://www.nwpho.org.uk/monthly/aug06a/ (Couv. 1968-2012)

Les Centres du Contrôle des Maladies (CDC) nous apprennent en 1982[540] que "la coqueluche est devenue une maladie à déclaration obligatoire en Angleterre et au Pays de Galles en 1940. Entre 1957 et 1961, après l'utilisation étendue de l'immunisation contre la coqueluche, le nombre annuel de cas rapportés au Centre de Surveillances des Maladies Transmissibles (CDSC) a décliné d'approximativement deux-tiers". Avec le même parti pris, un graphique repris ici et là tend à prouver le rôle de la vaccination dans la chute puis le regain de coqueluche en cas d'abandon de la vaccination. Il est tiré d'un article de 2012[541] écrit par des membres de l'ancienne Agence de Protection de la Santé de Londres, et dont l'un des auteurs "a servi comme conseiller ou consultant pour Sanofi-Aventis ; Merck Sharp & Dohme Corp. ; GlaxoSmithKline". De plus, un des laboratoires de l'Agence, impliqué dans tout le processus de collection, étude de données et tests, "a reçu des bourses éducationnelles sans restriction pour assister à des conférences ou pour voyager pour des réunions [et] reçoit occasionnellement des bourses de recherche et des paiements de recouvrement de coûts pour l'approvisionnement de rapports de surveillance post-commercialisation de fabricants de vaccins".

Sans le taux de couverture avant 1970, sans le taux de mortalité, sans les valeurs avant 1940, il est certain que le lecteur n'aura pas le même sentiment concernant l'efficacité du vaccin que le graphique instrumente. Et après l'étude des autres maladies, et spécifiquement de diphtérie/tétanos qui présentent exactement la même couverture vaccinale (excepté qu'étrangement alors on ne dispose pas des données 1970-1975 qui font le palier pour la coqueluche), on peut suspecter un possible caractère fortuit de la hausse de l'incidence au moment de la baisse vaccinale.

La coqueluche est une maladie de l'enfance dont la mortalité a été pratiquement effacée au cours du XXe siècle, avant l'intervention du vaccin. L'exemple anglais montre que l'arrivée du vaccin a permis de faire baisser l'incidence, sans que cela ait toutefois un rôle évident sur la mortalité. La vaccination massive a entraîné un changement de l'épidémiologie, qui concerne désormais de très jeunes enfants, soumis à une plus forte mortalité, contre les 4-7 ans dans le passé ou dans les pays en développement. Elle a permis à la bactérie d'évoluer, et les nouveaux cas de coqueluche indiquent une efficacité vaccinale désormais plus faible qu'à l'origine, selon l'ensemble de la communauté scientifique. Les produits vaccinaux proposés en France rendent ce vaccin, à l'origine seulement recommandé, en pratique quasiment obligatoire ; la couverture dépasse les 95 %. A cause de la moindre efficacité constatée, ce seuil élevé ne garantit pas l'absence de flambée de maladie, sur des enfants vaccinés. Enfin, le vaccin original, à germe entier, a été à l'origine de nombreux effets secondaires, parfois graves ou mortels comme les convulsions, l'anaphylaxie, l'encéphalopathie ou le syndrome de Dravet ; il continue d'en causer dans les pays qui par manque de moyens ne peuvent se procurer le vaccin acellulaire. Il n'a été retiré en France qu'en 2006.

Troisième partie

Nocivité des excipients

Chapitre 10
Autisme, mercure et vaccins

Traiter la question de l'autisme nécessiterait un livre entier. L'auteur ne prétend certainement pas expliquer la totalité du phénomène par la cause vaccinale. La personne pressée pourra se référer uniquement aux parties qui montrent les forts faisceaux de preuves d'un lien entre vaccins et autisme, à travers les articles scientifiques, les affaires juridiques ou les aveux de certaines personnes. Mais il estime qu'un contexte plus large et plus développé permettra un jugement nuancé et plus objectif à celui qui s'intéresse à cette maladie contemporaine.

Étiologie de l'autisme

L'étiologie de l'autisme reste aujourd'hui globalement méconnue. Ce que l'on est forcé de constater, c'est le nombre croissant de personnes touchées. Aux États-Unis, le syndrome sous une de ses formes touche 78 % d'enfants de plus qu'il y a dix ans, avec une incidence de 1 sur 88 désormais, et 1 sur 54 en ne considérant que les garçons. Serait-ce simplement dû à un meilleur diagnostic ? Une étude danoise de 2015[542] a estimé que "pour les enfants Danois nés [entre 1980 et 1991], 33 % de l'augmentation dans la prévalence des troubles du comportement autistique peuvent être expliqués seulement par le changement du critère diagnostique ; 42 % par l'inclusion au registre en 1995 des patients qui ne passent pas la nuit [à l'hôpital]", et 60 % pour les deux combinés. On peut se demander si l'augmentation constante d'autisme dans plusieurs pays depuis plusieurs décennies peut s'expliquer uniquement de cette manière. Le contenu de l'article n'est pas accessible, mais il faut signaler qu'un des auteurs fait partie de la société pharmaceutique Lundbeck, qui a comme ambition de fabriquer des vaccins contre Alzheimer[543]. Par contre, une étude en Californie[544] a recensé les cas entre 1990 et 2006, et a constaté une hausse constante de l'incidence, "multipliée par 7 ou 8", particulièrement chez les 0-4 ans. Selon eux, "l'analyse quantitative des changements dans le critère diagnostique, l'inclusion des cas plus légers, et un plus jeune âge de détection suggèrent que ces facteurs contribuent [respectivement] 2,2 fois, 1,56 fois et 1,12 fois dans l'augmentation de l'autisme, et ne peuvent par conséquent expliquer totalement la magnitude de l'augmentation de l'autisme". "Ces tendances à la hausse ont été observées pour toutes les races, les catégories d'âge de la mère ou du père, le sexe [et] le niveau d'éducation des parents".

Il existe néanmoins une cause connue depuis longtemps dans le déclenchement de l'autisme, citée par le Centers for Disease Control (CDC) lui-même comme on peut le voir sur une archive du site[545] : "Ironiquement, l'infection de la femme enceinte avec le virus "sauvage" de la rubéole est l'une des peu nombreuses causes connues de l'autisme. Ainsi, en évitant l'infection de la rubéole à la femme enceinte, le vaccin ROR prévient également l'autisme". On trouvait en référence deux articles de 1971[546] et 1977[547]. Parmi 243 enfants avec rubéole congénitale, outre les désordres comportementaux et les retards mentaux dus à la maladie, "10 enfants présentaient un syndrome complet d'autisme infantile [et] huit autres des indications d'un syndrome partiel d'autisme. [...] Le taux de prévalence pour ce groupe d'enfants atteints de rubéole congénitale était équivalent à un taux de 412 sur 10.000 pour le syndrome complet d'autisme et 329 pour le syndrome partiel [soit au total] 741 sur 10.000". Dans la population normale, les taux d'autisme étaient estimés à seulement 2,1 sur 10.000 dans une enquête au Middlesex, et 0,7 pour 10.000 dans une étude au Wisconsin.

Plus récemment, les chercheurs ont tenté de trouver des causes génétiques. En 2008, un article[548] notait que "le nombre de requêtes à des généticiens cliniques pour identifier l'étiologie de l'autisme avait largement augmenté", et que "le taux de diagnostic pour les troubles du spectre autistique est communément rapportée entre 6 et 15 %".

Les chercheurs ont fait l'association, qui reste à clarifier, entre troubles autistiques et maladies mitochondriales. Un article de 2011[549] "établiss[ait que] la prévalence des maladies mitochondriales[a] dans la population générale présentant des troubles autistiques était de 7,2 % [...], bien plus élevée que celle trouvée dans la population générale (~0,01 %)". La mise à jour en 2014 d'un article initialement paru en 1993[550] rectifiait que "les maladies mitochondriales sont bien plus fréquentes [dans l'ensemble de la population] que ce que l'on croyait auparavant", confirmant l'évaluation précédente, avec le chiffre de 11,5 pour 100.000, soit 0,015 %. Selon le premier article, "dans l'ensemble, ces preuves plaident pour la notion que les maladies mitochondriales sont associées avec les troubles du spectre autistique [bien que] des études supplémentaires sont nécessaires pour mieux définir le rôle des mitochondriopathies dans les troubles autistiques".

On note également une prévalence de l'autisme plus forte chez le garçon, à un taux 2 à 4 fois supérieur suivant la population étudiée, et jusqu'à 9 fois[551] pour le syndrome d'Asperger. Une étude a noté en 2009[552] qu'un niveau élevé de testostérone fœtale est corrélée avec la présence de traits autistiques plus forts à l'âge de 6-10 ans, bien qu'elle n'ait pas d'influence directe sur le QI, et que cette relation était "un effet de la testostérone plus que du sexe en soi". L'expérience a été reproduite avec le même résultat pour des enfants de 18 à 24 mois en 2010[553], avec une prédominance de l'effet de la testostérone fœtale plus que du sexe.

Une revue de 2013[554] sur les différences entre sexes et l'autisme évoque cette "théorie majeure qui donne un large rôle à la testostérone dans l'étiologie des troubles du spectre autistique [appelée] la théorie de Cerveau Extrêmement Masculin, qui propose que [ces] troubles proviennent d'une hyper-masculinisation du cerveau". Dans une étude[555] par exemple, "les niveaux de testostérone et de ses précurseurs

---

a   Ensemble varié de maladies génétiques qui affectent la chaîne respiratoire des mitochondries, entraînant un grave déficit énergétique dans l'organisme

étaient significativement plus élevés dans les échantillons extraits des personnes autistiques, avec 57 sujets sur 70 ayant au moins un métabolite androgène mesuré au-dessus de la limite haute des intervalles de références par sexe et âge". En Égypte, une étude[556] montrait aussi une corrélation avec la sévérité du diagnostic : "les androgènes étaient plus élevés chez les patients autistes que chez les contrôles et augmentaient avec la sévérité de l'autisme". Il avait été montré déjà en 1997[557], si l'on s'en réfère à cet article[558] de Baron-Cohen, que "les garçons atteints d'autisme ont une puberté précoce, liée à des taux élevés de testostérone". Cette théorie nécessite selon les auteurs de la revue encore "beaucoup de travail [...] pour déterminer les mécanismes cellulaires et moléculaires précis par lesquels la testostérone interagit avec les circuits neuro-développementaux et les *locus* de risques génétiques pour accroître le fardeau du comportement autistique".

Un groupe a émis l'hypothèse que l'autisme pourrait dû à une mauvaise régulation d'un récepteur hormonal, RORA, qui régulerait à son tour de manière dommageable des protéines utiles au bon fonctionnement cognitif. Ils ont montré en 2011 que RORA régule la transcription de l'aromatase, enzyme cruciale pour la synthèse d'œstrogène à partir de testostérone, et dont la quantité se trouve "significativement réduite dans le cortex frontal des sujets autistes". En 2013[559], ils ont généralisé ce résultat, en démontrant que "RORA régule la transcription [de 5] gènes liés aux troubles autistiques", la concentration de ces protéines étant à la fois "diminuées dans les cellules neurones humaines limitées en RORA1 et dans les tissus de cortex préfrontal d'individus autistes".

Les facteurs environnementaux et nutritionnels figurent en bons candidats potentiels dans l'étiologie de l'autisme. Une étude de décembre 2014[560] a noté les moyennes des concentrations de particule polluante dans l'air aux États-Unis, et d'après des questionnaires électroniques à des infirmières, en a déduit que "l'association entre les troubles du spectre autistique et [les particules polluantes de moins de 2,5 μm] était plus fort quand l'exposition avait lieu au 3e trimestre [de grossesse] (facteur des chances = 1,42) que pour les autres trimestres". Il n'ont pas trouvé de lien pour les particules plus grosses. Une méta-analyse[561] parue la même année a rassemblé sur plus 10 ans de recherche les études où le nombre d'autistes dépassait 50 : "Nombre d'études ont démontré une augmentation significative du risque de troubles du spectre autistique avec l'estimation d'exposition à la pollution de l'air autour de la période prénatale, particulièrement avec des métaux lourds et des particules de matière". Ils ont également trouvé que "une consommation plus grande de certains nutriments et suppléments [est] associée à une réduction du risque de troubles du spectre autistique, la preuve la plus forte étant pour les suppléments périconceptionnels[a] d'acide folique[b]". Ils concluent que "plus de travaux sont nécessaires pour examiner [le rôle des] graisses, vitamines et autres nutriments maternels, ainsi que des perturbateurs endocriniens chimiques et des pesticides, dans l'association avec les troubles autistiques, étant donné sa plausibilité biologique et les preuves autour d'autres déficits neurodéveloppementaux".

---

a   Autour de l'accouchement
b   Vitamine B9

Il n'est pas certain que l'association entre carences et autisme soit nécessairement de type causal, et de nouvelles études sur les traitements potentiels sont souhaitables. Pour la vitamine B, une étude de 2011[562] montrait certes un haut niveau d'homocystéine[a] dans les urines d'enfants autistes, qui "pourrait indiquer des déficiences en acide folique et vitamines B6 et B12 dans la nutrition de ces enfants". Une autre revue, en 2013[563], précise par exemple qu'il "y a un besoin de confirmer si combler des déficits en acide folique et vitamines B6 et B12 dans les métabolisme d'enfants autistes conduit à des bénéfices comportementaux et fonctionnels".

Selon une étude de 2014[564], "l'exposition des enfants à la plupart des 10 composés les plus toxiques [comme le plomb ou les particules fines dans l'air] est restée stable ou a décru [alors que pendant la même période] la prévalence de diagnostic d'autisme avait monté en flèche". Ils ont trouvé cependant que "parmi les toxines suspectes étudiées, les éthers de polybromobiphényle[b], [la quantité] d'adjuvants d'aluminium [administrée avant 18 mois], et l'herbicide glyphosate [dans les cultures OGM de maïs et de soja] ont des courbes à la hausse positivement corrélées à la montée de l'autisme". Le glyphosate est l'ingrédient principal du tristement célèbre Roundup de Monsanto, l'herbicide le plus vendu au monde en 2005[565] et que l'on retrouve dans les eaux[566] et les organismes humains de toute la planète[567].

Prenons note également de l'étude publiée en novembre 2007[568] dans le *Journal of the Australasian College of Nutritional & Environnemental Medicine*, qui "présente les premières données cliniques qui visent à associer les radiations électromagnétiques environnementales liées à la technologie sans fil à l'autisme". Elle établit qu'une thérapie purgative des métaux contenus dans le corps des autistes, dont le mercure, fonctionne mieux dans des environnements dépourvus de radiations électromagnétiques. "Ces résultats suggèrent un rôle significatif des radiations électromagnétiques à la fois dans l'étiologie de l'autisme et dans l'efficacité d'interventions thérapeutiques". Selon les auteurs, il existe des "synergies entre les ondes radios liées aux radiations électromagnétiques et le fardeau des métaux lourds". Par exemple, "il a été montré que ces champs [électromagnétiques] sont capables de passer à travers la membrane cellulaire, d'atteindre les métaux intracellulaires et d'y causer un réchauffement intracellulaire". Par ailleurs, selon cette étude[569], "il apparaît que l'IRM et les radiations micro-ondes émises par les téléphones portables libèrent significativement le mercure des restaurations d'amalgames dentaires". Pour le lien avec le mercure plus particulièrement, nous invitons le lecteur à se référer à un paragraphe ultérieur (voir *Lien entre l'autisme et le mercure*). Ces résultats rejoignent conceptuellement ceux de cette étude coréenne[570] selon lesquels "le risque de troubles du déficit de l'attention avec hyperactivité était associé à l'utilisation de téléphones portables pour des appels vocaux mais l'association était limitée aux enfants exposés à de relativement hauts niveaux de plomb".

---

a   Acidé-aminé dont l'augmentation dans le plasma augmente les facteurs de risque d'accident vasculaire
b   Produit chimique qui limite l'inflammabilité des produits plastiques

Des travaux ont tenté ces dernières années d'élaborer une explication synthétique et plus générale de la cause des troubles autistiques. Une revue[571] sur les risques périnataux de l'autisme en 2012 relatait que "une réponse inflammatoire chez les autistes est étayée par nombre de faits. [Par exemple, le] facteur de nécrose tumorale [que nous retrouverons plus loin (voir *Lien entre l'autisme et le mercure*) lié à l'intoxication au mercure] était presque multiplié par 50 dans le fluide cérébrospinal, et l'expression du gène IL-6 était accrue dans le cerveau de patients autistes". Quantité de facteurs résumés en figure 1 sont proposés comme déclencheur d'inflammation et d'autisme, comme les allergies, le stress, le mercure, les infections, l'auto-immunité. En conclusion de leur analyse, ils proposent que "la prématurité, le faible poids de naissance et les problèmes périnataux [puissent] contribuer à l'augmentation du risque d'autisme. Ce statut et des gènes de susceptibilité [...] peut rendre l'enfant plus vulnérable à l'activation des mastocytes[a]". Une de leurs études en 2010[572] montrait que "le sérum de jeunes patients autistes contient [plus] d'ADN mitochondrial [p = 0,0002 ou p = 0,006] et d'anticorps anti-mitochondriaux de type 2 [p = 0,0001] que ceux d'enfants contrôles au développement normal" et proposait que "l'ADN mitochondrial sanguin extracellulaire et d'autres composants pourrait caractériser un endophénotype autistique et pourrait contribuer à la pathogenèse en activant des réponses auto-immunes". Dans une synthèse parue en 2013[573], l'auteur principal propose que "l'activation des mastocytes du cerveau par des mécanismes allergiques, environnementaux, immunitaires, neuro-hormonaux, du stress et toxiques, en particulier dans les aires associées au comportement et au langage, condui[se] à des allergies cérébrales localisées et à une encéphalite focale. Cette possibilité est plus fréquente dans le sous-groupe de patients ayant des gènes de susceptibilité aux troubles du spectre autistique qui impliquent aussi l'activation des cellules mastocytaires".

Notons que l'auteur principal de ces études déclare entre autres posséder un brevet[574] "pour le traitement de conditions neuro-inflammatoires" et deux pour le "diagnostic et le traitement des troubles autistiques". Un autre groupe sans conflits d'intérêt a néanmoins confirmé en 2014[575] ces différences en recensant les nombreux articles mettant en évidence des différences en termes de stress oxydatif[b] ainsi que des dysfonctionnements mitochondriaux et inflammatoires/immuns dans les cerveaux d'autistes. De surcroît, ils citent d'autres études qui ont établi "que les aires cérébrales affectées par le stress oxydatif, les dysfonctionnements mitochondriaux et une mauvaise régulation immunitaire sont des aires responsables de fonctions cérébrales typiquement touchées chez les autistes (Table 4), [par] exemple les aires impliquées dans le traitement de la parole, la mémoire, l'interaction sociale, et la coordination sensorielle ou motrice". Ils concluent enfin, en se basant sur plusieurs études, qu'il "est possible que le traitement de ces anormalités puisse conduire à une réduction des symptômes de l'autisme".

---

a   Variété de globule blanc que l'on trouve habituellement dans le tissu conjonctif, la moelle osseuse, les ganglions lymphatiques et la rate

b   Agression par oxydation des constituants de la cellule due à un excès de molécules nocives

Un mot sur la piste intestinale

Pour finir, notons également une autre piste, qu'un documentaire canadien a exposée en 2012[576] : la piste bactérienne de notre flore intestinale. Il discrédite la piste de la vaccination (7,30') : la théorie "la plus controversée d'entre elles rendait les vaccins responsables de l'autisme. L'étude d'Andrew Wakefield publiée en 1998 dans une revue médicale de renom déclencha 13 années de controverse véhémente à travers le monde. Ses méthodes furent discréditées mais les taux de vaccination n'en plongèrent pas moins. Le lien entre vaccination et autisme n'a jamais été démontré, pourtant le Dr Wakefield a toujours des partisans".

Un article de *Nature* en 2015[577] relate l'histoire de cette piste intestinale :"Paul Patterson, un neuroscientifique et biologiste du développement à [l'université] Caltech, était intrigué par des données épidémiologiques montrant que les femmes qui souffrent d'une fièvre forte et prolongée pendant la grossesse ont jusqu'à sept fois plus de chance d'avoir un enfant autiste. [...]

Pour chercher dans cette voie, Patterson a induit des symptômes grippaux à des souris enceintes avec un ersatz de virus [...]. Il a appelé cela le modèle d'activation immune maternelle (AIM). La descendance des souris AIM de Patterson montrèrent les trois caractéristiques fondamentales de l'autisme humain : interactions sociales limitées, tendance au comportement répétitif et communication réduite [...]. De plus, les souris avaient des intestins perméables, ce qui était important puisqu'entre 40 et 90 pourcents de tous les enfants autistes souffrent de symptômes gastrointestinaux. [...]

Spécifiquement, deux classes bactériennes —Clostridia et Bacteroidia —étaient bien plus abondantes dans la descendance AIM que chez les souris normales. Mazmanian reconnaît que ces déséquilibres puissent ne pas être les mêmes que chez les humains autistes. Mais le résultat était très convaincant, dit-il, puisque cela suggère que l'état comportemental des souris AIM —et peut-être par extension du comportement autistique des humains —pourrait être enraciné dans les intestins plutôt que dans le cerveau. "Cela soulève une question provocante" selon Mazmanian. "Si nous traitons les symptômes gastrointestinaux chez les souris, verrons-nous des changements dans leur comportement ?". [...]

Mazmanian et Hsiao ont enquêté en donnant aux animaux des doses d'un microbe connu pour ses propriétés anti-inflammatoires, Bacteroides fragilis, qui protège aussi les souris de colite provoquée expérimentalement. Les résultats ont montré que le traitement réparait les fuites intestinales et restaurait une microbiotie plus normale. Cela atténuait également la tendance envers le comportement répétitif et la communication réduite. Mazmanian a trouvé par la suite que B. fragilis annulait les déficits AIM même chez les souris adultes. "Ainsi, au moins dans ce modèle chez la souris, cela suggère que les traits de l'autisme ne sont pas câblés en dur —ils sont réversibles — et c'est une grande avancée"."

Sous couvert de nouveauté, cette piste remonte à de nombreuses années. En 1996[578], un groupe de chercheurs à Rome révélait qu'une "perméabilité intestinale modifiée se trouvait chez 9 des 21 (43 %) patients autistes, mais aucun des 40 [patients] contrôles. [...] Nous spéculons que [cela] peut constituer un mécanisme possible pour le passage accru à travers la muqueuse intestinale de peptides dérivés de la nourriture avec de subséquentes anormalités comportementales". Depuis, de nombreuses études[579][580] sont allées dans ce sens, ce que résume une revue de 2012[581] : "bien que toutes les études ont des limitations méthodologiques significatives, elles indiquent collectivement des taux anormalement hauts de troubles gastro-intestinaux ou certains symptômes gastro-intestinaux chez des enfants avec troubles du spectre autistique et des taux plus haut dans toutes les études sauf une, quand une population contrôle était utilisée. [...] De plus en plus, des preuves [au sujet des troubles autistiques] soutiennent une combinaison de changements dans la microflore intestinale, une perméabilité intestinale, une réponse immunitaire inappropriée, une activation de voies métaboliques spécifiques et des changements comportementaux chez les individus prédisposés génétiquement".

Le controversé Dr Wakefield avait abordé une voie de recherche similaire dans une série d'articles. En 2000, il constatait qu'une "pathologie intestinale, à savoir une hyperplasie nodulaire lymphoïde (HNL) iléo-colique[a] et une inflammation des muqueuses, avait était observée chez des enfants avec troubles du développement". Son étude comparait un groupe d'enfants avec ces troubles du développement avec régression comportementale et symptômes intestinaux, dont 50 autistes sur 60 patients, avec "37 contrôles au développement normal [...] qui étaient examinés pour une possible maladie inflammatoire de l'intestin. [...] Une HNL iléale était présente chez 54 des 58 (93 %) enfants affectés et sur cinq des 35 (14,3 %) contrôles (p < 0,001)". Pour une HNL colique, ces chiffres étaient respectivement de 30 % contre 5,4 % (p < 0,01). Les auteurs concluaient qu'une "nouvelle variante de maladie inflammatoire de l'intestin était présente dans ce groupe d'enfants avec troubles du développement". Elle faisait écho à leur étude controversée du *Lancet* en 1998[582], portant sur "12 enfants [...] avec un historique développemental normal suivi d'une perte des capacités acquises, dont le langage, et également suivi de diarrhée et douleur abdominale". Après examens, "les 12 enfants présentaient des anormalités à l'intestin [comme attendu], allant de HNL à ulcération aphtoïde[b]. L'histologie a montré des inflammations chroniques éparses du colon chez 11 enfants et une HNL iléale réactive chez 7 d'entre eux, mais aucun granulome. Les troubles comportementaux incluaient l'autisme (neuf)". Un des résultats qui provoqua le débat était que selon les auteurs "le déclenchement des symptômes comportementaux était associé, par les parents, à la vaccination ROR chez huit des 12 enfants, à une infection de rougeole chez un enfant, et une otite moyenne chez un autre". Ces deux articles, portant en partie sur les mêmes enfants, furent retirés. Les raisons de ce retrait ne sont qu'en partie visibles sur le site. Pour l'article de 2000[583], on lit que "les échantillons patients recueillis étaient probablement biaisés et que l'affirmation de l'article que l'étude avait eu l'approbation du comité éthique local était fausse. Il y avait aussi la possibilité d'un sérieux conflit d'intérêt dans l'interprétation des données". Pour celui de 1998[584], il est écrit que "suivant le jugement[585] du Conseil de Médecine Générale du Royaume-Uni [...], il est devenu clair que plusieurs éléments de l'article [...] sont incorrects, contraire-

---

a   Qui appartient à l'iléon (partie terminale de l'intestin grêle) ou au colon
b   Désigne des lésions superficielles affectant une muqueuse du corps

ment aux résultats d'une précédente investigation. En particulier, il a été prouvé que les affirmations de l'article original que les enfants étaient "sélectionnés au fur et à mesure qu'ils venaient [sans sélection par le médecin]" (*consecutively referred)* et que les investigations étaient "approuvées" par le comité éthique local étaient fausses. Par conséquent, nous retirons totalement cet article de notre base de publication".

D'autres de ses études n'ont pas subi le même sort. En 2002[586], Wakefield et d'autres chercheurs ont évalué la possible "présence du virus de la rougeole persistant dans les tissus intestinaux de ces patients ([avec HNL iléo-colonique et troubles du développement]) et une série de contrôles par analyse moléculaire. [...] Soixante-quinze des 91 patients avec une HNL iléale et une entérocolite histologiquement confirmée étaient positifs au virus morbilleux dans leur tissu intestinal comparé à cinq des 70 patients contrôles. [...] De plus, il apparaît y avoir une forte ségrégation du phénotype de la maladie pour les enfants de sexe masculin". En 2005[587], il confirmait que de nouvelles "données [sur 148 enfants avec troubles autistiques] soutiennent l'hypothèse que la HNL se retrouve significativement dans la pathologie des enfants avec troubles autistiques", quoiqu'il soit difficile avec le seul résumé de se convaincre de la pertinence de leur échantillon contrôle. En 2009, un article canadien[588] intitulé *Entérocolite autistique : réalité ou fiction ?* discutait de ce sujet controversé : "une hypothèse est que les troubles du spectre autistique peuvent être accompagnés par des réponses immunitaires innées anormales à des protéines alimentaires, entraînant une inflammation gastro-intestinale et une aggravation des problèmes comportementaux".

Toujours est-il que piste intestinale, virale et inflammatoire et non bactérienne, rejoint par certains aspects l'hypothèse bactérienne, en ce sens qu'elle situe l'origine des troubles autistiques au même endroit et qu'elle suggère que l'autisme soit réversible et soignable en modifiant l'état des intestins. Cette opinion est soutenue médiatiquement[589] par l'ex *playmate* et actrice Jenny McCarthy, après l'expérience de l'autisme de son fils, et par son compagnon de l'époque Jim Carrey. Elle affirme l'avoir entièrement soigné, alors qu'elle attribue l'origine de la régression au vaccin ROR. Parmi les traitements préconisés[590] figurent le régime avec moins d'allergènes (en particulier soja, gluten, caséine), et la restauration d'un intestin sain par le biais d'anti-viraux, d'anti-mycosiques, d'enzymes et de probiotiques, à côté de suppléments en vitamines et autres nutriments et de la purge des métaux nocifs du corps.

Un lien parfois reconnu juridiquement entre autisme et vaccination

Sans que cela n'en constitue une preuve déterminante, puisque tout jugement est influencé par des contingences légales personnelles et financières, la justice a plusieurs fois reconnu un lien entre la vaccination et l'autisme.

Ce cas est celui d'Hannah Poling, une jeune fille vaccinée 5 fois en une journée qui a commencé à développer des troubles autistiques à partir de cette date. D'après le scientifique pro-vaccin Paul Offit (voir Chapitre 15) dans un article du *NEJM*[591], elle reçut 9 valences (diphtérie, tétanos, coqueluche acellulaire, Hib, rougeole, oreillons, rubéole, varicelle et polio inactivée), et Hannah qui était joyeuse et communicative devint "deux jours plus tard léthargique, irritable et fébrile. Dix jours après la vaccination, elle développait une éruption comme celle induite par le vaccin contre la varicelle. Des mois plus tard, avec des retards dans le développement neurologique et psychologique, Hannah fut diagnostiquée avec une encéphalopathie causée par un déficit d'enzyme mitochondriale. Les symptômes d'Hannah incluaient des problèmes de langage, de communication et de comportement —toutes les caractéristiques des troubles du spectre autistique". Si Offit soutenait que "il n'était pas inhabituel que des enfants avec déficiences enzymatiques mitochondriales développent des symptômes neurologiques", la décision de justice[592] concernant le montant des dommages statua que le laboratoire devrait verser 1,5 million de dollars la première année, puis 580.000 à 680.000 $ par an à vie. Quand on sait que 4.800 familles[593] attendent un procès collectif sur ce même vaccin (dont un premier groupe a été débouté), on prend conscience de l'impact d'une éventuelle reconnaissance de cause à effet pour le budget de l'État ou des firmes pharmaceutiques. On imagine d'un autre côté l'appât du gain pour les familles dont l'enfant souffre de troubles autistiques, dans le pays ultra-procédurier que sont les États-Unis.

Il est difficile de trouver un document officiel du verdict, le dossier étant d'ailleurs selon certains scellé comme on l'a entendu sur CBS[449]. Selon Law360[594], l'agence de presse *Associated Press* aurait pu en prendre possession alors que "sous le Programme de Compensation Vaccinale, les informations et les documents de procès comme celui d'Hannah ne peuvent être rendus accessibles à quiconque n'est pas impliqué dedans". On peut trouver le possible contenu de ces documents, reproduit par exemple sur le *Huffington Post*[595] ou sur CBS[596] : "en résumé, [la division de compensation des dommages vaccinaux] a conclu que les faits de ce cas satisfaisaient le critère statutaire pour démontrer que les vaccinations qu'[Hannah] a reçues le 19 juillet 2000 ont significativement aggravé un problème mitochondrial sous-jacent, qui la prédisposait à des déficits dans son métabolisme énergétique cellulaire, et qui s'est manifesté comme une encéphalopathie régressive avec les traits des troubles du spectre autistique". Certains s'appuient sur cette dernière locution pour questionner la véracité de l'autisme, puisque présenter des traits de l'autisme ou être autiste ne revient pas au même. D'après un article scientifique de 2006[597] du père d'Hannah, sa fille de 23 mois, soit 4 mois après les vaccinations mises en cause, affichait un score de 33 sur l'échelle de l'autisme infantile (CARS), ce qui la cataloguait autiste légère. En effet, d'après le Centre Ressources Autisme du Nord-Pas-de-Calais, "un score inférieur à 30 ne permet pas d'établir un diagnostic d'autisme, [u]n résultat supérieur à 37 signifie un diagnostic d'autisme sévère [et l]es résultats situés entre 30 et 37 représentent, quant à eux, un diagnostic d'autisme de léger à moyen". La suite a été plutôt favorable à la fillette qui avait 6 ans en 2006 au moment de l'article du père et avait retrouvé "depuis l'entrée en maternelle [un score] inférieur à 30". Elle "avait été traitée avec des suppléments de vitamines depuis l'âge de 2 ans et demi" et avait "recommencé à parler [dès] l'âge de 23 mois" avec quatre mots. D'autres thérapies, interventions ou suppléments furent décidés, avec "de lentes mais constantes améliorations dans le tonus musculaire, la coordination musculaire et les symptômes gastro-intestinaux". A cette période, "quoiqu'elle présent[ât] encore des comportements autistiques légers, [leur] patient a continué à progresser dans les fonctions du langage et la sociabilité à tel point qu'elle va désormais dans une maternelle normale avec une aide".

* * *

D'autres cas ont fait écho à cette affaire. En décembre 2012[598], la Cour des plaintes fédérales ordonnait de dédommager les parents de Ryan de près d'un million de dollars ; ils avaient "prétendu que comme conséquence de "toutes les vaccinations administrées à [Ryan] entre le 24 mars 2003 et le 22 février 2005, et plus spécifiquement les vaccinations ROR administrées entre le 19 décembre 2003 et le 10 mai 2004", Ryan a souffert "de dégât sévère et débilitant à son cerveau, décrits comme Troubles du Spectre Autistique"", ainsi que d'asthme. Selon les parents, une "encéphalopathie [était le résultat] de [sa première] vaccination ROR".

En septembre 2014, c'est à Milan qu'un tribunal a condamné le Ministère de la Santé, dont émanait l'obligation vaccinale, à indemniser un enfant ayant contracté l'autisme suite à la vaccination avec 3 doses d'Infanrix-Hexa de GlaxoSmithKline. Selon le document de la Cour[599], "l'expert nommé d'office, sur la base de l'analyse minutieuse exposée, en est venu, de cette manière, à conclure qu'il est probable et dans une mesure certainement supérieure [à l'hypothèse] contraire, que le vaccin Infanrix Hexa SK administré en trois doses entre mars et octobre 2006 a contribué à causer le trouble autistique du petit __, sur la base d'un polymorphisme qui l'a rendu susceptible à la toxicité d'un ingrédient (ou polluant) ou plus. Le produit, comme il a été conclu de documents confidentiels de la même société pharmaceutique qui en détient le brevet, montre une prédisposition dangereuse au trouble autistique, laquelle tendance, théoriquement faible quand calculée à partir des données de l'expérience clinique précédant l'autorisation —elle expliquerait seulement 2-5 % des cas de la maladie—est en réalité sous-estimée d'après l'existence, récemment confirmée par les autorités de santé australiennes, de lots de vaccins contenant un désinfectant à base de mercure, aujourd'hui officiellement interdit à cause de sa neurotoxicité démontrée, en concentrations telles qu'elles excèdent largement les niveaux maximum recommandés pour des nourrissons d'un poids si faible". Le raisonnement de l'expert "parvient à retenir [uniquement] le critère de connexion étiologique, [principe] travesti et confondu jusqu'alors avec celui chronologique du *post hoc ergo proper hoc* retenu —de manière erronée —que les vaccins, jusqu'à il y a quelques mois officiellement étrangers à la pathogenèse de l'autisme, pussent être élevés au rang de cause probable par simple manque d'alternatives valides. En réalité, jusqu'à ce que GlaxoSmithKline (fabricant du produit incriminé, nda) n'ait reconnu, que ce soit purement involontairement ou pas, les cinq cas d'autisme ayant fait surface pendant l'expérimentation clinique de l'Infanrix Hexa SK [cf. ce document confidentiel[600] p. 626], le lien entre les vaccins et la maladie constituait, tout comme n'importe quelle autre hypothèse étiopathogénétique, une simple possibilité". Pour l'expert, la maladie ne relevait donc pas d'une simple concomitance contingente, mais bien d'un lien de cause à effet plus probable qu'aucun autre, thèse étayée par la reconnaissance tardive de GSK d'autismes survenus pendant l'expérimentation clinique. "Le Ministère a fait appel de la décision", selon son propre site[601].

En 2012, c'est le ROR qui était condamné dans la ville de Rimini pour le même motif. Le jugement de cour indiquait : "Le tribunal ordinaire de Rimini [...] : ayant été établi que __ a été handicapé par des complications de type irréversible à cause de vaccinations (prophylaxie trivalente ROR) avec droits aux indemnités des articles 1 et 2 de la loi n. 210 de 1991 (allocation de subsistance réversible pour 15 ans), condamne le Ministère de la Santé en la personne du ministre à la charge de verser à __ l'indemnité prévue [par cette loi]". *La Stampa* relatait à ce sujet[602] : "il a fait discuter le verdict du Tribunal de Rimini qui en entérinant le recours d'un couple de parents a imputé le déclenchement de l'autisme à l'administration du vaccin [ROR]. [...] La Société Italienne de Pédiatrie Préventive et Sociale veut rassurer les parents, en expliquant les raisons pour lesquelles il ne peut être sérieusement pris en considération aucun lien entre la survenue du syndrome autistique et l'administration du vaccin trivalent. [Son président a rédigé un article] qui reconstruit, avec abondance de détails, le processus qui a conduit à la formulation de ce verdict et qui démontre, avec un bibliographie précise, le caractère scientifiquement infondé d'une telle sentence".

Reconnaissance mal assumée du CDC

Dans un courriel[603] de Tina Cheatham du US Health Resources and Services Administration, daté du 5 mai 2008 et dévoilé plus tard, on lit en réponse à des questions de la chaîne CBS que "le gouvernement n'a jamais compensé, et n'a jamais reçu l'ordre de compenser, aucun cas basé sur la décision que l'autisme était effectivement causé par les vaccins". Elle admet pourtant que "nous avons des cas de compensation où des enfants ont développé une encéphalopathie, ou un dégât cérébral général. L'encéphalopathie peut être accompagnée d'une progression médicale d'un ensemble de symptômes dont le comportement autistique, l'autisme ou les crises". Le vaccin entraîne donc selon ce document, dont l'authenticité reste à vérifier, l'autisme au moins de manière indirecte.

On trouve un autre exemple plus manifeste de ce même aveu. Julie Gerberding a rejoint le CDC en 1998, puis en fut présidente jusqu'à son départ forcé par l'administration Obama en janvier 2009. Le 25 janvier 2010[604], soit le lundi suivant l'obligation légale de ne pas être embauchée pendant un an et un jour par le secteur pharmaceutique, elle a été recrutée en tant que chef de la division vaccin chez Merck, fabricant du vaccin inculpé dans la maladie d'Hannah. En mars 2008, avant son éviction, elle s'exprimait à la télévision sur CNN[605] (à 4'20) sur un potentiel rôle déclencheur des vaccins dans l'autisme : "Ce que j'ai compris [du cas Poling] est que l'enfant a ce que nous pensons être une maladie mitochondriale rare, et quand les enfants ont cette maladie, n'importe quoi qui les stresse engendre une situation où les cellules n'arrivent juste plus à fabriquer assez d'énergie pour garder leur cerveau en fonctionnement normal. Là, nous savons tous que les vaccins causent occasionnellement de la fièvre chez les enfants. Donc si un enfant était immunisé, attrapait la fièvre, avait d'autres complications des vaccins, alors si vous êtes prédisposés avec une maladie mitochondriale, cela peut certainement provoquer des dégâts. Certains des symptômes peuvent être des symptômes qui ont les caractéristiques de l'autisme". Elle poursuit peu après de manière étonnante : "Mais il y a eu plus de quinze très bonnes études scientifiques et l'Institut de Médecine qui ont cherché dans cette voie, et ils ont conclu qu'il n'y a vraiment aucun lien entre les vaccins et l'autisme". Elle venait pourtant juste d'établir un lien, au moins indirect, entre vaccinations et symptômes de l'autisme.

L'impartialité et la transparence du CDC ont pu déjà être mises en question à la suite d'une étude en 2004[606] qui comparait des "cas diagnostiqués avec autisme et des contrôles nés entre 1986 et 1993 parmi des enfants scolarisés à Atlanta". Le résultat global montre un lien entre vaccination et autisme : "plus d'enfants [autistes] (93,4 %) que d'enfants contrôles (90,6 %) étaient vaccinés avant l'âge de 36 mois (facteur des chances : 1,49 [statistiquement significatif]). L'association était la plus forte dans le groupe d'âge 3-5 ans". Ils concluaient que cela "reflétait probablement les exigences vaccinales pour l'entrée dans les programmes d'intervention [spécialisée] précoce". La population contrôle choisie par les chercheurs ne suffisant pas à blanchir le vaccin, elle devient soudainement impropre à conclure —ce qui interroge sur l'intérêt de l'étude. Elle n'est pas accessible.

Une étude publiée le 27 août 2014[607] dans le *Translational Neurodegeneration* refaisait les calculs à partir des mêmes chiffres. Elle trouvait qu'il "y avait une augmentation statistiquement significative des cas d'autisme spécifiquement parmi les garçons afro-américains qui avaient reçu leur premier vaccin ROR avant l'âge de 36 mois. Les risques relatifs pour les individus masculins en général et pour les afro-américains étaient respectivement de 1,69 (p = 0,0138) et 3,36 (p = 0,0019). De plus, les garçons afro-américains présentaient un facteur des chances de 1,73 (p = 0,0200) pour le cas d'autismes chez les enfants ayant reçu leur premier vaccin ROR avant 24 mois comparé à ceux ayant 24 mois ou plus".

Mais peu après, le 3 octobre 2014, le journal exécutait contre cet article un désaveu[608] demandé une semaine plus tôt, "puisqu'il y avait des conflits d'intérêts non déclarés de la part de l'auteur qui ont compromis le processus de revue par les pairs [et que] de plus, la revue par pairs en post-publication a soulevé des inquiétudes sur la validité des méthodes et de l'analyse statistique". Il n'est point fait mention des oublis de l'auteur concernant ses liens d'intérêts, qui avait déjà déclaré "être impliqué dans le litige de la vaccination". Par ailleurs, la revue par les pairs est censée n'arriver qu'avant la publication, puisque c'est elle qui en décide. Par la suite, on peut émettre des commentaires, ou publier comme c'était le cas justement pour cet article, des corrections et un autre point de vue. L'annonce laconique du journal laisse en tout cas perplexe, d'autant que les résultats trouvés sont tellement tranchés que la méthode d'analyse statistique n'a guère de chance d'influer au point d'inverser le résultat.

Désaveu et critique plus étonnants encore puisque le 27 août, jour même de la sortie de l'article avec les nouveaux calculs, l'un des auteurs de l'article original de 2004[606] nommé William Thompson faisait, par l'intermédiaire de son représentant au cabinet d'avocat Morgan Verkamp, un communiqué[609] : "Je regrette que mes co-auteurs et moi-même aient omis des informations statistiquement significatives dans notre article de 2004 publié dans le journal *Pediatrics*. Les données omises suggéraient que les Afro-Américains masculins qui avaient eu le vaccin ROR avant leur 36 mois avaient plus de risque d'autisme. Des décisions furent prises sur quels résultats il fallait publier après que les données furent collectés, et je crois que le protocole de l'étude finale ne fut pas suivi". Après avoir affirmé sa foi dans les vaccins, il poursuit : "Ma gêne portait sur la décision d'omettre des résultats pertinents dans une étude particulière sur un sous-groupe particulier pour un vaccin particulier. Il y a toujours eu des risques reconnus pour la vaccination et je crois que c'est la responsabilité du CDC de communiquer convenablement les risques associés à la réception de ces vaccins. J'ai eu de nombreuses discussions avec le Dr. Brian Hooker pendant les 10 derniers mois portant sur les études que le CDC avaient effectuées concernant les vaccins et les retombées neuro-développementales dont les troubles du spectre autistique. Je partage le sentiment que le processus de décision et les analyses du CDC devraient être transparents".

Le CDC expliquera dans un communiqué[610] qu'il n'a "présenté les résultats concernant les races noires et blanches/autres [que pour les] enfants du groupe qui avaient un certificat de naissance", puisque ces certificats "permettent aux chercheurs d'évaluer une information plus complète concernant la race ainsi que d'autres caractéristiques importantes, dont les possibles facteurs de risques pour l'autisme comme le poids à la naissance, l'âge de la mère et l'éducation". Selon le CDC, ne pas avoir le certificat de naissance d'une partie des Noirs et des Blancs ne permettait donc pas selon eux d'évaluer convenablement si ces sous-groupes de couleur étaient plus à risque, quand bien même l'augmentation était flagrante. Avec un échantillon restreint, la significativité s'en est trouvée en tout cas assez diminuée pour ne pas atteindre un seuil de preuve scientifique.

D'autres résultats non significatifs mais indiquant un possible lien entre autisme et vaccin ROR dans certaines sous-catégories auraient pu être dévoilés, voire étudiés plus en profondeur pour confirmer ou infirmer cette tendance. La communauté d'utilisateur de CNN a enquêté sur l'épisode[611], et a retrouvé des diapositives de février 2004 du CDC[612] présentant des résultats préliminaires de l'étude : on retrouve essentiellement les mêmes résultats que l'article de 2004. On découvre également d'autres chiffres intéressants, comme ceux qui tendent à indiquer un risque de la vaccination ROR avant 36 mois (diapositive 33) quand la mère a plus de 35 ans (facteurs des chances = 2,64), ou un peu étonnamment quand la mère est plus éduquée (2,76). Pour information, cette dernière association a d'ailleurs reçu un indice indirect en sa faveur en 2010 dans cette étude[613] faite en Californie, où "la majorité des regroupements spatiaux d'autisme étaient caractérisés par une éducation parentale élevée, avec par exemple des risques relatifs > 4 pour les parents avec un diplôme universitaire vs. parents sans le baccalauréat". L'impact du vaccin n'était pas étudié.

Que disent les autres études sur un lien entre vaccination et autisme ?

Des études qui concluent à une absence de lien

Une étude anglaise de 2013[614] du *British Medical Journal* (BMJ) a montré, contrairement au cas des États-Unis, que "après une multiplication par cinq de l'incidence annuelle des taux d'autisme dans les années 1990 au Royaume-Uni, les taux d'incidence et de prévalence chez les enfants de 8 ans ont atteint un plateau au début des années 2000 et sont restés stables jusqu'à 2010". Il aurait justement été intéressant d'avoir les statistiques du nombre de vaccins injectés contenant du thiomersal entre 2004 et 2010. Dans sa discussion, elle disculpe le rôle du ROR dans cette montée, en se basant sur plusieurs études "qui elles non plus n'ont trouvé aucune association entre le ROR et l'autisme".

La première de ces études[615], du même auteur et non accessible en totalité dans le *Lancet*, précise dans ses résultats que "aucun regroupement temporel significatif pour l'âge de la première inquiétude parentale n'a été observée pour les cas d'autisme atypique ou sévère, à l'exception d'un seul intervalle dans les 6 mois suivant la vaccination au ROR". Ils disculpent pourtant ce qui apparaît comme un indice ou une preuve du rôle du vaccin par le fait que "cela apparaît être un artefact lié à la difficulté de définir précisément le déclenchement des premiers symptômes dans cette maladie". La difficulté à définir les premiers symptômes devrait plutôt diluer l'information et la rendre moins significative ; on se demande plus encore la raison d'être de l'article, si la conclusion est vouée à être que, de toute façon, le critère d'étude n'est pas assez précis pour conclure. Elle "a été financée par l'Agence de Contrôle des Médicaments[616]" du Royaume-Uni. Sans surprise, on constate un manque d'indépendance de cette institution publique (sous son nouveau format). En mars 2013, on pouvait lire une motion du Parlement anglais[617] qui "appelle à une réforme de la déficiente [Agence] (MHRA) qui est financée par l'industrie pharmaceutique et néglige de manière répétée l'intérêt général".

Une autre[618], parue en 2001 également dans le *BMJ*, stipule qu'alors que l'incidence de l'autisme a augmenté, la prévalence du ROR est restée stable, et qu'il ne peut donc y avoir de lien. L'analyse la plus pertinente a été écartée : "Nous avons au départ essayé de conduire une analyse avec contrôle en comparant des enfants qui avaient reçu le vaccin ROR et ceux non vaccinés en relation avec le diagnostic d'autisme. Seulement environ 3 % des cas et des contrôles, pourtant, n'avaient pas reçu le vaccin, et il n'y avait donc trop peu d'information pour fournir une estimation pertinente des facteurs des chances relatifs". La phrase est ambiguë : était-ce 3 % des cas et 3 % des contrôles, auquel cas le vaccin ne semblerait pas jouer sur l'autisme, ou était-ce 3 % des "cas et des contrôles", mélange qui ne présume en rien d'une éventuelle dissymétrie ? Nous verrons ci-dessous qu'il y avait bien une dissymétrie qu'ils ont choisi d'ignorer. Ils ont donc décidé de conduire "une analyse des tendances dans le temps", par exemple en "estim[ant, avec une formule complexe,] l'incidence cumulative sur quatre ans (risque) d'autisme diagnostiqué" par année de naissance. Ils arrivent au résultat, sur leur échantillon, que l'incidence calculée a monté, ce qui est vrai dans la population générale comme le montre la figure 1 de l'article anglais[614], alors que "au contraire, la prévalence de la vaccination ROR parmi les enfants enregistrés dans la base de recherche de la médecine générale avec au moins deux ans de suivi était pratiquement constante (environ 97 %) [pour ces années de naissance (1988-1993)]". D'un côté l'autisme grimpe, alors que les vaccinations stagnent. Pourtant, cette prétendue stabilité du taux de vaccination est beaucoup moins vraie dans la population générale comme le montre la figure page 6 de ce document[619] des statistiques du Système de la Santé Publique (NHS) anglais, où la couverture à 24 mois passe de 80 % en 1988-89 à 91,8 % en 1995-96. A partir de leur échantillon biaisé, ils concluent donc à l'absence de lien. Le fait qu'ils ne trouvent pas les mêmes taux de vaccination dans leur sous-population que le NHS dans la population générale reste un point à éclaircir.

Remarquons quoiqu'il en soit la difficulté de ce genre d'approche temporelle, où l'on cherche des tendances générales avec les incertitudes et biais que cela entraîne, puisqu'au cours du temps d'autres co-facteurs peuvent influer. Il reste préférable d'avoir une étude en double-aveugle avec contrôle. De plus, il n'est pas fait mention de la seconde dose de vaccin, qui ne suit pas nécessairement la même tendance que celle de la première dose (ex. avec les statistiques du Pays de Galles[620] autour de 2000). Enfin ils concluent leur partie 'Résultats' avec une certaine désinvolture mathématique : "parmi 110 cas d'autisme chez les enfants âgés de 2 à 5 ans nés entre 1988 et 1993 pour qui l'état vaccinal au ROR pouvait être établi, la distribution des âges à la première vaccination ROR était presque identique à celle de la population générale, et 109 (99 %) étaient vaccinés, une prévalence presque identique à celle de la population générale". Nous venons pourtant de voir que la prévalence au ROR de la population générale était selon eux de 97 % et non 99 %. Le raisonnement mathématique établissant que 99,1 % est à peu près égal à 97 % est tout aussi juste que de dire que 0,9 % est à peu près égal à 3 %, en considérant les non vaccinés. On pouvait s'attendre à trouver, comme dans la population générale, 3 % de non vaccinés parmi les autistes de l'échantillon, or seul 0,9 % ne l'étaient pas, ce qui n'est pas "presque identique". Un z-test[a] avec ces valeurs ne donne pas un résultat statistiquement significatif, mais avec les mêmes tendances pour un échantillon 3 fois plus gros de 330 personnes et 99 % vaccinées parmi les autistes, il l'aurait été. Ils ont préféré obscurcir ce résultat en prétextant comme vu plus haut "trop peu d'information". Cela relativise à tout le moins les conclusions de l'article : "les données apportent des preuves qu'aucune corrélation n'existe entre la prévalence de la vaccination ROR et l'augmentation rapide des risques d'autisme dans le temps". Dans la section Conflits d'intérêts, on lit que "le Programme Collaboratif de Boston sur la Surveillance des Médicaments" auxquels sont affiliés les auteurs est soutenu en partie par des bourses de 11 laboratoires pharmaceutiques, dont AstraZeneca, GlaxoWellcome, Janssen, Novartis ou encore Bristol-Myers Squibb.

Une étude californienne[621] de plus large ampleur temporelle parue dans le réputé journal *JAMA* montre entre 1980 et 1994 une augmentation de l'autisme alors que les taux de couverture à 17 et 24 mois sont assez constants. On remarque malgré tout une augmentation de la survenue d'autisme à partir de 1988, et cette même année une hausse en palier de la couverture d'environ 10 %. Pendant les paliers, on se serait attendu à voir pour chaque année de naissance des taux d'autisme similaires. Au vu des résultats de cette étude de la Branche Immunisation du Département des Services de Santé (qui possède des brevets sur des vaccins[622]) à Berkeley, le vaccin dont la couverture a augmenté de 14 % sur cette période ne peut à lui seul expliquer la tendance haussière d'autisme détectée de 373 %. Si cela ne disculpe pas de manière totale le vaccin, d'autres facteurs peuvent et doivent intervenir dans l'augmentation du nombre d'autistes diagnostiqués : citons le processus de détection de la maladie, l'arri-

---

a   Calculs pouvant être fait sur http://www.socscistatistics.com/tests/ztest/Default2.aspx

vée de la deuxième injection ou d'autres vaccins comme l'hépatite B et la coqueluche à germe entier (voir Chapitre 9), ou enfin d'autres causes exogènes déclenchant la maladie.

Pour étayer l'absence de lien, l'article du *BMJ* cite enfin un article[623] du *New England Journal of Medicine*, paru en 2002 et financé entre autres par des bourses du Bureau du Programme Vaccinal National et du Programme National d'Immunisation, et du CDC. Elle n'établit pas de lien en se basant sur tous les enfants danois nés entre 1991 et fin 1998. Ils ont "calculé le risque relatif avec ajustement en fonction de l'âge, la période calendaire, le sexe, le poids à la naissance, l'âge de gestation, l'éducation maternelle et le statut socio-économique. Au final, il n'y avait pas d'augmentation du risque de troubles autistiques ou d'autres troubles liés au spectre autistique parmi les enfants vaccinés comparé aux enfants non vaccinés (risque relatif ajusté 0,92)". On conclut que les enfants vaccinés ont légèrement moins de chance de devenir autistes que les non vaccinés, même si ce résultat n'est pas significatif. Si toutefois l'on regarde les chiffres totaux sans ajustement du tableau 1, les autistes représentent 1,1 enfant sur 10.000 chez les non vaccinés et 1,6 enfant sur 10.000 chez les vaccinés, soit une augmentation de 45,3 %, statistiquement significative au z-test (p = 0,012). Nous devons admettre que l'ajustement permet d'expliquer ce changement de tendance, puisqu'il n'est pas fait état dans l'article de plus de précisions sur les paramètres de cet ajustement.

Ce qu'il plus encore intrigant de constater, c'est qu'il ne fait nulle part référence au thiomersal contenu dans ces vaccins. On apprend dans une autre étude du même premier auteur[624] que "la discontinuation des vaccins contenant du thimérosal au Danemark [est arrivée] en 1992". La majorité des enfants de l'étude n'a donc reçu que des vaccins sans thiomersal, et les conclusions d'innocuité ou de pseudo-innocuité portent donc seulement sur le danger des virus atténués présents dans le vaccin ou de ses excipients. Pourtant la première phrase de l'introduction annonçait que "on a[vait] suggéré que le vaccin [ROR] causait l'autisme". Prendre une population témoin où le vaccin injecté ne contenait plus mercure, alors que cet excipient est le premier incriminé dans l'autisme par ses détracteurs, révèle soit l'incompétence soit la mauvaise foi des auteurs et relecteurs impliqués.

Il existe également des études qui dépassent la simple analyse de la concomitance de la vaccination et de l'autisme pour faire une analyse séparée. Certaines pointent une absence de corrélation, sur de larges échantillons (110.000 enfants vaccinés en bas-âge en Angleterre entre 1988 et 1997 au DTP ou DT par exemple[625]). Il est difficile de se faire une idée très précise de la raison des divergences de conclusion entre études, d'autant que nombre d'articles requièrent paiement pour leur lecture, hormis le résumé.

Une page du site de l'OMS[626] est dédiée à cette question du thiomersal dans les vaccins. On s'étonnera que sur les 9 références citées, articles ou revues, le choix se soit porté uniquement sur celles qui indiquent une absence de corrélation pour quelque désordre comportemental que ce soit, excepté les tics. Par exemple, une de ces études[627] démontre une élimination rapide (demi-vie de 7 jours) de l'éthyl-mercure (thiomersal) dans le sang. Une autre[628] compare les taux d'autisme entre plus de 400.000 enfants ayant reçu un vaccin soit contenant soit dépourvu de thiomersal, et pointe encore une absence de lien. Récemment encore en 2010[629], des chercheurs incluant des membres du CDC ou de l'Immunization Safety Office, et 3 autres auteurs ayant des conflits d'intérêt avec entre autres Sanofi, GlaxoSmithKline, Merck et Wyeth, concluaient à l'absence de facteur causal du thiomersal des vaccins sur l'autisme, durant l'enfance ou en prénatal. Ils trouvent même à l'inverse que "les enfants [autistes] avaient plus de chance d'avoir reçu des vaccins sans thiomersal ou combiné avec Hib que les contrôles et plus de chance d'avoir reçu des vaccins hépatite B sans thiomersal". Sans remettre en doute la bonne foi des uns et des autres, on peut se demander la raison du biais pris par l'OMS dans le choix de ses références unilatérales, probablement celle de ne pas décrédibiliser les vaccins ni instaurer une paranoïa nuisible —pour le bien de tous.

Des études qui avancent une association entre autisme et thimérosal

Inversement, plusieurs études tendent à établir un lien entre vaccination et autisme, avec le thiomersal comme agent spécialement sous surveillance. D'après une revue parue en 2010[630] sur l'effet de l'exposition au mercure sur les enfants, "lancé en 1930, le thiomersal, qui contient 49,6 % d'éthyl-mercure, était ajouté dans certains vaccins multidoses pour leur préservation". Puis "des inquiétudes furent soulevées en 1999 à propos de la quantité cumulée de mercure dans les programmes d'immunisation infantiles". D'après l'introduction de cet article australien de 2011[631], "la liaison éthyl-mercure permet un transfert facilité à travers les membranes telles que la barrière hémato-encéphalique[a], après laquelle elle est cassée en Hg inorganique", c'est-à-dire du mercure métallique pur. Selon une étude[632], le thiomersal lui-même, "à des concentrations entre 0,2 et 0,6 µg/mL" entraînait "une diminution significative ($p < 0,001$) dans l'index mitotique[b] et l'index de prolifération ainsi qu'une augmentation dans l'échange de chromatides sœurs[c] ($p < 0,001$)", démontrant "un effet génotoxique et cytotoxique du thiomersal dans des cultures de lymphocytes du sang périphérique humain".

Un peu à la manière du tétanos dont la très faible concentration n'est pas suffisante pour déclencher une immunisation, mais qui a un effet macroscopique manifeste, le thimérosal dans le cerveau n'est pas détectable directement, c'est pourquoi les chercheurs évaluent parfois sa présence par les protéines qu'il induit. Selon une étude japonaise en 2010[633], "le thimérosal peut pénétrer le cerveau, mais est indétectable quand une dose clinique de thimérosal est injectée ; par conséquent, l'induction de

---

a   Groupement de cellules qui bloque le sang au niveau du cerveau, afin d'en réguler son flux et protège des agents pathogènes
b   Taux des cellules en mitose (événements chromosomiques lors de la division cellulaire) dans un tissu donné
c   Les deux brins (chromatides) d'un même chromosome

l'ARN messager de la métallothionéine[a] (MT) et de la protéine [MT induite par l'ARNm] a été observée dans le cervelet et le télencéphale des souris après injection de thiomérosal". Si les ARNm de MT-1 étaient exprimés tous deux entre 6 et 9h après l'injection à la fois dans le cervelet et le télencéphale de souris, son "expression dans le cervelet était trois fois supérieure à celle du télencéphale après une injection de 12 µg/kg de thimérosal". Pour les auteurs, puisqu'on pense "que le cervelet est un organe sensible au thimérosal [....], en combinaison avec la pathologique du cerveau observée chez les patients diagnostiqués d'autisme, la présente étude aide à étayer la plausibilité biologique possible qu'une exposition de faible dose aux vaccins contenant du thimérosal puisse être associée à l'autisme". Quoiqu'il manque un lien logique (entre thimérosal dans le cervelet et survenue de l'autisme) que le résumé de l'article seul ne permette pas de combler, on remarque qu'une petite dose même indétectable de thimérosal induit des changements importants au niveau cellulaire.

La dose de 12 µg/kg équivaut à une dose de 6 µg/kg d'éthyl-mercure. Aux États-Unis, on peut trouver la liste des vaccins recommandés en 2004[634], avec la dose de thimérosal pour chacun. Si la plupart n'en contiennent pas ou seulement des traces, certains vaccins en contiennent des doses proches : le Fluozone de Pasteur-Aventis en contient 12,5 µg par dose, et est destiné à des enfants de 6 à 23 mois : pour un bébé fille de 6 mois d'une poids au bas de la courbe (5 kg[635]), cela revient à 1/5 de la dose de l'étude japonaise. En 2001, on lisait dans un article états-unien[636] que "selon le calendrier d'immunisation recommandé des Centres de Contrôle des Maladies (CDC), les nourrissons pouvaient avoir été exposés à 12,5 µg de Hg à la naissance, 62,5 µg d'éthyl-mercure (EtHg) à 2 mois, 50 µg de EtHg à 4 mois, 62,5 à 6 mois, 50 à approximativement 18 mois, pour un total de 237,5 µg d'EtHg durant les 18 premiers mois de la vie, si tous les vaccins contenant du thimérosal étaient administrés", ce qui dépasse alors mêmes les doses de l'étude japonaise mais sur un temps plus long. On peut lire une confirmation de cet ordre de grandeur dans un document[637] du Centre National d'Immunisation australien où les doses qu'un "enfant de 6 mois pourrait avoir reçu étaient les suivantes : 3 doses de vaccin DTC, 3 doses de vaccin contre l'hépatite B, et 3 doses de vaccin Hib. Cela aurait conduit à une prise totale de 175 µg d'éthyl-mercure", avant 6 mois. Le chercheur favorable à la vaccination Paul Offit (voir Chapitre 15) confirme lui-même dans cet article[638] par l'intermédiaire de la FDA un chiffre de 187,5 µg de mercure avant l'âge de 6 mois pour les États-Unis. Il indique même que "cette valeur dépassait les recommandations de l'Agence de la Protection de l'Environnement (EPA) mais ne dépassait pas celles recommandées par le Registre de l'Agence des Maladies par Substances Toxiques (ATSDR) ou la FDA. Par conséquent, le thimérosal fut retiré de la plupart des vaccins pour enfants avant 2001 par mesure préventive".

L'effet macroscopique de faibles doses de thiomersal est confirmé dans d'autres études. Par exemple en 2010, un article de l'équipe des Geier[639], équipe assez impliquée dans le litige de la vaccination, indique que l'injection de ces vaccins contenant du thiomersal avant 7 mois ou avant 13 mois, et ce dès une différence de 100 µg,

---

a   Protéine à haute affinité pour les ions métalliques

provoque une incidence de puberté précoce 5,58 fois plus importante (p < 0,0001), le mercure étant en effet connu pour être un perturbateur endocrinien qui affecte le mécanisme de création des hormones stéroïdiennes. L'étude portait sur plus de 278.000 enfants nés aux États-Unis entre 1990 et 1996. La puberté précoce correspond également par ailleurs à une tendance caractéristique des enfants autistes comme nous l'avions vu plus haut (voir *Étiologie de l'autisme*).

Une autre revue de l'équipe des Geier[640], datant de 2013, soulève la même suspicion quant "aux effets toxiques du thiomersal administré en routine", éventuellement en synergie avec d'autres produits nocifs. "Plusieurs études suggèrent que les enfants diagnostiqués comme ayant des troubles du spectre autistique ont un processus de sulfatation anormal, de bas niveaux de thiols,[a] une diminution de la capacité de réserve de glutathion[b], avec en conséquence une capacité compromise d'oxydo-réduction (redox) et de détoxification. Pour des individus qui sont alors désavantagés au regard de la détoxification et/ou du redox, il y a une vulnérabilité accrue et explicable des dommages cérébraux". Cette revue parue en 2001[641] indique par ailleurs que "de nombreux cas d'autisme idiopathique sont induits par une exposition précoce au mercure contenu dans le thimerosal".

D'après une étude[642] *in vitro* des Geier, le thiomersal montre une toxicité significative pour les neurones humains et les cellules fœtales, même à de faibles concentrations (nano-moles), niveaux à la fois "comparables [à ceux] reçus par les enfants vaccinés durant les six premiers mois de leur vie" et "compatibles à l'exposition connue pour induire des comportements de type autistiques et patho-physiologiques chez la souris". Même des niveaux très faibles de thiomersal (4,35 nM soit 0,87 µg/kg de mercure) provoquent en 48h une viabilité cellulaire réduite de moitié sur des cultures de SH-SY5Y[c] privées de facteur de croissance des nerfs, comme le montre la figure 4 de cet article[643].

Selon une étude parue en 2010[644], des nouveaux-nés états-uniens vaccinés contre l'hépatite B avant 1999 (la recommandation date de 1991 aux États-Unis) "avaient un risque 3 fois plus élevé d'un rapport parental de diagnostic d'autisme par rapport aux garçons non vaccinés ou vaccinés après leur 1er mois". La tendance est d'ailleurs nettement plus marquée pour les non-Blancs, qui avaient 64 % de chances de plus que les garçons blancs non-Hispaniques. Dans le même pays, une étude de 2011[645] a étudié "la relation entre la proportion d'enfants qui recevaient les vaccins recommandés avant 2 ans et la prévalence de l'autisme ou des troubles de la parole ou du langage dans chaque état des États-Unis entre 2001 et 2007", et a trouvé qu'une "augmentation de 1 % dans la [couverture vaccinale] était associée à 680 enfants supplémentaires étant autistes ou ayant des troubles de la parole ou du langage". Ils concluent que "bien que le mercure ait été enlevé de nombreux vaccins, d'autres coupables pourraient associer les vaccins à l'autisme". Cette étude a été critiquée[646] pour

---

a   Protéines qui captent le mercure

b   "Vital pour détoxifier les métaux lourds tels que le mercure [...]"

c   Cellules humaines dérivées utilisées en recherche

l'emploi de statistiques peu fiables ou le fait d'avoir groupé l'autisme à d'autres dys-fonctionnements.

Selon une étude californienne de 2003[647], se basant sur des données provenant de 44 enfants autistes issus de familles en majorité plutôt éduqués, "l'évènement mentionné par la majorité des parents comme concomitant à la détérioration était les immunisations, rapportées par 67,6 % des parents. D'autres épisodes médicaux étaient rapportés par environ un tiers des parents (maladies, 39,5 %; médications 33,3 % ; convalescence de maladie 17,1 %). Le seul autre évènement mentionné avec régularité était le déménagement familial (16,7 %). Un peu plus de la moitié des parents (52,3 % ; n = 23) était capable d'isoler un évènement associé à la perte des capacités. Encore une fois, les immunisations arrivaient en haut de la liste (52,2 % de ceux ayant identifiés un évènement), soit seul soit en conjonction d'une fièvre, d'une crise [épileptique] ou d'une médication. Seuls quatre (17,4 %) parents listaient un évènement non biomédical comme seul évènement responsable de la dégradation". Ces réponses "ne sont pas surprenantes, compte tenu du moment où les données ont été prises et de l'attention médiatique autour des résultats de Wakefield et collaborateurs [...]. Pourtant, d'autres facteurs de stress environnementaux ont aussi été rapportés [dans les questionnaires] et ces facteurs peuvent s'expliquer par des influences gènes/environnement dans la régression. Comme Rapin et Katzman (1998) proposaient, "le cerveau immature, s'il y a une prédisposition génétique, peut être susceptible à un éventail de facteurs de stress environnementaux non spécifiques qui peuvent précipiter la régression"". Si cela ne constitue pas une preuve définitive, puisqu'il s'agit de notifications ultérieures et qui plus est éventuellement influencées par l'affect des parents, il convient de garder en mémoire que certains épisodes autant voire plus fréquents que les vaccinations n'ont pas été mis en corrélation aussi souvent avec la survenue de l'autisme.

De manière plus générale, sans parler uniquement du thimérosal, il semble exister un lien entre la présence de mercure et la survenue de l'autisme.

Lien entre l'autisme et le mercure

Une revue parue en 2012[648] établissait que les dégâts dus à la présence de mercure dans le cerveau et les anomalies développées par les individus souffrant d'autisme montrent de nombreuses similitudes physiologiques : dégénération des microtubules et des axones à longue portée, avec germination déficiente, hypercroissance dendritique, neuroinflammation, activation astrocytaire, activation de la réponse immunitaire cérébrale, protéines gliales fibrillaires élevées, stress oxydatif[649] et péroxydation lipidique, problèmes d'homéostasies spécifiques multiples, mauvaise méthylation, mauvaise irrigation du cerveau, perte de granules et de cellules de Purkinje dans le cervelet, entre autres. La tableau 1 met en parallèle 22 traits identiques ou similaires qui caractérisent les deux conditions. En synthèse, les auteurs concluaient que "les preuves suggèrent que le mercure peut être soit causal soit contributeur de la pathologie cérébrale chez les personnes présentant des troubles du spectre autistique, en fonctionnant en synergie avec d'autres composés toxiques ou pathogènes".

Pour ce qui est du mercure, une revue citée plus haut[630] sur les risques de l'intoxication chez les enfants a recensé les troubles comportementaux associés à cette pollution, dont entre autres hypotonie musculaire, comportement perturbé ou négatif, apathie, perte d'appétit et de poids, troubles du sommeil nocturne, somnolence diurne, tremblement, ataxie, problèmes de coordination, sudation accrue, démangeaisons sévères, tension sanguine accrue, tachycardie, sensibilité à la lumière, et chez les adolescents dysarthrie, paresthésie, changement de personnalité, éréthisme[a], perte de mémoire, dépression, perte de la vision des couleurs, fatigue, vertiges, maux de têtes, ou problèmes de concentration. Ces symptômes ne se retrouvent que partiellement chez les autistes, ce qui délégitime une analogie trop poussée, quoiqu'en disent la revue de 2012 ou d'autres revues[640][641].

Une étude de 2009[650] faite au Texas a cherché à "déterminer si la proximité des sources de pollution au mercure en 1998 était reliée à la prévalence de l'autisme en 2002". Elle a "trouvé que pour 1000 livres [soit ~453 kg] de déchets industriels, il y avait une augmentation correspondante de 2,6 % des taux d'autisme ($p < 0,05$) et une augmentation de 3,7 % associée aux émissions des centrales ($p < 0,05$)". Ils ont calculé que s'éloigner de "10 miles [soit ~16 km] des sources industrielles ou des centrales [était] associé à une diminution du risque incident d'autisme de 2,0 % et 1,4 %".

En 2011[651], il a été mis en évidence que "10 semaines d'exposition chronique au mercure par l'eau de boisson modifiait l'expression du facteur de nécrose tumorale[b] α dans le cervelet et l'hippocampe de campagnols [mais que] l'exposition au mercure n'augmentait le facteur [donc la destruction cellulaire] que chez les mâles". La même équipe avait également montré[652] que l'ingestion de métaux sous forme ionique (Hg^{2+}, Cd^{2+}, mais pas $HgCl_2$ ou $CdCl_2$) réduisait par deux le temps de contact social, chez le mâle uniquement. Ils avancent l'hypothèse que les métaux jouent sur les centres dopaminergiques, après avoir observé que donner de l'amphétamine augmentait l'activité locomotrice des femelles et des mâles abreuvés à l'eau non contaminée, mais qu'elle n'avait pas d'effet sur l'activité locomotrice des rongeurs mâles dont l'eau contenait des métaux ioniques.

Quelques études ont cherché à établir une corrélation entre présence de mercure dans l'organisme et autisme. Les différentes parties du corps ne traitent pas le mercure de la même manière. Étonnamment, une étude polonaise de 2010[653] a trouvé des taux plus faibles dans les cheveux de 91 autistes de 3-4 ans que dans ceux de personnes saines, alors que dans le groupe de 7-9 ans, les taux de mercure étaient plus élevés. L'historique de vaccination ne semblait pas importer, mais il se peut au vu de l'écart-type très faible que tous ces enfants polonais aient été similairement vaccinés (23 injections en moyenne, écart-type 0,7). Par contre, dans le groupe 3-4 ans, on a

---

a   Augmentation morbide de l'activité d'un organe
b   Importante cytokine (substance soluble de signalisation cellulaire) impliquée dans l'inflammation systémique et dans la réaction de phase aiguë

noté chez les autistes masculins 38,5 % de cas de complications aux vaccins, contre 4,5 % dans le groupe contrôle sain. Les auteurs suggèrent en conclusion que "les enfants autistes diffèrent des enfants sains dans leur façon de métaboliser le mercure, façon qui semble évoluer avec l'âge". On pourrait imaginer une difficulté chez les autistes à expurger le mercure en bas-âge, puis une compensation plus tard par rapport aux autres enfants qui l'auraient déjà mieux purgé. L'équipe des Geier a montré en 2012[654] avec une étude en aveugle que chez les enfants autour de Dallas "une concentration accrue de mercure dans les cheveux était significativement corrélée [0,58; p = 0,013] avec la sévérité des troubles autistiques [établie par le score sur l'échelle de l'autisme infantile (CARS[655])]. Par contre, aucune corrélation significative n'était observée avec aucun des autres métaux toxiques examinés". L'âge moyen et la déviation standard étaient de 3,5 ± 1,1, ainsi en accord avec les résultats polonais dans cette classe d'âge. Une étude[656] égyptienne de 2011 confirme une partie de ces résultats, en étudiant la concentration du plomb, mercure, zinc et cuivre, ce dernier n'étant pas analysé dans la précédente étude : "il y avait des différences hautement significatives entre le niveau de ces substances dans les cheveux des enfants autistes comparés aux contrôles, une corrélation positive du [score sur l'échelle d'autisme infantile] avec à la fois le mercure [(r = 0,615, p = 0,000)] et le cuivre [(r = 0,404, p = 0,022)], alors que le quotient intellectuel était corrélé significativement avec le niveau de plomb dans les cheveux. Le niveau de zinc n'était corrélé à aucun [des deux]". Une autre étude de 2010[657] a trouvé chez les enfants autistes des taux comparables de Hg dans les urines, mais des taux plus élevés de porphyrines, "biomarqueurs[658] de l'exposition et la toxicité au mercure". L'étude, financée par les Instituts américains de la santé (NIH), dit n'avoir pas trouvé de relation significative entre autisme et historique de vaccination, mais cela n'est plausiblement dû qu'au faible échantillon, sachant que les garçons autistes avaient tout de même reçu en moyenne 55 % de vaccination de plus que les garçons contrôles, et les filles 37 % (tableau 2). En 2006[659], ce résultat avait déjà été établi, avec la précision que "les niveaux de porphyrines étaient en revanche normaux chez les sujets Asperger, qui se différenciaient en cela des sujets atteints d'autisme [non Asperger]". Les auteurs franco-britanniques émettaient alors l'idée d'une "incidence d'une intoxication d'origine environnementale dans les troubles de l'autisme infantile".

Une étude[660] a montré que "le traitement avec l'œstradiol[a] seul [...] augmentait significativement la concentration de Zn-thionéine dans les reins et le foie". Les résultats suggèrent que le prétraitement avec l'œstradiol pourrait augmenter la capture de Hg, qui à son tour conduit à une augmentation de la concentration de Hg-thionéine", les métallothionéines étant entre autres responsables de la détoxification cellulaire. Au final, "l'effet protecteur de l'œstradiol sur la toxicité rénale induite par Hg" pourrait être expliquée par la Zn-thionéine qu'il induit. Une autre étude montre un effet protecteur de cette hormone au niveau hypothalamique, avec "une réduction significative du contenu en mercure dans la glande pituitaire[b] antérieure et l'hypotha-

---

a   Dérivé naturel du métabolisme du cholestérol nécessaire au maintien de la fertilité et des caractères sexuels secondaires chez la femme

lamus[a] médian". Cet effet prophylactique de l'hormone féminine expliquerait alors la moindre prévalence de l'autisme féminin. Par ailleurs, la pollution aux métaux a tendance à libérer la production de testostérone et d'estradiol[661], ce qui peut en parallèle contribuer à complexifier l'impact du mercure.

De tous les métaux non radioactifs, une étude[642] *in vitro* déjà citée a établi que le mercure Hg est, plus encore que le plomb, le plus toxique, et provoque "dommages mitochondriaux, diminution de l'activité oxydo-réductrice, dégénération ou mort cellulaire".

Ce qu'il subsiste du mercure vaccinal et environnemental

En 1999, soit près de 70 ans[662] après son apparition comme agent de conservation dans les vaccins, le "Public Health Service, l'American Academy of Pediatrics, et les fabricants de vaccins ont convenu que les vaccins contenant du thimerosal devaient être retirés aussitôt que possible", même si les Centres pour le Contrôle et la Prévention des Maladies (CDC) auteurs du communiqué[663] se devaient étonnamment de préciser que "le grand risque de ne pas vacciner les enfants dépasse largement le risque inconnu et probablement plus faible, voire inexistant, de l'exposition cumulative au thimérosal des vaccins dans les 6 premiers mois de la vie".

On apprend d'un article canadien de 2005[664] que "l'OMS continue de recommander d'utiliser les vaccins avec thiomersal dans les pays sous-développés", celui-ci précisant que "retirer le thiomersal des vaccins ne réduirait pas plus que 50 % l'exposition au mercure chez les enfants et 1 % sur la vie entière" (l'autre composante de l'exposition étant principalement le lait maternel). C'est pourtant au plus jeune âge qu'il est le plus dangereux (faible poids, développement du cerveau), et réduire de moitié la quantité reçue d'un composé neurotoxique ne devrait pas être considérée comme inutile dans ces pays.

En 2000, le thiomersal est retiré en France de pratiquement tous les vaccins, ce qui n'est pas le cas dans le reste du monde. Il a été réintroduit dans les vaccins multidoses contre la grippe A, selon l'Afssaps[665] à des "doses minimes [...] de 25-50 µg/dose. A ces doses, et dans la situation et les conditions d'emplois, tout risque de toxicité est a priori exclu". Outre que l'usage du terme *a priori* ne présage guère du caractère scientifique de l'annonce (puisqu'a priori, donc avant étude, on ne peut faire de lien entre deux phénomènes quels qu'ils soient), on peut légitimement se demander pourquoi le conservateur n'aurait aucun pouvoir nocif à ces concentrations mais conserverait son rôle bénéfique dans la conservation du produit. Nous avons vu par ailleurs qu'à ces faibles concentrations, le mercure arrive à pénétrer le cerveau et le cervelet et quoiqu'indétectable lui-même, parvient à modifier l'expression génique en ces endroits.

---

b   Glande endocrine, appelée communément hypophyse, qui joue un rôle essentiel dans le métabolisme, la croissance et la reproduction

a   Région située à la base du cerveau qui assure un double rôle de contrôle des sécrétions hormonales hypophysaires et de contrôle de l'activité du système nerveux végétatif

Le mercure se retrouve également[666] dans les soins médicaux, dans les amalgames dentaires[667], dans la nourriture et principalement dans le poisson, qui subit la pollution au méthylmercure des océans. L'OMS considère que les occidentaux ingèrent 6,6 µg de mercure par jour. Le seuil de méthylmercure tolérable ingéré par semaine par un fœtus a été évalué en 2004 à 1,6 µg/kg, "révision de la [valeur] précédente de 3,3 µg/kg, cette dernière devant être considérée comme inapplicable désormais"[668]. L'extraction minière, l'orpaillage, le charbon constituent également des sources de pollution inquiétantes d'après le site notre-planete.info[669]. La revue sur l'exposition au mercure et la santé des enfants[630] cite encore les thermomètres, les piles, les lampes à fluorescence, ou la crémation des corps.

L'autisme a ces dernières décennies émergé d'une façon manifeste et sa prévalence est désormais considérable, principalement aux États-Unis où il touche plus d'un garçon sur 50. La seule augmentation du diagnostic semble insuffisante à expliquer cette hausse. Les mécanismes et les causes deviennent moins énigmatiques qu'ils avaient pu l'être auparavant, et des causes environnementales, génétiques, nutritionnelles et hormonales sont les plus suspectes. Le sujet suscite une forte controverse, en particulier pour la raison que certaines théories incriminent les vaccins qui contiennent du thiomersal à base d'éthyl-mercure ou le virus de la rougeole. Les institutions publiques et la majorité des publications scientifiques clament une absence d'association, mais beaucoup manquent de solidité ou d'impartialité. A l'inverse, celles qui suggèrent un lien proposent des faisceaux de preuves sur la nocivité du thiomersal, mais il semble que seules deux montrent directement un lien avec le vaccin, celui de l'hépatite B et de la coqueluche à germe entier. Le vaccin est reconnu même par ses défenseurs, quoiqu'implicitement, et par plusieurs décisions de justice, être un déclencheur de l'autisme, au moins de manière indirecte. Plus généralement le mercure est un facteur fortement suspecté d'autisme. Si de nombreux vaccins en Occident se sont débarrassé du mercure vaccinal, l'autisme reste un fléau que des causes non vaccinales continuent d'alimenter.

Chapitre 11
Aluminium

Toxicité générale de l'aluminium

En 2003, trois grands instituts publics français rédigeaient un document de près de 200 pages[670] pour évaluer les risques de l'aluminium sur la santé. Ils concluaient à cette époque que si "la toxicité aiguë de l'aluminium est faible", il n'en est pas de même sur le long cours : "la quasi-totalité des effets observés chez l'homme relèvent du domaine de la toxicité chronique", les principaux à l'étude étant de type neurologiques. "[C]ertains effets liés à une exposition chronique à l'aluminium peuvent être actuellement considérés comme avérés (encéphalopathie, troubles psychomoteurs, atteinte du tissu osseux sous forme d'ostéomalacie[a] et atteinte du système hématopoïétique sous la forme d'une anémie hypochrome)". Par contre, selon eux, "en l'état actuel des connaissances, une relation causale [avec la maladie d'Alzheimer] ne peut être raisonnablement envisagée", quoique pour certaines études françaises et canadiennes "un risque relatif d'environ 2 (respectivement 1,5 à 2,6 et 2,2) est estimé pour les concentrations supérieures à 0,1 mg/L". Une étude du *Lancet* en 1991[671] avait aussi déjà montré que "l'administration [en injection] de [l'agent chélateur[b]] desferrioxamine [qui se lie au fer et à l'aluminium] peut réduire la progression clinique de la démence associée à la maladie d'Alzheimer". "Le taux moyen de déclin [des aptitudes de tous les jours] était deux fois plus rapide dans le groupe sans traitement" (p = 0,03), et le placebo —quoique oral —ne donnait pas de meilleurs résultats que le groupe non traité, indiquant l'efficacité de la chélation.

Selon une revue[672] sur le lien entre l'aluminium et la maladie d'Alzheimer, l'aluminium (Al) est un produit neurotoxique, "n'est pas un élément essentiel des organismes vivants, et aucune réaction enzymatique ne requiert Al. Al est signalé influencer plus de 200 réactions biologiquement importantes et causer des effets indésirables variés sur le système nerveux central du mammifère (tableau 1). Cela inclut des réactions cruciales au développement cérébral comme le transport axonal, la synthèse de neurotransmetteurs, la transmission synaptique, la phosphorylation ou la déphosphorylation des protéines, la dégradation des protéines, l'expression des gènes, et les réponses inflammatoires". Il "cause la mort neuronale apoptotique [...], l'apoptose des astrocytes [et] la mort des motoneurones" ; "il inhibe la potentiation à long-terme", et cause des troubles comportementaux. Sa "toxicité[673] chez des patients en stade terminal de maladie rénale est un effet indésirable bien connu". Selon une autre étude[674] sur des rats, "les dégâts oxydatifs de l'ADN dus à l'aluminium peuvent être impliqués

---

a   Déminéralisation de l'ensemble des os, ce qui fragilise le squelette
b   Vecteur de la chélation, qui sert à désintoxiquer l'organisme des métaux et minéraux nuisibles

dans la neurodégénération par une augmentation de l'expression de p53[a] et de l'activation du cycle cellulaire".

Une étude italienne en 2014[271] a mesuré les taux de métaux toxiques, particulièrement l'aluminium, chez des patients atteints de troubles neurologiques, pour la plupart une sclérose en plaque, et chez des patients contrôles sains. "Les niveaux d'intoxication à Al [ont été] obtenus par l'évaluation du contenu d'Al en µg/g de créatinine dans des échantillons d'urine". Ils ont également suivi l'influence d'un traitement par chélation. En effet, "les agents de chélation, dans le but de former des complexes capable d'être excrétés par l'urine" sont "le seul moyen d'enlever les métaux toxiques accumulés dans les organes humains". "Tous les patients n'ont pas montré d'intoxication à Al [mais] tous ceux affectés par un troubles neurologiques présentaient une intoxication à différents métaux toxiques (données non montrées)". Concernant l'aluminium, "les niveaux d'Al à la fois chez les patients atteints de sclérose en plaque ou de troubles neurologiques étaient significativement plus élevés que ceux obtenus chez les patients sains", comme le montre la figure 2. De plus, le traitement et la réduction dans le temps de l'intoxication à Al "étaient bien liés à une condition clinique améliorée des patients[, présentant] à différents degrés, une réduction du handicap neurologique et de la fatigue". Cette dernière assertion ne semble pas toutefois avoir été quantifiée.

Impact de l'aluminium dans les vaccins

Contrairement au thiomersal, utilisé comme conservateur, l'aluminium sert d'adjuvant, dont le rôle est de doper les effets d'une dose de vaccin. Pour indication, on pourra trouver les doses en mg et la forme de l'adjuvant aluminique contenu dans les vaccins commercialisés aux États-Unis en 2003 dans le tableau 3 de cet article[675], de l'ordre en moyenne de 250 µg par dose.

Une revue sur les adjuvants en 2004[676] expliquait le besoin d'y recourir : "le problème avec les antigènes purement recombinants[b] ou synthétiques utilisés dans les vaccins modernes est qu'ils sont en général bien moins immunogènes que les vieux vaccins vivants ou à organismes entiers tués. Cela a créé un besoin majeur d'adjuvants améliorés et plus puissants [...]. A peu d'exceptions près, l'aluminium reste le seul adjuvant approuvé pour utilisation humaine dans une majorité de pays du monde. Bien que l'aluminium puisse induire une bonne réponse d'anticorps (Th2), il a une maigre capacité pour stimuler les réponses immunitaires cellulaires (Th1) qui sont si importantes pour la protection contre de nombreux pathogènes [quoiqu'une étude de 2015[677] laisse penser que "suivant la route vaccinale, les adjuvants à l'hydroxyde d'aluminium peuvent augmenter à la fois les réponses Th1 et Th2]. De plus, l'aluminium a le potentiel de causer de sévères effets secondaires locaux et systémiques dont les ab-

---

a   Facteur de transcription qui intervient quand la cellule est endommagée, pour contrôler la croissance cellulaire ou induire l'apoptose
b   Nouvelles générations de vaccins vivants utilisant les techniques de recombinaison génétique

cès stériles[a], l'éosinophilie[b], la myofasciite, bien qu'heureusement la plupart de effets secondaires sérieux soient relativement rares". Pour l'Inserm[678], "les adjuvants ont de nombreux avantages : stimulation de la réponse immunitaire de la personne âgée (vaccination contre la grippe saisonnière), augmentation de la protection à long terme, protection large et croisée en cas de pandémie, diminution des doses d'antigène nécessaires par vaccin". Le premier argument ne s'applique pas à l'aluminium, puisqu'il est absent des vaccins grippaux[118] et remplacé par d'autres adjuvants, et par conséquent assez peu pertinent pour la protection en cas de pandémie aussi vague que ce terme puisse être. L'aluminium sert donc essentiellement à vacciner moins souvent, et à limiter les coûts en quantité d'antigène utilisé par les laboratoires. L'utilisation de l'aluminium n'apparaît pas au vu de ces arguments comme indispensable, mais plutôt comme un argument logistique et économique.

En 2003, selon l'InVS[670], "de nombreuses études animales relatent le caractère modulateur, stimulant ou inhibiteur, de l'aluminium sur le système immunitaire, qui semble cependant dépendre de la dose, de la voie d'administration et du temps d'exposition". Chez l'homme, on peut suspecter le même dérèglement, quoique "[p]eu de données cliniques humaines so[ie]nt disponibles. Par contact, ou lors de vaccinations ou désensibilisations à l'aide d'extraits antigéniques, l'aluminium peut être à l'origine de cas d'allergie ou d'hypersensibilité se manifestant cliniquement essentiellement par des symptômes au point de contact : irritations cutanées, indurations, granulome".

Selon cette revue parue en 2012[679], "les adjuvants à l'aluminium ont été largement utilisés pour induire des maladies allergiques dans des modèles de souris à cause de leur capacité à induire une réponse immunitaire inflammatoire orientée par Th2. Par exemple, dans des modèles d'asthme allergique chez la souris, des adjuvants à l'aluminium comme l'hydroxyde d'aluminium ou l'alun sont utilisés pour créer des modèles à la fois aigus et chroniques d'inflammation pulmonaire". Dans une revue parue dans *Vaccine* en 2014[680], on lisait des précisions concernant l'homme : "une sous-population vulnérable peut être identifiée comme plus vulnérable aux effets secondaires des adjuvants à l'aluminium, due à des polymorphismes génétiques dans des gènes de cytokine[c] pro-inflammatoire [...]. Ainsi, il peut être reconnu que chez de tels individus, les adjuvants à l'aluminium peuvent déclencher des réponses hyperimmunes et un déséquilibre entre les lymphocytes T régulateurs inductibles et les cellules Th2, en démarrant une cascade menant à un état d'inflammation chronique".

Une étude suédoise publiée en 2013[681] a suivi "soixante-quatre enfants avec prurigo nodulaires post-vaccination au vaccin DTC utilisé actuellement en Suède (Infanrix et Pentavac), [...] spontanément notifiés aux auteurs depuis 1999 et suivis pendant jusqu'à 12 ans. La durée moyenne des démangeaisons [persistantes induites par les nodules sous-cutanés] était de 5 ans pour les 44 enfants qui n'avaient plus ou presque plus de symptômes. [...] L'allergie au contact de l'aluminium a été démontrée chez 60/63 enfants." Quinze familles sur quarante ont repoussé ou refusé la dose de rappel

---

a   Réaction immunitaire locale au sein des tissus, ici d'origine non infectieuse
b   Augmentation d'une variété de leucocytes dans le sang
c   Substances régulatrices de l'activité immunitaire

au DTC-polio ; "parmi les 25 enfants ayant reçu une dose de rappel, seuls deux ont eu de nouveaux prurigo nodulaires", ce qui représente tout de même un risque de 8 % à ce stade. D'après un calcul fait en 2014[682] pour ces vaccins, "le risque de granulomes[a] augmentait de 0,63 à 1,18 % quand un second vaccin adsorbé sur aluminium était ajouté au calendrier". Un de leurs articles paru en 2005[683] confirmait sur une grande population l'incidence de cet effet indésirable, "qui n'est pas très connu mais qu'il est important de reconnaître, puisque l'enfant et la famille peuvent souffrir considérablement" : "pendant les essais vaccinaux des années 1990, une haute incidence de nodules pruritiques (645/76.000 receveurs [soit 0,85 %]), associée avec une allergie à Al dans 77 % des cas[684], a été observée après l'administration des vaccins diphtérie-tétanos / coqueluche acellulaire d'un seul fabricant". Ils ont étudié 19 enfants avec prurigo nodulaires, ayant reçu en bas-âge le vaccin DTaC/Polio+Hib. Tous ceux testés (16) pour l'aluminium ont eu "une réaction positive indiquant une hypersensibilité retardée à Al". Les symptômes étaient "des nodules avec démangeaisons intenses au point d'injection, souvent aggravés par des infections des voies respiratoires hautes, et des dégradations cutanées locales", débutant en moyenne 1 mois après le vaccin.

Dans les vaccins, l'aluminium se présente principalement sous la forme d'hydroxyde d'aluminium $Al(OH)_3$. Plusieurs expériences ont prêté à penser que cette forme induit des dommages similaires à l'aluminium. Dans une étude de 2007[685], des souris ont été injectées avec l'adjuvant d'aluminium combiné à du squalène (un autre composant de certains lots de vaccins[686] contre la maladie du charbon), à des doses comparables à celles reçues par les militaires états-uniens durant la guerre du Golfe. Ils ont constaté une décroissance de leur force (environ 50 % après 24 semaines), un taux d'erreur de 4,3 par essai dans des tests sur labyrinthe contre 0,2 pour le groupe contrôle, une perte de neurones moteurs (35 %) et un nombre accru d'astrocytes (350 %) dans la colonne vertébrale lombaire, ainsi qu'une apoptose accrue dans le cortex moteur primaire (192 %). Les auteurs concluent au possible lien entre la vaccination des militaires et le Syndrome de la guerre du Golfe[b], dont une partie de la quantité de symptômes coïncide avec les dégâts causés par l'aluminium.

Une étude française parue en 2013[687], "sur les bases d'investigations préliminaires sur 252 patients avec syndrome auto-immunitaire/inflammatoire induit par les adjuvants, [ici] associé à l'aluminium", a "conçu des expériences sur la souris pour évaluer la bio-distribution de l'aluminium du vaccin et de particules d'aluminium fluorescentes de remplacement injectées dans le muscle". Ils ont trouvé que "l'injection intramusculaire [de l'équivalent allométrique de 5,2 doses humaines] de vaccin contenant de l'aluminium était associée à l'apparition de dépôts d'aluminium dans des organes distants, comme la rate et le cerveau où ils étaient encore détectés un an après injection. [...] Cela se passe à des vitesses très lentes dans les conditions habituelles, ce qui explique la bonne tolérance globale de l'aluminium malgré son fort potentiel neurotoxique. Pourtant les doses continuellement croissantes de cet adjuvant piètrement

---

a   Tumeur de nature inflammatoire, souvent bénigne
b   Troubles immunitaires et malformations chez les descendants chez les vétérans de la guerre du Golfe

dégradable dans la population peut devenir insidieusement dangereux, spécialement dans le cas d'une sur-immunisation ou d'une barrière hémato-encéphalique immature/modifiée ou d'une production constitutive élevée en CCL2", ligand qui pourrait permettre le passage dans le cerveau.

Entre parenthèses, il peut d'ailleurs être difficile de faire la part du rôle de chaque adjuvant. Dans une étude faite en 2000[688] sur 144 vétérans de la guerre du Golfe, 95 % des militaires déployés atteints du syndrome et 100 % des non déployés atteints également avaient des anticorps au squalène, alors que dans le groupe contrôle, dont des patients atteints de maladies auto-immunes, des groupes contrôles en bonne santé et des vétérans n'affichant pas de signes ou symptômes de ce syndrome, aucun ne présentait d'anticorps au squalène. Cela met en lien le squalène présent dans les vaccins et les troubles observés chez les militaires. D'autres hypothèses même, non exclusives, sont avancées pour expliquer ce syndrome ; selon une revue faite en 2006[689], "des preuves croissantes suggèrent que la surabondance de maladie chez les vétérans de la Guerre du Golfe peut être expliquée en partie par l'exposition [des vétérans] aux organophosphates et aux carbamates inhibiteurs d'acétylcholinestérase (AChEis), dont bromure de pyridostigmine, pesticides, et agents neurotoxiques".

Myofasciite à macrophages

C'est pour la première fois en 1998 qu'est rapportée dans le *Lancet*[690] une maladie fortement invalidante[691], nommée myofasciite à macrophages (MFM/MMF), par un groupe de Créteil qui reste moteur dans l'étude de cette affection. Dans une revue israélienne de 2011[692] sur les adjuvants aluminiques, "la MMF est caractérisée par des signes et des symptômes systémiques, ainsi que des lésions actives localisées sur le site de l'injection. Les manifestations systémiques incluent myalgie, arthralgie, asthénie marquée, faiblesse musculaire, fatigue chronique, fièvre, et dans certains cas l'apparition d'une affection démyélinisante. [...] On a découvert que la lésion locale de la MMF résultait d'une persistance de l'adjuvant aluminique sur le site de l'injection plusieurs mois, voire jusqu'à 8 à 10 ans après la vaccination".

Voici des informations[693] que l'on peut trouver directement sur le site de l'OMS : "En France, des biopsies du deltoïde pratiquées chez des patients se plaignant de divers symptômes ont révélé dans quelques cas la présence d'un très petit foyer inflammatoire accompagné d'une nécrose, appelé myofasciite à macrophages (MMF). Des sels d'aluminium ont été mis en évidence dans ces lésions localisées. Etant donné que le siège des lésions dans le deltoïde correspond à l'endroit où sont habituellement injectés les vaccins, il semblerait que ces lésions microscopiques soient liées à la vaccination. En outre, les scientifiques du Groupe d'études et de recherche sur les maladies musculaires acquises et dysimmunitaires (GERMMAD) ont émis l'hypothèse que la vaccination et les MMF localisées pourraient être associées à un trouble plurifonctionnel. Il se peut toutefois qu'il s'agisse seulement d'une coïncidence".

Ce rapport de 2002 n'a apparemment pas subi de mise à jour depuis. On note l'emploi du conditionnel (ce temps qui permet à la fois le mensonge ou qui à l'opposé délégitime une source d'informations que l'on rejette). Pourtant rien n'est venu infirmer cette hypothèse depuis 12 ans, au contraire. En 2003 déjà[694], on pouvait lire que "la microscopie électronique, les études micro-analytiques, les procédures expérimentales et une étude épidémiologique ont récemment démontré que la lésion est due à la persistance pendant des années sur le site de l'injection d'un adjuvant à l'aluminium utilisé dans les vaccins contre les virus de l'hépatite B et A, et contre l'anatoxine tétanique". En effet, selon une étude de 2001[695], sur 50 patients avec MFM, tous avaient été injectés avec au moins l'un de ces vaccins dans les 3 à 96 mois précédents, avec une myalgie pour 94 % d'entre eux en moyenne 11 mois après la vaccination. Parmi les patients atteints, 65 % avaient été vaccinés contre l'hépatite B, sachant qu'en France et pour cette classe d'âge, la moyenne était de 16-22 % (en 1996). Dans la même étude, quatre rats adultes furent injectés en intramusculaire avec 250 μL de GenHevac[a] (demi-dose), des laboratoires Pasteur, puis sacrifiés pendant les 4 semaines qui suivirent. Ce vaccin anti-hépatite B contenant de l'hydroxyde d'aluminium "induisait une large surface nécrotique contenant des fibres musculaires et neutrophiles endommagés, entourés abondamment par des lymphocytes et des macrophages, qui progressaient en lésion mature, [...] infiltrations [...] très similaires à celles observées dans la MFM". En 2005, une étude[696] d'Aventis Pasteur suivait l'évolution de 12 singes "immunisés dans le quadriceps avec les vaccins Diphtérie-Tétanos. [...] Les lésions histopathologiques, similaires à la MFM décrites chez les humains, étaient observées et toujours présentes 3 mois après administration du vaccin adjuvanté au phosphate d'aluminium et 12 mois après pour celui adjuvanté à l'hydroxyde d'aluminium". Cette augmentation de la concentration en aluminium "'était localisée au point d'injection [mais pas] dans les fragments musculaires distants ou proximaux" ; toutefois ils se sont bien gardés d'analyser des coupes cérébrales ou des organes susceptibles d'avoir hébergé l'aluminium.

Selon l'Académie Nationale de Médecine, sur la même ligne que l'OMS, les adjuvants à l'hydroxyde d'aluminium ne peuvent être causes de danger. Un rapport de 2012[697] mentionnait pour cela l'impossibilité de libérer des nano-particules à pH physiologique, la bonne évacuation par le vecteur sanguin (la partie résiduelle d'aluminium va principalement dans les os, pour 0,9 % ; 0,01 % pour cerveau et muscle), la faible dose sanguine plasmatique après injection intramusculaire (augmentation de 0,8 % de la dose normalement présente), et un calendrier vaccinal imposant aux nourrissons des doses largement inférieures à la dose de sécurité minimale. Cependant, malgré ces propos rassurants, il n'est fait cas d'aucune étude comparative de deux populations ayant reçu des doses différentes d'adjuvant aluminique.

Quant au Haut Conseil à la santé publique[698], il "estime que les données scientifiques disponibles à ce jour [en juillet 2013] ne permettent pas de remettre en cause la sécurité des vaccins contenant de l'aluminium, au regard de leur balance bénéfices/risques". Selon lui, "les publications concernant des séries de cas de myofasciite à macrophages de l'adulte proviennent d'une seule équipe dans le monde". En 2002 pourtant, un autre groupe français, à Marseille, rapportait "le cas de deux [vraies] jumelles touchées par la MFM, apparue 6-7 mois après la vaccination contre

---

a   vaccin contre l'hépatite B

l'hépatite B"[699], suspectant un facteur génétique prédisposant, HLA–DRB1*01. La même année, une courte communication émanant de médecins et professeurs de 5 établissements français différents[700], confirmait que dans leur étude le gène "HLA-DRB1*01 était associée avec la MFM, qui est déclenchée par l'adjuvant à l'hydroxyde d'aluminium et peut induire l'arthrite et des changements inflammatoires musculaires". Ils trouvaient "une fréquence significativement accrue [de ce gène] chez les patients avec MFM (66 %) comparée au groupe contrôle (17 %), avec un facteur des chances de 9,8". Cette prédisposition génétique pourrait expliquer "une certaine contradiction entre l'usage à grande échelle de l'hydroxyde d'aluminium et la rareté de la MFM", selon des chercheurs israéliens[692].

Le Haut Conseil donne d'autres raisons pour justifier l'emploi et le maintien de ces adjuvants : le temps nécessairement long pour trouver d'autres adjuvants pour les vaccins, le fait que "depuis 1920 [...] aucun pays ou instance officielle n'ait jamais remis en cause le bien-fondé de cette adjonction ni la sécurité des vaccins contenant cet adjuvant", le fait que les expériences qui "apportent [par analyse de coupes ou particules fluorescentes] des éléments éclairant le mode de transport de l'aluminium dans divers organes, dont le cerveau" n'aient pas été reproduites chez l'homme, que les nourrissons soient peu touchés malgré la dose proportionnelle reçue plus grande, l'absence de preuves sur "le lien de causalité entre les signes cliniques rapportés et la présence de granulomes contenant de l'aluminium", ou encore que "la démonstration chez l'homme de facteurs génétiques pouvant favoriser le transport de l'aluminium dans le cerveau n'est pas apportée".

Pour l'avant-dernier point, on peut se demander s'ils attendent une preuve formelle et la description d'un mécanisme précis pour accepter une association possible entre granulomes et syndromes physiques et neurologiques. Une corrélation semble déjà un point de départ suffisant pour que l'hypothèse vaccinale de la MFM soit prise au sérieux sans se réfugier dans trop de formalisme. Une étude portugaise de 2015[701] portait sur 16 personnes atteintes de MFM, "caractérisée par des lésions musculaires spécifiques montrant une persistance à long terme d'hydroxyde d'aluminium contenus dans des macrophages au site d'une précédente immunisation". La moitié présentait "un syndrome de fatigue chronique. [...] Treize patients avaient reçu une administration intramusculaire de vaccin contenant de l'aluminium avant l'arrivée des symptômes. La MFM pourrait imiter un motif distinctif d'une myopathie inflammatoire. Les vaccins contenant cet adjuvant pourraient déclencher la MFM chez certains patients". Réciproquement, en novembre 2013[702], au cours d'une "analyse rétrospective de 130 patients arthro-myalgiques consécutifs, précédemment immunisés à un vaccin contenant de l'aluminium", une biopsie du muscle deltoïde a montré que "la MFM fut diagnostiquée dans 32,3 % des patients", et par conséquent une association forte entre symptômes et présence d'aluminium au vu de la très faible prévalence de MFM dans la population générale. Déjà en 2009, une étude[703] réalisait "une batterie complète de tests neurophysiologiques pour délimiter potentiellement le dysfonctionnement cognitif associé à la MFM. Comparé aux patients contrôles avec arthrite et douleur chronique, les patients atteints de MFM avaient des déficits cognitifs prononcés et spécifiques [affectant] (i) les deux mémoires visuelle et verbale ; (ii) les fonctions exécutives, dont l'attention, la mémoire de travail et prévisionnelle ; (iii) l'extinction de l'oreille gauche au test d'écoute dichotique[704]".

En ce qui concerne la dernière objection, sur les facteurs génétiques, mentionnée par le Haut Conseil, une étude parue en avril de cette même année 2013[687] concluait qu'un "haplotype donné avec le gène CCL2 avait tendance à être plus fréquent chez les patients avec MFM que dans la population en général". Ils ont étudié les modulations d'entrée d'hydroxyde d'aluminium sur la souris génétiquement modifiée pour moins produire la protéine CCL2, ou sur la souris avec injection de CCL2. Pour suivre le trajet, ils ont utilisé "Al-Rho construit avec un noyau contenant de la rhodamine et un enrobage d'$Al(OH)_3$", qui "représentaient [le] mieux les substituts d'adjuvants aluminiques". Pour les premières souris, "l'injection de particules d'Al-Rho dans le muscle tibialis anterior de souris carencées en CCL2 diminuaient l'incorporation des particules de [...] 71 %, 85 % et 82 % dans la rate, le sang et le cerveau, respectivement, au jour 21 (Figure 9a)". Pour le deuxième groupe, "la combinaison d'injection intramusculaire et intracérébrale de CCL2 recombinée pour la souris augmentait l'incorporation de particules [d'Al-Rho] de 539 %. Malgré d'importantes variations interindividuelles, une tendance récurrente [mais non significative] d'augmentation de niveaux d'Al dans le cerveau dépendants de CCL2 a été détectée 21 jours après injection intramusculaire de 40 μL de vaccin contenant de [l'oxyhydroxyde d'aluminium] (Figure 9e)". Quoique l'expérience soit imparfaite —il faudrait pour cela des humains génétiquement modifiés ou injectés par des particules fluorescentes visualisables à une profondeur largement supérieure à celle requise pour les cerveaux murins —, les chercheurs ont bien apporté des éléments de preuve qu'un facteur génétique modulait l'entrée de l'adjuvant aluminique dans le cerveau. De plus, "les particules d'Al-Rho ayant eu accès au cerveau [...] restaient intactes puisqu'elles étaient toujours enrobées de $Al(OH)_3$ [...]. Leur incorporation dans les cellules neurales étaient régulièrement associées à l'expression d'IL-1ß (Figure 10c), un marqueur fiable de la protéine NLRP3 activatrice de l'inflammasome[a]". Cela témoigne donc de signaux inflammatoires dans le cerveau. Pour information, une revue déjà citée[679] donne une figure technique plus générale des dommages de l'adjuvant sur une cellule dendritique et des mécanismes qui mènent à l'inflammation.

Il semble que le principe de précaution ne soit employé que de manière unilatérale, préférant sauver d'hypothétiques cas de tétanos-diphtérie-poliomyélite à des dégâts neurologiques et physiques dont la preuve n'est pas mathématique, et qui ne le sera probablement jamais sans volonté appuyée de réaliser une étude en double-aveugle. Celle-ci devra être assez large au vu de la faible incidence de cette maladie, et intégrer des vaccins ou des fausses injections sans aluminium, ce qui semble peu susceptible d'arriver compte tenu de l'absence d'équivalents sans aluminium.

Les chercheurs israéliens, au vu des nombreuses similitudes observées entre la MFM, le syndrome de la guerre du Golfe, la siliconose[b][705] et certains symptômes parfois constatés après vaccination (myalgie, arthrite, fatigue chronique, handicaps cognitifs, ...), et de leur étiologie semblable, ont proposé[692] la terminologie commune '*Syndrome Auto-immunitaire/inflammatoire Induit par les Adjuvants*'. "Il est décrit par

---

a   Complexe protéique impliqué dans l'immunité innée
b   Maladie due à la silicone implantée dans l'organisme

une fatigue chronique et d'autres manifestations cliniques qui ont beaucoup de simil[itudes] avec la MMF".

Le futur proche des adjuvants à l'aluminium

Un Groupe d'études sur la vaccination rendait à l'Assemblée Nationale ses recommandations en 2012[70], que nous avons déjà mentionnées. La 3e portait sur l'aluminium contenu dans les vaccins : "Au vu des résultats d'un certain nombre d'études réalisées sur la migration de l'aluminium, il semble qu'un moratoire sur l'alumine, utilisé comme adjuvant dans un certain nombre de vaccins, soit nécessaire en attendant de recueillir davantage de données scientifiques sur ses conséquences éventuelles, en particulier dans les cas de vaccinations d'enfants en bas âge et de vaccinations répétées. Sur chaque boîte, la présence ou l'absence d'hydroxyde d'aluminium devrait être clairement indiquée aux praticiens comme aux patients. Il convient, en parallèle, d'encourager la recherche de nouveaux adjuvants non neuromigrants qui pourraient, à terme, remplacer l'alumine".

L'Académie Nationale de Médecine répondit immédiatement[706] : "L'analyse détaillée des conditions nécessaires à la provocation d'une maladie auto-immune n'apporte aucune preuve à ce jour permettant d'incriminer les vaccins ou les adjuvants. Tout moratoire portant sur la non-utilisation des adjuvants aluminiques rendrait impossible, sans pourtant aucun argument probant, la majorité des vaccinations. La résurgence des maladies prévenues par ces vaccins entraînerait par contre, et de façon certaine, une morbidité très supérieure à celle, hypothétique, des maladies auto-immunes ou neurologiques imputées à la vaccination". Avec en péroraison générale : "Toutes les enquêtes concluent sur le manque d'information des parents d'enfants non ou mal vaccinés. La formation sur la vaccination devrait être très améliorée en France".

Côté transatlantique, la *Federal Drug Administration* considère encore aujourd'hui[707] l'aluminium et tous ses nombreux dérivés dont l'hydroxyde d'aluminium comme GRAS (généralement reconnus comme sains/sûrs), avec le plus faible indicateur de danger potentiel[708] : "il n'y a pas de preuves dans les données accessibles sur [la substance] qui prouve, ou suggère de raisonnables bases pour suspecter, qu'il est un danger pour le public si utilisé à des niveaux qui sont aujourd'hui courants ou qui puisse raisonnablement être attendus dans le futur".

Selon un rapport que l'Académie qui sortira trois mois plus tard, en juin 2012[697], l'aluminium ne peut être substitué facilement, ce qui laisse présager que ces vaccins ont encore de bonnes années devant eux : "Les adjuvants non aluminiques nouveaux et/ou en cours d'investigation ne sont pas destinés au remplacement des sels d'aluminium, mais à permettre d'élaborer d'autres vaccins contre des maladies telles que le paludisme, l'infection à VIH, la tuberculose ou certains cancers. Les 24 différents adjuvants ne sont pas interchangeables et demeurent spécifiques de tel ou tel vaccin". Ceci nonobstant la réévaluation relativement récente des doses supportables par un organisme. Selon cet article[672], "en 1989, un comité d'experts [de l'OMS et de l'ONU] recommandait une dose tolérable hebdomadaire provisoire de 7 mg/kg d'Al.

En 2007, elle est passée à 1 mg/kg à cause d'effets potentiels sur le système reproductif et le système nerveux en développement".

Le corps humain ne comporte pas naturellement d'aluminium. Ce métal perturbe certains mécanismes biologiques et immunitaires et peut engendrer des dégâts, le plus souvent chroniques, en particulier dans le cerveau. On a pu corréler la quantité d'aluminium présente dans le corps avec certaines maladies neurologiques comme la sclérose en plaques. C'est le produit le plus communément utilisé dans les vaccins pour stimuler les défenses immunitaires et améliorer l'effet d'une dose. Ses défenseurs justifient son utilisation par son efficacité, l'impossibilité de le remplacer, et l'absence d'effets indésirables aux faibles doses utilisées. Pourtant, son utilisation vaccinale résulte plus d'un choix économique, alors qu'elle est clairement associée à des effets secondaires, dont certains très gênants comme le prurigo nodulaire dont il augmente le risque. Une injection peut même déclencher, quoique rarement, la myofasciite à macrophage, maladie neurologique et physique proprement vaccinale et très handicapante. D'autres syndromes similaires sont suspectés d'être consécutifs à l'exposition massive à l'adjuvant vaccinal, comme le syndrome de la guerre du Golfe. Pourtant, la plupart des institutions publiques françaises continuent de plébisciter cet adjuvant qu'ils considèrent indispensable et sûr.

Chapitre 12
Allergies

"L'OMS considère l'allergie comme étant la quatrième maladie en fréquence dans le monde après le cancer, les pathologies cardiovasculaires et le sida", avec selon l'Inserm, "une prévalence cumulée des maladies allergiques à 25-30 % [en 2010]". La prévalence de la dermatite atopique est évaluée à 15-20 %, l'asthme entre 7-10 %, la rhinite et la conjonctivite allergique autour de 15-20 % et les allergies alimentaires entre 2 % chez l'adulte et 5 % chez les enfants". En France, ces chiffres étaient déjà en 2004 en deçà de la réalité. Selon cette étude, on comptait cette année-là "une prévalence de cas cliniquement confirmés de rhinite allergique" de 24,5 % (table 5). Phénomène déjà décrit à l'Antiquité, il est en pleine "augment[ation] dans les pays industrialisés [depuis ces] 20-30 dernières années". Par exemple, la prévalence de l'asthme, selon le Ministère de la santé, "était [seulement] de 2 à 3 % il y a 15 ans, contre 5 à 7 % [en 2002]".

Découverte et explosion du phénomène allergique

"L'origine du terme 'allergie' par Von Pirquet en 1906 fut le résultat direct de son étude sur les réactions de la peau à la vaccination contre la vaccine[a]"[709]. Tous les travaux fondateurs le furent également à partir d'analyses sur les réactions aux injections[710] : sérum de cheval chez les lapins pour Nicolas Arthus, chez le chien pour Charles Richet[711] (qui gagnera en 1913 le prix Nobel pour sa découverte de l'anaphylaxie), sérum de cheval sur un homme qui décéda puis sur des cochons d'inde pour Rossenau et Anderson[712]. "Le sérum antitoxique avait été introduit en thérapeutique en 1891 par von Behring et Kitasato et des complications systémiques étaient rapidement apparues, et qui furent interprétées comme le résultat de plusieurs causes non immunitaires". Rossenau et Anderson décrivaient ainsi le phénomène : "Dans une certaine proportion des cas, l'injection de sérum de cheval chez l'homme est suivi par des éruptions urticaires, douleurs articulaires, fièvre, tuméfaction[b] des ganglions lymphatiques, œdèmes, et albuminurie[c]. Cette réaction, qui apparaît après une période d'incubation de 8 à 13 jours, a été appelée par Pirquet et Schick maladie du sérum. Dans des cas exceptionnels la mort subite suit l'injection de sérum de cheval chez l'homme". Puis nous avons une description une fois l'allergie développée : "En cinq à dix minutes après l'injection, les cochons d'inde manifestent des signes de gêne respiratoire par grattement de la bouche, toux, et parfois respiration spasmodique, rapide et irrégulière". Il semble donc que cette réaction n'était sinon connue guère répandue puisqu'il fut besoin de la baptiser. D'ailleurs, le Pr S.G.O

---

a   Variole de la vache
b   Augmentation anormale du volume d'un organe ou d'une partie d'un organe
c   Présence d'albumine dans les urines

Johansson, Président du Département d'Immunologie Clinique du Karolinska Hospital, et Président de l'Académie Européenne d'Allergologie et Immunologie Clinique, en préface au livre *L'allergie à l'aube du 3e millénaire*[711] commençait ainsi : "L'allergie est la plaie du monde industrialisé du 20e siècle. La maladie fut reconnue pour la première fois aussi tard qu'au début des années 1800 et était alors extrêmement rare. En 1858, une enquête européenne détecta environ 300 cas de rhinite allergique[a] !", contre 31% des adultes en France en 2006, selon une enquête[713].

Parmi les réactions allergiques, on compte l'hypersensibilité de type III, ou phénomène d'Arthus. Plusieurs expériences avaient mis en évidence que l'injection de "n'importe quelle protéine mélangée à un adjuvant pouvait induire une réponse immunitaire"[714], et que la présentation subséquente de cette protéine non immunogène en théorie engendrait des réactions d'hypersensibilité telles que celle d'Arthus, même "en réponse à d'extrêmement petites quantités d'antigène, qu'il soit natif ou dénaturé[715] [par la chaleur]". Par contre, d'autres chercheurs avaient conclu que "si la protéine est injectée en intraveineuse avant l'immunisation avec cette protéine conjuguée à un haptène[b] ou mêlée à un adjuvant, la sensibilité était abolie", ce qui démontre l'intérêt de ne pas présenter trop tôt chez l'enfant une protéine saine en compagnie d'un adjuvant. Contrairement à la présence d'anticorps contre la protéine qui empêche l'induction d'hypersensibilité, le fait que "des anticorps [soient] produits [...] contre le groupe hapténique" ne la prévient pas, selon cette étude de 1959[716]. Ce principe d'associer une protéine à un adjuvant constitue d'ailleurs l'un des moyens d'obtenir des modèles animaux d'allergies, ceux-ci "n'étant pas normalement allergiques à la nourriture"[717]. On peut par exemple lire dans une étude de 2008[718] : "Afin d'induire une sensibilité à l'ovomucoïde,[c] les porcelets à 14, 21 et 35 jours furent sensibilisés par une injection intrapéritonéale de 100 µg d'ovomucoïde crue et d'une toxine de choléra".

On trouve également "l'anaphylaxie, réaction allergique générale (de tout l'organisme), [qui] concerne près de 5 % des allergiques, soit environ 3 cas pour 100 000 personnes" selon l'Inserm[719]. Elle "est la manifestation ultime, la plus sévère, de l'allergie et elle est à haut risque de récidive. [...] Le choc anaphylactique est devenu plus fréquent ces trente dernières années. Les adultes sont quatre fois plus touchés que les enfants. Le choc anaphylactique est la forme la plus sévère de l'anaphylaxie, qui peut être mortel. [C']est une urgence médicale absolue".

D'après un article paru en 2008[720] dans la *Revue française d'allergologie et d'immunologie clinique*, "en Europe la prévalence en population pédiatrique [de l'allergie alimentaire] se situe autour de 4,7 et de 3,2 % chez l'adulte. [...] Une augmentation drastique de l'anaphylaxie sévère et létale caractérise le Royaume-Uni et l'Australie de-

---

a   Affection bénigne, comme la rhinite ou la conjonctivité, due à une hypersensibilisation à un allergène

b   Moitié constitutive de l'antigène dont la structure varie pour réagir avec l'anticorps spécifique

c   Protéine présente dans le blanc d'œuf des oiseaux

puis dix ans. En France, l'augmentation est de 28 % de 2001 à 2006. [...] Le lait, œuf, arachide, [blé/céréales,] fruits à coque, sont les premiers allergènes chez l'enfant. Les Prunoïdées, fruits du groupe latex[a], Apiacées, farine de blé et fruits à coque sont les premiers chez l'adulte".

Allergies croisées

Ce paragraphe un peu technique vise à montrer qu'une allergie à un condiment peut conduire en parallèle au développement de plusieurs allergies a priori sans rapport. C'est le cas par exemple de l'arachide ou du bouleau, que l'on retrouve très certainement dans la composition des vaccins, et qui pourraient être responsables de certaines allergies courantes.

Une revue parue en 2014[721] traitait de la réactivité croisée des allergènes de l'arachide. "Actuellement, la nomenclature des allergènes[722] faite par un sous-comité de l'Union Internationale des Sociétés Immunologiques [approuvée par l'OMS] reconnaît 12 types d'allergènes de l'arachide. [...] Les observations cliniques rapportent fréquemment une association entre allergie à l'arachide et allergies aux légumes, fruits à coques, graines, fruits et pollen". Selon cette étude[723], les 3 premiers types, "Ara h 1, une viciline[b] ; Ara h 2, une albumine 2S; et Ara h 3, une légumine, sont les allergènes majeurs de l'arachide. L'occurrence de séquences similaires de ces 3 allergènes [...] explique le haut degré de réactivité croisée entre eux".

La revue relate que "dans un groupe de 39 patients ayant une sensibilisation à l'arachide, 82, 55, 87 % des patients avaient aussi une sensibilisation au lupin, au pois, au soja, respectivement, tandis que basé sur un test de nourriture contrôlé par placebo en double aveugle[724], 29 à 35 % avaient des symptômes [cliniques] avec ces haricots. [...] Entre 20 et 40 % des individus allergiques à l'arachide ont une allergie co-existante avec des fruits à coque taxonomiquement[c] distants. Dans une large étude[725] incluant 324 patients allergiques à l'arachide, 86 % avaient une sensibilisation aux fruits à coque, et 34 % avaient une allergie cliniquement documentée".

Des études biologiques ou génétiques expliquent ces sensibilisations et allergies multiples. "Utilisant des extraits de protéines de fruits à coque et des sérums de sujets allergiques à l'arachide et au noix dans test ELISA d'inhibition, de Leon et collaborateurs ont démontré une réaction croisée de l'IgE[d] sérique entre des allergènes présents dans l'arachide, l'amande, la noix du Brésil et la noisette [mais pas la noix de cajou]. Une étape plus loin, [ils] ont purifié l'IgE spécifique à l'arachide à partir de sérums de

---

a   Notamment, la banane, l'ananas, l'avocat, la châtaigne, le kiwi, la mangue, les fruits de la passion, les fraises et le soja
b   Une des principales protéines de réserve des graines de légumineuses
c   Lié à la classification des organismes vivants
d   Anticorps spécifique aux mammifères, mais qui peut être responsable de réactions allergènes importantes pouvant entraîner la mort

deux individus allergiques à l'arachide. Ils ont ensuite isolé les basophiles[a] de sujets atopiques[b] mais allergiques à autre chose que l'arachide, nettoyé les cellules des IgE fixées à elles et les ont resensibilisé avec les IgE purifiées spécifiques à l'arachide. Les basophiles étaient activés par des extraits d'arachide, d'amande, de noix du Brésil et de noisettes, mais à un degré moindre à la noix de cajou". D'autres auteurs[726] ont identifié "des épitopes[c] linéaires dans la liaison de l'IgE [...] dans les allergènes légumines de l'arachide (Ara h 3) et d'autres allergènes des noix (Jug r 4 de la noix, Cor a 9 de la noisette, Ana o 2 de la noix de cajou) [qu'ils ont] positionné sur des modèles en trois dimensions des protéines construites avec une modélisation par homologie[d]. Une analyse conformationnelle a révélé que les épitopes de surface consensuels liés à IgE montraient des homologies structurelles susceptibles d'expliquer la réactivité croisée des liaisons à l'IgE observée parmi les allergènes d'arachide et des noix. Cette réactivité structurelle croisée associée semble ne pas dépendre de l'origine botanique des allergènes". Un an plus tard en 2008[727], ils ont réitéré l'expérience avec d'autres allergènes de ces mêmes fruits à coque : Arah h 1, Jug r 2, Cor a 11 et Ana o 1, et ont abouti aux mêmes conclusions.

Comme mentionné plus haut, certaines allergies croisées peuvent être moins intuitives encore. "Bet v 1 trouvé dans le pollen de bouleau induit souvent une IgE de manière croisée qui réagit avec des allergènes dans certains fruits, légumes, noix et légumineuses dont l'arachide. [...] Mittag et collaborateurs ont cloné son ADNc[omplémentaire][e], exprimé et caractérisé la protéine recombinante. Parmi les 20 individus allergiques [à la fois] à l'arachide et au pollen de bouleau inclus dans l'étude, 17 avaient des IgE spécifiques à [l'allergène recombinant] rAra h 8", soit 85 %. Selon l'étude[728], la liaison de l'IgE à Ara h 8 était inhibée par Bet v 1 dans une technique d'immuno-empreintes[f] d'extraits d'arachide et d'inhibition du RAST[g]. [...] La réponse contre l'arachide était dominée par Ara h 8 dans 12 des 17 patients testés", qui n'est pourtant pas la réponse majoritaire dans la population générale. Ils concluaient que "l'allergie à l'arachide pourrait être dirigée dans un sous-groupe de nos patients par le truchement d'une réaction croisée de Bet v 1 avec l'allergène homologue de l'arachide Ara h 8".

D'autres études ont également montré un lien par réaction croisée entre les allergies au pollen de bouleau et les allergies à la mûre[729], au kaki[730], au soja[731], aux pommes, drupes, céleri, carottes[732], ou au kiwi. Réciproquement, selon cette étude[733], "l'allergie au kiwi est souvent associée avec l'allergie au pollen de bouleau et d'herbe ainsi qu'à l'allergie au latex. L'allergie au kiwi seul est aussi relativement commune et souvent sévère".

---

a   Variété de globules blancs, qui diminuent en cas de réaction allergique grave
b   Susceptibles à certains allergènes
c   Déterminant antigénique
d   Qui utilise les structures 3D connues d'une protéine de séquence similaire
e   Simple brin artificiellement synthétisé à partir d'un ARN messager
f   Méthode de détection et d'identification de protéines spécifiques dans un échantillon biologique (Western Blot en anglais)
g   Technique pour le dosage quantitatif ou semi-quantitatif des IgE spécifiques d'allergènes

Tendance vaccinale et contenu des vaccins

A moins de bénéficier d'une étude de grande ampleur avec des contrôles satisfaisants, mêler la vaccination à cette expansion drastique de l'allergie présuppose une augmentation du nombre de doses reçues ainsi que l'injection de protéines allergènes identiques ou semblables à celles qui déclenchent les allergies dans nos populations.

En ce qui concerne l'augmentation du nombre de doses, elle semble confirmée dans les pays industrialisés, qui subissent le plus les allergies. En Nouvelle-Zélande, on peut trouver sur le site du Ministère de la Santé les programmes nationaux d'immunisation depuis 50 ans[734] : 4 doses (mono ou multi-valentes, diphtérie-tétanos-polio compte par exemple pour une dose) en 1961, 9 en 1967, 11 en 1981, 16 en 2000, 18 en 2011. Aux États-Unis, le CDC recommandait en tout pour les enfants jusqu'à 18 mois : 8 doses en 1983[735], 16 en 2000[736], 25 doses en 2013[737]. En France, le calendrier vaccinal indiquait pour cette tranche d'âge : 6 en 1990[738], 19 doses en 2014[739]. La tendance est bien à l'augmentation.

Trouve-t-on des protéines de lait, d'œuf, d'arachide, de blé, de fruits à coque dans les vaccins pour enfant ?

On trouve des protéines d'œuf dans nombre de vaccins anti-grippaux (Vaxigrip, Influvac, Agrippal, Fluarix, Immugrip[740]) et pour les deux vaccins ROR (Priorix, M-M-RVaxPro) ; du lactose dans un des deux vaccins ROR (Priorix), dans le Infanrix-hexa[741] (DTP, coqueluche, hépatite B, méningite), la fièvre jaune (Stamaril) et la varicelle (Varilrix), cette dernière étant non recommandée. Notons que l'on trouve du caoutchouc naturel dans les deux vaccins ROR et dans deux vaccins méningocoque (Menjugatekit, Bexsero).

Par contre, il est peu ou prou fait mention de quelconques protéines d'arachide dans les vaccins actuels. Son usage était pourtant jadis courant. En 1976[742], l'OMS citait dans son rapport *Adjuvants immunologiques* deux catégories d' "adjuvants utilisables pour l'homme" : concernant la 2ᵉ, "les principaux parmi les adjuvants aqueux dilués dans l'huile sont des mélanges d'eau dans huile minérale (adjuvant de Freund incomplet) et eau dans huile d'arachide (adjuvant 65)" (p. 7). Adjuvant 65-4 que l'on retrouvait par exemple dans les années 1960[743] et 1970[744] dans le vaccin contre la grippe. Dans un article de 1974[745] qui montre la supériorité du vaccin grippal adjuvanté, on lit que pour améliorer l'efficacité du vaccin, "les employés de Merck ont développé une préparation à l'huile d'arachide, l'Adjuvant 65, dans lequel tous les composants sont métabolisables". On apprend par la même occasion que "les tumeurs qui pouvaient être produites chez certaines souches de souris sont a fortiori dues à une sensibilité de ces souches à l'effet oncogène[a] d'une irritation physico-chimique - effet également produit par le vaccin DTP", en excluant un risque chez l'homme. L'adju-

---

a   Qui provoque la survenue du cancer

vant à l'arachide tenait pour 45 % de la composition du vaccin, et permettait selon Merck "d'essayer d'étendre la durée du vie du vaccin grippal de 2 à 3 ans"[746]. La composition restante incluait monooléate de mannide (3 %) et monostéarate d'aluminium[a] (2 %) —les 3 produits formant dans leur ensemble l'*adjuvant 65-4* – et le vaccin grippal lui-même (50 %).

Supposons que l'arachide ne se trouve plus dans aucun des vaccins depuis quelques décennies : pourquoi trouve-t-on dans des brevets des références à ces huiles et à d'autres ? Déposé en 1994, un brevet[747] sur des "méthodes pour augmenter la réponse immunitaire à la grippe. [...] Les compositions de vaccins de cette invention peuvent contenir des porteurs convenables [incluant] gélatine, pectine, huile d'arachide, huile d'olive, huile de sésame, squalène et eau". En 1997, un brevet[748] pour améliorer les vaccins inactivés : "des exemples d'huiles végétales utiles incluent l'huile d'arachide, de soja, de noix de coco, d'olive, de coton, de tournesol, de sésame, de maïs. La plupart des poissons contiennent des huiles métabolisables qui peuvent être utilisées à cet effet, comme l'huile de foie de morue ou de requin". En 2005, un brevet[749] avec comme titre "nouvel extrait de coque d'arachide comme adjuvant vaccinal" ; le fait qu'il ne cite pas d'autres huiles montre que la mention arachide n'est pas utilisée uniquement pour s'assurer que le brevet couvre le domaine le plus vaste possible. En 2006, on trouve un brevet[750] sur la vaccination monovalente contre la grippe : "L'huile peut être n'importe quelle huile végétale, de poisson, d'animal ou synthétique". En 2008, un brevet[751] sur la composition d'un vaccin non liquide : "sous certaines formes, la composition du vaccin peut inclure d'autres adjuvants, [dont] le squalène, l'Adjuvant 65 (contenant arachide, monooléate de mannide et monostéarate d'aluminium)". Dans le livre *Adjuvants Vaccinaux : Méthodes de Préparation et Protocoles de Recherche*[752], publié en 2000 par Derek O'Hagan, actuel chef de la Recherche sur la Chimie et la Formulation des Vaccins à Novartis, on peut trouver des exemples d'agents immuno-potentiateurs utilisés ces 30 dernières années, dont "l'huile végétale (huile d'arachide)". La FDA considère[753] l'huile d'arachide comme GRAS (généralement reconnue comme saine/sûre), donc ne la soupçonne pas d'être dangereuse pour le public. Mentionnons également en 2010 un brevet[754] sur un adjuvant contenant de l'huile de moutarde, elle aussi facteur d'allergies.

* * *

En ce qui concerne le blé, on peut suspecter certains adjuvants d'en contenir également. En 1991, un brevet[755] sur les vecteurs de principes actifs fluides dans les vaccins contenant une huile métabolisable expliquait : "Parmi les huiles végétales, on choisira des huiles insaturées riches en acide oléique qui sont biodégradables et connues pour leur pouvoir immunogène, par exemple les huiles d'arachide, d'olive, de sésame, de soja, de germe de blé, etc." En 2007, GlaxoSmithKline déposait un brevet[756] sur un adjuvant huile-dans-eau : "Le squalène [...] est une huile insaturée que l'on trouve en grandes quantités dans l'huile de foie de requin, et en moindre quantité dans l'huile d'olive, l'huile de germe de blé, l'huile de son de riz et les bactéries, et qui est l'huile particulièrement préférée pour utilisation dans cette invention".

---

a   Agent épaississant utilisé pour la fabrication de peintures

D'après l'OMS[757], le squalène "est commercialement extrait de l'huile de poisson, en particulier de l'huile de foie de requin. Il est ensuite purifié et utilisé dans certains produits pharmaceutiques et vaccins". Toutefois la composition et le mode de fabrication semblent relever du secret[758], selon l'association BLOOM concernée par la sauvegarde la faune marine, en particulier des requins : "Nous avons sollicité sans succès GlaxoSmithKline, Sanofi Pasteur et Novartis pour connaître les volumes de squalène utilisés et leur origine". Il se peut donc qu'une partie soit synthétisé à partir de blé. Le squalène est en particulier présent dans les vaccins contre H1N1, comme le Focetria de Novartis, le Humenza de Sanofi Pasteur et le Pandemrix de GlaxoSmithKline, avec 10 mg par dose environ. Ces trois vaccins sont administrables dès les 6 mois de l'enfant, à l'âge où la diversification alimentaire n'inclut pas encore nécessairement le blé, ce qui rend donc l'enfant potentiellement susceptible de développer une allergie aux protéines du blé, comme nous l'avons vu plus haut (voir *Découverte et explosion du phénomène allergique*).

Malheureusement, il n'est pas certain que tous les produits servant à l'élaboration d'un vaccin figurent sur l'étiquette. Au Canada, on trouve la terminologie suivante : "ingrédient médicinal" et "ingrédients non-médicinaux importants" (comme pour Pneumovax[759] ou Twinrix[760]), ce qui ne garantit pas l'exhaustivité. La loi donnant "droit d'accès des individus aux renseignements personnels qui les concernent"[761] contient des exceptions, et "le responsable d'une institution fédérale est tenu [...] de refuser la communication de documents contenant des secrets industriels de tiers" (20 (1) a))[762]. Aux États-Unis, le *Fair Packaging and Labeling Act*[763] impose que "les emballages et leurs étiquettes doivent permettre aux consommateurs d'obtenir des informations précises sur la quantité du contenu et devrait faciliter les comparaisons des valeurs" (§1451). Plus loin au §1454 c) 3, il est précisé que l'étiquette doit porter "le nom commun ou usuel de chaque ingrédient listé par ordre de prédominance décroissante, mais que rien dans ce paragraphe ne permet d'imposer qu'aucun secret commercial ne soit divulgué". Un autre pays n'ayant pas les mêmes lois et qui afficherait ces ingrédients tenus secrets mettrait du même coup fin à ce secret.

Notons que l'on trouve également des protéines de poulet dans plusieurs vaccins[118], contre la grippe principalement (comme le Pandemrix), alors que l'allergie à la volaille est plus rare[764].

Études sur les vaccins et les allergies

Concernant le vaccin H1N1 de 2009, une étude[765] a établi, selon les notifications des patients, "un taux global de réactions d'hypersensibilisation de 10,7 par million de doses de vaccin distribuées, avec un taux deux fois plus élevé pour le vaccin vivant", avec un risque plus élevé probable pour les femmes. Ces chiffres peuvent souffrir d'un biais de "sous-notification, en particulier pour les effets modérés, [qui] résulterait en une sous-estimation du vrai taux de réactions immédiates d'hypersensibilisation".

Au Québec[766], le vaccin monovalent H1N1pdm09 contenant l'adjuvant au squalène AS03 a entraîné en 2009 un taux "20 fois plus élevé [de notifications d'anaphylaxie] que le taux rapporté avec les vaccins trivalents non adjuvantés administrés durant les six années précédentes". Les auteurs, du Centre hospitalier universitaire de Québec, estiment que ce chiffre mésestime le nombre total qu'il faut multiplier par 1,75, pour atteindre 13 cas par millions de doses.

Une étude japonaise[382] a comparé les taux de réactions indésirables après vaccins monovalents contre la rougeole, les oreillons, et la rubéole (ROR), entre des vaccins contenant de la gélatine bovine naturelle (entre 1994 et 1998) et ceux du même fabricant mais contenant désormais de la gélatine porcine modifiée (entre 1998 et 1999). Le second vaccin, Prionex, montrait une moindre activité de liaison avec l'immunoglobuline E, anticorps engagé dans les réponses allergiques. Ils ont noté une diminution drastique des réactions anaphylactiques, de l'urticaire ou des éruptions généralisées (pour le vaccin anti-rougeole par exemple : respectivement 11, 38, et 107 réactions par millions de doses à 0, 2 et 4 par millions de doses pour celui contenant la gélatine modifiée). Ils avaient déjà établi[381] que "les historiques de vaccination suggèrent que le vaccin DTC acellulaire contenant de la gélatine peut avoir une relation causale avec le développement de cette allergie à la gélatine" après vaccination ROR. "Parmi les 6 fabricants de DTC acellulaire au Japon, deux n'avaient jamais utilisé de gélatine dans la production des vaccins. Les 4 fabricants restants n'utilisent plus de gélatine, et depuis février 1999, tous les vaccins DTCa utilisés au Japon sont sans gélatine".

Alors que des études ont montré (1997, 2004[767]) l'absence de lien entre vaccination contre la coqueluche et l'asthme ou l'allergie, une étude de 1997[768] sur des enfants néo-zélandais nés en 1977 a montré qu'avant leur 5e année, 22,5 % avaient des épisodes asthmatiques et 30 % des consultations pour allergies parmi les 1.184 enfants vaccinés contre le DTC et la polio entre leur 3e et 5e mois, alors que les 23 enfants non-vaccinés n'étaient jamais asthmatiques ou allergiques (ou du moins ne le faisaient pas savoir, un biais anti-soin ne pouvant être exclu totalement). L'association avec l'eczéma était faible. Aucune association n'a par contre été trouvée en lien avec l'immunisation contre le ROR, les oreillons seuls ou la varicelle. Aux États-Unis, une étude en 2000[769] trouvait pour l'asthme et chez les moins de 16 ans un "ratio de risque de 2,00" pour la vaccination DTC ou tétanos seul, risque statistiquement non significatif à cause du faible nombre de non vaccinés. Quelques études arrivent à des conclusions contraires. En 2001, une étude[770] partant de données de l'ISAAC (plus grande étude internationale collaborative sur l'asthme et les allergies chez l'enfant) et portant sur les vaccinations DTC, tuberculose et rougeole, concluait que "les variations internationales dans les maladies atopiques de l'enfant sont peu susceptibles d'être expliquées par des variations de l'immunisation". Toutefois, s'ils ont intégré l'eczéma et la rhino-conjonctivite, le terme asthme n'est présent que dans l'introduction et est remplacé dans les méthodes et résultats par la sibilance (*wheezing*), sifflement respiratoire corrélé à l'asthme mais sans que l'un implique l'autre[771]. Citons également une étude de 2004[117] de l'*American Journal of Public Health* basée sur une plus grande cohorte que les deux premières études, soit 29.238 enfants anglais. Leurs "données suggèrent que les vaccinations de routine actuellement recommandées ne sont pas un risque pour l'asthme ou l'eczéma". Leur conclusion affirmait pourtant qu'ils avaient "trouvé une association entre la vaccination et le développement de la maladie allergique". Leur mauvaise foi est proprement stupéfiante. Pour arriver à leur jugement final et éliminer un biais, ils ont séparé les enfants en 4 catégories, en fonction du nombre de consultations à un généraliste jusqu'à leurs 6 mois, hormis des consultations pour vaccinations ou pour allergies. Pour le DTC-Polio, seule la première catégorie (0 à 3 consultations) présentait un facteur de risque significatif (11,5 : 3,5 % contre 0,3 % chez les non vaccinés). Outre le fait que dire que cette association est "plus probablement le résultat d'un biais que d'un effet biologique" n'engage que les auteurs, regardons les données pour les 3 autres tranches : risque relatif de 4,00 (mais intervalle de confiance à 95 % compris entre 1 et 15,99 donc non significatif car incluant 1) pour 4 à 6 consultations, risque non calculable (par cette méthode, et pour cause) pour 7 à 8 consultations (5 % des 11.498 vaccinés, aucun des 29 vaccinés) et plus de 8 consultations (8 % des 11.333 vaccinés, aucun des 34 non vaccinés). Au total, les chiffres donnent un facteur de risque significatif de 14,0, et de 10,33 si l'on ajuste par la fréquence de consultation. La vaccination au ROR présente elle un risque significatif de 3,51, et 2,20 après ajustement. Il fallait oser pour conclure à l'absence de risque pour ces deux vaccins ! Et pour accepter cet article dans un journal relativement réputé (facteur d'impact 4,2 en 2013[772]). Il est proprement inconcevable que le processus de production de la recherche actuel permette à des chercheurs et des éditeurs de telles manipulations des données, et que l'article soit toujours visible 11 ans plus tard au même titre que d'autres travaux sincères. Pourtant nous avons constaté que les journaux avaient la liberté de rejeter une étude même après publication, comme celles de Wakefield mêlant vaccination et autisme (voir Chapitre 10).

Dans tous les cas, la question du lien avec l'allergie, compte tenu de sa prévalence très élevée, est cruciale en termes de rapport bénéfice-risque, au niveau individuel pour la santé et le confort de vie et au niveau collectif pour l'économie. Aux États-Unis par exemple, "on estime qu'il y a 30.000 réactions anaphylactiques à la nourriture traitées aux urgences et 150 à 200 morts chaque année. Arachide, fruits à coques, poisson et fruits de mer comptent pour la plupart des réactions anaphylactiques sévères à la nourriture"[773]. Quel est le coût pour la société pour ce seul effet secondaire de la vaccination, et quel serait sinon le nombre de morts et les coûts d'hospitalisation pour la tuberculose, le tétanos, la diphtérie et les autres maladies que l'on souhaite contenir par les vaccins ?

D'autres facteurs possibles du déclenchement allergique

Quoiqu'il en soit, l'étiologie de l'allergie compte probablement d'autres variables. La théorie hygiéniste expliquerait que nos efforts pour diminuer notre exposition aux microbes aient fait de nous des êtres plus fragiles (cf. ce documentaire[774]). Le brillant et marginal Professeur Gernez optait en partie pour cette explication[775], et recommandait de limiter la période hospitalière suivant l'accouchement, où les conditions d'asepsie sont trop élevées, alors que la reconnaissance du non-soi se fait sensiblement pendant les premiers jours de vie. L'hygiène expliquerait également les différences observées entre urbains et ruraux. Une étude[776] a comparé les taux d'allergies entre Amish de l'Indiana du Nord, Suisses fermiers (dont les Amish descendent) et Suisses non fermiers, et ont trouvé respectivement 7,2 %, 25,2 % et

44, 2 %. Ils pensent que la consommation de lait de ferme peut expliquer les différences observées, quoiqu'il eût été éclairant de tester également le statut vaccinal. A la ferme autrichienne[777] on trouve également moins d'allergies, d'asthme et de rhume de foins, expliqué de manière possible par les auteurs par "le développement d'une immuno-tolérance ou la stimulation des cellules Th1 et la suppression des cellules Th2 par exposition accrue des enfants des fermes aux antigènes microbiens des étables et des fermes". Une revue parue en 2014[778] listait "les théories [de la recrudescence des maladies allergiques] les plus pertinentes avec un accent particulier sur les hypothèses de l'hygiène, des antioxydants, des lipides et la pollution de l'air", sans qu' "aucune d'elle n'explique tous les aspects de l'augmentation sans précédent de la prévalence des troubles allergiques". Un rapport paru en 2012[779] dans *Nature Medicine*, trouvait "qu'une altération délibérée de la population de bactéries commensales[a] par traitement antibiotique oral résulte en une [...] inflammation allergique plus élevée", et la présente comme une cause précédemment inconnue du développement des maladies allergiques. Enfin, quelques rares maladies allergiques sont purement génétiques, comme l'intolérance congénitale au glucose[780].

L'allergie a émergé de façon relativement nouvelle au début du XXe siècle, et son étude scientifique impliquait toujours l'immunisation d'êtres vivants. Sa prévalence a littéralement exposé ces dernières décennies dans les pays industrialisés, et touche quasiment toutes les familles, à travers l'asthme, la rhinite ou la conjonctivite par exemple. Des mécanismes de présentation d'une protéine jamais identifiée par l'organisme et associée à un haptène sont connus pour déclencher de violentes réactions allergiques dans le corps humain, comme l'anaphylaxie. Les vaccins contiennent, malgré la discrétion voire le secret qui entourent leur fabrication et leur composition, de telles associations, avec des protéines que l'on retrouve comme principales allergies chez l'enfant : arachide, lait, œufs, blé, fruits à coque. D'autres facteurs, comme l'hygiène ou l'environnement, pèsent très probablement dans la hausse de cette affection. Des études confirment le risque, parfois très fort, que provoque l'administration de certains vaccins. Il convient désormais de mettre dans la balance bénéfice-risque de la vaccination les réactions allergiques, au vu de son caractère coûteux, pénible et parfois mortel.

---

a   Se dit d'un micro-organisme hôte habituel d'un organisme sans lui causer de dommage

Quatrième Partie

Mauvaises pratiques

Chapitre 13
Pandémie de 2009

L'OMS et la grippe H1N1 de 2009

L'OMS a mis en place un Comité d'urgence du Règlement sanitaire international, concernant la pandémie de grippe H1N1 en 2009. Parmi les 16 membres et conseiller, 6 ont déclaré[781] avoir des conflits d'intérêt dont :

- Dr Nancy Cox du *Centers for Disease Control* : "reçoit un soutien financier de la Fédération Internationale de l'Industrie du Médicament FIIM pour les activités du CDC".

- Pr Arnold Monto : "activités présentes et passées de consultant dans le domaine de la grippe pandémique et/ou saisonnière pour GSK, Novartis, Roche, Baxter et Sanofi. La rémunération de chacune de ces consultations est inférieure à US $10 000. En outre, son unité de recherche à l'Université du Michigan a reçu une subvention de Sanofi Pasteur pour un essai clinique conduit en 2007-2008 sur l'efficacité comparée des vaccins antigrippaux inactivés et vivants atténués".

- Dr John Wood : "a effectué des recherches sous contrat pour Sanofi Pasteur, CSL [qui a produit le vaccin Panvax contre la grippe susdite et en a vendu 21 millions de doses au gouvernement australien[782]], la FIIM, Novartis et Powdermed [rachetée en 2006 par Pfizer[783], qui a commercialisé le vaccin pH1N1 pour les porcs[784]] dans le domaine de la recherche et du développement d'un vaccin antigrippal".

- Pr Maria Zambon : dont le laboratoire "reçoit un financement de certains fabricants de vaccins, dont Sanofi, Novartis, CSL, Baxter et GSK".

- Pr Neil Morris Ferguson en tant que Conseiller : "a été consultant pour Roche et GSK Biologicals (jusqu'en 2007), travaux pour lesquels sa rémunération totale est restée au-dessous de US $7000 en 2007". Il a publié plusieurs articles dans le prestigieux journal *Nature* (2003[785], 2005[786], 2006[787], 2008[788]), où il explique régulièrement par des modèles qu'en cas de pandémie il faudra fermer les écoles, et que préstocker des vaccins est souhaitable, ainsi que des antiviraux pour 50 % de la population.

Si l'on pourra être étonné de retrouver parmi les décisionnaires autant de personnes qui côtoient de près les firmes vaccinales, l'exemple du Royaume-Uni et de son comité SAGE créé pour la même occasion confirmera de façon plus appuyée encore que ce n'est pas une coïncidence.

Le Royaume-Uni et la grippe H1N1 de 2009

Au Royaume-Uni, lors de problèmes d'envergure nécessitant l'avis d'experts, le comité SAGE est convoqué, et "agit en tant que canal principal pour le conseil scientifique au gouvernement pendant une urgence"[789]. La première fois le fut en 2009, pour conseiller le gouvernement sur la grippe porcine H1N1.

On peut trouver la liste de ses membres sur les sites officiels britanniques[790] :
- Le Professeur John Beddington, co-président du SAGE, est spécialiste de l'environnement[791], des ressources naturelles et de la pêche en particulier, et ne semble pas expert en quelque matière de la grippe.

- Le Professeur Sir Gordon Duff est l'autre président du SAGE, et "ses intérêts portent sur les maladies inflammatoires communes", mais ce spécialiste d'immunologie et de génétique ne semble pas non plus expert de la grippe, si l'on se réfère à d'éventuelles publications sur le sujet[792]. Il est "ancien Président du Comité sur la Sûreté des Médicaments et son Sous-Comité sur les Médicaments Biologiques et les Vaccins"[793].

- Le Professeur David Harper appartient au Lead Government Department, structure désignée par le gouvernement pour "être responsable de la gestion générale de la réponse du Gouvernement Central à [un] incident"[794]. Il est pour sa part[795] expert dans le domaine plus général de la santé et de la sécurité publiques, de l'évaluation et de la gestion de risques, et de la communication, quoiqu'il ait un diplôme en microbiologie et une thèse en biochimie[796].

- Le Professeur Dame Sally Davies est la quatrième personne à faire partie du SAGE pour son expertise plus générale, en tant "Conseillère Ministérielle Scientifique en Chef". Elle a depuis 2010 accédé à la très haute fonction de Directeur Général de la Santé (CMO) au Royaume-Uni[797], première femme à accéder à ce poste. Elle a été spécialisée dans l'hématologie et plus spécialement la drépanocytose[798]. Pour information, en novembre 2014 et selon le *Daily Mail*[799], elle disait qu'il était "crucial que les enfants entre 2 et 4 ans [soient] vaccinés" contre la grippe.

- Le Professeur Sir Roy Anderson a été Recteur de l'Imperial College de Londres entre 2008 et novembre 2009, siège au Conseil Scientifique du programme Maladies Tropicales Négligées de l'OMS, et est directeur non-exécutif indépendant de GlaxoSmithKline[800]. Le *Daily Mail* affirme en 2009[801], sans que nous ayons pu le vérifier, que sir Roy "a gagné 116.000 £ avec GSK l'an dernier, avec au moins un quart qu'il a reçu en actions". GSK aurait généré au 4e trimestre 2009, pour le seul Pandemrix, 1 milliard de £ d'après *The Telegraph*[802] (50 millions de doses à 7€ vendues à la France par exemple[803]), vaccin recommandé par l'OMS pour la grippe de 2009 et qui pour rappel est considéré comme causant la narcolepsie (voir Chapitre 3).

- Le Docteur Meirion Evans travaille à l'Université de Cardiff[804] et ses centres d'intérêt incluent "l'immunisation des adultes"[805]. En 2003, il publiait un article[806] pour étudier comment "améliorer la couverture vaccinale contre le grippe chez les personnes âgées en mettant plus l'accent dans les documents d'informations pour les patients sur l'efficacité et la sûreté vaccinale".

- Le Professeur Neil Ferguson, déjà mentionné au chapitre précédent sur l'OMS.

- Le Professeur George Griffin a engagé des collaborations de recherche avec 5 firmes dont Merck Serono[807], et de manière plus directe touche des revenus de 5 autres firmes pharmaceutiques, dont Agouron-Pfizer, ou AstraZeneca, l'ex-employeur de Roselyne Bachelot. AstraZeneca a sorti en 2014[808] un vaccin contre la grippe, vaporisable par le nez. A l'université Saint Georges de Londres où il travaille, la seule source de financement mentionnée est la fondation Bill and Melinda Gates, très impliquée dans la vaccination[809].

- Le Docteur Peter Grove travaillait à cette époque au Ministère de la Santé, et a un parcours de physicien théorique ; "ses domaines d'expertise incluent la modélisation mathématique [et] la méthodologie statistique"[810].

- Le Professor Andrew Hall a été président du Joint Committee on Immunisation and Vaccinations[811]. Il "a écrit de nombreuses publications sur les vaccins. Ses principaux centres d'intérêt sont l'enseignement, la prévention du cancer du foie, les maladies évitables par vaccins et la vaccination"[810]. Si ce n'est pas le cas de tous les travaux qu'il a entrepris, "Andrew Hall a reçu une contribution pour financer la recherche de Merck, Sharp and Dohme (fabricant de vaccin)" pour différentes études[812][813].

- Le Docteur Stephen Inglis est directeur du National Institute Biological Standards & Control[814], "premier au monde dans le domaine de la standardisation en biologie"[815]. En 2008, cet institut comptait parmi les membres du comité des personnes ayant des déclarations d'intérêt[816] (p.74) avec Sanofi, Novartis, GlaxoSmithKline. En préparant la souche du vaccin H7N1 en "préparation à la pandémie", l'institut fut impliqué dans le projet Flupan[817], projet "soutenu à hauteur de 2,1 millions d'euros par le 5e programme-cadre de recherche de l'UE"[818].
Plus personnellement, un rapport sur l'année 2007[819] de l'Agence de Régulation des Produits de Santé et de Soins (MHRA) répertoriait les sociétés pharmaceutiques pour lesquelles Inglis avait un lien d'intérêt, par contrat ou brevet : on en comptait 67, dont Baxter, Bayer, GSK, Novartis, Pfizer, Roche ou Sanofi.

- Le Docteur Steve Leach n'a ni d'expérience directe dans les vaccins ni sur le grippe, mais a "25 ans d'expérience en recherche microbiologique, dirigeant des équipes pour évaluer les potentiels impacts de pathogènes microbiens sur la santé publique, incluant des travaux sur des pathogènes dangereux, le bioterrorisme, l'évaluation du risque microbien, l'analyse statistique et la modélisation mathématique"[810], bien qu'aucun de ces travaux ne se rapporte directement à la grippe[820] ; il n'a pas non plus de lien dans les vaccins.

- Le Professeur Susan Michie travaille sur deux domaines de la santé, dont l'un est "les facteurs de risque parmi la population générale (par exemple fumer, l'activité physique, la préparation à la grippe pandémique)"[821]. Elle copubliait un article en 2008[822] dont le but était d'étudier les moyens "pour augmenter la prise du vaccin ROR", où elle préconisait "les interventions [...] pour encourager une plus grande prise parmi la population de Londres", dont "les taux [...] sont au-dessous des 95 % nécessaires pour l'immunité de groupe". Elle allait plus loin en 2010 avec un article[823] où elle débattait des façons de rendre la vaccination ROR obligatoire au Royaume-Uni.

Elle semble avoir assez peu de relations personnelles avec les grandes firmes, bien qu'elle annonce "avoir reçu des paiements de voyages et d'hébergement de Pfizer, qui fabrique le Champix[, produit anti-tabac sur lequel elle avait mené des études]. Elle a reçu des honoraires d'oratrice à des évènements éducationnels sponsorisés par Pfizer"[824]. D'après d'autres déclarations[825], "[s]on mari, Pr. Robert West, reçoit des honoraires de consultant de l'industrie pharmaceutique en relation avec l'arrêt de la cigarette". On apprend ailleurs que ces sociétés sont Pfizer, Johnson & Johnson, Mc-Neil, GlaxoSmithKline, Nabi, Novartis, et Sanofi-Aventis. Enfin, "il détient une partie d'un brevet sur un nouveau dispositif d'administration de nicotine"[826].

- Le Professeur Angus Nicoll est également médecin et pédiatre[827]. Il avait déjà "présidé à l'OMS un groupe réfléchissant aux mesures de santé publique à prendre contre la grippe de 2004"[810]. En 2008, ses positions sur la vaccination contre le grippe étaient connues pour être favorables, quoique nuancées[828] : "il y a de bonnes preuves scientifiques pour offrir en routine l'immunisation annuelle aux personnes de plus de 65 ans, et à certaines personnes avec divers problèmes médicaux chroniques", ainsi que pour les personnes qui s'en occupent. Pour les femmes enceintes et les enfants, "les preuves scientifiques [...] ne sont pas assez fortes pour l'Europe bien que réciproquement il n'y ait pas de preuves contre l'immunisation". Aucun conflit d'intérêt ne le concerne.

- Le professeur Karl Nicholson se présentait déjà en 2004 comme promoteur de la vaccination, comme le montre un article coécrit avec Maria Zambon dans le *Lancet* traitant déjà de l'utilité du "développement d'un vaccin [anti-grippal] pour une pandémie potentielle" : "la vaccination est le principal moyen pour combattre l'impact de la grippe". Il a à son Université de Leicester "dirigé l'Essai Clinique Humain avec le Vaccin contre la Grippe Aviaire"[829]. En 1994 déjà[830], il préconisait que "les médecins généralistes [aient] des objectifs et [soient payés]" pour vacciner plus, puisque "les niveaux de vaccination contre la grippe en Grande-Bretagne sont déplorablement insuffisants".

Des déclarations d'intérêt se trouvent dans un article de revue de 2003[831] qu'il a écrit, avec Maria Zambon, également membre du SAGE, dans le *British Medical Journal*. "KGN [Karl Nicholson] a reçu des indemnités et des honoraires de voyages de GlaxoSmithKline [et] Roche [...], pour des consultations et des exposés à des symposiums [...]. Son groupe de recherche a reçu des financements de GlaxoSmithKline et Roche [...] ; Berna Biotech et Chiron pour des essais de vaccins grippaux ; et Wyeth pour son travail sur l'épidémiologie de la grippe chez les jeunes enfants". On apprend juste après qu'il a été "membre fondateur et vice-président du Groupe de Travail Scientifique Européen sur la Grippe (ESWI), [...] supporté financièrement par des fabricants de vaccins, Roche et GlaxoSmithKline, mais scientifiquement indépendant". Le lecteur trouvera la dernière partie de la phrase soit rassurante, soit, plus probablement, paradoxale.

En fait, il écrit dès 2000 un article dans le *Lancet*[832] promouvant le Tamiflu comme "efficace et bien toléré dans le traitement de la grippe naturelle chez les adultes". Bien que cela n'ait pas un lien direct avec la vaccination, la suite nous donne un aperçu, que nous espérons peu représentatif, de la recherche financée par les laboratoires. Le *British Medical Journal*, "un des 100 journaux les plus influents en médecine et biologie des 100 dernières années"[833], produit lui-même un compte-rendu de l'affaire en 2009[834]. Selon le journal, Nicholson, pourtant premier auteur de l'article, confessa : "Je ne me rappelle pas avoir vu les données individuelles des patients ; j'en avais néanmoins la possibilité sur demande. Je n'ai certainement pas analysé le jeu de données (cela fut fait par un autre co-auteur, Kinnersley, un statisticien de chez Roche, dont l'affiliation est clairement mentionné dans l'article) et j'ai ainsi utilisé les tables de données résumées générées par le statisticien [de chez Roche]". Même avec la meilleure foi du scientifique intègre, le résultat de l'article dépend donc en grande partie des allégations de Roche, fabricant du Tamiflu. Kaiser, premier auteur d'un deuxième article[835] vantant les mérites du Tamiflu, va même plus loin : "l'analyse statistique et la gestion de la base de données furent effectuées par l'équipe de Roche".

Pour mieux percer encore les liens entretenus avec les grands groupes, il faut néanmoins se reposer sur une enquête du récent et reconnu Bureau de Journalisme d'Investigation (BIJ) de Londres qui mena sa première enquête[836] sur les rapports entre les membres de l'OMS impliqués dans la décision sur la grippe pandémique de 2009 et les firmes pharmaceutiques. Un peu à la manière du SAGE dont nous dévoilons dans le présent chapitre quelques liens d'intérêt, l'ESWI pourrait faire l'objet à lui seul d'un chapitre. Un autre compte-rendu[837] du *British Medical Journal*, inspiré par l'enquête du BIJ, présente les liens obscurs entre les représentants de l'OMS impliqués dans les décisions sur la grippe et les firmes pharmaceutiques, et l'opacité autour de cette question. Dans "un entretien avec le BMJ, le porte-parole de l'OMS Gregory Hartl réitéra le fait que Dr Margaret Chan[, présidente de l'OMS depuis 2006[838]] *est très impliquée personnellement dans la transparence*". Pourtant son bureau a refusé nos demandes répétées pour citer les déclarations d'intérêt et ne souhaite pas commenter les allégations que les auteurs des directives avaient des intérêts déclarables". Nicholson explique au *BMJ* que "une partie des informations et de l'expertise la plus pertinente est détenue par les sociétés ou les individus qui ont des conflits d'intérêt. Je comprends l'idée que des experts ayant des conflits d'intérêt n'en avertissent pas les gouvernements ou les organisations telles que l'OMS". Dans ce sens, "malgré [...] les liens ouvertement déclarés dans le *Lancet* et le *BMJ*, aucune déclaration de conflit d'intérêt ne fut incluse dans l'annexe qu'il écrivit à l'OMS. Le Professeur Nicholson dit au *BMJ*/Bureau [le BIJ] qu'il eut dernièrement des "relations financières" avec Roche en 2001. Quand il lui fut demandé s'il signa un formulaire de déclaration d'intérêt pour l'OMS, Prof. Nicholson répondit : "*L'OMS requiert d'avoir participé à des conférences, comme celles tenues en 2002 et 2004, pour remplir des déclarations d'intérêt*". Avoir été très récemment financé par Roche n'est donc pas condition nécessaire pour l'OMS pour en remplir. Pour terminer, si l'on croit le BIJ, "le bureau du Directeur Général Margaret Chan a refusé de dévoiler aucun détail des déclarations de 2004 qu'ils disent avoir recueillies". Hartl donna l'explication suivante : "Nous avons à arbitrer entre la vie privée des individus et la robustesse des recommandations". Un rapport du Sénat du 29 juillet 2010 déjà cité[839] aborde ce problème : "M. Yves Charpak a observé que l'anonymat des membres du comité d'urgence avait soulevé de nombreuses interrogations, tant à l'intérieur qu'à l'extérieur de l'OMS. L'anonymat des membres du comité d'urgence tranche avec le caractère public de la composition du groupe consultatif stratégique d'experts de la vaccination (SAGE), créé par le directeur général de l'OMS en 1999, et qui est le principal groupe consultatif de l'OMS pour les vaccins et la vaccination".

- Le Professeur Peter Openshaw est directeur du Centre des Infections Respiratoires à l'Imperial College de Londres. En 2013[840], "il dirige un consortium à l'échelon national de 45 co-investigateurs dans 8 villes pour comprendre les variations dans la sévérité des patients hospitalisés à cause de la grippe [...] et détient actuellement des financements totalisant plus de 10 millions de livres. [...] Il a été nommé pour être 'Homme de l'Année' par Science Media Center en 2009. [...] Il est conseiller scientifique du Centre de Recherche Hollandais du Vaccin contre la Grippe [et] a été membre du Groupe de Travail sur les Vaccins de l'Académie des Sciences Médicales en 2005". En 2014, sur sa page de présentation à l'Imperial College[841], il déclare trois liens avec l'industrie : des fonds de recherche de Tibotec (devenu Janssen), Bavarian Nordic qui travaille sur "la recherche, le développement et la production de nouvelles immunothérapies contre le cancer et vaccins contre les maladies infectieuses"[842], et un siège au conseil scientifique de Kenta Biotech. En parcourant ses articles, on découvre qu'il déclare parfois "avoir servi comme conseiller de GlaxoSmithKline, Sanofi et Janssen" sur cet article de 2014[843], ou encore sur cet article accepté en 2010[844] "être un membre [vice-président depuis 2008] du Groupe de Travail Scientifique Européen sur la Grippe (ESWI) qui est financé par l'industrie pharmaceutique". Il était donc nécessairement lié en 2009, à un degré à définir, à l'industrie pharmaceutiques et vaccinale, et il est regrettable qu'il omette de signaler ses liens avec GlaxoSmithKline et Sanofi sur sa page.

- Le Professeur Deenan Pillay travaille au University College de Londres (UCL), où parmi ses activités de recherche figure la "pathogénèse du cytomegalovirus[a] et le développement de vaccins"[845]. En 2009, il faisait également parti d'un groupe d'experts pour conseiller le gouvernement du Royaume-Uni au sujet du sida[846]. Il déclarait à cette période les liens suivants[847] : un rôle personnel de consultant pour GlaxoSmithKline, Gilead, Boerhinger, Ingelheim, Bristol-Myers Squibb. Son département

---

a   De la famille des virus herpès

recevait également des honoraires de la part de ces mêmes firmes, ainsi que de Pfizer, Monogram Biosciences.

- Sir John Skehel est d'après l'Institut International des Vaccins[848] "un des plus éminents virologistes du monde et a apporté de profondes contributions à la compréhension du virus de la grippe" ; "il mène et coordonne la Conférence Internationale Royaume-Uni-Corée sur les Vaccins contre la Grippe avec le Professeur Baik Lin Seon". Il possède depuis 2007 un brevet[849] nommé "Structure cristalline de la neuraminidase du virus de la grippe et son utilisation". Selon un article de 2012[850], "il y a [depuis 2008] des indications claires que l'inclusion de la neuraminidase dans le vaccin procurerait une protection additionnelle et effectivement une protection croisée contre le virus [grippaux] porcins et aviaires". Il est néanmoins difficile de savoir quel est l'impact de la vaccination sur les revenus de ce brevet.

- Le Professeur Jonathan Van Tam, d'après la Société Internationale sur la Grippe et les autres Maladies Respiratoires Virales (ISIRV), "est devenu maître de conférences à l'Université de Nottingham en 1997, avant de rejoindre l'industrie pharmaceutique comme Directeur Associé à SmithKline Beecham [ancêtre de GlaxoSmithKline avant fusion], puis Chef des Affaires Médicales à Roche, et enfin Directeur Médical Royaume-Uni à Aventis Pasteur MSD ["seule entreprise en Europe qui se consacre exclusivement aux vaccins"[851]]". Il retourne dans le secteur public en 2004[852].

- Le Professeur Maria Zambon, comme précisé au début du paragraphe recevait en 2009 pour son laboratoire "un financement de certains fabricants de vaccins, dont Sanofi, Novartis, CSL, Baxter et GSK".

S'il est incontestable que ces gens font pour la plupart figure de pointures dans leur domaine, voire dans celui de la grippe, il n'en reste pas moins que le comité SAGE compte parmi ses membres de nombreuses personnes subventionnées par les industries liées au vaccin, ou avaient déjà en 2009 des visions assez favorables de la vaccination. Sans présumer non plus l'immoralité ou la partialité, il pouvait paraître plus que plausible qu'en constituant un tel groupe pour préparer la réponse à la pandémie, les conclusions tendraient à promouvoir la solution vaccinale. Toujours est-il que ces gens n'appartenant pas au cercle de pensée vaccino-critique, et qui touchent pour un bon nombre d'entre eux l'argent de firmes vaccinales, avaient pour mission de "conseiller l'OMS quant à l'immunisation"[790]. Et c'est l'OMS qui a décrété le 11 juin 2009[853] la phase 6[854], qui "indique la présence d'une pandémie selon [sa propre] définition", n'incluant plus désormais le critère de gravité mais seulement de diffusion géographique (voir Chapitre 3). Déclaration de pandémie qui a elle-même entraîné l'achat massif de vaccins d'un grand nombre de pays.

Le BIJ conclut ainsi son enquête : "Le nombre de victimes du H1N1 s'est avéré être bien plus petit que même les prédictions les plus conservatrices de l'OMS. Cela aurait pu, évidemment, être bien pire. Prévoir le pire en espérant le meilleur semble une approche raisonnable. Mais notre investigation a révélé des points préjudiciables.

S'ils ne sont pas traités, H1N1 pourrait encore faire valoir sa plus grande victime —la crédibilité de l'OMS et la confiance dans le système de santé publique mondial".

Précisons à nouveau qu'il n'y a pas de jugement péremptoire de leur bonne foi, mais on peut s'interroger pourquoi le conflit d'intérêt aurait été mis dans la loi, si au final les hommes étaient tous bons et non influençables, soucieux avant et contre tout de vérité. Malheureusement, pour résoudre cette problématique, on s'aperçoit que l'OMS par son porte-parole veut privilégier l'intimité individuelle et l'anonymat à la transparence, et tend à opacifier ce système de contrôle populaire déjà fragile. Et l'on peut se douter, comme dans le cas des analystes économiques[855], que ceux qui se sont trompés seront encore les premiers invités à la prochaine expertise.

Que ce soit avec l'exemple de l'OMS ou du Royaume-Uni, l'examen des carrières et des positions des personnes réunies pour réfléchir et conseiller sur la marche à suivre au moment de la pandémie H1N1 de 2009 illustre les collusions entre personnes décisionnaires et industrie pharmaceutique. Comme souvent en démocratie, certaines opinions divergentes étaient peu ou prou représentées, et il était prévisible avec de tels aréopages que les conclusions et directives fussent orientés vers une utilisation massive des vaccins.

Chapitre 14
Presse et industrie

L'édition scientifique dénoncée de l'intérieur

Nous avons dans les chapitres précédents mis en avant de multiples références à des articles du très prestigieux *New England Journal of Medicine*, lu par "plus de 600.000 personnes dans 177 pays chaque semaine"[856]. Certains de ces articles au vu du haut niveau d'exigence d'un tel journal, manquaient étonnamment d'une certaine rigueur, en particulier concernant la qualité des groupes contrôles que l'on est censé comparer au groupe des vaccinés. En 2001 par exemple, une série d'articles défendait le vaccin contre l'hépatite B concernant les risques de scléroses en plaque, dont deux parus[257] [258] dans le *NEJM*. La rigueur ou du moins la puissance démonstrative des articles nous ont semblé, ainsi qu'à l'ANSM, assez faible en regard de l'attente pour un tel journal (voir Chapitre 4). Les deux études recevaient entre autres un financement de Merck. Juste avant, en mai 2000, le *New-York Times* nous apprenait[857] que ce journal changeait d'éditeur pour la troisième fois en un an. Le nouvel éditeur en chef était le docteur Jeffrey M. Drazen, poste qu'il occupe encore en 2015[858].

Le premier, Jerome Kassirer finissait en 1999 un mandat de plusieurs années à la tête de l'édition de ce journal[859]. En 2004, il publie un livre intitulé *Corruption : comment la complicité de la médecine avec la grande industrie peut nuire à votre santé*[860], où il présente "des documents, avec des exemples bien référencés, comment les conflits d'intérêt, principalement de nature financière, ont infiltré tous les secteurs de la profession"[861]. Suivit Marcia Angell[862] qui assura l'intérim jusqu'en 2000. En 2004, elle aussi publie un article d'idées[863] dans le *New York Review of Books*, traitant de l'industrie pharmaceutique. Elle y affirme que "au cours des deux dernières décennies, l'industrie pharmaceutique a évolué très loin de son dessein original de découvrir et de fabriquer de nouveaux médicaments utiles. Désormais en priorité une machine commerciale pour vendre des médicaments aux bénéfices douteux, cette industrie utilise sa richesse et son pouvoir pour coopter toutes les institutions qui pourraient se mettre sur son chemin, dont le Congrès des États-Unis, la FDA, les centres médicaux académiques et le corps médical lui-même. (La plupart de ses efforts de promotion commerciale se consacrent à influencer les docteurs, puisque ce sont eux qui écrivent les ordonnances.)"

En janvier 2009, elle produit un autre billet[864] dans ce même journal. Selon elle, "il n'est simplement plus possible de prêter foi à une grande partie de la recherche clinique qui est publiée, ou s'appuyer sur le jugement de médecins dignes de confiance ou de consignes médicales qui font autorité. Je ne prends aucun plaisir à arriver à cette conclusion, que j'ai atteinte lentement et à contre-cœur au cours de mes deux décennies comme éditeur au *New England Journal of Medicine*". Peut-être parle-t-elle ainsi animée par des raisons personnelles et exagère-t-elle dans ses propos. Elle appuie néanmoins ces allégations par des exemples marquants. Elle cite le cas du Dr. Joseph Biederman : "En grande partie grâce à lui, les enfants d'à peine deux ans sont désormais diagnostiqués comme ayant un trouble bipolaire et traités avec un panaché de médicaments puissants, dont beaucoup n'ont pas été approuvés par la Food and Drug Administration (FDA) pour cette utilisation, et aucun d'entre eux approuvés pour des enfants de moins de 10 ans".

"En juin [2008], le sénateur Grassley révéla que des sociétés pharmaceutiques, dont celles qui fabriquaient les médicaments qu'il préconisait contre les troubles bipolaires de l'enfant, avaient payé Biederman 1,6 million de dollars d'honoraires de consultant et d'orateur entre 2000 et 2007. Deux de ses collègues reçurent le même montant"[865]. Elle s'étonne que "après cette révélation, le président de l'Hôpital Général du Massachusetts et le président de l'association des médecins envoyèrent une lettre aux médecins de l'hôpital non pour exprimer leur choc devant l'énormité du conflit d'intérêt mais la sympathie aux bénéficiaires : « Nous savons que c'est un moment incroyablement douloureux pour ces docteurs et leurs familles, et nos pensées vont à eux »". Cette lettre n'est malheureusement pas disponible, et nous n'avons pu retrouver l'entièreté de celle-ci que sur un seul site internet[866]. On y lisait l'importance des collaborations bien suivies entre milieu académique et industrie, le rôle vital des trois docteurs impliqués dans celles-ci, et "plus important encore, [le fait qu'ils] sont aimés et soutenus dans la confiance par des milliers d'enfants et de familles reconnaissants qui ont compté sur eux pour un traitement, un conseil, une aide et l'espoir".

Biederman eut un droit de réponse fin 2008[867] dans le *Wall Street Journal* qui l'avait sali : "En fait, j'ai gagné 3.500 $ de Johnson & Johnson cette année-là, [précisément le] montant que j'avais écrit au sénateur. Je suis très préoccupé du fait que le Journal ait terni ma réputation professionnelle et personnelle, et fait profondément du tort au champ de la psychiatrie de l'enfant". Se pourrait-il que Marcia Angell ait exagéré les infractions commises ou jeté un discrédit illégitime sur la profession, que ce soit par jalousie, besoin d'attention, ignorance, antisémitisme ou appât du gain ?

En fait, deux ans après son article, le dénouement de l'affaire indiqua la responsabilité des docteurs, comme le relate un article[868] des blogues du journal *Nature*. L'hôpital annonçait que "des actions appropriées pour remédier" spécifiquement à ces problèmes avaient été prises (lien internet non disponible). La lettre des chercheurs[869] est quant à elle toujours accessible : "Nous avons toujours cru que nous adhérions de bonne foi aux règles de nos institutions et que nos erreurs furent involontaires. Nous reconnaissons aujourd'hui que nous aurions dû consacrer plus de temps et d'attention aux obligations détaillées de ces règles et de leurs objectifs sous-jacents". Ce qui semble contredire directement le droit de réponse de 2008 où Biederman clamait son innocence. Nous apprenons les mesures prises à leur encontre : "se passer pendant un an de toute activité extérieure payée que l'industrie sponsorise, avec une période de surveillance de deux autres années durant lesquelles nous devons obtenir l'approbation de nos responsables d'institutions [...] avant de démarrer toute activité payée ainsi que le compte-rendu de ces activités ; une formation supplémentaire, et un délai d'examen dans notre promotion ou notre avancement". Étant donné leur niveau de poste, la dernière mesure ne paraît trop coercitive. Docteur en médecine à Harvard, Joseph Biederman ne se range pas dans la catégorie des chercheurs nécessiteux ou avide d'un quelconque besoin de reconnaissance. Il a été évalué sur la période 1997-2007 par InCites comme étant le deuxième chercheur le plus prolifique en termes de publications dans le domaine psychiatrie/psychologie[870], et par Essential Science Indicators comme "le scientifique dont la recherche est le plus citée"[871], "avec 294 articles cités au total 6.866 fois" entre 1995 et 2005, sur le sujet des troubles du déficit de l'attention, avec ou sans hyperactivité. La sentence globale semble elle aussi quelque peu légère après un manquement —qui plus est caché —de cette ampleur, et aux conséquences aussi importantes. Comme nous l'indiquons plus loin (voir Chapitre 16), la firme Johnson & Johnson paiera 2 milliards de dollars au cours d'un accord à l'amiable concernant la "promotion d'utilisations non approuvées comme sûres et efficaces par la Food And Drug Administration (FDA) et le paiement de pots-de-vin à des médecins et aux plus grands pharmaciens détaillants de soins de long-terme de la nation" avec le Risperdal, un de ces médicaments promu par Biederman. Biederman, dont le nom signifie *honnête homme* en allemand.

Selon un document de la Cour fait en 2013[872], on lit (p. 13) que les ventes de Risperdal ont décuplé en 10 ans, passant de 172 millions de dollars en 1994 à 1,726 milliard en 2005, puis 4,5 milliards en 2007 d'après *Bloomberg*[873] avant que la firme ne perde la protection par brevet. Si elles ont baissé depuis, d'autres médicaments de même type engendrent encore plusieurs milliards par an[874]. Il convient en tout cas de s'assurer que la schizophrénie qu'elle traite et les troubles bipolaires sont convenablement diagnostiqués[875], compte tenu des nombreux effets secondaires[876] que le traitement engendre : selon l'ANSM[877], "une somnolence [...] chez 63% [resp. 72% pour une 2e étude] des patients traités par rispéridone et 30,8% [resp. 7,7%] des patients sous placebo", "une prise de poids, 3 à 4 fois plus importante dans le bras rispéridone que dans le bras placebo", "des troubles endocriniens (hyperprolactinémie[a], gynécomastie[b]) [...] chez 6,3% des patients traités par rispéridone versus 1,3% sous placebo", et "une tachycardie [...] chez 8,2% [12,5% dans une 2e étude] des patients traités par rispéridone [alors qu'] aucun cas n'a été observé dans le groupe placebo pour les 2 études". De surcroît, un article de 2011[878] du *NEJM* établissait que "la rispéridone injectable à longue durée d'action n'était pas supérieure à un choix de traitement oral par le psychiatre chez les patients atteints de schizophrénie ou de troubles schizo-affectifs qui étaient hospitalisés ou avec un grand risque d'hospitalisation, et il était associé avec plus d'effets indésirables extrapyramidaux[c] et à l'endroit de l'injection".

L'histoire qui s'est passée à Harvard ne fait pas figure d'exception. Maria Angell poursuit avec le cas similaire de Charles Nemeroff, dont les infractions ont également

---

a   Augmentation dans le sang de la prolactine, hormone de la lactation
b   Développement excessif des glandes mammaires chez l'homme
c   Syndromes apparentés au syndrome parkinsonien

été révélées par le même sénateur Grassley en 2008. Dans un article d'*Annals of Neurology* de fin 2008[879], on lit que "des documents de justice divulgués en octobre indiquent que la société et/ou les chercheurs aient pu supprimer ou rendre obscur des données sur le risque de suicide durant les essais cliniques [de l'antidépresseur Paxil/Seroxat]. Charles Nemeroff, chercheur à la pointe sur la dépression [...] démissionna de [son poste de président du département de Psychiatrie à] l'Université d'Emory après les révélations qu'il avait reçu plus de 960.000 $ de GSK en 2006, alors qu'il avait notifié moins de 35.000 $ à son école. Les investigations suivantes révélèrent des paiements totalisant plus de 2,5 millions de dollars de firmes pharmaceutiques entre 2000 et 2006, alors qu'une fraction seulement fut rendue publique". Le document de 76 pages de la Cour[880] sur ce dossier précise les chiffres (p. 11) : "10 des 93 patients traités au Paxil ont enduré un épisode suicidaire possible, comparé à un sur 87 patients du groupe placebo. C'est un dessin fondamentalement différent du profil de sécurité pédiatrique du Paxil que celui dépeint par l'article du *JAACAP*[881], qui listait au plus 5 épisodes suicidaires potentiels parmi les patients traités au Paxil, les évinçait comme non liés au Paxil, et concluait que traiter les enfants au Paxil était sans danger", alors qu'il "exagérait son efficacité dans le traitement de la dépression infantile" (p.10).

En interne, GSK admettait l'absence de preuve et "les résultats insatisfaisants" de deux études quant à l'efficacité et concluait : "il serait commercialement inacceptable d'inclure une déclaration comme quoi l'efficacité n'avait pas été démontrée, car cela minerait le profil du [Paxil]" (p. 6). Le procès révèle d'innombrables mauvais agissements, entre mensonge et corruption. On pourrait encore une fois s'étonner que l'article en question n'ait pas été enlevé du journal puisque frauduleux, alors que celui du docteur Wakefield sur le vaccin ROR a subi ce sort.

Ces deux exemples, selon le sénateur Grassley, constituent malheureusement moins l'exception que la règle. Dans le *New-York Times*[882], il confessait en 2008 qu'après "avoir questionné environ 20 docteurs et institutions de recherche, il semble que les problèmes de transparence sont partout. Le système actuel pour garder un œil sur les relations financières ne marche pas".

Sources de partialité globale de certains journaux

Revenons donc au dernier éditeur en chef du *New England Journal of Medicine*, Jeffrey Drazen. D'après un article[883] du *British Medical Journal* paru après sa nomination, il "avait des liens financiers avec au moins 21 sociétés pharmaceutiques depuis 1994 d'après plusieurs rapports. Après les plus récentes révélations, il dit qu'il réalise que le problème des conflits d'intérêt est important mais que les chercheurs académiques doivent continuer à travailler proche des sociétés pharmaceutiques s'ils veulent voir de nouveaux médicaments sur le marché". Il "avait critiqué par la Food and Drug Administration pour avoir fait des éloges excessifs pour un nouveau médicament contre l'asthme fait par une firme dont il avait prévenu avoir été payé comme consultant". Ce qu'il considère comme "une erreur de bonne foi" fut sanctionné l'année précédente par la FDA avec un "avis d'infraction contre le Sepracor", Drazen trouvé "coupable d'avoir établi "de fausses et trompeuses" affirmations sur la valeur du médicament. Après avoir été payé par la firme pour évaluer les études sur ce médicament, Drazen concluait que ce produit était "la première vraie avancée dans thérapie de secours de l'asthme depuis plus de 20 ans". Mais la FDA trouva que cette affirmation surévaluait à la fois la sûreté et l'efficacité du médicament. [...] Sepracor utilisa les affirmations ambiguës de Drazen pour promouvoir agressivement le médicament. [Ce dernier] concéda que les résultats cliniques était insignifiants. L'affirmation selon laquelle le médicament était la première avancée réelle depuis 20 ans "n'était pas vraiment adaptée" selon lui. "Mais j'étais intéressé par cette manière de faire de la science". "Je pensais que c'était une avancée. Mais du point de vue d'un puriste, ce n'en était pas.'" D'après un article[884] du *Canadian Medical Association Journal*, le levalbuterol, principe actif du Sepracor "est une variante de l'albuterol, mais coûte 5 à 8 fois plus".

Son arrivée à la tête du *NEJM* fit donc jaser. Toujours est-il qu'il prit les devants, et "en accord avec la politique du *NEJM*, Drazen dit qu'il ne traitera aucun manuscrit impliquant les sociétés [avec lesquelles il avait eu des liens] pendant deux ans après le dernier contrat". Un an plus tard cependant, il co-publiait une communication[885] sur le changement de la politique de déclaration de conflits d'intérêt : "le *Journal* attend que les auteurs de tels articles n'aient pas de liens d'intérêt financiers significatifs avec une société (ou son compétiteur) qui fabrique un produit débattu dans l'article". Le mot *significatif* a été ajouté à la précédente règle, et il s'en expliquait ainsi : "Depuis deux ans nous avons évalué avec soin les avantages et les inconvénients de [la précédente] politique. [...] Nous avons conclu que notre capacité à fournir une information complète et à jour, spécialement sur les avancées récentes en thérapeutique, était limitée. Par exemple, sur les deux dernières années nous n'avons été capables de solliciter et publier qu'un seul article de Pharmacothérapie sur une nouvelle forme de traitement. Clairement, si nous ne publions rien sur un sujet donné nous ne courrons aucun risque de promouvoir une opinion biaisée, mais notre silence ne sert pas nos lecteurs". Il poursuit : "L'ajout du mot "significatif" tient compte du fait que toutes les associations financières ne sont pas les mêmes. Certaines, comme le reçu d'honoraires pour des conférences éducationnelles occasionnelles sponsorisées par des sociétés biomédicales, peuvent être vues convenablement comme mineures et peu susceptibles d'influencer le jugement de l'auteur. D'autres, comme la détention de parts substantielles d'une société, sont plus préoccupantes". Ils évaluent ensuite la somme annuelle qui pourrait entraîner un jugement partial dans un article à 10.000 $, ainsi que les "parts dont les profits ne sont pas limités comme les actions, les options sur actions ou des brevets". Le lecteur se fera sa propre idée du bien-fondé de cette extension de la politique de publication.

D'autres journaux très influents possèdent à leur tête des scientifiques avec des conflits d'intérêt majeurs, et dont il serait par exemple difficile de trouver une étude explicitement critique de la vaccination. Comme nous l'avons vu dans l'affaire Wakefield avec le vaccin ROR, le prestigieux journal *Le Lancet* avait comme propriétaire à ce moment-là le directeur non-exécutif de GlaxoSmithKline, Crispin Davis. Son propre frère Nigel Davis, juge de la Haute Cour, était impliqué dans le procès, et avait "rejeté la demande d'appel des enfants contre le retrait de l'aide légale", tout "en omettant de révéler que son frère était le directeur du comité de direction de GlaxoS-mithKline", d'après le *BMJ*[130]. On découvrait aussi dans cette même affaire que James Murdoch, fils du milliardaire Robert, dirigeait le Sunday Times jusqu'à 2011, journal prolixe dans cette affaire. En parallèle, il siégeait au conseil d'administration de GlaxoSmithKline jusqu'à 2012, date à laquelle il dut le quitter à la suite du scandale du piratage téléphonique. On se référera également au paragraphe correspondant de ce livre (voir Chapitre 2).

* * *

Les liens financiers avec chercheurs et éditeurs ne constituent pas la seule source de partialité. D'après un article du *British Medical Journal* paru en 2006[886], les recettes publicitaires du *NEJM* s'élevaient à 21,3 % du total, soit 14,3 millions de dollars, alors que *JAMA* en recevait 18,6 millions. Publicités qui d'ailleurs, selon un article de 1992[887] ayant interrogé trois relecteurs sur la justesse de l'information contenue dans 109 annonces parues dans 10 journaux de pointe, manquent de rigueur —fait qui ne se distingue certes en rien de la publicité en général —: "dans l'ensemble, les relecteurs n'auraient pas recommandé la publication de 28 % des publicités et auraient requis des révisions majeures pour 34 % d'entre elles avant publication". L'article du *New-York Times* déjà cité plus haut[857] décrit la hausse du phénomène durant les dernières décennies : "Jusqu'en 1979, le Journal publiait ses profits, qui étaient alors de 386.540 $ par an. Le Journal ne révèle plus ses profits, qui sont estimés à au moins 20 millions de dollars par an, ce qui fait de son propriétaire[, la Massachusetts Medi-cal Society,] la plus riche société médicale du pays".

Citons enfin pour finir une anecdote sur le *British Medical Journal*, qui faisait pa-raître un article en 2011[888] au sujet de l'affaire Wakefield, du nom du docteur qui avait publié une analyse démontrant un lien entre vaccin ROR et autisme. L'article de Wakefield fut retiré en 2004, et le *BMJ* confirmait 7 ans plus tard "l'étendue de la fraude et comment elle fut perpétrée", avec pour preuves "une série d'article commen-çant cette semaine" du journaliste Brian Deer[889], celui-là même qui avait attaqué Wa-kefield dans le *Sunday Times*. "S'appuyant sur des entretiens, des documents et des données rendues publiques [...], Deer montre comment Wakefield a modifié de nom-breux faits sur des historiques médicaux des patients pour soutenir ses vues [...] ; comment son institution [...] l'a soutenu alors qu'il cherchait à exploiter la peur résul-tante concernant le ROR pour son profit financier ; et comment des acteurs clés ont manqué d'enquêter en profondeur dans l'intérêt du public quand Deer leva le pre-mier des doutes". Ce qui est intéressant dans cette publication du *BMJ*, c'est qu'au moment de déclarer d'éventuels conflits d'intérêt, on lit que les auteurs ne "déclarent : aucun soutien d'aucune organisation pour le travail soumis ; aucun lien financier avec aucune organisation qui pourrait avoir un intérêt dans le présent travail sur les trois dernières années". Deux mois plus tard, suite à on ne sait quel remords ou vigilance extérieure, le *BMJ* publiait un correctif[890], pour cet article et deux articles similaires[891] [892] : "le *BMJ* aurait dû déclarer des conflits d'intérêt en relation avec cet éditorial de Fiona Godlee et al. [...]. Le groupe *BMJ* reçoit des revenus par le biais de la publicité et de sponsors de la part de fabricants de vaccins, et spécifiquement de Merck et GSK, qui tous deux fabriquent des vaccins ROR".

Une forte proportion d'articles financés par les industries

Ces histoires sont-elles l'exception ou la norme ? Un article[893] paru en novembre 2012 dans le *Washington Post* recensait les articles parus dans le *New England Journal of Medicine*. Selon l'auteur, en un an, "le *NEJM* a publié 73 articles concernant des études originales de nouveaux médicaments, comprenant des médicaments approuvés par la FDA depuis 2000 ou des drogues expérimentales, selon un revue du *Washington Post*. Parmi ces articles, 60 étaient financés par un laboratoire pharmaceutique, 50 étaient co-écrits par un employé d'une firme médicale et 37 étaient d'un premier auteur, typiquement du milieu académique, qui avait dans le passé accepté des compensations extérieures pour sponsoriser la firme pharmaceutique sous forme de paiements pour consultation, des bourses ou des frais d'orateurs". L'auteur prend pour exemple des risques "la controverse qui émergea au sujet du médicament contre l'arthrose Vioxx, qui avait été positivement présenté dans un article[894] du *NEJM*". L'article était financé par Merck ; sur 12 auteurs, 9 avaient reçu une bourse de financement de Merck et 9 avaient été consultants pour Merck, entre autres. "Cinq ans plus tard, les éditeurs du journal rapportaient qu'ils avaient découvert que les auteurs avaient omis des incidences de première importance de troubles cardiaques, façonnant des conclusions "trompeuses" quant à la sécurité du médicament". Un des comptes-rendus de l'affaire paru dans le même journal en 2004[895] constatait qu'au "30 septembre 2004, après que plus de 80 millions de patients eurent pris ce médicament et que les ventes annuelles avaient atteint 2,5 milliards de dollars, la société retira ce médicament à cause d'un risque accru d'infarctus du myocarde et de crises cardiaques". Comme on le verra plus loin (voir Chapitre 17), "selon une revue d'un investigateur de la FDA, il a causé 27.000 attaques cardiaques et morts liées au cœur supplémentaires".

Cette tendance à l'auto-publication de résultats positifs ne peut être considérée comme un fait anodin, comme certaines répercussions le montrent. Sur le site du Bureau d'impression du gouvernement des États-Unis, on trouve le rapport d'une audition en 2005[896] sur le "risque et le responsabilité de la FDA et des laboratoires pharmaceutiques dans le fait d'assurer la sécurité de médicaments approuvés, comme le Vioxx". Il y est relaté l'histoire suivante, peu à la gloire de Merck : "Onze mois après l'étude VIGOR, un comité consultatif de la FDA se réunit pour considérer l'implication de l'étude. Le comité conclut que les docteurs devraient être mis au courant des risques que Merck avait trouvés. Mais les docteurs n'étaient pas tenus au courant à ce sujet. Mais voici comment Merck répondit. Le lendemain même après que la FDA eut dit que les docteurs devraient être informés de l'étude VIGOR, Merck envoya un bulletin à ses représentants commerciaux qui disait de "Ne pas entamer de discussions sur le comité consultatif ou sur les résultats de l'étude VIGOR". La même chose arriva en mai 2001 après que le *New York Times* souligna les dangers du Vioxx. Merck envoya un bulletin à ses représentants sur le terrain qui disait de "Ne pas entamer de discussions sur les résultats de l'étude VIGOR ou sur aucun des récents articles de presse sur le Vioxx". Au lieu d'informer des risques du Vioxx, [...] Merck donna à sa force de vente [évaluée à 3.000 personnes] un discours spécifique à donner aux docteurs [qui disait] que la mortalité cardiovasculaire du Vioxx était huit fois moindre qu'avec les autres médicaments".

L'article du *Washington Post* poursuit : "D'autres articles du *NEJM* financés par l'industrie ont conduit à des conclusions qui furent plus tard contredites. La recherche publiée dans le *NEJM* au sujet des gros succès commerciaux que sont le médicament contre l'anémie Epogen et pour le cœur Natrecor a été remise en question plus tard par des études effectuées par d'autres chercheurs". Il discute aussi des conclusions de Ross, qui dans un article du *JAMA* de 2003[897], établissait par l'analyse de 37 articles sur l'influence des liens d'intérêt sur la conclusion d'une étude, englobant au total 1.140 études,"une association statistiquement significative entre le *sponsoring* et les conclusions pro-industries", avec un rapport des chances de 3,60. Deux autres méta-analyses de ce type, effectuées sur des données plus récentes, ont conduit à des conclusions similaires : une en 2004[898] établissait que "dans 37 % des essais, les auteurs déclaraient un financement de l'industrie", et trouvait un facteur des chances de 1,9 ; une en 2006[899], portait sur 324 essais de supériorité de médicaments ou systèmes cardiovasculaires parus dans les prestigieux *JAMA, New England Journal of Medicine* ou dans *Le Lancet* publiés entre 2000 et 2005, et concluait, par exemple pour les médicaments, que "les proportions favorisant de nouveaux traitements étaient 39,5 % [si financées par des associations] à but non lucratif [et] 65,5 % quand à but lucratif [p = 0,002]". Certains commentaires de ces méta-études notaient que ces conclusions devaient être prises avec précaution, selon par exemple le motif que les industries seraient plus pragmatiques et plus douées pour choisir les gagnants à étudier[900].

La tendance se porte du côté d'une augmentation de la proportion prise par les industries dans la conduite et le financement des études. L'article du *JAMA* de 2003[897] constatait en introduction que "le soutien industriel de la recherche biomédicale aux États-Unis avait augmenté grandement au cours des 2 dernières décennies. La part de l'industrie dans l'investissement total en recherche et développement biomédicale avait grossi d'approximativement 32 % en 1980 à 62 % en 2000, alors que la part du gouvernement fédéral avait chuté". D'après Marcia Angell, les manières ont également changé : "Avant, les sociétés pharmaceutiques donnaient leur nouveau médicament à un centre académique pour qu'il le teste, s'asseyaient et attendaient. Désormais ils sont intimement impliqués dans chaque étape du processus, et ils traitent les chercheurs académiques plus comme des mains embauchées à leur service". Elle cite un autre médicament qui a fait scandale, et dont la liste des auteurs et leur relation avec l'industrie représentée par un tableau dressé[901] par le *Washington Post* est directement parlante : "Quant cette analyse montra un signe de danger —l'Avandia augmentait les niveaux de mauvais cholestérol plus que son concurrent —la société décida de laisser le sujet de côté. "Les résultats de l'étude encourage l'idée d'une décision de ne pas poursuivre", concluait le rapport interne, voulant dire qu'un essai de grande ampleur ne serait pas conduit". Nous développerons plus loin (voir Chapitre 16) cette affaire qui a conduit GlaxoSmithKline à payer une amende record.

Si les journaux scientifiques revêtent une aura d'indépendance et d'impartialité, en particulier les plus réputés d'entre eux, les écarts à la déontologie ou les pressions inconscientes entraînent inévitablement la publication d'informations erronées et dangereuses pour la santé publique. On trouve à la tête de ces journaux des personnes repenties ou offusquées d'un côté, et des individus fortement associées au monde pharmaceutique de l'autre. Par ailleurs, la proportion qu'investit l'industrie pharmaceutique dans la production de la littérature scientifique du milieu pharmaceutique ne cesse d'augmenter et dépasse désormais largement celle demandée par la recherche publique. Elle contribue de surcroît à faire vivre les journaux par la publicité qu'elle achète dans ses pages. Les collusions étroites avec la presse scientifique et la main-mise des firmes sur la conduite des études précurseurs peuvent éclairer sur les raisons de l'orientation de certains journaux, sur l'émergence de scandales passés comme le Paxil le Vioxx ou l'Avandia, sur le sort fait au docteur Wakefield et à sa recherche, ou tout simplement sur d'autres erreurs moins médiatisées.

Chapitre 15
Influences publiques

Des ministères sous influence

Xavier Bertrand eut un comportement pour le moins étrange lors de la procédure de remboursement du vaccin Gardasil, alors qu'il était Ministre de la Santé début 2007. Il déclara à l'Assemblée Nationale : "Je n'ai pas voulu attendre la fin du mois de mars alors que c'est vrai que normalement j'aurais dû attendre la fin du mois de mars pour lancer les études auprès de la Haute Autorité de Santé. Je l'ai déjà fait depuis plusieurs semaines de façon à ce que nous ne perdions pas de temps, ce qui va nous permettre de pouvoir admettre au remboursement ce vaccin mais un autre va arriver sur le marché avant l'été, c'est-à-dire avant le mois de juillet 2007", comme on l'entend dire dans un reportage très éclairant de M6[902] (à 9'). La chaîne n'obtiendra jamais de réponses quant à son empressement à rembourser ce vaccin de sa propre initiative. Il quittera son poste un mois plus tard, le 26 mars 2007[903]. Il court-circuite le Comité Technique des Vaccinations qui devait normalement rendre son avis en avril, et qui le rendra bien le 18 avril 2007, avec un "avis favorable à l'inscription sur la liste des spécialités remboursables". L'embarras fut évité, car il eût été gênant que le Comité trouvât le médicament impropre au remboursement. Au final précisément trois semaines furent gagnés, pour un vaccin qui montre ses effets, du moins les potentiels effets bénéfiques, une vingtaine d'années plus tard. Notons par ailleurs que ce comité qui aurait dû être décisionnaire compte 20 membres, dont 14 ont déclaré dans un document du Haut Conseil de la santé publique[904] (p.53) avoir un lien avec Sanofi (avis, rapports, invités), et dont 8 d'entre eux avaient reçu une rémunération de cette industrie par le biais d'un organisme ou personnellement. S'il est difficile de connaître les liens, les pressions, les contraintes, les stratégies, qui ont poussé le Ministre d'alors à accélérer une procédure qui ne relevait pas d'un cas d'urgence, on peut subodorer à ce comportement étrange, et à ses absences de réponses qui entretiennent le mystère et tendent à valider l'hypothèse du pire, que Xavier Bertrand n'était pas soumis à son plein libre-arbitre, et que de nombreuses jeunes filles en ont pâti, sans considérations des grandes pertes d'argent public.

Au sein même de la Haute Autorité de la Santé, on trouve d'étranges affiliations, comme le fait remarquer *Rue89*[905] ; nous sommes contraints à croire les allégations de ce journal puisque depuis le site de la HAS ne montre les conflits d'intérêt qu'à ceux qui ont un accès privé[906]. Une autre site, ouverture.net, a fait une capture du document[907] qui confirme que Jean-Jacques Baldauf est "investigateur principal" à Sanofi-Pasteur sur le projet Gardasil, pour les essais et études non cliniques, pré-cliniques et cliniques, alors qu'il est "membre du groupe de travail des recommandations"[908] sur le dépistage du cancer du col à la Haute Autorité de Santé. Contrairement à la déontologie[909], un article du *Figaro* de 2012[910] omettait de signaler cette appartenance du

Professeur Baldauf, alors que ce dernier présente un exposé tout à fait rassurant concernant les vaccins Gardasil et Cervarix, voire mensonger en annonçant une "vaccination prophylactique qui prévient efficacement l'infection à papillomavirus (HPV) et ses conséquences et évite ainsi 70% de ces cancers". Dans ce groupe de travail, on trouve également Brigitte Letombe ; il faut de nouveau faire confiance à des tiers ayant eu accès au site de la Haute Autorité[911]. *Le Monde* par exemple affirmait que "Brigitte Letombe reconnaît de même travailler, ou avoir travaillé ``*avec tous les laboratoires de contraception*"[912]. Dans sa déclaration publique d'intérêts faite devant la HAS, elle cite Bayer, Codepharma, Theramex, HRA Pharma, Pierre Fabre, Organon, Sanofi (comme "*communicante*")".

* * *

Au Ministère, Xavier Bertrand fut rapidement remplacé après un court passage de Philippe Bas par Mme Roselyne Bachelot qui y restera de mai 2007 à novembre 2010. Il est très difficile d'obtenir la biographie complète de Mme Bachelot, puisque ni le site de l'Assemblée Nationale[913] ni celui du Parlement Européen[914] ne nous renseignent sur une quelconque activité professionnelle non politique. Une enquête de *Fakir* fin 2009[915] nous indique avec documents à l'appui un possible passé de visiteur médical chez ICI Pharma de 1969 à 1976, puis de Chargé des Relations Publiques de 1984 à 1989 chez Soguipharm, informations désormais peu disponibles. L'information n'a jamais été démentie, et l'intéressée et son service de presse répondent difficilement à ces questions, comme on peut l'entendre sur ces bandes-sons[916] (ou fichier mp3[917], entre 32'40 et 33'10, 50'10 et 54'18, l'essentiel étant résumé dans l'enquête écrite). Lors de sa vaccination médiatisée contre la grippe, elle répond partiellement à la question d'un journaliste dérangeant de savoir si elle a "été porte-parole pendant 12 ans de deux laboratoires pharmaceutiques", ce qui certes relève de l'exagération : "cette accusation est absolument répugnante. [...] Pendant 6 ans, j'ai travaillé dans un laboratoire pharmaceutique à 1000 F par mois comme boulot d'étudiant". On peut toutefois se demander pourquoi elle aurait mis en avant cette expérience si peu glorieuse sur son CV de parlementaire, elle dont le père a été pendant 20 ans député gaulliste[918]. On voit d'ailleurs sur ces bandes-sons comment certains journalistes (entre 37'40 et 41'20) fuient le travail d'investigation, car "on n'a pas de preuves, et ce serait trop difficile de faire l'enquête" (*RTL*) ou car cela sortirait du cadre de leur entretien.

Selon les archives du site d'AstraZeneca[919], en 1993, l'ancien employeur de Mme Bachelot, "Imperial Chemical Industries (ICI, fondée en 1926) s'est scindée et trois de ses branches [...] ont formé une société séparée, Zeneca", moitié de ce qui deviendra AstraZeneca en 1999. AstraZeneca a créé un vaccin grippal vivant atténué donné par pulvérisation nasale, le Fluenz[920] (nommé Flumist hors Europe), qui a, d'après un avis du Haut Conseil de la Santé Publique[921], obtenu le "27 janvier 2011 une autorisation de mise sur le marché (AMM) européenne". Ce vaccin, originellement détenu par MedImmune[922], était vendu aux États-Unis depuis plusieurs années, et faisait un chiffre de ventes de 171 millions de dollars en 2010.

Actuellement, c'est Marisol Touraine, ministre de la Santé depuis août 2014, qui est dans le viseur de certains sceptiques, comme le Pr. Henri Joyeux. Ce dernier s'illustre régulièrement par ses sorties concernant certains scandales vaccinaux. Après les papillomavirus, sa nouvelle pétition sur la pénurie de vaccins qui contraint les parents à subir des valences non obligatoires (voir Chapitre 20) avait en juin 2015 récolté 600.000 signatures[923]. Il invitait même Marisol Touraine à participer à un débat télévisé face à lui[924]. Les révélations du 8 août 2012 du *Canard Enchaîné*[925] ne nous rassurent pas sur l'état de notre système institutionnel, puisqu'il révélait que le ministre avait un passé récent dans l'industrie pharmaceutique : "en 2009, elle appartenait encore au Club avenir de la santé, un groupe de pression financé par GlaxoSmithKline, le numéro 2 mondial du secteur". L'article faisait suite à une "une fleur [faite par Marisol Touraine] au géant de l'industrie pharmaceutique Novartis, au détriment de l'hôpital et de la Sécu". Novartis avait "obtenu le monopole de fait d'un traitement de choc, efficace mais coûteux, grâce à la mise à l'écart de son concurrent, qui propose un produit équivalent, vendu 16 fois moins cher".

Ces passés obscurs et comportements étranges illustrent une opacité aux plus hauts niveaux de l'État. L'on est alors en droit de se demander si les recommandations sur le Gardasil et le virus H1N1 ont été dictées en faveur seule de l'intérêt général. Notre analyse sur le vaccin VPH et la gabegie financière financière concernant la prétendue pandémie répondent en partie à la question. Sans plus de vigilance de notre part ou sans un changement profond de nos institutions, nous sommes condamnés à reproduire ces erreurs.

Le manque de transparence des autorités médicales en France

La Commission d'autorisation de mise sur le marché des médicaments "donne un avis au directeur général de l'ANSM"[926] concernant en particulier les demandes d'autorisation de mise sur le marché (AMM). L'ANSM "s'est substituée le 1er mai 2012 à l'Agence française de sécurité sanitaire du médicament et des produits de santé (Afssaps) dont elle a repris les missions, droits et obligations". Elle prend les décisions d'accepter ou non un médicament ou un vaccin sur le marché français. En 2012, elle avait comme président Daniel Vittecoq et un de ses deux vice-présidents était Jean-François Bergmann. Ce dernier avait, "actuellement ou au cours des 3 années précédentes" reçu selon ses propres déclarations des rémunérations ponctuelles de GlaxoSmithKline, Sanofi, Novartis, ou encore AstraZeneca[927].

Ces derniers étaient auditionnés lors de la mission commune d'information sur le Mediator, le 31 mars 2011. Tout d'abord, de l'aveu même des directeurs, la situation de dépendance financière à l'industrie n'est pas idéale (11'59 de la vidéo de la séance[928], ou voir le compte-rendu écrit[929]) : "[M. Bergmann] Mais quand - je reparle de mon essai Lifenox - j'irai voir un PH hersien en disant "est-ce que vous voulez financer l'essai Lifenox ?" [...] On me répondra "non non non on n'a pas d'argent à mettre là-dedans, c'est un problème à voir avec Sanofi-Aventis". Et donc il y a effectivement une espèce de situation schizophrénique où nous sommes obligés de faire de la recherche mais on ne nous donne pas les moyens financiers pour la faire ou de la présenter dans des congrès internationaux. Donc si le voyage à Kyoto était payé par l'AP-HP[a], ou par l'Université Denis Diderot ou par l'Afssaps, je serai ravi de le faire avec eux, mais comme il ne l'est pas, je vais avec Sanofi-Aventis. - [M. Autain[b]] Je pense qu'il est au contraire utile que vous participiez à une recherche, même si elle est financée par Sanofi-Aventis, mais là où ça pose problème c'est quand vous vous retrouvez à la tête d'une commission comme celle dont vous êtes le vice-président pour examiner des médicaments qui sont produits par Aventis".

S'en suit une argumentation sur le fait que le règlement de la commission n'est pas respecté : "j'observe que malheureusement, lorsqu'on examine des médicaments produits par Aventis, les 14 membres de la commission d'AMM qui ont des liens avec Aventis, ne quittent pas la séance. [...] Il y a malgré tout une violation de la réglementation de l'Afssaps" ; ce à quoi ils répondent qu'à l'époque les sorties de salle n'étaient pas nécessairement notées, ce qu'on ne pourra vérifier ni dans un sens ni dans l'autre. M. Autain conclut au besoin de changement : "Ne faut-il pas justement une autre organisation ? Que les membres de cette commission n'aient pas de liens d'intérêts avec ces laboratoires, ils n'auraient plus besoin de sortir. Ou bien on modifie le règlement [...] ou alors on est plus exigeant, et il faut changer les règles".

Le vice-président de la commission fait état ensuite du constat du difficile fonctionnement de cette commission, qui compte trop de personnes liées à l'industrie (18'00) : "[M. Bergmann] Si on va jusqu'au bout du raisonnement, non seulement il faudrait sortir quand il y a un produit Sanofi-Aventis, mais quand il y a un produit d'un laboratoire concurrent [...] ; donc à ce moment-là, tout le monde sort tout le temps. [M. Autain] Est-ce que vous pensez justement que ce que vous dites là ne condamne pas finalement la composition actuelle de la commission, c'est-à-dire que si on appliquait ce règlement, ça reviendrait à bloquer le fonctionnement de la commission. Est-ce qu'il ne faut pas justement envisager une autre organisation, c'est-à-dire d'accepter tout simplement que les membres de cette commission n'aient pas de liens d'intérêts avec les laboratoires ? C'est quelque chose qui me semblerait beaucoup plus simple. [...] Vous venez de témoigner qu'avec le règlement actuel on ne peut pas fonctionner. Donc il va falloir choisir : ou bien on modifie le règlement en disant "tant pis, les liens d'intérêts c'est incontournable" [...] ou alors on est plus exigeant et votre commission ne peut plus exister, donc il faut effectivement en changer les règles".

On apprend tout de suite après la présence de représentants de l'industrie à ces commissions (19'20) : "[M. Autain] Je ne savais pas que [l'industrie pharmaceutique] était présente à toutes les commissions d'AMM. [...] Jusqu'à ce drame du Mediator, on ne respectait pas la réglementation. Alors, ça ne vous posait pas de problème ? [M. Vittecoq] Moi personnellement ça m'en posait un. [...] Le LEEM [les Entreprises du Médicaments] était invité permanent", ce qui semblait le gêner, sans qu'il pût cependant y remédier. Cela (21'01) allait à l'encontre de "[M. Autain] l'article 4.7 : participation à la réunion de personnes non-membres de la commission; « exceptionnelle-

a   Assistance Publique des Hôpitaux de Paris
b   Sénateur de Loire-Atlantique à l'époque, et oncle de Clémentine Autain

ment des personnes extérieures à l'Afssaps, notamment des stagiaires, pourront assister en nombre restreint à une séance de la commission avec l'accord préalable du directeur de la direction de l'évaluation (la DEMEB) et du président de la commission ? Il sera fait état de la présence de ces personnes en début de séance afin de s'assurer qu'elle ne suscite pas d'objection de la part des membres de la commission ». [...] Cet article n'était absolument pas respecté ! [...] Si on veut restaurer la confiance [envers les autorités de santé] dans la population, il va falloir mettre un terme dans ces pratiques". Ce à quoi M. Vittecoq répond qu'il était "interpellé par la présence du LEEM", et qu'il n'en avait pas le pouvoir en tant que président, à moins de démissionner.

Enfin, un autre problème, celui de la supériorité juridique des firmes et de la difficulté d'enlever une AMM, émerge au cours de l'audition (33'50). La version simplifiée du dialogue par le compte-rendu relate : "[Mme Hermange] Pourquoi est-il si facile d'obtenir une AMM - accordée dans 95 % des cas - et si difficile de la retirer ? [M. Vittecoq] Pourquoi est-il si difficile de retirer une AMM ? C'est notre douleur... Je dirais qu'il y a d'abord le risque contentieux, que le laboratoire se retourne contre la décision de retrait, c'est arrivé récemment. [M. Autain] C'est l'exception qui confirme la règle ! [M. Vittecoq] Le risque est bien réel, les laboratoires recourent à des avocats très avisés et puissants. Il est certain que, plus les procédures seront transparentes, plus nous gagnerons en capacité d'action".

* * *

Depuis cette affaire, l'ANSM a succédé à l'Afssaps en mai 2012, et Jean-François Bergmann n'en fait plus partie, alors que Daniel Vittecoq continue à en être. Notons également que depuis septembre 2012[930], le président de cette commission pour les "médicaments en cardiologie, endocrinologie, gynécologie, urologie", est au moment où nous écrivons Joseph Emmerich[931], supposément le beau-frère du Pr. Bergmann, et qui possède lui aussi une longue liste de conflits d'intérêts réguliers[932] : Bayer, Schering, AstraZeneca, Boehringer-Ingelheim, Bristol-Myers Squibb, Euthérapie (détenue[933] par Servier). Le rôle de cette commission est d'entre autres "instruire les dossiers, toutes procédures confondues, de la recevabilité technico réglementaire, au rapport d'évaluation et à la proposition de décision à la direction générale, par une analyse du bénéfice/risque" et "évaluer les signaux de vigilance et proposer les décisions qui en découlent". Pour Bayer, on constate une rémunération personnelle de janvier 2011 à avril 2012 pour faire partie du "[comité] national de consultants pour le Rivaroxaban (XARELTO)". Pour Boehringer-Ingelheim, c'est une rémunération personnelle de 2010 à 2012 pour "participation à un [comité] d'experts sur le Pradaxa". Pourtant, fin novembre 2013, l'ANSM publiait un communiqué[934] "sur l'utilisation des nouveaux anticoagulants oraux Pradaxa (dabigatran), Xarelto (rivaroxaban) et Eliquis". Bien qu'elle ne soit pas la seule à avoir travaillé sur le dossier, on constate l'implication cette institution dans les conseils et directives : "l'ANSM rappelle qu'à ce jour, la surveillance des [nouveaux anticoagulants oraux] ne remet pas en cause le rapport bénéfice/risque de ces spécialités". Ce communiqué, ainsi que cette vidéo d'information[935], faisaient suite aux craintes soulevées par plusieurs décès, comme le rapportait un article[936] du *Parisien*. Sans présumer d'une relation de cause à effet, on peut noter qu'il est étonnant que perdurent encore, après les auditions du Mediator et après la refonte de l'Afssaps en ANSM, des liens directs et forts entre les personnes à la tête des institutions qui recommandent ou décident de l'utilisation d'un médicament, et les firmes qui les fabriquent.

Le Ministre de la Santé Marisol Touraine a lancé en juin 2014[937] un outil internet visant à la transparence[938], afin que chacun puisse s'informer "sur les liens d'intérêts entre entreprises et professionnels de santé". Une requête pour Joseph Emmerich entre le 1er semestre 2012 et le 2e semestre 2014 nous indique qu'il a en tout et pour tout bénéficié, sur cette période de 3 ans, de "15 €" d'hospitalité à la charge de Bayer HealthCare SAS, pour un congrès. Il semble que l'obligation de transparence ne soit pas encore effective...

Dans un entretien au journal *Marianne* paru le 4 février 2011[939], "Gérard Bapt, député socialiste et président de la mission d'information sur le Mediator, revient sur les conflits d'intérêt, palpables dans ce scandale sanitaire" : "Je suis persuadé que les conflits d'intérêt ont joué un vrai rôle dans l'affaire du Mediator. [...] Il est particulièrement scandaleux que le directeur exécutif de l'Agence européenne du médicament (EMEA) soit désormais consultant pour l'industrie pharmaceutique. [...] Des représentants de Servier siègent toujours dans des organisations où sont intimement mêlés public et privé, et qui attribuent des fonds publics". A la fin du même mois, *Le Figaro* reprenait[940] les allégations[941] d'un blogueur du *Post* qui, documents à l'appui, démontrait que Gérard Bapt lui-même, offusqué par les conflits d'intérêts des autres, était président du Club Hippocrate, financé entre autres par GlaxoSmithKline. L'intégralité du site internet du Club Hippocrate a désormais disparu, mais on peut retrouver au moins quelques captures d'écran[942], grâce à des internautes prévoyants. En fait, il semble bien qu'une grande majorité des membres de la mission d'information sur le Mediator appartenaient au Club. Toujours d'après *Le Figaro*, "créé en janvier 2010, le club Hippocrate bénéficie d'un financement de 49.000 € dont 18.000 € viennent de GSK". Les intéressés n'ont guère commenté : "je ne connaissais pas le montant des sommes allouées par les partenaires", ce qui peut paraître surprenant de la part du président du Club. Aucune déclaration d'intérêt relatif à ce club n'apparaît sur le document qu'il a dû remplir en janvier 2014[943] pour la Haute autorité pour la transparence de la vie publique. Un autre blogueur attentif a noté début avril 2011[944] la disparition de plusieurs des membres sur le site du Club, informations désormais difficilement vérifiables. Ce qui interroge néanmoins, c'est que la petite enquête révèle qu'en regardant l'historique de la fiche Wikipédia de Gérard Bapt[945] "deux adresses IP au moins ont tenté (avec succès) à plusieurs reprises d'effacer les allusions à ce conflit d'intérêt pour le moins gênant. Il s'agit des adresses 213.30.147.234 et 217.156.140.234[946]", qui appartiennent au Sénat. "Des ordinateurs du Sénat utilisés pour effacer discrètement des financements douteux d'élus de la nation ?" conclut l'auteur. Ce serait assurément une triste nouvelle.

Financements d'institutions et de partis politiques outre-Atlantique

D'après la chaîne américaine CBS[947], qui ne cite malheureusement pas ses sources, l'Académie Américaine de Pédiatrie a reçu 342.000 $ de Wyeth, et en 2009 "433.000 $ de Merck, année où l'Académie a validé le vaccin VPH qui a généré 1,5 milliards de $ en un an", et compte Sanofi-Aventis parmi ses plus gros donateurs. La chaîne considère qu'elle a également reçu des millions de l'industrie pharmaceutique pour des conférences, des bourses, des cycles de cours, et pour construire une partie des bâtiments de leur siège.

Paul Offit, un des plus célèbres défenseur de la vaccination, reprend ces chiffres sans les contredire dans un de ses livres (*Deadly choices: how the anti-vaccine movement threatens us all*[948], p. 201), et considère que ce l'on nomme conflit d'intérêt (qui ne sous-entend pas que tous les conflits d'intérêts mènent à des fraudes) est une "accusation exorbitante (*fantastic accusation*)". Si donner de l'argent à des gens n'avaient jamais influencé leur jugement, consciemment ou inconsciemment, la notion de conflit d'intérêt n'aurait jamais émergé : c'est afin d'éviter de porter atteinte à l'honneur de ces personnes en les accusant de la sorte qu'il est préférable de ne pas mélanger le pourvoyeur de fonds et l'entité évaluée. En tous les cas, l'Académie continuait en 2014 à promouvoir l'utilisation du Gardasil de Merck pour une large partie des 11-26 ans[949]. Avec les CDC, ils ont passé "un appel incitant les médecins dans tous les États-Unis à instruire les patients sur le vaccin du papillomavirus humain (VPH) et à fortement recommander la vaccination VPH"[950]. Pour information, cette Académie a fait également fait parler d'elle en 2010 en autorisant les médecins à procéder à la circoncision, sous forme d'une entaille cérémonielle, pour éviter les complications d'un acte fait à la maison. La proposition a été retirée un mois plus tard.

La fondation non lucrative *Every child by two*, qui promeut les aspects bénéfiques et la sécurité des vaccins ("1$ dépensé en vaccin économise 10$ en frais médicaux"[951]), et encourage la vaccination des nourrissons dès leur plus âge, a bénéficié d'une large diffusion, radio, télévisuelle ou par voie de presse[952], pour ses campagnes. On trouvait Craig Engesser au poste de trésorier (source incertaine[953], non infirmée), ancien cadre supérieur (Senior Director, Professional Affairs) chez Wyeth de 2003 à 2010[954]. Dans sa Politique d'Acceptation de Fonds par des Partenaires Extérieurs[955], la fondation "restera objective, quelque soit la source de financement ou le partenariat extérieur". Cette contrainte ne les empêche donc pas de recevoir de l'argent de Wyeth pour le financement de plusieurs de ses campagnes[956].

Concernant Paul Offit, il est ancien membre du CDC, membre du Comité de Every Child by Two, et membre fondateur de l'Austism Science Foundation. Il est co-inventeur du RotaTeq, vaccin contre les rotavirus, désormais commercialisé par Merck. Pour avoir cédé son brevet, il affirme avoir reçu 6 M$[957] (sur les 182 M$ de la somme donnée à son hôpital).

La politique se mêle au débat. Si les financements sont tenus plus discrets en France, les campagnes états-uniennes sont connues pour être largement financées par de grands groupes, ce dont les défenseurs de la démocratie dépourvus d'angélisme devraient s'attrister. Ainsi de Rick Perry, gouverneur du Texas, quatre fois réélu depuis 2000, et prétendant à l'investiture du parti républicain pour les présidentielles de 2012, avant de se retirer. En février 2007[958], il "décide en contournant la procédure de débat de rendre le vaccin [Gardasil] obligatoire dès l'année 2008-2009, pour sauver des vies" selon lui[959].

Perry admet avoir touché 5.000 $ de Merck, sur les 30 millions qu'ont coûté sa campagne. Il a en fait reçu 6 fois plus de manière directe entre 2000 et 2011, soit 29.500 $, d'après *The Texas Tribune*[960]. Son ami et ancien directeur de cabinet Mike Tommey, est par ailleurs retourné en 2004 à son activité première de lobbyiste, chez Merck justement[961], emploi qu'il tenait au moment de l'ordre concernant le Gardasil. Il fut aussi le co-fondateur du Super Comité d'Action Politique pro-Perry, destiné à lever de l'argent pour l'accession à la Maison Blanche —type de comité sans plafonds de dons pour les comités d'action politique réputés indépendants. Pour le faire élire, il espérait ainsi lever 55 millions de dollars d'après *NBC News*[962].

Concernant les aides indirectes, la Republican Governors Association, dont un des buts premiers est de faire élire des gouverneurs de ce parti, reçoit entre autres donateurs[963] plus ou moins philanthropiques comme des sociétés pétrolières[964] des montants substantiels de Merck, s'élevant d'après plusieurs médias à 500.000 $ entre 2003 et 2011[965]. La base de données de l'IRS[966] montre par exemple 110.000 $ de don au premier semestre 2013, Sanofi contribuant à hauteur de 250.000 $ également.

* * *

Enfin, et sans prétendre à l'exhaustivité, il arrive que des dons soient effectués à des associations caritatives. Sur leur site, "Bristol-Myers Squibb et Pfizer ont annoncé [en 2014] que de dons de charité totalisant plus d'un million de dollars seront distribués entre 2014 et 2016 à sept organisations à but non lucratif qui soutiennent les patients avec des maladies cardiovasculaires"[967]. Cela inclut l'American College of Physicians, ou l'American Heart Association (AHA). Cette dernière influe sur la distribution de médicaments. On apprend sur leur site[968] que "l'AHA et l'American College of Cardiology sont heureuses de [n]ous annoncer la seule série exhaustive des directives et conseils pour la prévention cardiovasculaire en vue de l'évaluation et de la gestion de l'hypertension, du risque cardiovasculaire, des changements du style de vie pour réduire le risque, de la gestion du cholestérol sanguin élevé, et de la gestion d'un poids accru chez l'adulte". On sera peu étonné que ces recommandations en 2013 [969] parlent des statines, dont la pravastatine. Elle est commercialisée aux États-Unis sous le nom de Pravachol par ce même Bristol-Myers Squibb[970].

Le National Meningitis Trust, désormais Meningitis Now est une association caritative britannique créée en 1986 pour lutter contre la méningite. A l'heure actuelle, on lit sur sa page d'accueil qu'on attend un "jour monumental pour le mouvement contre la méningite", puisqu'un "vaccin est sur le point d'arriver". En effet, Pfizer, qui a racheté Wyeth en 2009, a annoncé en novembre 2014[971] "que TRUMENBA (vaccin méningocoque B), le premier et seul vaccin approuvé par la FDA pour l'immunisation active [...] est désormais disponible à la commande pour les fournisseurs de soins aux États-Unis". D'après un article du *Guardian* du 3 septembre 2000[972], "la nuit dernière le National Meningitis Trust, financé par Wyeth, était amené à la controverse quand il refusa de divulguer combien d'argent il recevait du géant pharmaceutique". D'ailleurs, l'article entend même que les liens ne s'arrêtent pas aux œuvres de charité : "Le Secrétaire d'État a autorisé la licence pour le vaccin de Wyeth, Meningitec, quand le programme d'immunisation de masse a commencé en novembre dernier, sur le conseil du Comité sur la Sécurité des Médicaments. Le Comité sur la Vaccination et l'Immunisation (JCSV) a aussi recommandé le vaccin. Le porte-parole de Wyeth Don Barrett a dit que la somme payée aux départements académiques des membres du comité gouvernemental était confidentielle". On s'interrogera sur l'impartialité des messages de ces associations à but non lucratif, et du caractère éthique de ces publicités rassurantes indirectement financées.

Un manque de transparence inquiétant règne au sein du ministère français de la santé, où plusieurs ministres ont pris des décisions inattendues en faveur de vaccins ou médicaments. Les agences publiques françaises qui conseillent les gouvernements font travailler à leur tête des scientifiques fortement liés à l'industrie pharmaceutique, situation que ces derniers jugent inévitable. Malgré les précédents scandales sanitaires comme le Mediator, il semble en effet que le problème des conflits d'intérêt et du manque de visibilité reste entier en 2015. Aux États-Unis, les financements industriels décomplexés et massifs aux institutions, aux associations à but non lucratif mais influentes, aux hommes et aux partis politiques, ainsi que les hommes que les firmes placent entraînent les mêmes décisions contraires à l'intérêt général, comme dans le cas du Gardasil.

Chapitre 16
Amendes

Ce chapitre ne traite pas des versements en dommages et intérêts après des effets secondaires d'un vaccin, mais des pratiques délictueuses des firmes.

Amende record pour GlaxoSmithKline

En juillet 2012, GlaxoSmithKline écopait d'une amende record de 3 milliards de dollars, comme l'indique un article de *France24*[973]. ""*Il s'agit du plus gros accord à l'amiable concernant une fraude à la santé dans l'histoire des Etats-Unis (...) et du plus gros versement par un groupe pharmaceutique*", a déclaré James Cole, ministre adjoint de la Justice. GSK a plaidé coupable pour avoir fait la promotion illicite de certains médicaments, publié des déclarations trompeuses sur les prix et l'efficacité de médicaments et omis de rendre compte de documents démontrant l'inefficacité de médicaments. La fraude concerne en particulier le Paxil, que GSK avait faussement "vendu" comme un antidépresseur pour enfants alors qu'il n'avait jamais été approuvé comme tel par les autorités pharmaceutiques, l'antidiabétique Avandia commercialisé sans alerter des risques de certains effets secondaires, ou encore le Wellbutrin prévu pour traiter de graves dépressions mais dont GSK avait fait la promotion pour "*être plus mince ou avoir plus de relations sexuelles*", a expliqué Carmen Ortiz, procureure du Massachussetts (nord-est). Par cet accord, le géant pharmaceutique a également admis avoir financé des opérations de promotion. Il incitait les médecins à prescrire ces médicaments, à coups de "*vacances à Hawaii, de chasses au faisan en Europe ou de concerts*", a-t-elle ajouté".

Le *New-York Daily News* précisait[974] que "la société plaidera aussi coupable pour n'avoir pas signalé au gouvernement pendant sept ans des problèmes de sécurité avec le médicament contre le diabète Avandia, [...] interdit en Europe [en 2010[975]] après qu'il eut été trouvé en 2007 qu'il augmentait les risque d'attaque cardiaques et les insuffisances cardiaques congestives".

Selon le *Daily Mail*[976], la somme de 3 milliards ira pour "1000 millions de dollars aux autorités états-uniennes et le paiement suivant d'environ 2 milliards de dollars en accord de règlement au civil pour les autorités d'états et fédérales". On aimerait connaître au final la somme qui ira aux victimes, du moins aux victimes reconnues, puisque l'accord à l'amiable implique qu'elles n'auront plus le droit d'attaquer la firme à cet endroit. L'article de *France24* nous apprenait l'étendue de ce genre de pratiques : "l'administration Obama a ainsi récolté 10,2 milliards de dollars au total en amendes et autres accords à l'amiable et inculpé plus de 800 personnes pour escroqueries à la santé".

Selon l'agence *Reuters*[977], en septembre 2014, "la Chine a infligé à GlaxoSmithK-line une amende sans précédent par son montant de trois milliards de yuans (380 millions d'euros) pour corruption active, [et] des peines d'emprisonnement variant de deux à quatre ans", pour quatre responsables, dont l'ex-président de GSK Chine, Marc Reilly. "La police chinoise avait alors déclaré que le laboratoire avait fait transiter jusqu'à trois milliards de yuans par des agence de voyages pour faciliter l'octroi de pots-de-vin à des médecins et des fonctionnaires". La firme explique : "*GSK Plc a réfléchi en profondeur et appris de ses erreurs; il a pris des mesures pour résoudre globalement les problèmes identifiés dans les opérations de GSKCI et doit travailler dur pour regagner la confiance du peuple chinois*".

Au-delà du manquement moral des protagonistes de l'affaire, et de leur sélection au sommet malgré leurs mœurs indélicates[978], on constate que GSK avait eu besoin de recourir à la corruption de médecins. Ces derniers n'étaient-ils donc pas convaincu de l'utilité de leurs produits ?

La morale de l'histoire peut laisser amer : "L'action GSK gagne 1% en matinée en Bourse de Londres malgré cette nouvelle. Le marché s'attendait à une amende et pense qu'un groupe dont la capitalisation atteint 113 milliards de dollars n'aura pas de mal à l'absorber. GSK fait également l'objet d'investigations aux Etats-Unis et en Grande-Bretagne".

Pourtant, à la suite de l'affaire de 2012 à 3 milliards, Andrew Witty, PDG de GlaxoSmithKline avait ainsi formulé, selon le *Daily Mail*[976], l'assurance du changement de son entreprise : "Au nom de GSK, je veux exprimer ses regrets et réaffirme que nous avons appris "des erreurs qui ont été faites". [...] Nous avons fondamentalement changé nos procédures de conformité, de commercialisation et de vente", sans omettre de dire que ces errements "proviennent d'une époque différente dans la société". Le PDG de GlaxoSmithKline officie depuis 2008, et il est encore en 2014 Président Directeur Général[979]. D'après un article du *Guardian*[980], début 2012, avant l'affaire, son salaire annuel "a[vait] plus que doublé" par rapport à l'année précédente, à 6,3 millions de £, "et le plan mont[ait] à 10,4 millions de livres pour clore un écart de compétitivité" pour 2012.

Le site la Justice états-unienne confirme et détaille les faits et chiffres de l'amende record[981], et nous apprend que l'accord engage aussi la firme à "introduire et/ou conserver des changements majeurs dans sa façon de faire du commerce", par exemple de "récupérer les bonus annuels et les récompenses à long-terme des dirigeants si eux ou leurs subordonnés s'engagent dans de significatives mauvaises conduites." Aucune condamnation n'est à déplorer, comme le confirme le *New-York Times*[982] : "aucun individu n'a été inculpé pour aucune de ces affaires". Cela fait penser aux réformes prétendument[983] majeures annoncées dans le secteur bancaire, où personne ne fut inquiété[984], et où les pratiques immorales perdurent, en attendant la prochaine crise[985].

Autres abus dans l'utilisation de médicaments

La deuxième affaire dont parle le *New-York Times* se passe également en 2012[982]. Le Département de Justice états-unien relate[986] que "Abbott a plaidé coupable pour mauvaise manufacture du produit Depakote. [...] Abbott admet qu'entre 1998 et 2006, la société a maintenu une force de vente spécialisée formée à commercialiser le Depakote dans les maisons de soins pour le contrôle de l'agitation et de l'agressivité chez les patients âgés atteints de démence, malgré l'absence de preuve scientifique crédible que le Depakote était sûr et efficace pour cette utilisation". En fait, "en 1999, Abbott était forcée d'arrêter un essai clinique sur le Depakote dans le traitement de la démence à cause d'une augmentation de l'incidence d'effets secondaires, comme la somnolence, la déshydratation et l'anorexie". En plus de "remboursements basés sur la hausse de l'utilisation du Depakote dans des maisons de soins entretenues par ces prestataires[, ...] Abbott créa des programmes et du matériel de formation de consultants pharmaciens des fournisseurs de services pharmaceutiques, sur l'utilisation non enregistrée du Depakote pour les encourager à recommander le médicament pour cette utilisation non approuvée. [...] Abbott a payé des millions de dollars en remboursement à ces prestataires de pharmacie".

A côté de ces incitations financières à utiliser un produit potentiellement nocif et sans intérêt curatif contre la démence, "Abbott finança deux études sur l'utilisation du Depakote pour soigner la schizophrénie, et aucune ne remplit les objectifs principaux posés par l'étude. Quand la deuxième étude ne montra aucune différence significative du traitement entre des médicaments antipsychotiques combinés avec le Depakote ou utilisés seuls, Abbott attendit presque deux ans pour signaler les résultats de l'étude à la propre force de vente, et deux autres années pour publier les résultats. Pendant ce temps, Abbott continua de promouvoir sans autorisation le Depakote pour soigner la schizophrénie". Si "les Laboratoires Abbott ont plaidé coupables et accepté de payer 1,5 milliard de dollars", comme précisé plus haut, aucun dirigeant n'a été inquiété.

Depuis, et pour des raisons similaires, c'est la firme Johnson & Johnson qui en novembre 2013 a accepté de payer 2 milliards de dollars au sujet du Risperdal, pour leur "promotion d'utilisations non approuvées comme sûres et efficaces par la Food And Drug Administration (FDA) et le paiement de pots-de-vin à des médecins et aux plus grands pharmaciens détaillants de soins de long-terme de la nation". Selon l'avocat, cette promotion "menaçait les populations les plus vulnérables de notre société — enfants, personnes âgées, et personnes avec handicap développemental". Cet antipsychotique est loin d'être le seul à avoir est illégalement promu : en 2007[987], Bristol-Myers Squibb "accepta de payer plus de 515 millions de dollars" entre autres pour la promotion illégale du médicament Abilify. En 2009[988], "le géant pharmaceutique états-uniens Eli Lilly and Company a accepté aujourd'hui de plaider coupable et payer 1,415 milliard de dollars pour avoir promu son médicament [antipsychotique] Zyprexa pour des utilisations non-approuvées" par la FDA. Entre juillet 2011 et juillet 2012, Zyprexa générait 1,5 milliard de dollars[989] et Abilify tenait la tête de ces antipsychotiques avec 5,4 milliards en un an.

Citons enfin dans la liste imposante des amendes aux firmes pharmaceutiques[990], la deuxième de ce quatuor de tête en termes d'amende : Pfizer en 2009 qui "accepta de payer 2,3 milliards de dollars"[991]. Principalement, "Pfizer promouvait la vente de Bextra pour plusieurs utilisations et dosages pour lesquelles la FDA avait spécifiquement refusé de l'autoriser pour des problèmes de sécurité". Ce n'était pas un accident puisque par ailleurs, "la société promouvait illégalement quatre médicaments —Bextra; Geodon, un anti-psychotique; Zyvox, un antibiotique; et Lyrica, un anti-épileptique —et entraîna l'envoi de fausses déclarations aux programmes de soins de santé du gouvernement". Enfin, "l'accord juridique résout aussi les allégations selon lesquelles Pfizer payait des pots-de-vin aux fournisseurs de soin pour les induire à prescrire ces médicaments, ainsi que d'autres".

L'avocat déclara que "Pfizer a violé la loi sur une longue période. De plus, au moment même où Pfizer était dans nos bureaux en train de négocier et de résoudre les allégations de conduite délictueuse de sa filiale nouvellement acquise, Warner-Lambert, Pfizer était elle-même par d'autres opérations en train de violer précisément les mêmes lois". Ce qui pourra paraître étonnant au lecteur, c'est que malgré "un tel mépris flagrant et continu de la loi", le FBI reconnaît que "ces types d'investigation sont souvent longs et compliqués et requièrent de nombreuses ressources pour arriver à des résultats positifs". On imagine alors que des fraudes plus discrètes, défendues par une armée de vétilleux avocats, auront plus de mal à être condamnées.

John Virapen, l'ancien directeur de Lilly en Suède, fabricant du Prozac, a écrit un livre brûlant[992] sur les pratiques immorales des firmes pharmaceutiques. Dans un reportage à charge de *France 5* sur la mauvaise utilisation des psychotropes[993], il intervient pour raconter son expérience : "corruption, cadeaux, voyages. [...] Les médecins généralistes n'ont généralement pas l'habitude d'aller dans les grandes conférences ou autres. Donc un jour, [...] j'en ai réuni tout un groupe, et je les ai amenés à Singapour, et je leur ai fait le grand jeu, la grande classe. Quand ils sont rentrés les ventes ont explosé" (16'30). Son conseil : "La première chose à savoir, c'est que tu ne dis pas un mot sur les effets secondaires". S'il est difficile d'établir lequel des cadeaux, de la propagande, de la surmédicalisation ambiante, de l'utilité du médicament, influe sur les prescriptions, le reportage montre quoiqu'il en soit la propension démesurée de la plupart des médecins à prescrire ce genre de médicaments après une consultation très sommaire (en caméra cachée à 7'30). Cela alors que les exemples terrifiants du reportage, aux États-Unis pendant les auditions sur le Prozac[994] ou en France, incitent à la prudence. Nous avons vu par exemple que le Paxil de GlaxoSmithKline augmente les pensées suicidaires ou les passages à l'acte, quoique les données montrant une multiplication par 9,35 aient été cachées. Au passage, le Prozac fut au final disculpé par des membres de la FDA, qui contrairement à la déclaration originale étaient en très grande majorité liés aux industries. Les médecins qui à juste titre mettent en avant le rapport bénéfice-risque auront dans tous les cas du mal à bien évaluer la balance s'ils ne possèdent pas toutes les informations pertinentes.

Autres stratégies condamnées

Notons dans les autres stratégies condamnées par la justice l'entrave à la concurrence : en 2013, selon l'AFP[995], "Lundbeck a recu une amende de 93,8 millions" puisque "les producteurs de génériques se sont entendus avec le groupe danois pour ne pas entrer sur le marché, moyennant des paiements importants représentant "des dizaines de millions d'euros", en infraction à la législation européenne sur la concurrence". "Tout cela a eu lieu au préjudice des patients", puisque l'arrivée de génériques sur le marché fait drastiquement baisser les coûts, comme pour "la version générique du citalopram [où] les prix ont chuté de 90 %". En 2014, c'est Servier qui écopait d'une amende de 330 millions d'euros[996] : "Grâce à l'acquisition de technologies et à une série d'accords amiables concernant des brevets conclus avec des concurrents fabricants de génériques, Servier a mis en œuvre une stratégie visant à exclure ses concurrents et à retarder l'entrée sur le marché de médicaments génériques meilleur marché, au détriment des budgets publics et des patients". Ce sont 9 groupes qui étaient visés par Bruxelles[997] pour ces procédés illégaux anti-concurrentiels. Dans un registre similaire, dans son rapport de synthèse 2013[998], "l'Autorité de la concurrence a condamné Sanofi-Aventis à une amende de 40,6 millions d'euros pour avoir mis en place une stratégie de dénigrement à l'encontre des génériques de Plavix®, "blockbuster" de l'industrie pharmaceutique. Beaucoup de médecins et pharmaciens ont alors préféré *"ne prendre aucun risque"*".

On peut dans un autre registre mentionner la pollution parfois créée par les firmes. En 2007, le Département de Justice nous apprenait[999] que "les actions de Merck ont entraîné une vaste destruction de poissons et ont contraint le Département de l'Eau de Philadelphie de fermer temporairement ses activités d'eau potable". Un avocat insiste sur le fait que "personne ne devrait s'interroger, quand il rentre dans la cuisine pour prendre un verre d'eau, si ce qu'il va boire va rendre malade lui ou ses enfants". Dans l'accord, "Merck devra prendre des directives pour éviter de futures décharges illégales, dont l'installation d'un système d'avertissement en amont pour protéger l'eau potable". L'amende totale se porte autour de 20 millions de dollars.

Aucune de ces affaires, dont la liste n'est pas exhaustive[1000], n'ont pour objet un produit vaccinal, mais chacune de ces firmes possèdent des divisions de vaccination, et on voit mal par quel argument l'immoralité de la sphère médicamenteuse deviendrait vertu sur un secteur qui brasse des sommes tout aussi considérables.

Merck est en ce moment en procès[1001] pour des charges à confirmer impliquant "entre autres infractions de monopoliser illégalement le marché états-unien de la rubéole en s'étant engagé dans un schéma sur une décennie de falsification, mauvaise représentation et dissimulation de la vraie efficacité de son vaccin". Selon le *Wall Street Journal* du 10 septembre 2014[1002], des anciens employés de la société auraient levé l'alerte, alors que "leurs supérieurs auraient fait pression sur eux pour qu'ils participent à la fraude et à la dissimulation qui en suivait", d'après un procès similaire[101].

* * *

Pour terminer sur les affaires en cours, "l'Agence Européenne du Médicament travaille actuellement avec les agences nationales des médicaments pour enquêter sur des déficiences dans le système de déclaration de la sûreté des médicaments de Roche", comme l'indique une de leurs communications le 21 juin 2012[1003]. "Cela inclut de regarder si les déficiences ont un impact sur le profil général bénéfice-risque de chacun des produits impliqué. Il n'y a à présent aucune preuve d'un impact négatif pour les patients et alors que les investigations sont présentement conduites, il n'y a pas besoin pour les patients ou les professionnels de santé de prendre de mesures. [...] Au cours d'une inspection [de l'agence de régulation des médicaments du Royaume-Uni chez Roche], la société a identifié 80.000 notifications de produits commercialisés par Roche aux États-Unis qui ont été recueillis par un programme de soutien aux patients sponsorisé par Roche, mais qui n'ont pas été évalués pour déterminer s'il devaient ou non être rapportés comme évènements indésirables suspectés aux autorités de l'Union Européenne. Cela inclut 15.161 notifications de décès de patients. On ne sait pas si ces morts sont dues à une progression naturelle de la maladie ou ont eu un lien causal avec le médicament". Roche parle de son côté d'un "plus petit nombre, bien que cette information doive être vérifiée" —ce qui montre que Roche admet l'absence de traitement des données. "Il demeure incertain si aucune de ces notifications ont déjà été soumises aux autorités de l'UE par d'autres canaux, par exemple par les professionnels de santé traitants. D'autres défaillances identifiées étaient liées à l'évaluation et à la notification aux agences nationales des médicaments d'effets secondaires suspectés de leur système de notification (environ 23.000) et d'essais clinique (environ 600)".

L'Agence Européenne spécifie les actions qui doivent être mises en place : "Roche doit s'assurer que tous les évènements connus notifiés sont immédiatement transmis aux autorités de l'UE appropriées [et] que cela a été fait à la fois pour les produits dans les essais cliniques et les produits commercialisés". Puis "Roche doit soumettre une plan d'action complet d'ici le 27 juin 2012. [...] Cela inclut l'évaluation de chacun des plus de 80.000 notifications reçues [...] et leur suivi approprié". L'Agence nous prévient que "des mises à jour [sur l'évolution de la situation] seront faites sur le site de l'Agence le cas échéant".

Autant que les défaillances de Roche, deux points peuvent nous étonner : tout d'abord que le fait de ne pas signaler de manière convenable de possibles effets indésirables ou morts dus à l'utilisation d'un produit ne soulève pas plus d'inquiétude, et qu'en lieu et place d'un système d'alerte ou du moins de précaution à mettre sur pied, l'Agence laisse le bénéfice du doute à ces produits. Deuxièmement, depuis bientôt 3 ans que ce problème a été détecté, aucune mise à jour n'est à signaler, dans un sens comme dans l'autre, comme si quelques morts de plus n'étaient au final qu'un problème pas tellement urgent à traiter.

Les grandes firmes pharmaceutiques ont été impliquées dans des procès pour des faits répétés de mauvaise utilisation de leurs produits, d'incitations à cette utilisation, de corruption, d'entente anti-concurrentielle, de campagnes de dénigrement, ou encore d'omissions de révélation de données scientifiques. En dehors de l'aspect immoral strictement commercial, ces pratiques illégales mettaient dans la plupart des cas les patients en danger, physique ou psychologique, avec de graves effets secondaires ou mortels. Les amendes, ou accords à l'amiable, se montent à plusieurs milliards de dollars pour les plus manifestement condamnables, alors que paradoxalement les intérêts en place, l'énergie engagée et la complexité du processus pour arriver à une condamnation semblent rendre l'exercice de la justice difficile. Ces amendes record l'ont été dans le cadre de médicaments non vaccinaux, mais cette absence d'éthique générale peut légitimement inciter à la mise en garde envers d'autres divisions de ces mêmes sociétés. Les personnes en charge ne subissent en général aucune condamnation, et les quantités d'argent demandées par la justice ne mettent nullement en péril ces sociétés.

Cinquième partie

Considérations diverses

Chapitre 17
Mythes vaccinaux

Éradication de la variole

Selon l'OMS[1004], "la variole est une affection contagieuse aiguë, causée par le virus variolique. Elle se transmet d'un individu à l'autre par des particules en suspension ou des gouttelettes provenant des personnes infectées qui présentent les symptômes de la maladie. Les symptômes apparaissent 12 à 14 jours après l'infection et sont notamment de la fièvre, des malaises, des maux de tête, un état de prostration, de graves douleurs dorsales, et parfois des douleurs abdominales et des vomissements. Après 2 à 3 jours, la température corporelle s'abaisse et une éruption cutanée apparaît d'abord sur le visage, les mains et les avant-bras, puis sur le tronc". Appelée aussi petite vérole, son taux de mortalité selon le Ministère de la Santé passe de 1 % pour une variole mineure à 30 % pour une variole majeure[1005], sans compter défiguration[1006], "panophtalmie[a], cécité, kératite et ulcères cornéens, ostéomyélites[b], arthrites, orchites et encéphalites [qui] sont des complications rares de la variole (1%-5%)".

La variole est régulièrement présentée comme exemple, en tant que maladie éradiquée de la planète grâce à la vaccination. On trouve, encore sur la page de présentation de la variole par l'OMS[1004], que "suite à une campagne de vaccination mondiale menée par l'OMS, la variole a été déclarée éradiquée en 1980". Sanofi Pasteur sur son site internet abonde en ce sens[1007] : "L'immunisation croissante et durable a permis d'éradiquer la variole et de faire reculer le taux d'incidence mondial de la polio de 99%." L'Unicef confirme[1008] : "Jusqu'à présent, une seule maladie, la variole, a été éradiquée par les vaccins, épargnant quelque cinq millions de vies par an". L'Afssaps écrit en 2008[1009] : "Après une campagne de vaccination intensive, la maladie a été déclarée éradiquée par l'Organisation Mondiale de la Santé en 1979". Le rapport de 2007 l'Assemblée Nationale déjà cité affirme même[231] : "la vaccination c'est [entre autres succès] l'éradication totale de la variole". Citons encore l'Institut Nationale des Études Démographiques[1010], ou le site du Ministère de la Santé[390], dans l'entretien de cette idée.

Pourtant, à une époque antérieure, l'OMS elle-même montrait beaucoup plus de nuances quant aux raisons de l'éradication de la variole. En 1979, l'année de son éradication paraissait le Rapport final de la Commission mondiale pour la Certification de l'Éradication de la Variole[1011]. Quelques extraits de ce long document reflètent un constat différent :

---

a   Inflammation s'accompagnant de pus sur la totalité du globe oculaire
b   Inflammation de la moelle osseuse et du tissu osseux adjacent, causée par une infection

- "Les campagnes d'éradication reposant entièrement ou essentiellement sur la vaccination de masse furent couronnées de succès dans quelques pays mais échouèrent dans la plupart des cas". (p. 32)

- "Dans certains pays, [où la couverture atteignant 80 % à 90 %], il e[û]t été extrêmement coûteux et logistiquement difficile, sinon impossible, d'atteindre des niveaux beaucoup plus élevés de couverture. Il fallait absolument changer de stratégie". (p. 32)

- En Inde, "bien que 60 millions de primo-vaccinations et 440 millions de revaccinations aient été effectuées entre 1962 et 1966, la nombre de notifications demeurait aussi élevé en 1967 qu'au début du programme. Le Gouvernement décida d'insister sur l'encadrement administratif, de donner la priorité à la primovaccination des nourrissons et des enfants et d'améliorer la notification et l'endiguement". (p. 46)

- "En revanche, lorsque des programmes de surveillance active et d'endiguement efficace entrèrent pleinement en action, l'Inde, disposant d'effectifs importants de personnel de santé qualifié, fut en mesure de réaliser l'éradication dans un délai relativement bref". (p. 47)

- "En dépit de toutes les mesures prises, la variole s'avérait extraordinairement difficile à éradiquer. A Java, malgré des taux de vaccination dépassant 90%, la transmission se poursuivait [...], jusqu'à ce que des structures efficaces de dépistage et de surveillance soient entièrement mises en place". (p. 42)

Remarquons en une courte digression du caractère potentiellement mortel des vaccins, ce qu'il est beaucoup plus délicat d'admettre aujourd'hui : "On a estimé qu'approximativement une personne sur un million mourait de complications de la primovaccination et que la proportion était d'un sur quatre millions pour la revaccination." (p. 30)

Terminons par la partie la plus douloureuse, celle où l'idéologie, comme de nos jours sur tant de sujets, pousse à la dissimulation ou au mensonge, tout en croyant faire le bien : "en certains endroits, les vaccinateurs et leurs supérieurs hiérarchiques qui avaient connaissance de la variole dans leur secteur étaient peu enclins à la notifier parce que la présence de la variole était considérée comme de nature à discréditer leur action de vaccination systématique et parce qu'ils craignaient d'être renvoyés ou sanctionnés. Aux niveaux plus élevés, les personnels de santé s'abstenaient parfois de notifier des cas, en minimisaient le nombre ou les déclaraient comme des cas de varicelle. Même au niveau national, il y avait des gouvernements qui s'abstenaient de notifier d'importantes épidémies ou en modifiaient les chiffres pour les ramener à des dimensions respectables. Ultérieurement, grâce à des informations provenant d'autres pays, de voyageurs ou d'autres sources, les notifications ainsi dissimulées venaient à être connues mais souvent avec des retards aux conséquences tragiques" (p. 37). Qui veut faire l'ange fait la bête, comme le disait notre plus illustre savant Blaise Pascal. L'amour de la vérité doit primer, sur le sujet de la vaccination comme sur les autres.

La variole est-elle cependant éradiquée pour toujours ? Le site de l'OMS indiquait que la maladie "ne survient plus de façon naturelle, mais [que] des stocks de virus variolique sont encore conservés dans deux laboratoires de confinement renforcé". Récemment, le sujet de la conservation de ce virus a réémergé[1012], après que "six fioles contenant le virus de la variole sur un campus du Maryland" ont été découvertes. "Éradiqué depuis les années 1980, le virus n'est censé être stocké que dans deux laboratoires ultra-sécurisés aux États-Unis et en Russie". L'histoire de la réapparition du virus de la grippe A H1N1 (voir Chapitre 3) vingt ans après sa disparition peut servir d'avertissement. Le site du Ministère de la Santé (lien désormais inaccessible) n'est pas pour nous rassurer non plus : "En cas d'utilisation du virus de la variole comme arme biologique, la contamination se ferait par une aérosolisation. Ce virus, très résistant, survit plusieurs semaines en milieu humide et à l'abri de la lumière ; il persiste 24 heures après dispersion dans l'air, plusieurs jours à semaines dans les vêtements et la literie des malades. Une petite dose infectieuse serait suffisante. La contamination interhumaine peut être très importante par l'intermédiaire des gouttelettes aériennes émises par la personne infectée". Étant donné la situation géopolitique mondiale, et l'absence de barrière morale de certains gouvernements, on peut légitimement penser que l'histoire n'est pas terminée.

Les maladies évitables par la vaccination

De manière plus générale, les institutions favorables à la vaccination regroupent certaines maladies sous le vocable "à prévention vaccinale" ou "évitables par vaccination" (*vaccine-preventable diseases*) ces afflictions pour lesquelles un vaccin a été développé. Cela sous-entend qu'immuniser garantira à la fois l'évitement de la maladie pour l'individu et la disparition collective du fléau. Et réciproquement que leur perpétuation résulte de notre erreur stratégique à ne pas reconnaître le pouvoir du vaccin ou du moins à ne pas en prendre acte. Les graphes les plus honnêtes tracent l'évolution en fonction du temps de la morbidité[a] de la maladie, à partir de l'arrivée du vaccin. La fenêtre pré-vaccinale demeure souvent très limitée. Les analyses les plus caricaturales exposent quant à elles les chiffres de début de siècle, qui laissent à penser que les vaccins sont responsables d'une diminution par 10 ou 100 des maladies. C'est le cas d'un document du Centers for Disease Control, qui montre la morbidité de la variole aux États-Unis au XXᵉ siècle (29.005) et la compare avec celle de 2010 (0). On en déduit l'efficacité manifeste de ces vaccins : diphtérie, poliomyélite (100 % de diminution), tétanos, rougeole, rubéole (99 %), ou encore coqueluche (89 %). Si ce document est désormais inaccessible, on en retrouve l'essence dans une étude qu'ils ont publié dans le prestigieux *JAMA* en 2007[1013], avec le même raisonnement et la même conclusion : "Le nombre de cas de la plupart des maladies à prévention vaccinale est à un plus bas historique ; les hospitalisations et les morts ont aussi connu des chutes remarquables". Ces chiffres ponctuels ne sont là encore illustrés par aucune courbe temporelle au long du siècle qu'ils étudient.

Les chapitres précédents montrent la limite de ce raisonnement : les courbes baissent bien avant l'arrivée du vaccin ou de l'immunisation de masse, leur efficacité

---

a   Nombre d'individus atteints par une maladie dans une population donnée et pendant une période déterminée

réelle est rarement optimale, et enfin le vaccin n'a pas toujours un effet simple sur les épidémies et le virus ou la bactérie. Il contribue d'ailleurs plus souvent à faire baisser l'incidence que la mortalité, assez faible de toute façon en pays développés. Déjà en 1977, les époux McKinlay publiaient dans le *Milbank Memorial Fund Quarterly* une étude générale[1014] sur le taux de mortalité parallèlement aux soins de santé pris depuis le début du siècle. Leur conclusion généralisait celle que nous avons cherché à démontrer concernant les vaccins : "l'influence des mesures prophylactiques et chémothérapeutiques apparaissent n'avoir contribué que peu au déclin de la mortalité depuis les environs de 1900" que ce soit par jeu de vaccinations, pénicilline, isoniazide, etc. La décroissance de mortalité ayant eu lieu avant l'apparition des procédés thérapeutiques réputés, ils estiment leur poids respectif à au mieux 3,5 % de ce déclin, pour les maladies suivantes : grippe, pneumonie, diphtérie, coqueluche, poliomyélite.

* * *

Portons un œil sur un aperçu des statistiques de la mortalité au Québec au début du siècle. Un article de 2010[1015] dresse ce bilan vertigineux : "À la fin du XIXᵉ siècle, la mortalité infantile cause des ravages effroyables dans les grandes villes du Québec. Un nombre considérable d'enfants ne vivent même pas une année. À cet égard, certaines données statistiques des villes de Montréal et de Québec sont révélatrices (1). À Montréal, en 1899, on compte 2 071 morts pour 7 715 naissances, soit un taux de 26,8 %. Les statistiques de la ville de Québec pour la même année sont encore plus significatives : sur 1 332 naissances, on compte 665 morts, soit un taux de 49,9 %". En Europe, la situation est juste un peu meilleure : "à Londres, on compte 19 910 morts pour 131 278 naissances, soit un taux de 15,2 %, tandis qu'à Paris, on fait état de 6 303 morts sur 56 673 naissances, soit 11,1 %, et qu'à New York, on relève 15 413 morts sur 79 903 naissances, soit 18,3 %". Pour en revenir au Canada, "à l'époque, les maladies infectieuses, dont la diphtérie, la scarlatine et la rougeole, règnent souvent à l'état endémique (4). Parmi ces nombreuses maladies infectieuses, il en est une qui tue, à elle seule, plus d'enfants que toutes les autres : l'entérite secondaire à l'alimentation des nouveau-nés par du lait de vache contaminé. Un véritable empoisonnement. Tous les médecins s'accordent sur la supériorité de l'allaitement, mais à Québec comme à Montréal, on constate une trop forte tendance pour l'allaitement artificiel à l'aide du biberon « meurtrier »". L'auteur conclut que la diminution de la maladie est majoritairement due à des mesures sanitaires : "Ainsi, dès 1910, des visites régulières des fermes de la région de Montréal sont organisées au cours desquelles les inspecteurs s'efforceront d'éduquer les fermiers. À partir de 1916, la surveillance de la pasteurisation du lait sera devenue capitale. L'instauration de consultations prénatales gratuites suivies de consultations pour nourrissons sera également fructueuse. Les résultats obtenus seront prodigieux : entre les années 1900–1904 et 1965–1969, le taux de mortalité infantile passera de 274,7 à 19,9 cas pour 1 000 naissances (11), un moment mémorable dans l'histoire médicale pédiatrique canadienne-française, avec ses misères et ses réussites au cours du siècle dernier".

Qu'en est-il en Europe ? Pourquoi nous parle-t-on régulièrement de la diphtérie et de la rougeole, si meurtrières, et jamais de la scarlatine, pourtant si redoutée jadis[1016] ? Pour être plus convaincant, le CDC aurait pu accoler à ses chiffres ceux de maladies infectieuses non évitables par vaccination et comparer les évolutions. C'est ce que nous avons choisi de faire, avec la scarlatine, et toujours en nous servant des données de l'Angleterre et du Pays de Galles.

Scarlatine (Angleterre et Pays de Galles)

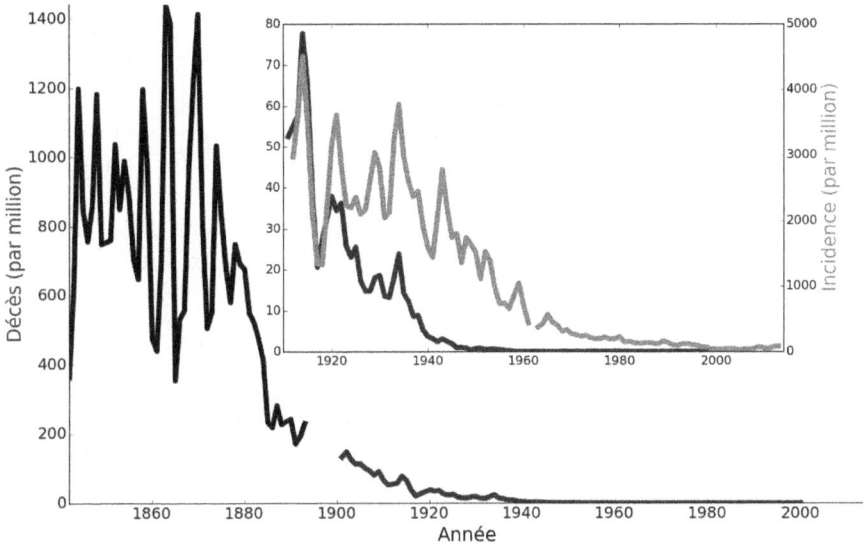

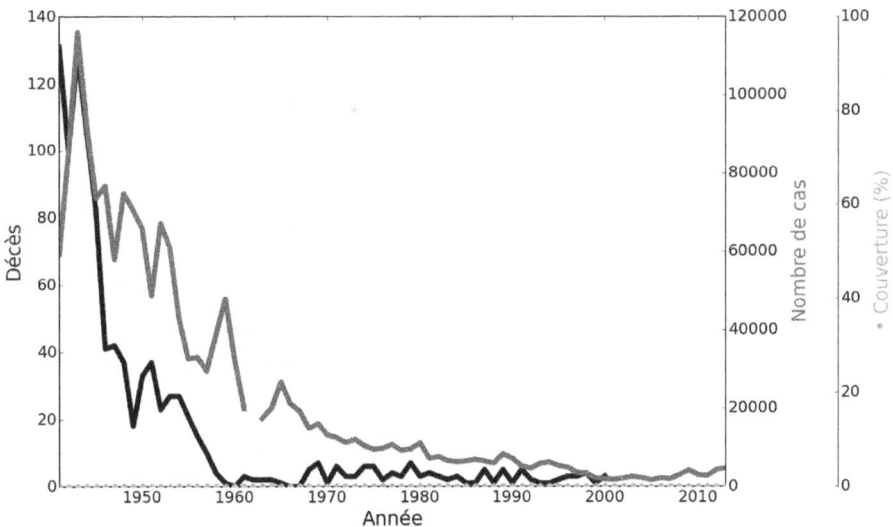

Sources:
A History of Epidemics in Britain (Volume II of II) by Charles Creighton, https://www.gutenberg.org/files/43671/43671-h/43671-h.htm#Page_714 (Mort. 1842-1893)
http://www.ons.gov.uk/ons/publications/re-reference-tables.html?edition=tcm%3A77-215593 (Mort. 1901-2000)
https://www.gov.uk/government/publications/notifiable-diseases-historic-annual-totals (Inc. 1912-2013)
http://www.cdc.gov/features/scarletfever/ (Couv. 1901-2013)

Nous constatons une chute remarquable et continue au cours du XXᵉ siècle, jusqu'à des niveaux très faibles à partir de 1960. La diminution du nombre de morts entre 1901 et 1940 se chiffre à 96 %, de 4.339 décès à 152 ; puis une chute additionnelle de 98 % entre 1940 et 1980. Cela sans qu'aucune vaccination n'ait pu intervenir, ce qui limite plus encore l'interprétation du rôle indispensable des vaccins dans l'endiguement des autres maladies infectieuses. Cela tempère aussi l'affirmation que ce sont les antibiotiques apparus en 1940 qui ont permis de juguler cette maladie. Cet article[1017] nous montre même une diminution par environ 3 de la scarlatine entre 1847 et 1892 en Angleterre/Pays de Galles, d'environ 15.000 à 5.000 morts annuelles, confirmant ainsi nos données sur cette période. Selon les auteurs, "la dynamique de la maladie changea de manière marquée après 1875 à cause de niveaux de nutrition largement améliorés". En fait, "les épidémies étaient significativement corrélées avec les sécheresses au printemps/été [et] aussi avec une oscillation des prix du blé mais avec un délai de 3 ans". Pour confirmer ce fait, "la mortalité de la scarlatine fut drastiquement réduite après 1880 en parallèle de la chute des prix du blé", ce qui tend soit dit en passant à accuser, du moins sur ce point, le régime libéral à celui préférable de prix du blé limité qui avait cours sous l'Ancien Régime en France[1018].

Avec le même raisonnement de temporalité utilisé par le CDC (*post hoc ergo propter hoc*[a]), et une fois n'est pas coutume une once de sarcasme, l'on pourrait conclure qu'après comparaison avec l'ère pré-Staline, l'ère pré-Vᵉ République, l'ère pré-aspirine ou l'ère pré-McDonalds, nous pouvons savoir gré à Joseph, Charles, ou Ronald de leur impact salvateur sur ces maladies évitables par le Double-Cheese.

Quoiqu'un facteur important, une étude au Royaume-Uni[1019] montra que la vaccination n'était pas la variable la plus pertinente quant au taux d'hospitalisations dues à la coqueluche et à la rougeole. "Les enfants vivant dans des quartiers défavorisés à Glasgow étaient en moyenne neuf fois (cinq à cent fois) plus susceptible d'être admis dans un hôpital pour quelque raison que ce soit que les enfants des quartiers non défavorisés. Les variables de défaveur qui étaient le plus corrélées aux taux d'admission était la surpopulation du foyer et le chômage parental ; en comparaison, l'effet protecteur de la vaccination contre la rougeole et la coqueluche, par exemple, était moins significatif", quoique les chiffres de l'article ne soient pas accessibles.

Notre propos ici ne consiste pas à prouver quelle stratégie est optimale pour se préserver de ces maladies, car cela sort du cadre de notre propos. Toutefois, il nous semble à titre personnel acceptable d'exposer notre conception : l'hygiène de vie, principalement reflétée par un environnement non pollué et une alimentation saine, végétale, voire intermittente, contribue à doter le corps des ressources nécessaires pour lutter efficacement contre la grande majorité des maladies. Préférer ainsi noix, chou, pomme, lait maternel et jeûne aux sodas, additifs, aluminium, polysorbate et protéines antigéniques ; ou pour citer cette possible phrase de Pasteur : "Béchamp avait raison ; le microbe n'est rien, le terrain est tout".

---

a   A la suite de cela donc à cause de cela

Crédibilité des distinctions et des institutions

Bercés depuis l'enfance dans la douce idée que notre *monde libre* nous préserve des idéologies, dogmes, obscurantismes d'autres lieux ou d'autres temps, nous songeons volontiers qu'il est de juste raison de placer notre confiance dans les institutions ou les organismes de ce monde, qu'on appelle communauté internationale —bien qu'ils ne représentent que le plus fort, à savoir le monde occidental. Cette foi est plus tangible encore dans le domaine scientifique, qui nous paraît hors de questionnement car rationnel et dénué d'idées préconçues. Ainsi, la plus haute distinction qu'est un prix Nobel ne pourra à notre sens qu'être attribuée à une personne qui aura fait avancer le monde dans le bon sens. Sans faire la liste des prix Nobel de la Paix qui relève de plus en plus manifestement de l'idéologie politique (Obama, Carter, Al Gore, le GIEC, l'Union Européenne, Wiesel, la lutte contre les armes chimiques pendant la guerre en Syrie), les prix Nobel de sciences ont eux aussi leur part de subjectivité voire d'ombre. Nous avons mis en avant pour le sujet qui nous intéresse la nomination de Harald zur Hausen au prix Nobel de Médecine 2008 "pour sa découverte des papillomavirus humains causant le cancer du col de l'utérus"[51]. Sachant que cette distinction se fait souvent attendre 25 ans, elle tomba à point nommé, juste un an après la sortie en Europe des vaccins associés à ce virus. Pour rappel des conflits d'intérêt entourant cette élection, nous renvoyons le lecteur à la vaccination VPH (voir Chapitre 1).

Que devait-on alors conclure quand le Gardasil obtint le prix Galien en France en 2007[1020] ? Pour le blogue de Skyrock[1021], radio financée par la publicité comme ils le précisent eux-mêmes et très audible chez les jeunes, c'est un gage évident d'utilité : "Ce dernier est un prix indépendant, il n'existe donc dans cette nomination aucun enjeu éco-politique". D'ailleurs, la polémique est à leurs yeux "due au fait que ces vaccins n'ont pas été déclarés obligatoires par le Ministère de la Santé". Si nous pensons avoir mis eu lumière l'erreur que constitue la vaccination au Gardasil, on peut de surcroît se rappeler qu'en 2000[1020], le lauréat s'appelait Vioxx. Pourtant les membres de ce prix figurent parmi les plus éminents scientifiques et spécialistes mondiaux : "Si le prestige du prix Galien s'est accru au fil des ans, c'est grâce aux membres des différents jurys qui comptent, non seulement, huit prix Nobel mais les plus éminents experts et spécialistes en pharmacologie, thérapeutique, pharmacie, médecine, clinique, biochimie et toxicologie. Ils ont su, par leur choix de lauréats refléter fidèlement le mouvement thérapeutique en France depuis plus d'un quart de siècle et mettre en valeur les médicaments et les équipes les plus performants". Se pourrait-il que le comité d'experts ait jugé trop vite ou ait été abusé ? C'est possible. Mais toujours est-il qu'attendre prudemment quelques mois la conclusion de certaines études avant de vanter un tel produit aurait pu permettre de ne pas amplifier les proportions de ce scandale sanitaire.

Comme le montre une étude sur le Vioxx parue en 2009[1022] dans *Archives of Internal Medicine*, "les analyses de tous les [30] essais randomisés et contrôlés par placebo [sur un total de 20.132 sujets] démontrent une tendance vers une risque cardio-vasculaire accru du rofecoxib comparé au placebo dès décembre 2000", et il ne fallait attendre que juin 2001 pour que la comparaison devienne significative, soit "près de

3 ans et demi avant le retrait par [Merck]". Le site de la FDA[1023] qui retrace la chronologie précise même qu'en mars 2000, "des informations préliminaires concernant un déséquilibre d'épisodes cardiovasculaires thrombotiques sérieux [ont] été soumises à l'encontre [du médicament en investigation]". Plusieurs études évaluent que le risque d'infarctus doublait, et la *Food and Drug Administration* états-unienne, l'équivalent de notre Agence Française de Sécurité Sanitaire, décide après consultation d'un comité d'experts de le retirer du marché. Elle avait pourtant autorisé en 1999 sa mise sur le marché en 6 mois[1023], alors que cet anti-inflammatoire et analgésique[a] n'était destiné qu'à lutter contre l'arthrose et la douleur aiguë, donc sans risque de pandémie ou de mort imminente. On peut se demander comment Merck a sélectionné ses "60 études"[1023] incluant 5.000 personnes exposées à cette substance pour qu'aucune d'entre elles ne détecte une augmentation de 130 % des insuffisances cardiaques. Aux États-Unis, 27.000 victimes plaignantes ont été indemnisées en 2007 à hauteur de 4,85 milliards de dollars selon la revue *Nature*[1024]. En France, il n'a été apparemment fait état d'aucune victime du Vioxx, malgré une large diffusion du médicament. Cette affaire jette en quelque sorte le discrédit à la fois sur les distinctions honorifiques, les institutions de santé publique et les études scientifiques. Ainsi que sur l'arbitrage des sociétés pharmaceutiques quand il s'agit de choisir entre leurs revenus et la vie des personnes.

En ce qui concerne certaines institutions comme l'OMS et les CDC, leur autorité leur confère immédiatement une crédibilité indiscutable. Pourtant nous avons vu qu'elles se rangeaient systématiquement du côté des thèses pro-vaccinales. Comme dans beaucoup d'institutions publiques ou dans certaines professions, cela peut s'expliquer soit par une idéologie de base commune, soit par un recrutement ou une co-optation orientée, soit par une pression consciente ou inconsciente à se ranger derrière son employeur, soit enfin par des conflits d'intérêt prégnants. Sans juger de ce qui est la cause et ce qui est la conséquence, signalons à nouveau (voir Chapitre 10) que Mme Julie Gerberding a rejoint le CDC en 1998, puis en fut présidente jusqu'à son départ forcé par l'administration Obama en 2009. Elle a ensuite été recrutée par Merck en tant que chef de la division vaccin.

Pareillement, on imaginerait mal en France un avis du ministère ou de l'InVS qui se permettrait une critique argumentée mais frontale de la politique vaccinale nationale. Ce serait aussi inattendu qu'entendre le ministère de l'Industrie dire que les voitures faites en France sont de mauvaise qualité. Avec pareil constat, à qui doit-on accorder sa confiance ? Aux médias, aux institutions, à internet, à ce présent livre ? Malheureusement, à personne a priori, tant que des arguments et des gages de crédibilité, confirmés par le passé, le présent et le futur, n'ont pas emporté votre conviction. Cela soulève la problématique du temps disponible, de la volonté d'éviter le mensonge et de servir la vérité.

---

a   Qui supprime ou atténue la douleur

Quelques idées préconçues tenaces et savamment entretenues participent de notre acquiescement au paradigme vaccinal. Parmi elles, certaines véhiculent encore la croyance que la variole a été éradiquée par la vaccination. La lecture des documents d'époque nous montre au contraire que cette stratégie n'a pas fonctionné et ce sont les méthodes de contrôle et d'endiguement qui ont permis d'y mettre fin. De même, il est communément accepté que c'est le vaccin qui a permis de faire chuter le taux de mortalité des autres maladies infectieuses au cours du XXᵉ siècle. Non seulement le vaccin est souvent arrivé bien après le commencement du déclin, mais l'étude de l'incidence de la scarlatine, pour laquelle il n'a jamais existé de vaccin, nous présente un profil tout à fait similaire à celui des maladies qu'on appelle "évitables par vaccination". L'autorité et la crédibilité dont jouissent les grands organismes internationaux de santé, les institutions publiques ou certains prix prestigieux leur confèrent à notre égard un pouvoir de persuasion supérieur à celui qu'ils méritent au final.

Chapitre 18
Mortalité

Mort subite du nourrisson

Entre 2001 et 2004, une étude[1025] a trouvé en Allemagne "6 cas de mort subites du nourrisson dans les 48h après une vaccination hexavalente", 5 avec Hexavac et 1 avec Infanrix Hexa. "Peu après la vaccination, trois des enfants développèrent des symptômes comme la fatigue, la perte d'appétit, la fièvre à 39°C ou l'insomnie. Tous les enfants furent trouvés morts sans explication 1 à 2 jours après la vaccination". Ils firent des découvertes inhabituelles, dans le cerveau ou dans les tests de laboratoire, comme un œdème cérébral extraordinaire pour chaque cas. D'après leurs données recueillies à Munich entre 1994 et 2000, ils n'avaient "observé qu'un seul enfant sur 198 morts subites du nourrisson qui était mort peu après une vaccination", contre 5 sur 74 après 2000 avec le vaccin hexavalent. "Cela représente une multiplication par 13". Ils estiment, d'après la proportion de Munichois, que le nombre de morts sur cette période monterait à 50 cas dans toute l'Allemagne. Bien qu'ils ne prétendaient pas établir une preuve solide, ils pensaient "important d'informer les médecins et les pédiatres qui vaccinent ainsi que les parents de ces possibles complications fatales".

En 2005, une autre étude[1026] sur tous les cas connus d'enfants allemands morts subitement à cette même période attirait l'attention, bien que le nombre de cas soit faible : le rapport normalisé de mortalité pour la mort subite du nourrisson s'élevait pour un des deux vaccins hexavalents étudié, et pour le premier jour après la vaccination, à 31,3 : 2 morts pour 0.06 attendus, 3 morts au 2e jour pour 0.13 attendus, ce qui "ne prouve pas de relation causale entre vaccination et mort subites mais [...] qui doit susciter une surveillance accrue pour des morts inattendues après vaccination".

A la suite de ce constat, un groupe de recherche a procédé à la même analyse en Italie[1027], cette fois-ci sur 1,5 million de bébés de moins de 2 ans vaccinés entre 1999 et 2004 par un hexavalent. Bien que largement en dessous du rapport précédent, il ressort un risque plus élevé pour les 2, les 8 et les 15 premiers jours : "Quatre morts sont survenues dans les deux jours suivant la vaccination avec les vaccins hexavalents (rapports des chances RC = 1,5 [non significatif]). Les RCs pour les périodes de risque 0-7 et 0-14 étaient de 2.0 [significatif] et 1,5 [non significatif]. L'augmentation du risque était limitée à la première dose (RC = 2,2 [significatif]), alors qu'aucune augmentation n'était observée pour les deuxième et troisième doses combinées". Les vaccins hexavalents constituent donc une source de mort subite sur cette population, bien que manière inattendue, l'augmentait du risque ne valait que pour la première dose. Le fait que le risque ne soit pas plus important avec les deux doses suivantes combinées signifie peut-être que les sujets non prédisposés n'auront jamais de problème et réciproquement. On peut au final estimer sur cette période et d'après leur résultat le nombre approximatif de morts subites dues au vaccins sur cette période à 133 (= 244 - 244 / 2,2) sur les 244 morts recensées au total. Il serait intéressant de comparer ce chiffre de 22 morts par an à celui qu'aurait potentiellement causé la non-vaccination de cette population, par diphtérie, tétanos, coqueluche, poliomyélite, hépatite B et *haemophilus influenzae* type b.

Effet global sur la mortalité

Dans les pays en développement, trois vaccins ont particulièrement été mis à l'épreuve du taux de mortalité, à savoir le BCG, le DTP et le vaccin contre la rougeole. Comme le résume en 2013 cette analyse australienne[1028], les conclusions sont mitigées et complexes : "le vaccin atténué vivant de la rougeole et le vaccin BCG peuvent réduire la mortalité d'infections autres que la rougeole et la tuberculose, respectivement. Les immunologistes appellent cela des effets hétérologues et les épidémiologistes ont appelé cela des effets non spécifiques, indiquant qu'ils se manifestent sur un grand éventail de pathogènes/maladies. Ces effets diffèrent selon le sexe, peuvent être bénéfiques ou préjudiciables, et apparaissent être conduits par des mécanismes incluant la mémoire immunitaire innée [...] et les lymphocytes agissant par réaction croisée". De manière technique par exemple[1029], "on a montré que le BCG augmentait les réponses Th1 et Th2 d'autres vaccins comme celui contre l'hépatite et le vaccin polio oral. Alors que cela était attribué au potentiel du BCG de provoquer la maturation des cellules dendritiques, il est possible que les nombreux agonistes des récepteurs de type Toll[a] présents dans le BCG causent la maturation/élimination des cellules myéloïdes suppressives [aux propriétés immunosuppressives] ou d'autres cellules régulatrices, relâchant ainsi la suppression de l'immunité". C'est "cette suppression active [contrée par le BCG] qui pourrait être responsable de la capacité réduite des enfants à répondre aux infections ou la vaccination".

Un groupe de chercheurs a publié un certain nombre d'articles sur le rôle des vaccins dans la mortalité en Afrique de l'Ouest. Peter Aaby est co-auteur de 34 articles, défendant ou critiquant certains vaccins (ou d'autres substances comme la vitamine A qu'il juge potentiellement mortelle chez les filles à la naissance), dans le cadre du grand projet[1030] qu'il dirige en Guinée Bissau. En 2004[1031], "ils ont évalué les conséquences de ne pas vacciner [au BCG] les enfants en sous-poids à la naissance. [...] En contrôlant certains facteurs d'arrière-plan et en censurant à partir de n'importe laquelle des vaccinations DTC ou rougeole à 6 mois d'âge, le rapport du taux de mortalité entre les enfants vaccinés au BCG et non vaccinés au BCG était de 0,17, avec un effet encore plus fort pour les enfants en sous-poids vaccinés à leur première semaine de vie (0,07)". Cela démontrait un apport très bénéfique du vaccin "sur la survie [quoiqu'il ne] puisse pas être expliqué par la protection contre la tuberculose".

En 2000[1032], ces mêmes chercheurs avaient montré dans le *British Medical Journal* que le "BCG était associé à une réduction de mortalité de 45 % dans les 6 mois

---

a   Qui reconnaissent des motifs moléculaires conservés chez de nombreux pathogènes

[après vaccination, et de 52 % pour les vaccins contre la rougeole] alors qu'une vacci-nation précoce au DTC était associée à une augmentation de 84 % de mortalité"[1033] dans ce même pays. "L'effet négatif était plus fort chez les filles". Aaby et ses collabo-rateurs parlent d'une étude de 2004[1034] où ils ont tracé la courbe de survie cumulée en Guinée-Bissau rurale entre 1984 et 1987[1035], pour les enfants vaccinés et non vacci-nés. Ces derniers ne l'étaient pas "parce qu'ils voyageaient le jour de la vaccination, étaient trop malades pour être vaccinés ou avaient un statut nutritionnel plus faible que celui des enfants vaccinés au DTC, ou recevaient la visite un jour où l'équipe n'avait plus de vaccins pour des raisons logistiques". Au bout de 6 mois, la survie est d'environ 0,94 pour le premier groupe et 0,98 pour le second, soit un triplement de la mortalité chez les vaccinés au DTC. Dans cette étude, il est précisé que "le ratio de la mortalité était de 1,81 pour la première dose de DTC et de 4,36 pour la deuxième et troisième dose. [...] Puisque cette tendance était inversé pour le BCG [ratio = 0,63], l'effet est peu probablement dû à des enfants à plus haut risque recevant la vac-cination".

D'après les auteurs, cet effet négatif décevant a poussé des instituts comme l'OMS ou le CDC à conduire plusieurs études "pour réanalyser les données exis-tantes, mais toutes rapportaient malgré tout que le DTC avait des effets bénéfiques majeurs", au Sénégal[1036], au Ghana[1037] ou au Bangladesh[1038] par exemple. Aaby et son groupe ont "en revanche continué à trouver des effets négatifs concernant le DTC sur les filles en Gambie, au Sénégal, Ghana, Soudan, Congo et Malawi". Aaby explique ces divergences par le fait que "les études sponsorisées par l'OMS [...] ont des pro-blèmes méthodologiques majeurs. [...] Les enfants étaient inclus par une analyse de survie depuis la date de vaccination détectée rétrospectivement. Cela mène à un biais de survie : si l'information est meilleure pour les survivants que pour les enfants décé-dés, alors les enfants vaccinés qui sont morts seront classés de manière erronée en non vaccinés, exagérant l'effet bénéfique des vaccins. Deuxièmement, nous avons évalué les enfants qui avaient suivi le calendrier recommandé par l'OMS du BCG à la nais-sance et du DTC à 6 semaines. Par contre, dans la plupart des études de l'OMS, deux-tiers ou plus avaient reçu le BCG et le DTC en même temps".

Ces carences méthodologiques ont même été reconnues[1039] par d'autres cher-cheurs, dont l'ancien chef du Département de Maladies Infectieuses et Tropicales à la London School of Hygiene and Tropical Medicine et consultant à l'OMS[1040], Peter Smith. Il propose d'évaluer "la possibilité de changer le calendrier vaccinal de base", sachant que "les points méthodologiques soulevés [par l'équipe d'Aaby] seront impor-tants dans cette entreprise". Pour cela, "il est proposé de tenir un séminaire à Londres, au cours de 2007, comme un forum pour la discussion critique et l'analyse compara-tive des données sur les effets des vaccins sur la mortalité à long-terme". En 2008 fut tenu ce séminaire de l'OMS proposé par Smith, dont le compte-rendu[1041] tranchait : "L'atelier a débouché entre autres sur un large consensus quant à la faible probabilité d'obtenir par des études d'observation des éléments permettant de conclure à l'exis-tence ou non d'effets non spécifiques des vaccins sur la mortalité, et notamment dans le cas des effets nocifs potentiels de la vaccination DTC sur la survie des enfants si-gnalés par certaines études. Le GACVS restera vigilant à l'égard des informations pouvant refléter l'existence d'effets non spécifiques de la vaccination". Impossibilité ou faible volonté de l'OMS de percer le mystère ?

* * *

C'est pourquoi en 2012[1033], Aaby et consorts ont voulu vérifier leurs précédentes conclusions, avec une étude justement motivée par la volonté de s'affranchir de certains biais, comme les absences d'historique de vaccination, ou d'éviter les périodes mêlant plus tard la vaccination contre la rougeole. Ils ont montré que le vaccin DTC donné à 2 mois dans une population en sous-poids, après une vaccination au BCG donnée à la naissance (calendrier préconisé par l'OMS[1042], p. 28) augmente la mortalité des filles : le rapport du taux de mortalité entre enfants vaccinés au DTC et non vaccinés différait significativement pour les filles (rapport = 2,45) et les garçons (rapport = 0,53). Cela alors que les enfants qui peuvent recourir à la vaccination aussi tôt sont en moyenne en meilleure santé que ceux qui ne se font pas vacciner. Pour affiner, ils ont tenté d'évaluer ce biais-là, et ont cherché un indicateur de bonne santé contre la mortalité : "une faible circonférence du bras à mi-hauteur donnait la meilleure prédiction de mortalité", pour les garçons en tout cas. Ajustant avec cette circonférence [...] le rapport du taux de mortalité était 5,68 [significatif] pour les filles et 1,29 [non significatif] pour les garçons". On peut néanmoins objecter que certains enfants venant se faire vacciner le feraient également au motif qu'ils auraient besoin de soin, entraînant un biais positif pour la mortalité, quoique l'exemple du BCG semble indiquer que ce biais ne prédomine pas.

L'idéal serait de faire une étude sur une même population à un moment donné, en attribuant au hasard à chaque enfant un groupe de vaccination : vaccinés, fausse vaccination (placebo) ou non-vaccinés. D'après Aaby, cela n'a jamais été fait pour ne priver aucun enfant d'une vaccination bénéfique ; cette manière de penser constituerait malheureusement un bel exemple de raisonnement circulaire. Et le chercheur de conclure : "il continue d'exister une contradiction entre les études sur le DTC dans les pays à bas revenus et la politique actuelle [de vaccination]". On peut pourtant difficilement le suspecter au vu de l'ensemble de son travail d'être un anti-vaccinaliste sans concession, quand il écrit par exemple : "Des essais pour s'assurer que le BCG est administré à la naissance et non bien plus tard (à partir de 4 semaines), comme c'est le cas en pratique dans beaucoup de pays africains, pourrait réduire la mortalité néonatale"[1035].

Une étude[1043] sur près de 9.000 enfants de la capitale Bissau dont une sous-cohorte de 876 enfants vaccinés au vaccin contre l'hépatite B a montré en 2004 que "dans les cohortes non vaccinées contre l'hépatite B, le ratio de mortalité des enfants de 7½-12 mois par rapport à ceux de 1½-7½ mois était de 0,97 [soit une mortalité similaire pour ces deux périodes], alors que le ratio était de 1,62 dans la cohorte ayant reçu le vaccin contre l'hépatite B à 7 mois et demi". Une sous-partie a également reçu deux doses contre la rougeole. Dans cet échantillon, "les enfants [également] vaccinés contre l'hépatite B à 7 mois et demi avaient une mortalité plus élevée qu'à la fois avant et que ceux n'ayant pas reçu la vaccination (ratio = 1,81), la différence étant particulièrement forte pour les filles (2,27). Dans la cohorte ayant reçu à la fois les vaccins contre l'hépatite et la rougeole", les filles de 9 à 24 mois avaient 2,20 fois plus de chance de mourir, "comparé à 0,96 fois plus pour celles qui n'avaient reçu que les vaccins rougeoleux".

Le tableau 1 de cette revue générale de 2014 citée plus haut[1035] résume les études du réseau INDEPTH[a] concernant l'effet des vaccins sur la mortalité globale des enfants, qui inclut au-delà de l'Afrique de l'Ouest des sites de surveillance en Asie, en Afrique et en Océanie. En Inde par exemple, d'autres chercheurs sont parvenus en 2013[1044] à des conclusions similaires : "Il y avait un excès significatif de mortalité parmi les filles après immunisation au DTC, à la vaccination primaire (facteur de risque 1,65) et au rappel (2,21). Aucun excès significatif de mortalité parmi les filles n'était noté après exposition au vaccin BCG (1,06) ou au vaccin contre la rougeole (1,34)". L'étude parue dans le *Lancet* en 2004[1038], concernant le Bangladesh, semblait en désaccord : "Les vaccinations DTC et polio orale étaient indépendamment associées avec un risque diminué de mort avant 9 mois", avec un risque relatif de 0,76 (p = 0,001) pour le DTC. Au contraire, "le BCG était associé avec une survie réduite [quoique] le BCG donné durant les 6 premiers mois avait significativement moins de risque de mort que donné plus tard". Aaby explique cet écart aux autres études par le fait que "presque tous les enfants avaient reçu le BCG et le DTC simultanément alors que la recommandation officielle de l'OMS est de donner le BCG d'abord, et le DTC ensuite. L'effet de combiner BCG et DTC est bien différent dans la réduction de la mortalité féminine". Au final, les deux études divergentes "ne contredisent plus le principe que le DTC seul est associé avec une mortalité féminine élevée" trouvé dans plus de 30 autres études.

Les chercheurs proposaient en 2014[1035] une généralisation de ces résultats : "Les vaccins vivants comme la rougeole, la vaccine et probablement aussi le BCG ont tendance à être plus bénéfique pour les garçons que pour les filles, alors que les vaccins inactivés comme le DTC, le vaccin polio inactivé et celui contre l'hépatite B ont un effet négatif qui est aussi plus fort chez les filles". Cela ouvre des perspectives de recherche sur le plan biologique. Sans entrer dans des détails immunologiques ou cellulaires, la conclusion de ces chercheurs états-uniens en 2015[1045] résume la problématique : "Les résultats d'études sur l'immunité épidémiologique et hétérologue suggèrent que le système immunitaire a une plasticité colossale et que chaque nouvelle infection ou vaccin auquel un individu est exposé durant sa vie altérera potentiellement la dynamique de son système immunitaire. Cela suggère que chaque nouvelle infection ou vaccin qu'un enfant reçoit ne perturbe pas seulement son système immunitaire mais éduque son système immunitaire et pose les fondations de réponses subséquentes". Il s'agira donc de ne pas jouer aux apprentis sorciers et cela doit inciter à la prudence.

---

a   Association caritative aux États-Unis et au Ghana

Associations complexes de facteurs

La complexité de l'analyse et des conclusions ne s'arrête pas à cette seule distinction inactivée/vivant. "L'[OMS] a recommandé l'utilisation de vaccins fortement titrés contre la rougeole en 1981. Les suivis sur le long terme de différents essais ont abouti à des résultats suggérant une plus forte mortalité parmi les enfants inoculés avec des vaccins moyennement ou fortement titrés comparés au vaccin standard". En 1996, l'équipe d'Aaby a publié une étude[1046] où "des enfants [de 3 pays d'Afrique] recevant des vaccins moyennement ou fortement titrés à partir de 4 mois étaient comparés à des groupes contrôles recrutés à la même époque recevant plus tard un vaccin standard à partir de 9 mois". Sur ces enfants suivis 3 ans, les résultats "ont montré une mortalité plus forte parmi le groupe fortement titré comparé au groupe standard : ratio de la mortalité = 1,33", chiffre significatif. "La mortalité parmi ceux qui avaient reçu les vaccins moyennement titrés n'était pas différente de celle du groupe du vaccin standard" (1,11, non significatif). Cela enlève le biais de la date plus tardive du vaccin, quoiqu'il aurait semblé plus simple de donner le vaccin standard au groupe contrôle au même moment. En fait les "ratios ajustés par sexe comparant les vaccins fortement titrés aux vaccins standards étaient de 1,86 pour les filles et 0,91 pour les garçons". Une étude suédoise de 1994[1047] constatait que "la stimulation des lymphocytes d'enfants immunisés contre la rougeole avec des antigènes rougeoleux résultaient en de faibles réponses lymphoprolifératives. Ces observations peuvent être pertinentes concernant la mortalité accrue trouvée chez les enfants immunisés avec les vaccins contre la rougeole hautement titrés".

Dans un article du *Lancet* en 2003[1048], ils se sont rendu compte que "un changement dans la séquence de vaccinations, plutôt que le vaccin rougeole hautement titré, a pu être la cause de la mortalité infantile féminine accrue dans ces essais". Ils commenteront plus tard en 2012[1049] l'importance du second vaccin : "les filles du groupe hautement titré ayant reçu le DTC [et/ou] le vaccin polio inactivé à 9-10 mois avaient un rapport du taux de mortalité de 2,35 entre 9 mois et 5 ans comparé aux filles contrôles ayant reçu un vaccin standard contre la rougeole à ce même âge [en 2ᵉ vaccination après une première vaccination avec le vaccin fortement titré] ". Les garçons ne subissaient pas ce préjudice. "Nous n'avons pas trouvé d'augmentation dans le rapport filles-garçons du taux de mortalité pour les enfants qui n'avaient pas reçu la vaccination prévue DTC/VPI après la vaccination rougeole fortement tirée. Par contre, deux fois plus de filles que de garçons mourraient parmi les enfants qui avaient reçu le DTC/VPI après la vaccination rougeole fortement titrée. [...] Par conséquent, la cause réelle d'augmentation de la mortalité féminine après le vaccin rougeole fortement titré était probablement le fait que la plupart des enfants avaient reçu le DTC après la vaccination rougeole fortement titrée à 4–5 mois, alors que les enfants contrôles recevaient le DTC avant qu'on ne leur donne la vaccination rougeole standard à 9 mois".

Au-delà des interactions peu prévisibles entre vaccins, le même groupe a identifié depuis quelques années la problématique de l'association avec les suppléments en vitamine A[1050], même avec des vaccins bénéfiques contre la mortalité : "Au final, la supplémentation néo-natale en vitamine A entre 4,5 et 17 mois était associée à une mortalité accrue pour ceux qui recevaient le vaccin rougeoleux [standard] à la naissance (ratio du taux de mortalité = 5,39)". Cela n'était pas vrai pour la vitamine A donnée avec un vaccin placebo ou le vaccin donné sans vitamine A. Le vaccin rougeoleux n'était pas le seul impliqué : "l'effet d'une supplémentation tendait à être négatif chez les filles une fois qu'elles recevaient le vaccin DTC recommandé à l'âge de 6 semaines". Là encore[1035], "des effets fortement liés au sexe ont été trouvés pour la vitamine A ainsi que pour d'autres micro-nutriments [non précisés]. Cela pourrait ne pas être inhérent aux micronutriments eux-mêmes mais plus au fait que ces micronutriments amplifient les effets non spécifiques des vaccins".

Nous pouvons en définitive citer la conclusion d'une thèse d'un des chercheurs du *Bandim Health Project* que dirige Aaby, basée sur l'étude de 11 articles entre 1995 et 2010 : "les résultats montrent que la vitamine A et les vaccins ne devraient pas être vus seulement comme des interventions spécifiques avec des effets spécifiques et indépendants, mais comme des immuno-modulateurs, qui peuvent interagir avec d'importantes conséquences sur la mortalité globale. Combiner ces interventions peut être pratique et conduire à des bénéfices synergiques pour la santé, mais nous avons documenté plusieurs exemples où cela mène aussi à une hausse inattendue de la mortalité. [...] La politique ne devrait probablement pas être la même pour les filles et les garçons. [...] Seulement dans ce cas nous pourrons nous assurer que les enfants dans les pays les plus pauvres reçoivent le meilleur traitement possible et que l'on évite d'utiliser des quantités d'argent et de ressources sur des interventions qui, au pire, pourront les tuer".

Corrélation dans les pays développés

Notons d'abord qu'en marge de la mortalité, des complications peuvent survenir chez l'enfant ou le nourrisson. Aux États-Unis en 2007[1051], des chercheurs ont étudié le cas de 239 prématurés de moins de 35 semaines, auxquels étaient faits des vaccins après leur deux mois dans une unité néonatale de soins intensifs. Dans les 3 jours après immunisation, "une augmentation anormale du taux de protéine C réactive[, marqueur inflammatoire,] est survenue chez 85 % des enfants injectés avec plusieurs vaccins et jusqu'à 70 % de ceux n'en ayant reçu qu'un". Cela représente pour les vaccins multiples un rapport des chances de 15,77. "Dans l'ensemble, 16 % des enfants ont eu des épisodes cardiorespiratoires associés aux vaccins dans les 48 h après immunisation", soit un rapport de chances de 3,62 pour des injections multiples (juste non significatif).

A l'opposé l'équipe d'Aaby a conclu en 2015[116] qu'au Danemark, "la vaccination ROR était associée à un taux réduit de contacts hospitaliers liés au virus respiratoire syncytial", avec un ratio d'incidence de 0,70 un mois après la vaccination, comparé à pas de vaccination ROR. C'est ce virus qui cause la bronchiolite des nourrissons, dont on dénombre "environ 460.000 cas en France par an", ce qui le rend "principale cause d'infections respiratoires chez les nourrissons de 1 mois à 2 ans [avec] 30 % de cette classe d'âge". Un effet similaire du BCG, lui aussi principalement ciblé sur les filles, avait été montré en Guinée-Bissau en 2005[1052].

* * *

Pour finir, un chercheur et un informaticien indépendant aux États-Unis ont tenté de trouver une corrélation entre le nombre de doses reçues pendant la première année de vie et le taux de mortalité infantile. Cette étude parue en 2011[1053] dans *Human and Experimental Toxicology*, de faible rayonnement (facteur d'impact de 1,407[1054]), inclut les données de chaque pays ayant un taux de mortalité infantile inférieur à celui des États-Unis. Leur pays est classé 34ᵉ mondial malgré une politique vaccinale très poussée. Ils ont déterminé un taux de corrélation positif (0,70) entre nombre de doses reçues et mortalité, de manière significative ($p < 10^{-4}$).

"Le calendrier d'immunisation de l'enfance aux États-Unis requiert 26 doses de vaccins pour les enfants de moins d'un an, le plus élevé dans le monde, pourtant 33 nations ont un meilleur taux de mortalité infantile. Utilisant une régression linéaire, les calendriers d'immunisation de ces 34 nations ont été examinés et un coefficient de corrélation de 0,70 ($p < 0,0001$) a été trouvé entre les taux de mortalité infantile et le nombre de doses de vaccin donnés en routine aux enfants en bas-âge. [De plus], quand les nations étaient groupées en 5 intervalles différents de doses (12–14, 15–17, 18–20, 21–23, et 24–26), 98.3 % de la variance totale du taux de mortalité infantile était expliquée par ce modèle de régression linéaire sans coefficients. Ces résultats démontrent une relation contre-intuitive : les nations qui demandent le plus de doses de vaccin ont tendance à avoir des taux de mortalité infantile plus élevé". Cela n'est pas en contradiction avec les données discutées au paragraphe précédent, qui concernaient principalement des pays moins développés dont les problématiques de mortalité infantile sont toutes autres. Ils rejettent une objection sur les différences raciales pouvant exister aux États-Unis : "Pourtant, en 2006, le taux de mortalité infantile états-uniens pour les nourrissons de toute race était de 6,69 et celui des Blancs était de 5,56. En 2009, ce taux meilleur [de 5,56] aurait fait passer les États-Unis un seul rang plus haut, de la 34ᵉ à la 33ᵉ place. De plus, le taux de mortalité infantile des Hispaniques d'ascendance mexicaine et des Asiatiques-Américains aux États-Unis est significativement plus bas que celui des Blancs. Ainsi, les divers taux de mortalité infantile parmi les différentes races aux États-Unis n'exerce seulement qu'une modeste influence sur le rang international des États-Unis de la mortalité infantile".

Il faut préciser que s'ils avaient au départ déclaré que "cette recherche n'a reçu aucune bourse spécifique d'aucune agence de financement dans les secteurs public, commercial et sans but lucratif", les deux auteurs font partie d'institut et d'association engagés pour une information libre souvent au détriment des vaccins, et ont en fait reçu entre autres 2.500 $ du National Vaccine Information Center.

* * *

En tout cas, on peut trouver sur le site de la CIA les chiffres des taux de mortalité infantile par pays en 2014[1055], tout à fait similaires à ceux de l'année 2009 dans l'article. Nous avons également pu accéder à la politique vaccinale pour chaque pays du monde, dans un compendium fourni par l'OMS en 2014 pour l'année 2013[406], qui inclut à la fois les vaccins recommandés et les vaccins obligatoires. Il est précisé quand certains vaccins ciblent certaines catégories. Nous avons repris toutes ces données, en considérant uniquement les vaccins destinés à la population générale. Les indications portent sur des groupement de valences, et certaines peuvent être redondantes. Nous avons inclus les valences qui apparaissaient à des mois différents, et compté pour une dose celles qui apparaissent sur plusieurs vaccins à la fois pour un même mois. Quand un intervalle de temps est fourni par le calendrier, nous avons considéré par simplification qu'il était administré au début de la période recommandée. En retenant uniquement les doses du calendrier avant l'occurrence du premier anniversaire, nous avons comme dans l'article précédent tracé pour chaque pays le nombre de doses du calendrier 2013 en abscisse, et en ordonnée le taux mortalité infantile pour les enfants de moins d'un an en 2014, selon les informations de la CIA. Le résultat suit en essence les mêmes tendances que l'article précédent, quoiqu'avec une corrélation légèrement inférieure. Nous avons trouvé un coefficient de corrélation entre vaccination infantile et mortalité infantile de 0,51, et une p-valeur de 0,0022, soit une association très significative et très peu probablement due au hasard.

Nous confirmons donc le résultat des chercheurs. Par contre, ils n'ont pas tenu compte du fait que la mortalité néonatale, c'est-à-dire avant les 27 premiers jours, peut être plus élevée dans les pays plus médicalisés, donc qui vaccinent plus. Par exemple, ces pays peuvent tenter de rattraper plus de bébés prématurés avec un plus fort risque de les perdre. Les vaccins n'interviennent majoritairement qu'après le premier mois, donc il convient de soustraire cette mortalité néonatale des courbes. Encore cela fait abstraction des vaccinations sur les femmes enceintes, et sur le fait que certains prématurés sont vaccinés dès leur naissance, comme nous le montre le Guide des vaccinations 2012 : "Les enfants nés de mère porteuse de l'AgHBs doivent impérativement être vaccinés à la naissance, à 1 mois et entre 6 et 12 mois". Nous avons trouvé les données de mortalité néonatale sur le site childmortality.org[1056] ; elles ne semblent malheureusement pas entièrement cohérentes avec celles de la CIA (Monaco a par exemple un taux de mortalité infantile de 1,81 pour 1000, inférieur au taux de mortalité néonatale de 2.0). Nous avons malgré tout analysé ces données, et nous trouvons ici une corrélation moins forte (r = 0,24) et non significative (p = 0,16). La tendance reste cependant : ce biais enlevé n'inverse pas la courbe, et les pays qui vaccinent le plus n'ont pas un meilleur taux de survie de leurs enfants, au contraire.

Afin d'essayer d'éliminer un autre biais possible entre politique vaccinale et statut sanitaire du pays, nous avons tracé pour ces mêmes pays le nombre de doses reçues avant un an et cette fois-ci la mortalité générale du pays, toujours d'après les données de la CIA[1057]. L'association est cette fois-ci inexistante, avec une corrélation négative non significative de -0,07. Quoiqu'il en soit, la tendance générale —probablement atténuée par nos approximations —montre que contrairement à l'opinion répandue, il est préférable pour un pays de vacciner le moins possible ses nourrissons.

Calendrier vaccinal et mortalité selon les pays d'Europe

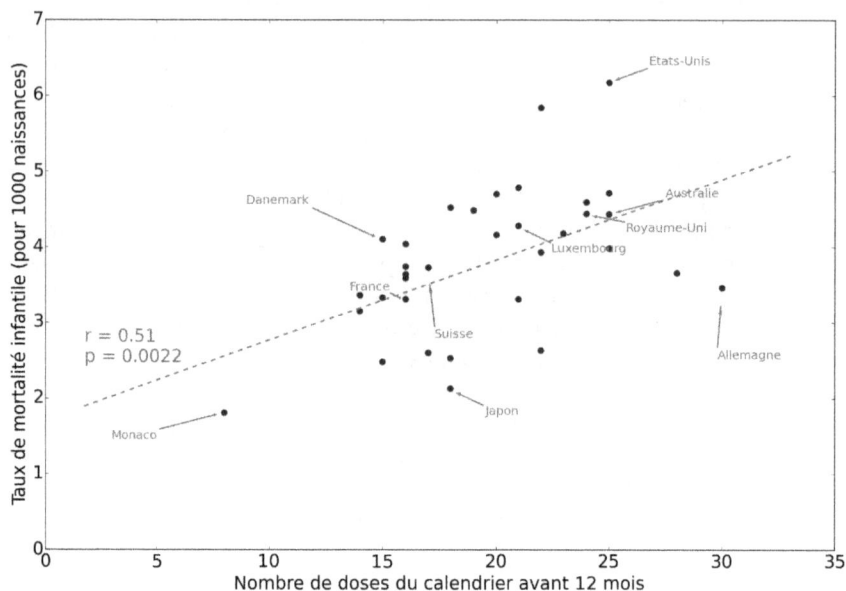

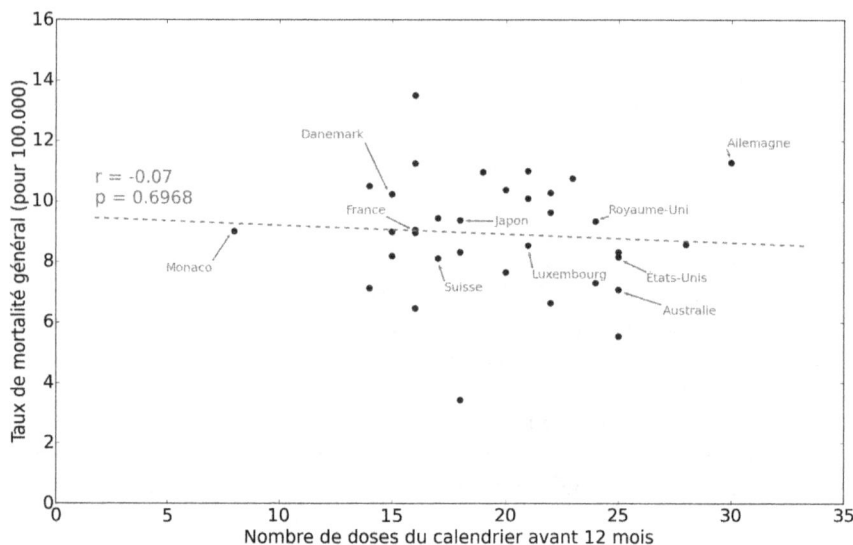

Sources:
Immunization Summary, Edition 2014, http://www.who.int/immunization/monitoring_surveillance/Immunization_Summary_2013.pdf (Calendrier vaccinal 2013)
https://www.cia.gov/library/publications/the-world-factbook/rankorder/2091rank.html (Mortalité infantile 2014)
https://www.cia.gov/library/publications/the-world-factbook/rankorder/2066rank.html (Mortalité 2014)

Peut-être d'autres biais comme l'obésité, le tabagisme, l'âge des mères viennent-ils modifier eux aussi ce taux suivant les pays et complexifier la donne ; mais avant que d'autres études multi-factorielles plus poussées ne viennent écarter l'hypothèse vaccinale, il serait illogique de la repousser entièrement. Pourquoi, alors que les données sont accessibles, ce travail n'a jamais été entrepris, excepté par une poignée de chercheurs indépendants ?

Essayons d'approcher un ordre de grandeur du nombre de morts potentiellement en jeu dans ce cadre ? D'après l'étude précédente[1053], "en 2009, il y a eu approximativement 4,5 millions de naissances et 28.000 morts du nourrisson aux États-Unis, entraînant un taux de mortalité infantile de 6,22 pour 1000. Si les autorités de la santé pouvaient trouver un moyen de réduire ce taux de 1 pour 1000 (16 %), les États-Unis passeraient du 34e rang international au 31e et environ 4.500 nourrissons seraient sauvés". En soustrayant la mortalité néonatale, les États-Unis arrivent à un taux de 2 morts avant un an pour 1.000 naissances vivantes, donc il est peu probable qu'ils parviennent à diminuer ce taux de 1 pour 1000. Toutefois, avec une très faible amélioration de ce taux, ce sont plusieurs centaines de vies qui seraient épargnées. Les maladies présentées comme si dévastatrices en se calquant sur les dégâts qu'elles font dans les pays pauvres, causeraient-elles autant de morts annuelles aux États-Unis s'ils abandonnaient la vaccination contre le tétanos, la rougeole ou la diphtérie ? La question mérite largement d'être soulevée et la réponse est a priori négative selon les chapitres précédents.

* * *

Un autre point méritant d'être rapporté est soulevé par les auteurs. Ces derniers constatent la difficulté de mettre en place des statistiques de morts de nourrissons dues au vaccin, hors problèmes idéologiques : "dans une étude clinique qui évaluait la sûreté du vaccin Rotarix, les bébés vaccinés mourraient plus que les bébés non vaccinés —dû principalement à une différence significative d'augmentation des décès liés à une pneumonie (une des explications biologiquement plausible est que l'infection naturelle au rotavirus puisse avoir un effet protecteur contre les infections respiratoires). Bien que ces décès apparaissent liés au vaccin et augmentent le taux de mortalité infantile d'une nation, les certificateurs médicaux vont sûrement mal classer ces morts comme des pneumonies". L'étude clinique[1058] dont ils parlent émane de GlaxoSmithKline elle-même : "au cours de la durée entière des 8 études cliniques, il y a eu 68 (0,19 %) morts après administration du ROTARIX (N = 36.755) et 50 (0,15 %) morts après administration du placebo (N = 34.454). La cause de mort la plus communément rapportée après la vaccination était la pneumonie, qui était observée dans 19 (0,05 %) receveurs du ROTARIX et 10 (0,03 %) receveurs du placebo (risque relatif : 1,74, intervalle de confiance à 95 % : 0,76-4,23)". Ce résultat, non significatif probablement à cause de la taille de l'échantillon, indique que l'administration simple du Rotarix pouvait à elle seule entraîner une hausse de plus 27 % des morts, particulièrement ciblées sur les pneumonies (78 % d'augmentation). D'ailleurs, concernant la non-significativité de ce résultat, on peut lire sur le site de la FDA[1059] que "dans [l'étude pivot conduite dans 11 pays d'Amérique Latine] Rota-023, une analyse de la FDA a révélé une différence statistiquement significative entre les groupes de traitement dans le taux de sujets avec une mort liée à la pneumonie entre la Dose 1 et la Visite 3 [...] (Rotarix : 0,051 %, placebo : 0,019 % ; p = 0,0354). Le candidat [à l'approbation du vaccin, soit GlaxoSmithKline] a fourni une valeur-p de 0,054", soit une valeur tout juste non significative, ce qui était tout à leur avantage. Plus loin, on lit que "dans [l'étude pivot conduite dans 6 pays européens] Rota-036, les taux de [terme] Pneumonie étaient significativement plus haut pour le groupe Rotarix comparé au groupe placebo entre Dose 1 et Visite 7 [...] (24 vs. 4, p = 0,029)". Selon la FDA, et contrairement aux dires du fabricant, le vaccin Rotarix augmente significativement les risques de décès par pneumonie chez le nourrisson.

Cela ne reflète qu'un cas particulier de la complexité des modifications immunitaires et physiologiques que les vaccins entraînent et qu'aucun classificateur ne pourra intégrer ou comprendre. Un autre exemple de classification erronée porte selon les auteurs sur les morts inexpliquées dans le berceau. "Certaines morts de nourrissons catégorisées comme 'suffocation' ou dues à 'des causes inconnues ou non spécifiées' peuvent également être des cas de morts subites du nourrisson reclassées dans la Classification Internationale des Maladies"[1053], qui compte 130 catégories. Les chercheurs indépendants montrent d'ailleurs qu'entre 1999 et 2001, les taux de morts subites du nourrisson aux États-Unis étaient respectivement de 61,6, 57,1 et 50,9 pour 100.000 soit une chute de plus de 17 % en deux ans. Par contre, ajoutées au taux de suffocation et de causes inconnues, les taux affichaient 77,4, 77,1 et 75,4 pour 100.000, soit une diminution inférieure à 3 %. Le cas du Rotarix peut encore ici illustrer ce phénomène, avec après le cas de la pneumonie celui d'une mort indirecte par convulsion. Le rapport explicatif de la FDA nous apprend d'ailleurs, que "dans l'étude 023, une différence significative était trouvée pour [le terme préféré] Convulsion à travers toute la période de l'étude entre les groupes vaccin et placebo (16 cas vs. 6, rapport d'Étude Clinique, Tableau 25). De plus, quand une analyse secondaire incluait d'autres codes enregistrés pour la convulsion (tableau 27), la magnitude et la direction du déséquilibre étaient maintenues (20 vs. 12) bien que, selon l'analyse [du fabricant], la différence n'était plus significative. Par conséquent, nous estimons que votre déclaration selon laquelle il n'y avait 'pas de déséquilibre' concernant la convulsion n'est pas exacte. Si une déclaration concernant la significativité statistique est requise, il serait conseillé d'utiliser une phraséologie plus précise et moins sujette à une interprétation trompeuse". Ce résultat, comme probablement d'autres, pourrait expliquer que des morts subites soient attribuées à tort à une suffocation ou soient inexpliquées, n'en déplaise à la firme pharmaceutique qui a essayé de modifier les chiffres ou d'en obscurcir la signification.

L'immunité du nouveau-né et du nourrisson se modifie au gré des maladies, vaccins et nutriments qu'elle reçoit. Beaucoup d'effets non prévisibles conduisent à des modifications des taux de mortalité. Par exemple, le BCG induit en général une plus grande survie chez l'enfant des pays pauvres, quand bien même cela n'a pas de rapport avec la protection contre la tuberculose. Le vaccin DTC possède à l'opposé un effet souvent négatif, différence dont souffrent particulièrement les filles. L'ordre dans la réception des vaccins peut constituer un facteur notable de mortalité, comme le suggère le cas du vaccin rougeole fortement titré qui augmente la mortalité féminine quand il est suivi du DTC ou du vaccin polio inactivé, contrairement au cas du DTC/VPI suivi du vaccin rougeole standard. Un autre résultat peu intuitif montre que la vitamine

A associée au vaccin contre la rougeole standard entraîne une forte hausse de la mortalité. La fréquence d'occurrence de certaines maladies est également influencée par les vaccins reçus : la bronchiolite est réduite au Danemark quand l'enfant reçoit le ROR, alors que les convulsions et les pneumonies augmentent à la réception du Rotarix, ce qui peut entraîner la mort. Si l'on s'intéresse à la tendance générale de la vaccination infantile, on s'aperçoit que le nombre de valences vaccinales reçues avant un an est corrélé au taux de mortalité infantile dans les pays où celle-ci est la plus faible (quoique non significativement si l'on ne tient pas compte des morts avant un mois de vie). Ce résultat indique à la fois un probable échec de nos stratégies de recommandations vaccinales et le manque de volonté de chercher la vérité, puisque ce constat d'importance ultime n'a quasiment jamais été mis en avant excepté par trois chercheurs indépendants. Les morts indirectement dues à la vaccination ont malheureusement peu de chances d'être analysées au cas par cas comme telles, et l'on peut à tort ne conclure qu'à une mort par suffocation, convulsion, pneumonie, ou inexpliquée.

Chapitre 19
Chlorure de magnésium

Quelques bienfaits du magnésium

Les principaux travaux effectués sur le chlorure de magnésium datent du début de siècle dernier. Le premier à découvrir la puissance de ce composé fut le Professeur Pierre Delbet, "professeur de clinique chirurgicale à la Faculté de médecine de Paris, chirurgien des hôpitaux, membre de l'Académie de médecine" et auteurs de nombreux ouvrages scientifiques ou littéraires. Cet illustre médecin[1060], par ailleurs exposé au Musée d'Orsay pour ses sculptures[1061], avait conjecturé durant la Première Guerre Mondiale que l'antisepsie des plaies conduisait à la fois à la destruction des bactéries et virus nuisibles mais également à tout le dispositif mis en route par l'organisme pour se défendre et se guérir. Tenté par une autre approche, il testa de nombreux produits pour nettoyer les plaies et évalua en parallèle leur impact sur la vitalité des défenses. Il constata que le chlorure de magnésium emportait haut la main le concours. Son travail ne s'arrêta pas aux plaies de guerre, et il le mit à profit, par exemple, dans la guérison du cancer. Dans son livre *Politique préventive du cancer*, écrit en 1944[1062], il cite également d'autres travaux sur le sujet, comme ceux du Dr Louis Robinet (p. 272) : "M. Robinet a appliqué sa méthode à la mortalité par suicide, tuberculose et sénilité. Je donne le texte de la présentation de son travail que j'ai faite à l'Académie de médecine le 10 avril 1934. On y verra que les suicides sont plus rares dans les régions magnésiennes, ce qui confirme l'action stabilisante qu'exerce le magnésium sur le système nerveux. On y verra que les vieillards sont plus nombreux dans les régions magnésiennes, ce qui confirme que le magnésium ralentit la sénilité. On y verra au contraire que la richesse du sol en magnésium est sans action sur la tuberculose".

Pierre Delbet a cherché à étayer sa théorie en cherchant la réalité et les causes de la baisse de consommation en magnésium. Dans *L'Union pharmaceutique : journal de la Pharmacie centrale de France : organe des intérêts scientifiques, pratiques et moraux de la profession* du 15 janvier 1929, on trouve exposé le cœur de ses conclusions[1063] : "M. le professeur Delbet, dont on connaît les recherches sur les relations du cancer et la carence du magnésium, a apporté à l'Académie de médecine, séance du 2 juillet, un travail très documenté montrant que la carence actuelle en magnésium ne peut s'expliquer que par des modifications relativement récentes dans les conditions alimentaires. D'autre part, il est admis que le cancer augmente de fréquence. Si le magnésium a bien l'action anticancérigène qu'il a exposée il y a un an, il faut qu'il ait diminué dans l'alimentation, sinon sa théorie ne vaut rien. Il a trouvé trois [causes de diminution des apports magnésiens] : le sel, le pain, l'agriculture". Le sel gris ancien contient plus de 4 fois plus de magnésium; de même, "on est arrivé à éliminer du pain la plus grande partie du magnésium contenu dans le blé. Cette faute grave contre l'hygiène alimentaire n'a d'autre explication que la satisfaction de l'œil. [...] On paye cette élégance par une diminution de l'énergie et de la santé. [...] L'augmentation des rendements "jouent peut-être un plus grand rôle dans la carence en magnésium que les prétendus perfectionnements dans l'industrie du sel et de la meunerie". Si son avertissement n'a pas été entendu, une très large étude sur "une cohorte d'adultes de près de 14 000 sujets pendant 8 années [à compter de 1994], tant sur le plan de leur alimentation que de leur santé" est venue, selon le directeur de l'Institut scientifique et technique de la Nutrition et de l'Alimentation, valider une partie de son constat : il a été noté que "pour le magnésium, les pourcentages [de personne carencées] sont de 73 % chez les hommes et 77 % des femmes"[1064]. *Le Quotidien du Médecin* précise que[1065] la chute dans la consommation de pain était remarquable et a perduré : "900 g/j en 1900, 219 g en 1965, 184 g en 1975".

Rôle thérapeutique contre la poliomyélite

Pour ce qui concerne les maladies qui nous préoccupent ici, il faut attendre la contribution de son élève, un bien plus modeste médecin de campagne, le docteur Auguste Neveu. Si le produit utilisé reste le même, l'approche globale n'a pas non plus changé, comme on peut le lire dans *Le chlorure de magnésium dans les maladies infectieuses*[1066] : "Alors que, de nos jours, on a surtout pensé à faire progresser la thérapeutique des maladies infectieuses en s'attaquant directement aux microbes et aux virus agents de ces maladies, le professeur Pierre Delbet a jugé qu'il était préférable de renforcer l'organisme attaqué, d'augmenter ses défenses naturelles, pour lui permettre de triompher par lui-même de ses agresseurs, quels qu'ils soient. « L'antisepsie vise les microbes mais elle tue les cellules. Il faut donc augmenter la résistance des cellules afin de les rendre assez fortes pour qu'elles puissent venir à bout des microbes » Politique Préventive du Cancer" (p. 10-11). Il ne commença pas immédiatement ses tentatives sur l'homme, mais sur l'animal : "Depuis mes premiers essais, en 1932, l'expérience que j'ai acquise du traitement de la fièvre aphteuse par le chlorure de magnésium me permet d'affirmer qu'il n'y a, réellement, aucune comparaison possible à établir entre les animaux d'une étable, atteints de fièvre aphteuse, traités par le chlorure de magnésium, et les animaux des étables voisines qui n'ont pas été traités. Les premiers sortent de la fièvre aphteuse après trois ou quatre jours de fièvre, sans séquelle. Les autres traînent et plusieurs même finissent par tomber dans un état de déchéance organique tel qu'ils ne s'en relèvent pas, quand ils ne succombent pas dans les premiers jours de la maladie. En tout cas l'avortement des femelles pleines est la règle. Les jeunes sujets sont condamnés. Il n'en est pas ainsi pour ceux qui reçoivent le traitement magnésien" (p. 11). Il établit une posologie vétérinaire par "seules, l'expérience, l'observation des malades [qui l]'ont guidé dans la détermination de cette posologie". Plus important, il n'a pas noté de problème majeur même à des doses élevées : "J'ai, d'abord, constaté l'innocuité absolue des hautes doses de chlorure de magnésium, toutes les fois, que j'ai été amené à les prescrire. [...] J'ai observé que, les doses plus élevées, les guérisons sont plus rapides, plus certaines et les rechutes généralement évitées. Pour rendre, aussi promptement que possible, à l'organisme infecté ses moyens de défense et, surtout, ne pas faire d'interruption dans la thérapeutique commencée, il faut donner le chlorure de magnésium, qui s'élimine très vite, toutes les six heures. Dans les cas très graves, il faut débuter par deux doses très rapprochées à deux ou trois heures d'intervalle, puis continuer toutes les six heures" (p. 20-21).

Il tenta plus tard ses expériences sur des sujets suspectés de développer la poliomyélite. Il répertoria 20 observations avec un suivi méthodique des symptômes, de ses prescriptions et de l'évolution des malades. Elles tendent toutes à prouver l'intérêt du chlorure de magnésium. Par exemple, au cours de la 5e observation (p. 46-49), il écrivait :

"En rentrant de l'école, le samedi soir, *17 décembre 1955*, Bernard L... , âgé de neuf ans, souffre de la tête et se plaint d'une grande lassitude.

Dimanche 18 décembre: L'enfant avale difficilement sa salive. Sa gorge est rouge.

Températures : matin, 39,5 C soir, 40,2 C

Lundi 19 décembre : La céphalée persiste. La nuque devient raide et douloureuse.

Températures : matin, 37,8 C soir, 38,5 C

Mardi 20 décembre.

Températures : matin, 39,5.0 soir, 40,1 C

L'enfant ne supporte plus la lumière. Le membre inférieur droit se paralyse dans la soirée. Le petit malade se plaint toujours de la tête et de la nuque. Le docteur R... , appelé, dit que cet enfant est atteint de paralysie infantile et prescrit Sanclomycine.

Mercredi 21 décembre :

Température matin, 37 C. *Le bras droit se paralyse dans la matinée. La respiration devient très difficile.* Le père de l'enfant me consulte, à 14 heures, par l'intermédiaire d'un de mes amis qui, lui-même, a perdu, autrefois, un enfant de poliomyélite et qui sait, par cette cruelle expérience, la gravité des premiers signes de la maladie présentés par le petit Bernard.

Le diagnostic est clair. Le petit Bernard est réellement atteint de poliomyélite, d'après les signes classiques suivants : céphalée, angine rouge, raideur douloureuse de la nuque, photophobie et début de paralysie des membres inférieur et supérieur droits.

Je prescris 125 cm^3 de la solution de chlorure de magnésium desséché à 20 g pour 1000, à faire prendre le plus tôt possible, puis 125 cm^3 à 18 heures, puis 125 cm^3 toutes les six heures. Température soir, 37,7 C.

Jeudi 22 décembre Température matin 36,9 C

Le père de l'enfant revient, à 17 heures, à ma consultation avec les renseignements suivants: Le petit malade a très bien supporté les doses prescrites de la solution de chlorure de magnésium. Dans la matinée, l'enfant a demandé à manger et à se lever. La nuque s'est déraidie. Les paralysies de la jambe et du bras sont en régression. La respiration est redevenue normale. L'enfant, levé, a pu marcher seul et se servir de son bras droit. Il persiste, cependant, quelques fourmillements dans les doigts du pied de la jambe droite.

Température soir, 37 C

Vendredi 23 décembre : Les fourmillements dans les doigts du pied de la jambe droite persistent dans la matinée et cessent dans la soirée. Je fais continuer. Le traitement magnésien à raison de 125 cm³ de la solution, toutes les huit heures.

Températures matin, 36,8 C soir, 36,9 C

Dimanche 25 décembre : Je visite le petit Bernard dans la matinée. Il est levé. Il s'amuse avec ses jouets de Noël. Il ne présente plus aucun autre signe de la terrible maladie qu'un amaigrissement assez marqué. Je lui fais continuer le traitement magnésien à raison de 125 cm³ de la solution, matin et soir, et je conseille de lui donner du jus de viande. Dans la soirée, le petit Bernard, qui est resté trop longtemps debout, se plaint d'une légère douleur localisée à la cuisse droite. La température remonte à 38 C.

Lundi 26 décembre : Les parents font prendre à l'enfant trois doses de 125 cm³ de la solution. dans la journée, et le laissent au lit. La température se maintient, dans la matinée, à 38 C et descend à 37, 5 C, dans la soirée. La douleur de la cuisse a disparu.

Le lendemain, ***mardi 27 décembre***, le petit Bernard est définitivement guéri, indemne de toute paralysie, mais il reste très amaigri. Je recommande de lui donner une bonne nourriture et de lui continuer le jus de viande, pendant quelque temps.

* * *

Je ferai remarquer que la première dose de chlorure de magnésium a été administrée au petit Bernard avec environ vingt heures de retard, après le début de la paralysie du membre inférieur droit, ce qui pouvait compromettre le succès de sa guérison rapide et totale. Il n'en a rien été. Cependant, le cas ne serait pas général et je ne manquerai pas de rappeler, de spécifier, dans la posologie et la discussion du traitement de la poliomyélite par le chlorure de magnésium, la condition expresse d'instituer ce traitement, au plus tard, à l'apparition de la première paralysie".

Après toutes les observations individuelles, le docteur Neveu présente une synthèse des cas rencontrés (p. 88-91) :

"Rappelons, dans l'ordre chronologique, les principaux signes de la maladie :

1er Malaises généraux, lassitude, courbature, céphalée, fièvre

2ème Angine, raideur douloureuse de la nuque ;

3ème Raideur douloureuse de la colonne vertébrale dorsale ;

4ème Apparition des paralysies, généralement à la chute de la température.

* * *

On sait que les virus de la poliomyélite détruisent la substance nerveuse des cornes antérieures de la moelle et que cette destruction laisse, après elle, des cicatrices scléreuses qui échappent à toute intervention médicale ou chirurgicale. La destruction de la substance nerveuse se fait dans un laps de temps plus ou moins long. Il existe des formes lentes, supposées bénignes, de poliomyélite, mais qui n'en sont pas moins suivies de paralysies définitives. Il existe, aussi, des formes à marche rapide, le plus souvent mortelles. Les formes intermédiaires sont le plus grand nombre. La polio-myélite est vraiment la « terrible maladie » dont chaque famille a le droit d'être ef-frayée.

* * *

- Or, l'expérience montre que le chlorure de magnésium, administré à temps, possède une action d'arrêt positive, même dans les cas les plus graves de la poliomyé-lite (4ème obs. , Fernand V... ; 6ème obs. , Françoise B... ; 7ème obs. , Yvette R... ; 8ème obs. , Florence R...). L'effet cytophylactique du chlorure de magnésium ne peut vrai-ment pas être mis en doute dans le traitement de cette maladie. Quand faudrait-il ad-ministrer la première dose de chlorure de magnésium ? Le plus tôt possible, évidem-ment.

Le traitement cytophylactique de la poliomyélite par le chlorure de magnésium doit être considéré comme un traitement d'extrême urgence, aussi bien que l'inter-vention chirurgicale ne doit pas être différée dans le traitement de la hernie étranglée.

Il serait donc nécessaire que le traitement soit commencé dès les premiers signes énumérés plus haut, de ne pas attendre la paralysie, qui traduit une lésion des cornes antérieures de la moelle épinière ; en tout cas, de ne pas attendre au-delà de l'appari-tion de la première paralysie.

Toutes les angines ne sont, évidemment, pas le premier signe d'une poliomyélite, mais, lorsque cette angine s'accompagne de raideur douloureuse de la nuque et, sur-tout, un peu plus tard, de raideur douloureuse de la colonne vertébrale dorsale, il ne faudrait pas attendre plus longtemps pour commencer le traitement.

* *

J'en reviens à la 10ème observation qui concerne Jocelyne G..

Jocelyne souffrait justement, dans la matinée du 13 juin 1956, d'une angine et d'une raideur de la nuque. Sa mère lui fait prendre 125 cm^3 de la solution de chlorure de magnésium, puis elle la conduit à ma consultation. La raideur douloureuse de la nuque était évidente. Je conseillai de continuer le chlorure de magnésium. Était-il prudent d'attendre ? Non, sans doute. Si l'angine, dont souffrait Jocelyne, n'était pas le premier signe d'une poliomyélite — mais connaît-on des angines qui s'accom-pagnent de raideur de la nuque, et qui soient des angines banales ? — en somme, s'il ne s'était agi que d'une angine banale, le chlorure de magnésium était le meilleur trai-tement de cette angine, comme il l'est, d'ailleurs, de toutes les angines de quelque ori-gine qu'elles soient. On ne courait donc aucun risque de traiter Jocelyne par le chlo-rure de magnésium. La raideur de la nuque s'accroît dans l'après-midi. Dans la soirée, la colonne vertébrale dorsale se prend à son tour. La maman de Jocelyne fut donc très avisée de lui avoir fait prendre une première dose de la solution de chlorure de ma-gnésium avant de me consulter. On a vu que, le lendemain, Jocelyne était hors de danger".

Manque d'intérêt de la communauté scientifique

Ce paragraphe présente un document dont nous n'avons pu certifier l'authenticité. Dans la préface du livre du Professeur Delbet sont recopiées des lettres qu'il aurait envoyées au docteur Neveu. Dans la lettre du 16 novembre 1944, il écrit parmi "trois fâcheuses nouvelles" (p. 13-14) : "la publication de ma communication du 20 juin est définitivement refusée. Le Conseil de l'Académie a trouvé après six mois de réflexion l'argument suivant : en faisant connaître un nouveau traitement de la diphtérie, on empêcherait les vaccinations et l'intérêt général est de généraliser les vaccinations. Le Conseil avait la prétention de ne pas même mentionner ma communication dans le bulletin". Si les trois lettres apocryphes laissent planer le doute sur la censure exercée sur les travaux de ces deux docteurs, nous devons en tout cas constater que depuis, aucune publication scientifique permettant d'affirmer ou infirmer ce traitement n'a vu le jour, alors qu'une simple étude contrôlée aurait pu mettre fin à cette théorie si elle s'avérait fausse : Delbet/magnesium, 1 résultat ; Neveu/magnesium, 0 résultat ; diphtheria/magnesium/chloride, 4 résultats ; poliomyelitis/magnesium/chloride, 6 résultats. Pointer ce manque de recherche dans la voie du chlorure de magnésium ne prétend pas conclure à la suprématie des forces d'opposition ou à la censure, mais indique seulement qu'il serait utile de mettre cette théorie à l'épreuve pour être fixés.

Le chlorure de magnésium apporte selon certains une réponse radicale à d'autres maladies, comme le chikungunya[a] ou la dengue[b]. C'est le cas de Marie Billi, ex-élue de Nice, qui a tenté de faxer à la Réunion et aux Antilles les recommandations pour ce remède pendant les épidémies de ces maladies, comme le rapportait *Nice Matin* en 2010[1067]. Son site[1068] et des témoignages[1069] ne convainquent bien sûr pas tout le monde, certains reprochant le manque d'étude contrôle[1070]. On ne peut qu'être d'accord avec le fait que la simple croyance en un produit miracle et les anecdotes ponctuelles ne suffisent à assurer la réalité de l'action de ce produit. Mais encore une fois, on souhaiterait tout autant que des études soient faites avant de dénigrer l'action et le combat de ces personnes. Le médicament antipaludique Nivaquine a lui été soumis à ces études, et est commercialisé bien que l'on ait "pu identifier aucune différence significative [en comparaison d'un groupe placebo] concernant la durée de l'arthralgie fébrile ou la diminution de la virémie[c] entre le jour 1 et le jour 3"[1071] ; la seule différence observée fut que ceux "qui reçurent la chloroquine[, son principe actif,] se plaignaient plus fréquemment d'arthralgie" au jour 200. Pour les auteurs, "il n'y a actuellement aucune justification pour l'utilisation de chloroquine pour soigner les infections de chikungunya". Mentionnons pour terminer que les défenseurs du chlorure de magnésium[1072] pressentent de toute façon un aspect prophylactique ou thérapeutique global contre beaucoup d'affections. Certains affirment qu'il pourrait soigner

---

a   Maladie infectieuse provoquée par un virus transmis à l'homme par des moustiques. Signifie "celui qui marche courbé" à cause des douleurs articulaires et musculaires causées, en plus d'une forte fièvre

b   Due aussi à un moustique, elle compte aussi comme symptômes des maux de tête

c   Présence de virus dans le sang circulant

immédiatement le tétanos[1073] [1074], sans que cela n'ait été validé ou invalidé scientifiquement d'après la base de données PubMed.

Le chlorure de magnésium a suscité l'intérêt du Pr Delbet, un illustre médecin du début du siècle précédent, qui avait sélectionné le meilleur candidat à l'amélioration des défenses immunitaires à l'intérieur d'une plaie. Il s'était de surcroît convaincu de son action bénéfique contre le cancer. Son élève, Auguste Neveu, l'appliqua au traitement de maladies infectieuses entre les années 30 et 60, chez l'animal puis chez l'homme. Il répertoria en détails des guérisons de poliomyélites rapides chaque fois qu'il administra le chlorure de magnésium, même après déclenchement de symptômes inquiétants. Il ne nota pas d'effets secondaires aux doses employées. Les correspondances apocryphes entre les deux médecins révèlent un manque d'intérêt volontaire de l'Académie de médecine, de peur que ces résultats ne nuisent à la vaccination. Le contenu de ces documents non authentifiés par l'auteur est malgré tout corroboré par l'absence de recherche autour de ce produit, dont il serait facile de confirmer ou d'infirmer les vertus miracles. D'autres personnes lui prêtent même un effet curatif contre d'autres maladies comme le chikungunya.

Chapitre 20
Liberté vaccinale

L'obligation selon la loi et dans la pratique

Comme nous l'avons vu, en France et pour la population générale, 3 vaccins sont obligatoires en 2014 : diphtérie (depuis 1938), tétanos (depuis 1940) et poliomyélite (depuis 1964). La tuberculose n'est plus obligatoire depuis 2007[1075]. Par exemple, les textes de lois disent[1076] : "Les vaccinations antidiphtérique et antitétanique par l'anatoxine sont obligatoires, sauf contre-indication médicale reconnue ; elles doivent être pratiquées simultanément. Les personnes titulaires de l'autorité parentale ou qui ont la charge de la tutelle des mineurs sont tenues personnellement responsables de l'exécution de cette mesure, dont la justification doit être fournie lors de l'admission dans toute école, garderie, colonie de vacances ou autre collectivité d'enfants", ou encore[1077] "La vaccination antidiphtérique prévue à l'article L. 3111-1[1078] est pratiquée avant l'âge de dix-huit mois". Le calendrier 2014[69] indique lui aussi : "La primovaccination [DTP] (deux injections suivies d'un rappel à l'âge de 11 mois) est obligatoire chez l'enfant. Les rappels jusqu'à l'âge de 13 ans sont obligatoires pour la poliomyélite", soit un à 6 ans, et un entre 11 et 13 ans. Un résumé des lois importantes peut se trouver sur ce site d'information[1079].

Dans des situations d'urgence, d'autres exigences peuvent apparaître[1080] : "En cas de menace sanitaire grave appelant des mesures d'urgence, notamment en cas de menace d'épidémie, le ministre chargé de la santé peut, par arrêté motivé, prescrire dans l'intérêt de la santé publique toute mesure proportionnée aux risques courus et appropriée aux circonstances de temps et de lieu afin de prévenir et de limiter les conséquences des menaces possibles sur la santé de la population. Le ministre peut habiliter le représentant de l'Etat territorialement compétent à prendre toutes les mesures d'application de ces dispositions, y compris des mesures individuelles. Ces dernières mesures font immédiatement l'objet d'une information du procureur de la République". On espère que ce cas sera envisagé avec la plus grande prudence. D'autant plus que dans ce cas, "le fabricant d'un médicament ne peut davantage être tenu pour responsable des dommages résultant de l'utilisation d'un médicament en dehors des indications thérapeutiques ou des conditions normales d'utilisation prévues par son autorisation de mise sur le marché ou son autorisation temporaire d'utilisation, ou bien de celle d'un médicament ne faisant l'objet d'aucune de ces autorisations, lorsque cette utilisation a été recommandée ou exigée par le ministre chargé de la santé en application de l'article L. 3131-1".

Par ailleurs, il ne faut pas occulter qu'il existe des contraintes vaccinales *de fait*, ce qu'illustre bien la très forte couverture contre le coqueluche en France (voir Chapitre

9). Une de ces contraintes découle de la présentation de vaccins sous forme multivalente, qui complique l'observance stricte des seules obligations vaccinales. En pratique, à moins d'une très forte volonté, même les vaccins seulement recommandés auront une chance très élevée d'être administrés.

La difficulté s'accroît quand les ruptures de stock viennent s'ajouter à la donne. Un document du 25 février 2015[1081] du Haut Conseil à la santé publique explicite la situation pour cette année : "L'Agence nationale de sécurité du médicament et des produits de santé (ANSM) a été informée, par les laboratoires GSK et Sanofi-Pasteur MSD, de tensions d'approvisionnement et de ruptures de stock sur les vaccins combinés contenant la valence coqueluche (Ca), tétravalents DTCaP (Infanrix Tetra® et Tetravac-acellulaire®) et pentavalents DTCaP-Hib (Infanrix Quinta® et Pentavac®) qui interviendront sur le marché de ville et le marché hospitalier, à compter du mois de janvier 2015 et qui pourront subsister sur toute l'année 2015". Passé l'étonnement que deux firmes concurrentes fassent face exactement au même moment à des pénuries, on déduira de ces dysfonctionnements que la couverture contre l'hépatite B va mécaniquement augmenter : "Pour les familles désireuses que leurs nourrissons soient vaccinés en application du calendrier vaccinal mais ne souhaitant pas qu'ils reçoivent la valence hépatite B", elles devront passer par des centres publics de vaccination pour utiliser un vaccin pentavalent (quoique nous rappelons que seules 3 valences sont censées être obligatoires). Cela ne sera réservé qu'à un petit nombre : "Le HCSP recommande que les vaccins pentavalents ne soient plus disponibles en officine et qu'un circuit soit mis en place (par exemple via les grossistes répartiteurs) pour permettre l'accès au vaccin des populations prioritaires".

Une autre contrainte vaccinale apparaît en pratique du fait que certains établissements semblent imposer[1082] certaines vaccinations comme condition d'entrée de l'enfant, à l'encontre de la juridiction actuelle en 2014[1083] : "Les autres vaccinations ne sont pas obligatoires. La preuve d'autres vaccinations (variole, coqueluche, BCG, ROR...) ne doit pas être réclamée". Mais quelle mère se battrait pour intenter un procès à une crèche qui refuse un enfant s'il n'a pas fait telle vaccination non obligatoire, alors qu'en quelques heures le problème est résolu ? Sachant aussi que l'action en justice se finirait quand l'enfant ne serait plus concerné par le problème, et que cela mettrait en péril l'inscription tellement désirée à la crèche. Il existe des associations pour aider les parents à trouver les ressorts juridiques[1084] pour que l'établissement accepte leur enfant, également pour les vaccinations obligatoires, auxquelles semble équivaloir une contre-indication au vaccin associé, comme le résume un document d'information[1085] de l'Association Liberté Information Santé (ALIS). En effet, les textes de lois comportent comme on l'a vu plus haut la mention "sauf contre-indication médicale reconnue".

Conséquences des refus et recours juridiques

Pour les parents qui souhaiteraient y échapper, il est également stipulé que "le refus de se soumettre ou de soumettre ceux sur lesquels on exerce l'autorité parentale ou dont on assure la tutelle aux obligations de vaccination prévues aux articles L. 3111-2, L. 3111-3 et L. 3112-1 ou la volonté d'en entraver l'exécution sont punis de six mois d'emprisonnement et de 3 750 Euros d'amende"[1086], ce qui ne laisse pas trop le choix aux récalcitrants.

Dans les faits, d'autres lois viennent s'ajouter à cette coercition médicale. L'actualité récente a mis en avant la convocation des époux Marc et Samia Larère qui refusaient de vacciner leur fille de 3 ans au DTP. Selon un article de *France 3 Bourgogne*[1087], ce comportement "peut valoir à l'auteur de l'infraction jusqu'à deux ans d'emprisonnement et 30 000 euros d'amende. Les parents sont accusés de maltraitance envers leur fille. Ils ont été signalés à la Protection maternelle et infantile par un pédiatre du centre hospitalier où ils avaient fait la visite des neuf mois de l'enfant. Le service du conseil général les a d'abord convoqués avant de faire à son tour un signalement au parquet".

Les parents se sont référés à de plus hautes instances juridiques : "Le conseil des deux parents, Me Emmanuel Ludot, a soumis une question prioritaire de constitutionnalité (QPC) à l'audience devant le tribunal correctionnel d'Auxerre, le 9 octobre 2014". Ce jugement très attendu, car il aurait pu compromettre les modalités de l'exercice de la politique vaccinale obligatoire en France, a été rendu le 20 mars 2015 par une décision du Conseil Constitutionnel[1088] : ce dernier "décide [que] Les articles L. 3111-1, L. 3111-2 et L. 3111-3 du code de la santé publique sont conformes à la Constitution". Il a pour cela considéré :

- "qu'aux termes de l'article 227-17 du code pénal dans sa rédaction résultant de l'ordonnance du 4 juillet 2005 susvisée :

« Le fait, par le père ou la mère, de se soustraire, sans motif légitime, à ses obligations légales au point de compromettre la santé, la sécurité, la moralité ou l'éducation de son enfant mineur est puni de deux ans d'emprisonnement et de 30 000 euros d'amende.

« L'infraction prévue par le présent article est assimilée à un abandon de famille pour l'application du 3° de l'article 373 du code civil »"

- "qu'il est loisible au législateur de définir une politique de vaccination afin de protéger la santé individuelle et collective ; [...] que, toutefois, il n'appartient pas au Conseil constitutionnel, qui ne dispose pas d'un pouvoir général d'appréciation et de décision de même nature que celui du Parlement, de remettre en cause, au regard de l'état des connaissances scientifiques, les dispositions prises par le législateur ni de rechercher si l'objectif de protection de la santé que s'est assigné le législateur aurait pu être atteint par d'autres voies, dès lors que les modalités retenues par la loi ne sont pas manifestement inappropriées à l'objectif visé". Espérons donc qu'un recours par d'autres voies gouvernementales sera possible.

- que le législateur "a ainsi entendu lutter contre trois maladies très graves et contagieuses ou insusceptibles d'être éradiquées". Nous apprenons donc la raison pour laquelle la vaccination contre le tétanos, qui n'est pas contagieux, a été rendue obligatoire : il ne pourra jamais être éradiqué !

Pourtant dans le paragraphe Principes Généraux du Code de la santé publique[1089], on lit que le patient doit pouvoir faire un choix lui-même : "Le médecin doit respecter la volonté de la personne après l'avoir informée des conséquences de ses choix. Si la volonté de la personne de refuser ou d'interrompre tout traitement met sa vie en danger, le médecin doit tout mettre en oeuvre pour la convaincre d'accepter les soins indispensables. Il peut faire appel à un autre membre du corps médical. Dans tous les cas, le malade doit réitérer sa décision après un délai raisonnable". Puis plus loin, il est écrit que "Aucun acte médical ni aucun traitement ne peut être pratiqué sans le consentement libre et éclairé de la personne et ce consentement peut être retiré à tout moment". Cet article n'est pas cité par ceux propres aux vaccinations, bien qu'il semble devoir être prééminent au vu de son caractère général. Dans l'état actuel des choses, un malade peut donc décider d'arrêter de prendre des médicaments, quelque soit son âge et que cela puisse entraîner la mort, mais il lui est par contre interdit de refuser de recevoir ou de donner à son nourrisson une injection contenant des sels d'aluminium alors qu'il est en bonne santé, quand bien même le vaccin ciblerait une maladie non contagieuse comme le tétanos, et dont l'incidence et la létalité sont négligeables, voire nulles à cet âge. Notons que l'article 3 de la Charte des Droits Fondamentaux de l'Union européenne établit similairement que "1. Toute personne a droit à son intégrité physique et morale. 2. Dans le cadre de la médecine et de la biologie, doivent notamment être respectés : le consentement libre et éclairé de la personne concernée, selon les modalités définies par la loi [...]".

En Europe[1090], hormis la France, seuls la Belgique (polio), l'Italie (diphtérie, hépatite B, polio pour les établissements scolaires) et le Portugal (diphtérie, tétanos) comportent également une obligation vaccinale. Espérons que le fait que Sanofi-Pasteur ait eu en 2014 un chiffre d'affaires de 3,9 milliards d'euros ne soit pour rien dans les obligations françaises[1091].

Argument moral

Concernant les maladies contagieuses, dont font partie par exemple la poliomyélite et la diphtérie, l'argument de la responsabilité collective est souvent mis en avant. Si tout le monde se comporte de façon égoïste et ne se vaccine pas, alors les défenseurs de la vaccination avancent que la maladie prendra de l'ampleur et nuira d'autant plus à la société, médicalement et économiquement parlant ; cette contrainte morale justifierait que la vaccination soit obligatoire ou fortement recommandée. Premièrement, cet argument n'est pas applicable au tétanos, un des trois vaccins obligatoires, qui n'est pas contagieux. Deuxièmement les personnes qui souhaitent se faire vacciner le peuvent, et puisqu'en général elles considèrent les vaccins très efficaces, leur intégrité physique sera peu mise en danger au cours d'éventuelles épidémies. Troisièmement se pose la problématique complexe de la liberté et du droit. La philosophie actuelle de l'interaction individu/groupe tend à préférer la composante personnelle, tant que cela relève du domaine de la sphère privée. Pourtant toutes nos actions ont des répercussions, avec des probabilités de risque pour la société.

Ce risque peut être financier. Doit-on autoriser le jeu de la roulette russe à des personnes actives, sachant le coût d'une mort pour la société ? De manière plus courante, les personnes qui mettent leur vie en danger pour leur plaisir ne se comportent pas de manière financièrement éthique : un skieur hors-piste qui déclenche un vol en hélicoptère et des soins intensifs, les spéléologues coincés qui nécessitent un déploiement massif de ressources, un skater qui va subir une fracture. Notre mode de vie pèse également dans la balance, et le coût des fléaux sanitaires actuels rivalisent largement avec les maladies ciblées par les vaccins. Si l'argument des pro-vaccins se cantonne à l'aspect financier, leur rationalisme économique s'appliquera-t-il avec autant de conviction à d'autres catégories de personnes dont nous supportons la charge : le coût en productivité et en soins des fumeurs, le diabète et l'obésité des désordonnés alimentaires, les consultations médicales et plus tard les cancers de ceux qui préfèrent les émotions de leur palais à l'ingestion de légumes sains ? Pourquoi ne pas d'ailleurs adapter le montant de l'assurance en fonction des vaccins reçus ? Nous serions probablement étonnés de la catégorie la plus sévèrement prélevée.

Le risque peut être bien plus grave que la perte d'argent, par ses conséquences irréversibles. Le principe de responsabilité collective qu'ils mettent en avant s'applique au moins autant sur d'autres sujets d'importance, mais pour lesquels le débat est clos pour ne pas s'opposer au principe libertaire ou pour éviter simplement de culpabiliser. Si tout le monde se comporte de façon égoïste et continue à consommer autant de viande, de poisson, de voyages[1092], de sable, d'antibiotiques, de métaux[1093], alors le coût pour la société et pour toutes les générations qui suivent sera d'une autre ampleur que quelques cas de diphtérie supplémentaires. Sont-ils prêts à y renoncer par respect de la collectivité ? L'enjeu surpasse de loin le problème circoncis de la vaccination.

* * *

A ceux qui auraient envie d'avoir la liberté non pas de se vacciner ou pas, mais simplement de réfléchir sur ce sujet, un article du *Daily Telegraph* australien de mai 2013[1094] relatait que "des scientifiques britanniques et états-uniens ont développé un système de surveillance sur ordinateur qui alerte des experts sur des rumeurs se propageant rapidement, des mensonges absolus, de la désinformation, et des préoccupations légitimes de l'opinion, concernant les vaccinations dans 144 pays dont l'Australie". Une fois l'alerte donnée, la loi ne semble pas encore permettre de fermer un site ; on doute néanmoins que l'alerte n'ait pas de suite, sans quoi il serait inutile de développer un tel système. Peut-être des pressions privées seront-elles lancées ; peut-être les censeurs seront-ils objectifs ; peut-être un flot de réponses toute prêtes seront mises en commentaire des sites. Le pays de la liberté d'expression possède assez paradoxalement des limites subjectives à celle-ci, comme l'incitation à la haine par exemple. On donc peut penser, en espérant se tromper, que des pressions seront faites un jour pour que soit instauré, pour le bien commun, un délit d'incitation à la propagation de la pandémie.

—A l'heure où nous relisons ces lignes, l'actualité montre que le contrôle coercitif des pensées se met effectivement en marche : sur sa page Tweeter du 25 juin 2015[1095], on lit que "L'Ordre des médecins, réuni en session, a décidé de porter plainte contre le Pr. Joyeux et dénonce ses propos outranciers sur la vaccination". Suivi de : "Les propos du Pr. Joyeux ne se fondent sur aucune preuve scientifique, voire alignent des contre-vérités, comme l'a rappelé @acadmed". "La vaccination est un outil capital de santé publique. Il est dangereux et totalement irresponsable d'attiser les craintes à son sujet". Ces lignes font froid dans le dos. Qu'on le sache : qu'un particulier ose lever ou poser des questions sur la vaccination le mènera droit aux tribunaux. Il est moins que certain que le *tweet* de l'Ordre des Médecins se fonde lui sur une batterie de preuves scientifiques. Le Communiqué source de l'Académie de Médecine fait quant à lui 2 pages[1096], et contient en tout et pour tout 4 références. Le peuple français et les 680.000 signataires n'auront qu'à se résigner, puisque par un panel bien peu représentatif des Français : "*L'Académie saisie dans sa séance du mardi 16 juin 2015, a adopté le texte de ce communiqué à l'unanimité*". On connaît de toute façon le mépris de l'État pour les pétitions de 700.000 signatures[1097].

Quand on sait la modération exprimée par le Professeur Henri Joyeux sur la vaccination, lui qui dénonce seulement ici l'imposition à tous les nourrissons d'un vaccin à 6 valences contenant de l'aluminium et 7 fois plus cher, par une pénurie peu probablement fortuite, on imagine bien que notre présent livre méritera au moins un bel autodafé et la mise au ban de son auteur. —

Quel est le futur de ces obligations, sachant que la tuberculose a par exemple été rayée de la liste des obligations communes ? Un groupe d'études sur la vaccination a publié en mars 2012 à l'Assemblée Nationale une synthèse de ses recommandations[70]. La première veut maintenir le "caractère obligatoire" du vaccin contre le tétanos, maladie dont "les soins très lourds qui doivent être apportés au malade représentent un coût financier important qu'il revient, in fine, au contribuable de financer". Nous avons vu en quoi cet argument était infondé (voir Chapitre 6). Il préconise même l'obligation du ROR, car "les récentes épidémies de rougeole ayant entraîné des décès d'adultes et de nourrissons en France nécessitent, de l'avis du groupe d'études, de rendre ce vaccin obligatoire". Nous avons là aussi mis en évidence que le changement d'épidémiologie de la rougeole et l'augmentation du risque associé était dû à la vaccination généralisée (voir Chapitre 2). Toujours dans la première recommandation, on peut lire qu'il convient "d'assurer le maintien d'une bonne couverture vaccinale" pour le BCG après la fin de l'obligation.

Ils vont même plus loin en essayant de rendre compliquée la possibilité d'éviter une vaccination simplement recommandée. La 5e recommandation suggère de "faire signer aux patients qui refusent un vaccin recommandé par leur médecin traitant une décharge de responsabilité", afin d'éviter que "les patients ne puissent pas mettre en jeu la responsabilité civile et pénale de leur médecin".

La France est un des quatre pays d'Europe qui possède dans ses textes de loi une obligation vaccinale. Pourtant d'autres extraits juridiques plus fondamentaux sur la liberté médicale devraient prédominer. Dans les faits, ce sont bien plus que 3 valences qui sont imposées aux enfants, par le jeu des vaccins multivalents, des recommandations et des ruptures de stock. Ne pas se vacciner ou ne pas vacciner son enfant est punissable de prison et d'amende, alors que le coût présumé pour la société de ces maladies que la vaccination a peu contribué à faire disparaître fait pâle mesure face à d'autres problèmes d'intérêt général, comme le tabac, le cancer ou l'obésité. Les 6 mois et 3.750 € que risquent les récalcitrants sont en réalité majorés, et le délit de maltraitance peut faire passer ces punitions à 2 ans et 30.000 €. Les comités de réflexion n'optent pas pour une remise en question de cette obligation française, au contraire. Comme chaque fois que l'opinion publique penche trop en défaveur des convictions ou des intérêts de l'État, il est possible que la seule réflexion sur cette question soit assimilée à de la dissidence, et soit un jour réprimée à l'instar d'autres "délits d'incitation".

Conclusion

Notre traversée du monde vaccinal prend fin. Nous aurions pu la commencer plus tôt, ou la terminer plus tard. Nous aurions pu commenter plus en détails certains points qui peuvent apparaître essentiels à d'autres. Il y aura toujours des objections, des précisions à apporter, dans un sens comme dans l'autre. Mais nous pensons que cet aperçu de ce vaste sujet apporte suffisamment de lumière pour se faire un avis relativement tranché.

Faut-il conclure que tous les vaccins sont inutiles et nuisibles[108] ? Cette réponse frontale omettrait la prise en compte de certains effets positifs des vaccins : quelques-uns semblent avoir été utiles pour diminuer l'incidence, voire la mortalité de la maladie, comme probablement ceux contre la diphtérie ou la rougeole. Celui contre la tuberculose, le BCG, engendre même des effets bénéfiques non spécifiques, et contribue à diminuer la mortalité infantile générale dans les pays en voie de développement.

Pourtant, notre prise de position ne doit pas s'arrêter à ce constat, souvent dramatisé par l'importance de sauver ne serait-ce qu'une vie. Car pour une vie sauvée, combien de vies renversées, combien de vies arrêtées ? Nous nous sommes concentrés sur l'étude épidémiologique et historique de nos pays industrialisés, et supposant que les conditions sanitaires prédominent sur les facteurs culturels et génétiques des pays moins développés. Nous avons constaté que pour chaque affection, l'arrivée du vaccin survenait dans le contexte d'une chute drastique de la morbidité de la maladie, et qu'il était délicat de tirer un net constat d'un intérêt vaccinal. Les maladies présentées comme destructrices et mortelles avaient depuis longtemps perdu leur statut de fléau à l'arrivée du vaccin —la poliomyélite mise de côté de par son arrivée tardive, ses occurrences erratiques, et ses causes différentes.

Au lieu de prendre inspiration du modèle européen et de rapprocher les pays pauvres de nos conditions de vie et d'hygiène pour tenter de diminuer la mortalité générale, c'est l'inverse qui est imposé : on érige en fatalité les statistiques des pays moins riches pour imposer la vaccination dans nos pays. L'épouvantail de la mortalité par rougeole en Afrique cache la réalité d'une maladie déjà bénigne à l'arrivée du vaccin chez nous. S'il était besoin, la scarlatine, pour laquelle il n'a jamais existé de vaccin, nous montre la très faible utilité du vaccin. Au mieux 5 vies auraient été sauvées par an s'il avait existé un tel antidote injectable. En miroir de l'effroi propagé, des institutions faisant autorité déploient un optimisme excessif concernant le remède vaccinal, comme dans le cas de ses campagnes d'éradication de la poliomyélite ou de la rougeole. Cette vision simpliste et idéologique, outre l'argent précieux qu'elle tend à dilapider, conduit à établir et maintenir un paradigme de pensée nuisible, conscient et inconscient ; ainsi l'éradication de la variole a-t-elle subi les affres de la soumission au dogme vaccinal, avec son lot de dissimulations, de mensonges et ses "conséquences tragiques".

Paradoxalement, nous envenimons la situation de nos pays : la rougeole, bénigne chez l'enfant chez qui elle avait coutume d'arriver, devient plus meurtrière pour le nourrisson et l'adulte. Ce changement d'épidémiologie causé par la vaccination massive avait été prédit par l'OMS, qui avertissait du danger d'un vaccin qui ne serait pas parfaitement et durablement efficace. Discours oublié depuis, comme pour les oreillons. La coqueluche subit la même pression vaccinale et le même changement épidémiologique. Et par pression vaccinale se développent des mutants de l'hépatite B.

Par contraste, la mortalité de certains pays peut diminuer par des mesures simples : les stratégies de propreté puissamment engagées en Chine ont permis une réduction drastique de la mortalité par tétanos néonatal. L'administration de certaines vitamines, la vitamine C pour certaines maladies infectieuses, ou comme l'admet l'OMS la vitamine A, a un effet de réduction ponctuelle ou massive de la mortalité. Malheureusement, ces voies non médicamenteuses sont souvent largement délaissées par la recherche alors qu'elles offrent de sérieux indices de leur efficacité, comme la vitamine C contre le tétanos ou le chlorure de magnésium contre la poliomyélite.

En Occident, ce sont désormais les cancers et les maladies cardio-vasculaires qui arrachent le plus de vie, avec à eux seuls plus de 57 % des décès en 2008 selon l'InVS[329]. C'est ici que se trouverait la priorité de santé publique. Pourtant, à part un bandeau publicitaire en bas des réclames, peu de choses sont mises en œuvre pour que les Français aient accès à une nourriture saine, sans additifs alimentaires, locale, moins sucrée, moins carnée, sans perturbateurs endocriniens. En échange de moments fugaces de liberté et de plaisirs gustatifs, le système de défense de l'organisme devient si fragile qu'il ne sait plus lutter contre la moindre infection. C'est dans une approche holistique, et non dans des remèdes ponctuels comme les vaccins, que devrait se construire l'avenir de la santé publique. Mais nos institutions se moquent et dénigrent cette approche alternative. Ils préfèrent opter pour l'usine à gaz qu'est l'industrie moléculaire de synthèse, qu'ils essaient de légitimer par des chiffres sporadiques concernant telle cause et tel effet plus ou moins anecdotiques.

* * *

La balance bénéfice-risque présuppose toujours le pire, munie du même constat anachronique pour entretenir la crainte. Les enfants ne meurent plus de tétanos, mais avec un gros plan savamment entretenu sur le tétanos néonatal des pays où l'hygiène domestique et la stérilité hospitalière n'ont pas le monopole, l'on parvient à dérégler cette balance et par là-même notre jugement. Pourtant les effets secondaires, très nombreux pour les moins graves, ne paraissent pas être une gêne moins considérable que quelques jours de rougeole ou de varicelle. Pour les effets plus sérieux, les institutions affirment qu'ils sont très rares, et par conséquent qu'ils ne pèsent pas assez dans la balance. Mais quand la maladie elle-même est devenue très rare, la question se pose : préféré-je pour mon enfant une mort possible par tuberculose, tétanos, coqueluche, ou l'éventualité d'un dégât irréversible à l'aluminium ou au mercure ? Entre les allergies plus ou moins contraignantes, dont les chocs anaphylactiques condamnent des centaines d'enfants aux seuls États-Unis, une fièvre déclenchant l'autisme, le syndrome de Dravet consécutif au vaccin coqueluche à germe entier, des dégâts induits par des morceaux d'ADN laissés par le Gardasil, une sclérose en plaque après administration du vaccin anti-hépatique, une myofasciite à macrophages qui ôte une partie de la volonté d'un père de famille, une convulsion mortelle du nourrisson consécutive au vaccin rotavirus, quel risque suis-je prêt à mettre de côté ?

Un manque d'impartialité surgit d'ailleurs lorsqu'il s'agit d'imputer la cause d'un effet indésirable ou d'une mort. Lorsqu'une rougeole s'accompagne exceptionnellement d'un décès, c'est la rougeole qui est blâmée, et plus encore l'absence de vaccination —quand bien même il s'agirait d'un adulte qui l'a peut-être contractée à cause du changement épidémiologique survenu suite à l'immunisation de masse (et pour lequel on ne sait même pas si la rougeole est la cause du décès !). Par contre, si une fièvre vaccinale finit en autisme, le vaccin ne peut être mis en cause, mais au choix les maladies mitochondriales, le manque de chance, la réalité du diagnostic d'autisme, ou enfin la nécessité pour les parents de trouver un bouc-émissaire.

La question du risque choisi par les parents n'aurait pas lieu même d'être soulevée. Une des constatations de notre enquête, reprise d'une étude délaissée de 2011 effectuée par des chercheurs indépendants aux États-Unis, et confirmé de façon vérifiable par tous, demeure celle-ci : les pays riches qui vaccinent le plus leurs enfants ne présentent pas les taux de mortalité infantile les plus faibles, au contraire. Le biais qui pourrait être dû à des services de santé déficients est écarté, puisque les taux de mortalité générale ne sont quant à eux aucunement corrélés au nombre de doses reçues par le jeune enfant. Quoique ce résultat soit non significatif, il s'oppose de front aux conceptions forgées par la propagande pharmaceutique et institutionnelle, et plusieurs centaines de vies pourraient être en jeu. Des études montrent d'ailleurs que le vaccin hexavalent en Europe augmente le risque de mort subite du nourrisson. Ces morts sont malheureusement rarement comptabilisées ou même diagnostiquées comme telles. Le débat est pourtant clos, mais dans l'autre sens.

* * *

Comment expliquer également qu'un autre constat facilement identifiable n'ait jamais été mis en avant : les politiques vaccinales européennes concernant la vaccination BCG n'ont au mieux aucun effet sur la mortalité par tuberculose. En fait, les pays les moins couverts ont une faible mortalité, alors que parmi ceux qui ont une forte mortalité, tous ont une très forte couverture ! Pourtant, il y a encore moins de 10 ans, tous les enfants en France devaient se faire vacciner s'ils voulaient être scolarisés et si les parents voulaient éviter amende et prison. Aujourd'hui, quoique non obligatoire, c'est le vaccin anti papillomavirus humain qui suit le même schéma : il n'y a pas de corrélation claire en Europe entre le nombre de cancers du col de l'utérus et les taux de vaccination au Gardasil/Cervarix, voire une corrélation négative. Enfin, l'obligation vaccinale contre le tétanos, que seule la France a choisie, n'a nullement démontré sa nécessité. Tous ces exemples ne nous rassurent pas sur la réelle volonté de nos décideurs de la santé de conduire la politique la plus saine pour nous et nos enfants.

Par ailleurs, l'argument économique est souvent avancé : pourtant que ce soit le tétanos où il faudrait plus de 100.000 cas pour amortir le vaccin ; le BCG dont l'Académie de médecine démontre le notable surcoût ; la grippe qui touche très majoritairement des personnes âgées, dont l'efficacité vaccinale à cet âge est difficile à déterminer et dont la gabegie pandémique fut notoire ; le vaccin polio qui a coûté plus d'un milliard à l'Inde ; le vaccin anti-hépatique pour lequel l'État français paye des millions de dommages et intérêts ; les innombrables effets secondaires de tous ces vaccins, la question mérite plus qu'un simple acquiescement à la propagande pharmaceutique.

* * *

Par quels procédés sous-jacents une grande majorité de Français accepte alors le paradigme vaccinal sans objection ?

Tout d'abord, il y a le vecteur de l'édition scientifique. Seul un pourcentage infime aura jamais lu l'intégralité d'un article scientifique. Au mieux, par voie de presse, les conclusions avancées dans le résumé se déploieront telles quelles dans le domaine public. Il n'y a pas de raison d'être méfiant, puisque le résultat est "*scientifique*". Il a été conçu et produit par des chercheurs homologués, relu par des chercheurs reconnus et sélectionnés par des journaux souvent prestigieux, et a passé le difficile critère d'acceptabilité. Mais que veut dire donc dire scientifique ?

Notre crédulité est grande, à la mesure de notre indolence. Passons en revue quelques-uns des stratagèmes employés, en ne parlant que des stratagèmes volontaires, pour dévoyer l'édition scientifique. On pourra citer : la conclusion du résumé qui contredit les résultats (l'innocuité du Gardasil), l'amalgame entre protection réelle et titre d'anticorps, les groupes contrôles recevant eux aussi des adjuvants nocifs, l'absence de significativité en sélectionnant des échantillons de personnes trop petits — avec des mensonges qui exigeraient des mea culpa publics de tous les protagonistes comme la division par classe d'âge pour diluer l'échantillon malgré un facteur de risque supérieur à 10 (l'asthme déclenché par le DTC-Polio et le ROR) —, l'omission d'études qui dérangent ("source d'hétérogénéité"), le tort porté à d'autres causes (maladies mitochondriales pour l'autisme) ou enfin les morts considérées d'office comme non liées à la vaccination alors que le groupe contrôle employé aurait dû suffire à conclure.

Mais face à des journaux à très forts facteurs d'impact, créés depuis plus de 100 ans, que valent les assertions des mécontents qui ressassent et voient le mal partout ? Nous prévoyons un reproche inévitable : les graphes exposés dans ce livre ne seraient pas scientifiques parce qu'ils n'ont pas été relus par deux personnes dont on ne connaît pas le nom, qui travaillent sur ce même sujet et ont donc déjà une opinion pré-établie, et qui ont de multiples liens idéologiques et financiers. Par contre, à leur sens, une recherche financée par l'industrie prête à choisir un groupe plus docile en cas de conclusions négatives —et qui n'a parfois même pas vu les données (Tamiflu et

Roche) — dont une partie des résultats est cachée, et dont la seule lecture nécessite parfois paiement, serait gage d'une plus grande intégrité...

Le deuxième niveau d'explication avance les raisons objectives de ces écarts à la déontologie. De nombreux chercheurs vivent de subsides ou participent à des travaux et des séminaires grâce à l'industrie pharmaceutique, quand ils n'ont pas d'intérêts plus directs encore par voie de conseil ou de brevets. A l'étage supérieur, les journaux scientifiques eux-mêmes entretiennent de manière croissante des collusions avec les instances pharmaceutiques, par la publicité ou plus encore par les éditeurs qui les dirigent.

Le troisième niveau jouxte directement le second : les grandes institutions de santé comme l'OMS et le CDC ou les institutions nationales publiques et les ministères sont imprégnés, en plus des dogmes, de l'omniprésence de la sphère pharmaceutique. Ainsi nous avons observé des comportements étranges de ministres, comme Mme Bachelot ex-employée de AstraZeneca, Rick Perry et son parti savamment conseillés et financés par Merck au sujet du Gardasil, ou encore Julie Gerberding employée après le CDC comme chef de la division vaccin chez Merck toujours.

Enfin, il y a la peur et la culpabilité. Qui veut risquer ses opinions contre la vie de son enfant ? Il faut, contre la propagande, un fort niveau de certitude et de courage. "On ne joue pas avec des sujets aussi importants que la vaccination, on ne joue pas sur l'émotion, on n'attise pas les craintes. Quand on est médecin, sa responsabilité c'est de rassurer, d'expliquer et non pas d'inquiéter et faire peur". C'étaient les mots du ministre Marisol Touraine en mai 2015[1098], auxquels nous souscrivons totalement, à l'exception de l'intention. Qui brandit des statistiques anachroniques ou anatopiques à longueur d'année pour justifier des remèdes inutiles ? Qui présente soudainement certaines maladies, comme le cancer du col ou la rougeole, comme des enjeux majeurs de santé publique *après* la création des vaccins correspondants ? Qui détient la force commerciale, publicitaire et les vecteurs médiatiques officiels ?

Pourtant nous avons des indices. Des personnes repenties ou affligées par tant de cynisme se sont exprimées sur l'environnement dans lequel ils baignaient, depuis leur position privilégiée d'observateur et d'acteur, à l'instar de Marcia Angell ou de John Virapen. Plus encore, les amendes extravagantes - mais si peu dérangeantes - infligées aux sociétés qui promeuvent et vendent les médicaments et les vaccins démontrent l'étendue des dysfonctionnements et des mauvaises pratiques. Chacun devrait lire quelques-uns des documents de justice consultables pour constater les manquements à l'honneur, à l'éthique, au respect des vies humaines.

L'avenir de la question vaccinale est préoccupant. Loin de revenir sur les recommandations exagérées et les obligations ubuesques, notre gouvernement tend plutôt à resserrer l'étau autour du citoyen. Plus que le refus de l'enfant en crèche, ce sont prison et amende, voire retrait de l'enfant pour maltraitance, que risquent les parents. Quand la peur entretenue autour des maladies n'assure plus la force de conviction nécessaire, et quand l'opinion commence à laisser parler ses intuitions et son bon sens, la machine médiatique entre de concert dans le jeu. Et quand la propagande ne suffit plus à son tour, c'est toute la machine du pouvoir qui prend le relais. Comme sur d'autres sujets d'actualité plus polémiques, les opposants à la pensée dominante en font immédiatement les frais, avec dans l'ordre : ignorance, sarcasme, ostracisme, et enfin condamnation. Ainsi du Pr. Henri Joyeux et de sa pétition contre la pénurie de vaccins probablement orchestrée pour imposer des valences non obligatoires.

* * *

Notre but n'est pas de dresser la liste des coupables, moins encore de donner des noms. Ces dysfonctionnements prennent certes racine dans l'organisation générale de l'industrie, de la recherche et des institutions. Cela ne suffirait pas toutefois, et nous devons citer la source principale et générale qu'est la faible nature de l'homme, sans rentrer dans des considérations théologiques. Aux premières loges, l'orgueil, la volonté de reconnaissance et de gloire, le besoin de se nourrir, le primat du confort sur l'effort, intellectuel surtout. Mais alors, après cette critique des méchants vaccinalistes, devons-nous arrêter là notre réflexion et ne pas nous mettre en cause ? Pas plus qu'à l'encontre des personnes impliquées dans la promotion de l'idéologie vaccinale nous ne voulons juger la masse des gens, dont les soucis sont bien éloignés de cette thématique. Pourtant, à nous de nous regarder, sans fatalité, mais avec courage. L'indulgence n'implique pas l'omission de la faute, mais plutôt sa compréhension.

Que le lecteur ne se sente pas attaqué ou offusqué d'un quelconque outrage. Il est seul face à lui-même, avec sa conscience pour l'éclairer. Nous cherchons seulement à mettre en lumière les erreurs qui permettent au mensonge de s'infiltrer dans nos vies, avec les conséquences néfastes qu'inévitablement il aura. Certains pourront subir ce passage comme une inutile et hautaine digression, sans rapport avec le sujet. L'auteur pense pour sa part que, quoique non *scientifique*, cette explication est fondamentale. Il importe, plus que de montrer la vérité à quelqu'un, de lui indiquer qu'il peut la chercher et qu'il peut la trouver, sans scepticisme fataliste.

Une des mécaniques la plus facile pour circonscrire le champ réflexif s'appuie sur le sophisme de la voie du milieu. S'il s'applique selon Aristote à la vertu, il ne s'applique nullement à la vérité. Il prétend que la voie la plus sage consiste à opter pour la solution intermédiaire entre deux visions, deux propositions. "In medio stat virtus", aujourd'hui décliné en "il ne faut pas être extrême". Raisonnement facilement réfutable, puisque cela dépend de ce qu'on se fixe comme extrêmes, que ces extrêmes eux-mêmes sont mouvants comme l'air[1099][1100][1101], et que le milieu n'est pas nécessairement le meilleur barycentre. C'est sur ce besoin de conformisme que s'appuie le bipartisme : la voie politique doit nécessairement se trouver quelque part entre gauche et droite. Peu importe qu'entre temps, les riches soient plus riches, les élèves plus ignorants et plus arrogants, les Français plus dépendants aux médicaments et à la pornographie, peu importe que la planète soit détruite, la morale abattue, la surveillance généralisée, les peuples et leurs spécificités dilués, l'économie au bord du gouffre. La solution doit être quelque part dans l'hémicycle.

De même, entre les messages des sociétés pharmaceutiques et des institutions françaises et ceux des personnes critiques envers les vaccins : les moins crédules accepteront qu'il doit y avoir du vrai des deux côtés et que le bon compromis reste d'accepter les produits des premiers avec en lointaine mémoire les injonctions des seconds.

La deuxième erreur traditionnelle consiste à rejeter ce que l'on ne veut pas croire possible. Ainsi, de nombreuses personnes refusent d'accepter la présence du mal en ce monde, et son cynisme débordant. Ils ne pourront accepter que des gens, sciemment, décident d'omettre des informations qui mettent en danger réel et imminent la vie de patients, de familles, pour le seul but du profit. Et pourtant, les faits sont là. Il y a même du mal gratuit, le mal pour le mal, comme dans le cas d'une certaine pédocriminalité. Malgré tout, tant qu'aucun reportage d'Envoyé Spécial ou journal de TF1 ne sera venu appuyer ce fait comme probable, le quidam considéra ces faits comme des divagations de paranoïaques, de complotistes, d'extrémistes. Ainsi, sur un même sujet, on pourra facilement s'attendre à un dénigrement hautain de l'hypothèse et de la personne qui la rapporte, suivi quelques mois plus tard d'un pédant : "mais bien sûr, je le savais, c'est connu". Schopenhauer disait : "Toute vérité franchit trois étapes. D'abord, elle est ridiculisée. Ensuite, elle subit une forte opposition. Puis, elle est considérée comme ayant toujours été une évidence". La première étape ne procure aucun avantage : à vouloir se protéger, on ne fait que repousser l'échéance du retour à la réalité, bien plus douloureuse que si l'on avait tout de suite pris la mesure des choses. Ainsi du problème de l'immigration, et pour certaines âmes préservées le retour au réel du 7 janvier 2015, prodrome de biens d'autres tumultes.

La troisième veut qu'après avoir reconnu la réalité, on la considère comme inéluctable. Il n'y a plus rien à faire. D'ailleurs, il n'y avait rien à faire pour l'éviter. Triste abdication de la volonté. Quand on aura, du moins pour les vaccins, constaté l'inintérêt et la nuisance des firmes pharmaceutiques, il ne restera plus qu'à reconnaître que le combat contre ces géants est perdu d'avance et qu'il n'est de toute manière pas souhaitable de mettre tant de personnes au chômage en ces périodes de faible croissance. Nous répondons : soit ils sont utiles, et il convient de les garder ; soit ils ne le sont pas, et l'État ne devrait avoir aucun intérêt à préserver ce statu quo. Cette simple constatation pourrait nous rendre sceptique tout d'abord sur la médiocrité du critère établi par le PIB et la production de richesse matérielle ("faire et défaire, c'est toujours travailler"), puis sur les inepties et les dangers que font germer le paradigme de la croissance et du toujours plus. Un autre dogme à déconstruire que celui de la croissance bénéfique et nécessaire... En ce qui concerne l'inéluctabilité de leur pernicieuse emprise, ne laissez pas le pessimisme étouffer vos idéaux. William Wallace a libéré l'Écosse et une paysanne adolescente la France.

* * *

Le monde moderne qui se revendique de l'esprit des Lumières d'émancipation intellectuelle par la connaissance a paradoxalement abdiqué l'essence même de ce concept : la vérité est inatteignable, si même elle existe ; il convient donc de ne pas trop chercher par nous-même. Le résultat de ce redoutable abandon de notre liberté intellectuelle, et donc de notre libre-arbitre, est la soumission à ceux qui occupent l'espace public : les médias, l'enseignement scolaire, les publicités. Ce livre entend redonner un germe de volonté, une soif de connaissance, la prise en main de son destin, qu'elle soit suscitée au départ par la révolte ou mieux encore par la volonté de vérité et d'amour du prochain, en somme par la vertu d'une vie droite et juste. Elle sera probablement moins douce et moins lisse. Mais par ce sujet qui cristallise moins de tensions que d'autres, et qui reste encore accessible sans qu'une loi n'ait jusqu'ici interdit d'en débattre publiquement, nous espérons que les lecteurs, eussent-ils adhéré de manière générale aux conceptions de l'auteur, goûteront la remise en cause d'autres idées fausses auxquelles ils ont toujours cru. En dehors d'un certain travail, cela requiert une belle part d'humilité pour accepter l'idée d'avoir été trompé et de s'être longtemps trompé.

Bibliographie

Vous pourrez trouver toutes les références bibliographiques à l'adresse internet suivante : www.pourquoi-vacciner.fr/sources.php

Les graphes en couleur pourront se trouver sur le blog de l'auteur : loindutroupeau.blogspot.fr

1. Sanofi pasteur et merck vaccines nomment le dr jean-paul kress, président de sanofi pasteur MSD. <http://www.sanofipasteur.com/fr/articles/anofi-pasteur-et-merck-vaccines-nomment-le-dr-jean-paul-kress-president-de-sanofi-pasteur-msd.aspx> —**2.** Les données - institut national du cancer. <http://lesdonnees.e-cancer.fr/les-indicateurs/1-types-cancer/13-cancer-col-uterus/13-epidemiologie-cancer-col-uterus-france-metropolitaine-mortalite/27-evolution-mortalite-estimee-taux-standardise-monde-cancer-col-uterus-france-me.html> —**3.** Les données - institut national du cancer. <http://lesdonnees.e-cancer.fr/les-indicateurs/1-types-cancer/13-cancer-col-uterus/13-epidemiologie-cancer-col-uterus-france-metropolitaine-mortalite/21-incidence-mortalite-estimees-taux-specifiques-cancer-col-uterus-france-femme-2.html> —**4.** Duport, Nicolas. Données épidémiologiques sur le cancer du col de l'utérus. (2008). <http://www.invs.sante.fr/publications/2008/cancer_col_uterus_2008/cancer_col_uterus_2008.pdf> —**5.** Chan, P. K. S. et al. Meta-analysis on prevalence and attribution of human papillomavirus types 52 and 58 in cervical neoplasia worldwide. PLoS ONE 9, e107573 (2014). —**6.** Cancer invasif du col utérin. (2007). <http://www.e-cancer.fr/content/download/95896/1021012/file/GUIALDCOLMD12.pdf> —**7.** Merck. Monographie du produit gardasil. (2015). <http://www.merck.ca/assets/fr/pdf/products/GARDASIL-PM_F.pdf> —**8.** Société Canadienne du Cancer. Tumeurs malignes du col de l'utérus - société canadienne du cancer. Www.cancer.ca. <https://www.cancer.ca:443/fr-ca/cancer-information/cancer-type/cervical/cervical-cancer/malignant-tumours/?region=qc> —**9.** Rambout, L., Hopkins, L., Hutton, B. & Fergusson, D. Prophylactic vaccination against human papillomavirus infection and disease in women: A systematic review of randomized controlled trials. CMAJ 177, 469–479 (2007). —**10.** CDC. HPV (human papillomavirus) gardasil VIS. (2013). <http://www.cdc.gov/vaccines/hcp/vis/vis-statements/hpv-gardasil.html> —**11.** Cancer du col de l'utérus : Les réponses à vos questions - dépistage - institut national du cancer. <http://www.e-cancer.fr/depistage/cancer-du-col-de-luterus/espace-grand-public/les-reponses-a-vos-questions> —**12.** Borate de sodium, acheter borax poudre, achat tétraborate de sodium décahydraté - mon droguiste. <http://www.mon-droguiste.com/borax-borate-de-sodium,fr,4,BORSOD02015DSN.cfm> —**13.** Coors, E. A., Seybold, H., Merk, H. F. & Mahler, V. Polysorbate 80 in medical products and nonimmunologic anaphylactoid reactions. Ann. Allergy Asthma Immunol. 95, 593–599 (2005). —**14.** Gajdová, M., Jakubovsky, J. & Války, J. Delayed effects of neonatal exposure to tween 80 on female reproductive organs in rats. Food Chem. Toxicol. 31, 183–190 (1993). —**15.** Toft, L. et al. Comparison of the immunogenicity and reactogenicity of cervarix and gardasil human papillomavirus vaccines in HIV-infected adults: A randomized, double-blind clinical trial. J. Infect. Dis. 209, 1165–1173 (2014). —**16.** Einstein, M. H. et al. Comparison of the immunogenicity and safety of cervarix and gardasil human papillomavirus (HPV) cervical cancer vaccines in healthy women aged 1845 years. Hum. Vaccin. 5, 705–719 (2009). —**17.** The FUTURE II Study Group. Quadrivalent vaccine against human papillomavirus to prevent high-grade cervical lesions. N. Engl. J. Med. 356, 1915–1927 (2007). —**18.** Lehtinen, M. et al. Overall efficacy of HPV-16/18 AS04-adjuvanted vaccine against grade 3 or greater cervical intraepithelial neoplasia: 4-year end-of-study analysis of the randomised, double-blind PATRICIA trial. Lancet Oncol. 13, 89–99 (2012). —**19.** Gonçalves, A. K., Cobucci, R. N., Rodrigues, H. M., Melo, A. G. de & Giraldo, P. C. Safety, tolerability and side effects of human papillomavirus vaccines: A systematic quantitative review. The Brazilian Journal of Infectious Diseases 18, 651–659 (2014). —**20.** Centre régional de pharmacovigilance de Bordeaux. Suivi national des effets indésirables du vaccin papillomavirus humain gardasil. (2011). <http://ansm.sante.fr/content/download/37340/490672/version/3/file/RapportvaccinGardasil_version-finale.pdf> —**21.** Slade, B. A. et al. Postlicensure safety surveillance for quadrivalent human papillomavirus recombinant vaccine. jama 302, 750–757 (2009). —**22.** Geier, D. A. & Geier, M. R. A case-control study of quadrivalent human papillomavirus vaccine-associated autoimmune adverse events. Clin. Rheumatol. (2014). doi:10.1007/s10067-014-2846-1 —**23.** VAERS data. <http://vaers.hhs.gov/data/index> —**24.** Lee, S. H. Detection of human papillomavirus (HPV) l1 gene DNA possibly bound to particulate aluminum adjuvant in the HPV vaccine gardasil. J. Inorg. Biochem. 117, 85–92 (2012). —**25.** Lee, S. H. Melting profiles may affect detection of residual HPV l1 gene DNA fragments in gardasil. Curr. Med. Chem. 21, 932–940 (2014). —**26.** Menores perdem sensibilidade das pernas e são internadas após vacina contra HPV - correio do estado. <http://www.correiodoestado.com.br/brasilmundo/adolescentes-perdem-sensibilidade-das-pernas-e-sao-internadas-apos-vac/226651/> —**27.** Choques entre comunidad y policía carmen de bolívar - 3 de septiembre de 2014 - YouTube. <https://www.youtube.com/watch?v=hY2B1Jxvs2A> —**28.** New website launched for gardasil victims | the truth about gardasil. <http://truthaboutgardasil.org/breaking-news-truth-about-gardasil-makes-head-

lines/new-website-launched-for-gardasil-victims/> —**29.** Gardasil victims action alliance. Facebook. <https://www.face-book.com/momonamission4shelby> —**30.** VICTIMES DU VACCIN GARDASIL. Facebook. <https://www.face-book.com/pages/VICTIMES-DU-VACCIN-GARDASIL/142779429124878> —**31.** Cervix vaccine issues trigger health notice. The Japan Times Online (2013). <http://www.japantimes.co.jp/news/2013/06/15/national/cervix-vacci-ne-issues-trigger-health-notice/> —**32.** Health risks push israeli health ministry to reconsider HPV vaccine for teen girls. Haaretz.com. <http://www.haaretz.com/news/israel/.premium-1.545014> —**33.** Http://economictimes.indiatimes.-com//articleshow/17932298.cms. The economic times. <http://economictimes.indiatimes.com//articleshow/17932298.cms> —**34.** Dhar, A. HPV vaccine programme: Brinda seeks impartial enquiry. The Hindu (2010). <http://www.thehindu.com/news/national/article391111.ece> —**35.** Shet-ty, P. Vaccine trial's ethics criticized. Nat. News 474, 427–428 (2011). —**36.** Syrjänen, K. J. Prophylactic HPV vaccines: The finnish perspective. Expert Rev Vaccines 9, 45–57 (2010). —**37.** Bonanni, P. et al. An overview on the implemen-tation of HPV vaccination in europe. Hum. Vaccin. 7, 128–135 (2011). —**38.** Arbyn, M. et al. Worldwide burden of cervical cancer in 2008. <http://annonc.oxfordjournals.org> —**39.** Sander, B. B., Rebolj, M., Valentiner-Branth, P. & Lynge, E. Introduction of human papillomavirus vaccination in nordic countries. vaccine 30, 1425–1433 (2012). —**40.** Human papillomavirus (HPV) vaccines. National cancer institute. <http://www.cancer.gov/cancertopics/causes-preven-tion/risk/infectious-agents/hpv-vaccine-fact-sheet> —**41.** Cancer de l'utérus : Le champignon shiitake détruirait le virus HPV. <http://france.euroclinix.net/blog/sante-sexuelle/le-champignon-shiitake-cancer-de-luterus.html> —**42.** Intro-duction of HPV vaccines in european union countries: An update. (ECDC [u.a.], 2012). <http://ecdc.europa.eu/en/publications/Publications/20120905_GUI_HPV_vaccine_update.pdf> —**43.** Infections à HPV : Nouveau schéma vaccinal du vaccin gardasil. <http://www.hcsp.fr/explore.cgi/avisrapportsdomaine?clefr=416> —**44.** Vaccination contre les infections à papillomavirus humains. données actualisées. <http://www.hcsp.fr/Explore.c-gi/avisrapportsdomaine?clefr=454> —**45.** Relevé épidémiologique hebdomadaire. (2014). <http://www.who.int/wer/2014/wer8943.pdf?ua=1> —**46.** GARDASIL : La fiche technique ! - TaSante.com. <http://www.tasante.com/article/lire/4268/GARDASIL-La-fiche-technique.html> —**47.** Nouvelle, L. François Hol-lande réhabilite le vaccin contre le cancer du col de l'utérus. usinenouvelle.com. (2014). <http://www.usinenouvelle.-com/article/francois-hollande-rehabilite-le-vaccin-contre-le-cancer-du-col-de-l-uterus.N238037> —**48.** L'affaire garda-sil: Premières plaintes déposées. Atticus avocats. <http://www.atticusavocats.com/vaccin-gardasil-plainte/> —**49.** Merck & its HPV vaccine: Sales & skepticism are both up. Forbes. <http://www.forbes.com/sites/edsilverman/2013/03/27/merck-its-hpv-vaccine-sales-skepticism-are-both-up/> —**50.** Gardasil la publicité diffusée à la télévision. Dailymotion. <http://www.dailymotion.com/video/x54jx0_gardasil-la-pu-blicite-diffusee-a-la_news> —**51.** The nobel prize in physiology or medicine 2008. <http://www.nobelprize.org/nobel_prizes/medicine/laureates/2008/> —**52.** Tout le monde doit connaître cette histoire. Stock. <http://www.editions-stock.fr/tout-le-monde-doit-connaitre-cette-histoire-9782234063754> —**53.** Bo angelin. <http://ki.se/en/people/boang> —**54.** admin. The nobel assembly. The nobel prize in physiology or medicine. <http://www.nobelprizemedicine.org/selecting-laureates/the-nobel-assembly/> —**55.** AstraZeneca appoints bo angelin to its board of directors. <http://www.firstwordpharma.com/node/93520> —**56.** AstraZeneca nobel medicine initia-tive. <http://www.nobelprize.org/nobel_organizations/nobelmedia/s_partners/astrazeneca/> —**57.** AstraZeneca - Astra-Zeneca nobel medicine initiative. <http://www.astrazeneca.com/Research/nobel-medicine-initiative> —**58.** About Me-dImmune. AstraZeneca careers. <http://www.astrazenecacareers.com/about-us/medimmune/> —**59.** Padmanabhan, S., Amin, T., Sampat, B., Cook-Deegan, R. & Chandrasekharan, S. Intellectual property, technology transfer and manu-facture of low-cost HPV vaccines in india. Nat. Biotechnol. 28, 671–678 (2010). —**60.** Gardasil: Critiques et contro-verses à l'étranger : Pharmacritique. <http://pharmacritique.20minutes-blogs.fr/gardasil-tres-critique-a-l-etranger/> —**61.** Inserm. Pourquoi le virus de la rougeole est-il si contagieux ? (2011). <http://www.inserm.fr/espace-journalistes/pourquoi-le-virus-de-la-rougeole-est-il-si-contagieux> —**62.** OMS. Les sept raisons essentielles pour que la vaccination reste une priorité dans la région européenne de l'OMS. <http://www.euro.who.int/__data/assets/pdf_file/0016/84310/Seven_Key_ReasonsF.pdf?ua=1> —**63.** Parent du Châte-let, I. & Levy-Bruhl, Daniel. Surveillance de la rougeole en france. <http://www.invs.sante.fr/publications/2004/rou-geole_071204/rapport_rougeole.pdf> —**64.** Richard, J.L, Boubaker, K., Doutaz, M. & Schubiger, G. Déclaration obli-gatoire de la rougeole en suisse: Forte augmentation du nombre de cas au printemps 2003. (2003). <http://www.-saez.ch/docs/saez/archiv/fr/2003/2003-27/2003-27-640.pdf> —**65.** InVS. Rougeole / maladies à prévention vaccinale / maladies infectieuses / dossiers thématiques / accueil. (2015). <http://www.invs.sante.fr/Dossiers-thematiques/Mala-dies-infectieuses/Maladies-a-prevention-vaccinale/Rougeole> —**66.** Bankamp, B., Takeda, M., Zhang, Y., Xu, W. & Rota, P. A. Genetic characterization of measles vaccine strains. J Infect Dis. 204, S533–S548 (2011). —**67.** Hilleman, M. R. et al. Development and evaluation of the moraten measles virus vaccine. jama 206, 587–590 (1968). —**68.** Euro-Surveillance. BULLETIN EUROPÉEN SUR LES MALADIES TRANSMISSIBLES. 3, 115–126 (1998). —**69.** Minis-tère de la Santé Publique. Calendrier des vaccinations et recommandations vaccinales 2014. (2014). <http://www.so-cial-sante.gouv.fr/IMG/pdf/Calendrier_vaccinal_ministere_sante_2014.pdf> —**70.** Groupe d'études sur la vaccination. SYNTHÈSE DES RECOMMANDATIONS DU GROUPE d'ÉTUDES SUR LA VACCINATION. (2012). <http://www.annypoursinoff.fr/wp-content/uploads/2012/03/GE-Vaccination-13-mars-2012-AN.pdf> —**71.** Direction générale de la santé & Comité technique des vaccinations. Guide des vaccinations 2012, rougeole. (2012). <http://www.inpes.sante.fr/10000/themes/vaccination/guide-vaccination-2012/pdf/GuideVaccinations2012_Vaccina-tion_contre_la_rougeole.pdf> —**72.** Rey, M., Celers, J., Mouton, Y. & Netter, R. Impact of measles in france. Rev. In-fect. Dis. 5, 433–438 (1983). —**73.** Hendriks, J. & Blume, S. Measles vaccination before the measles-mumps-rubella vaccine. Am J Public Health 103, 1393–1401 (2013). —**74.** Merler, S. & Ajelli, M. Deciphering the relative weights of demographic transition and vaccination in the decrease of measles incidence in italy. Proc. Biol. Sci. 281, 20132676 (2014). —**75.** WHO. WHO vaccine-preventable diseases: Monitoring system. 2014 global summary. (2014). <http://apps.who.int/immunization_monitoring/globalsummary/incidences?c=FRA> —**76.** Garg, R. Subacute sclerosing panencephalitis. Postgrad Med J 78, 63–70 (2002). —**77.** Antona, D. et al. La rougeole en france. médecine/sciences 28, 1003–1007 (2012). —**78.** Campbell, H., Andrews, N., Brown, K. E. & Miller, E. Review of the effect of measles vaccination on the epidemiology of SSPE. Int. J. Epidemiol. 36, 1334–1348 (2007). —**79.** Mgone, C. S. et al. Clinical presentation of subacute sclerosing panencephalitis in papua new guinea. Tropical Medicine & International Health 8, 219–227 (2003). —**80.** Akram, M., Naz, F., Malik, A. & Hamid, H. Clinical profile of subacute sclerosing panencephalitis. J Coll Physicians Surg Pak 18, 485–488 (2008). —**81.** Marin, M. et al. Measles transmission and vaccine effectiveness during a large outbreak on a densely populated island: Implications for vaccination policy. Clin. Infect. Dis. 42, 315–319 (2006). —**82.** Poland, G. A. & Jacobson, R. M. The re-emergence of measles in developed countries: Time to develop the next-generation measles vaccines? vaccine 30, 103–104 (2012). —**83.** Gregory a. poland, m.D. - mayo clinic faculty profiles - mayo clinic research. <http://www.mayo.edu/research/faculty/poland-gregory-a-m-d/bio-00078220> —**84.** A physician's guide for anti-vaccine parents —ScienceDaily. <http://www.sciencedaily.com/releases/2012/04/120423131344.htm> —**85.** Gregory a. poland - patent inventor. <http://www.freshpatents.com/Gregory-A-Poland-Rochester-invdxp.php> —**86.** Poland, G. A. MMR vaccine and autism: Vaccine nihilism and postmodern science. Mayo Clin Proc 86, 869–871 (2011). —**87.** Boulianne, N. et al. [Major measles epidemic in the region of quebec despite a 99% vaccine coverage]. Can J Public Health 82, 189–190 (1991). —**88.** Yeung, L. F. et al. A limited measles outbreak in a highly vaccinated US boarding school. pediatrics 116, 1287–1291 (2005). —**89.** Journal/MMWR articles of MMR vaccine failure. <http://www.whale.to/vaccines/mmrjournal.html> —**90.** OMS. OMS | l'Assemblée mondiale de la santé s'achève sur de nombreuses résolutions adoptées. (2010). <http://www.who.int/mediacentre/news/releases/2010/wha_closes_20100521/fr/> —**91.** OMS. OMS | rougeole. (2015). <http://www.who.int/mediacentre/factsheets/fs286/fr/> —**92.** Ministère de la Santé et des Solidarités. PLAN d'ELIMINATION DE LA ROUGEOLE ET DE LA RUBEOLE CONGENITALE EN FRANCE 2005-2010. (2005). <http://www.sante.gouv.fr/IMG/pdf/plan_elimination_rougeole.pdf> —**93.** Sencer, D. J., Dull, H. B. & Langmuir, A. D. Epidemiologic basis for eradication of measles in 1967. Public Health Rep 82, 253–256 (1967). —**94.** NHS England. NHS public health functions agreement 2015-16. (2014). <https://www.gov.uk/government/uploads/system/uploads/attachment_data/file/383184/1516_No10_Measles_Mumps _and_Rubella__MMR__Immunisation_Programme_FINAL.pdf> —**95.** Malaiyan, J. & Menon, T. Low vaccine efficacy of mumps component among MMR vaccine recipients in chennai, india. Indian J Med Res 139, 773–775 (2014). —**96.** Ong, G., Goh, K. T., Ma, S. & Chew, S. K. Comparative efficacy of rubini, jeryl-lynn and urabe mumps vaccine in an asian population. J. Infect. 51, 294–298 (2005). —**97.** EuroSurveillance. Deux épidémies d'oreillons chez des enfants vaccinés avec la souche rubini en espagne indiquent une faible efficacité vaccinale. 5, (2000). —**98.** Office fédérale de la santé publique Suisse. Bulletin 16/02. 300–311 (2002). <http://www.bag.admin.ch/dokumentation/publikationen/01435/01800/index.html?lang=fr\&download=NHzLpZig7t,lnp6I0NTU042l2Z6ln1ae2IZn4Z2qZpnO2Yu-q2Z6gpJCEdoR4g2ym162dpYbUzd,Gpd6emK2Oz9aGodetmqaN19XI2IdvoaCUZ,s-.> —**99.** Oreillons : La souche vaccinale rubini abandonnée en suisse - rougeole - destination santé. L'information santé au quotidien. (2002). <https://destinationsante.com/oreillons-la-souche-vaccinale-rubini-abandonnee-en-suisse.html> —**100.** OMS. Relevé épidémiologique hebdomadaire. 82, 49–60 (2007). —**101.** United States District Court for the Eastern district of Pennsylvania. Civil action no. 10-4374. (2012). <http://www.rescuepost.com/files/june-mumps-suit-1.pdf> —**102.** Gans, H. A. & Maldonado, Y. A. Loss of passively acquired maternal antibodies in highly vaccinated populations: An emerging need to define the ontogeny of infant immune responses. J Infect Dis. jit144 (2013). doi:10.1093/infdis/jit144 —**103.** Waaijenborg, S. et al. Waning of maternal antibodies against measles, mumps, rubella, and varicella in communities with contrasting vaccination coverage. J Infect Dis. jit143 (2013). doi:10.1093/infdis/jit143 —**104.** D'Souza, R. M. & D'Souza, R. Vitamin a for treating measles in children. Cochrane Database Syst Rev CD001479 (2002). doi:10.1002/14651858.CD001479 —**105.** OMS. Vaccination contre les maladies contagieuses courantes de l'enfance. (1950). <http://whqlibdoc.who.int/trs/WHO_TRS_6_fre.pdf> —**106.** Très forte augmentation du nombre de cas de rougeole en 2011. (2011). <http://www.ars.centre.sante.fr/fileadmin/CENTRE/Internet_ARS/Votre_sante/Prevenir_les_risques/Vaccination/Idees _recues_rougeole_DEF.pdf> —**107.** Demicheli, V., Rivetti, A., Debalini, M. G. & Di Pietrantonj, C. Vaccines for measles, mumps and rubella in children. Cochrane Database Syst Rev 2, CD004407 (2012). —**108.** Black, C., Kaye, J. A. & Jick, H. MMR vaccine and idiopathic thrombocytopaenic purpura. Br J Clin Pharmacol 55, 107–111 (2003). —**109.** Retornaz, F. & Soubeyrand, J. Le purpura thrombotique thrombocytopénique : Physiopathologie et traitement. Réanimation 2002 (2002). <http://www.srlf.org/rc/org/srlf/htm/Article/2011/20110808-095613-020/src/htm_fullText/fr/0207-Reanimation-Vol11-N5-p333_340.pdf> —**110.** Brown, E. G., Furesz, J., Dimock, K., Yarosh, W. & Contreras, G. Nucleotide sequence analysis of urabe mumps vaccine strain that caused meningitis in vaccine recipients. vaccine 9, 840–842 (1991). —**111.** Dourado, I. et al. Outbreak of aseptic meningitis associated with mass vaccination with a urabe-containing measles-mumps-rubella vaccine: Implications for immunization programs. Am. J. Epidemiol. 151, 524–530 (2000). —**112.** Sharma, H. J. et al. No demonstrable association between the leningradZagreb mumps vaccine strain and aseptic meningitis in a large clinical trial in egypt. Clin. Microbiol. Infect. 16, 347–352 (2010). —**113.** Résumé des caractéristiques du produit m-m-RVAXPRO. <http://www.ema.europa.eu/docs/fr_FR/document_library/EPAR_-_Product_Information/human/000604/WC500030170.pdf> —**114.** Erlewyn-Lajeunesse, M., Hunt, L. P., Heath, P. T. & Finn, A. Anaphylaxis as an adverse event following immunisation in the UK and ireland. Arch. Dis. Child. 97, 487–490 (2012). —**115.** Sanofi Pasteur. Sanofi pasteur va cesser la production et la commercialisation de ses vaccins contenant l'antigène rougeole. (2014). <http://sanofipasteur.com/fr/Documents/PDF/Information_sur_les_vaccins_contenant_la_rougeole.pdf> —**116.** Sørup, S., Benn, C. S., Stensballe, L. G., Aaby, P. & Ravn, H. Measles-mumps-rubella vaccination and respiratory syncytial virus-associated hospital contact. vaccine 33, 237–245 (2015). —**117.** McKeever, T. M., Lewis, S. A., Smith, C. & Hubbard, R. Vaccination and allergic disease: A birth cohort study. Am J Public Health 94, 985–989 (2004). —**118.** Ligue Nationale Pour la Liberté des Vaccinations. Composants des vaccins. (2015). <http://www.infovaccin.fr/composants.html> —**119.** ANSM. THIOMERSAL - ANSM : Agence nationale de sécurité du médicament et des produits de santé. (2009). <http://www.ansm.sante.fr/S-informer/Presse-Communiques-Points-presse/THIOMERSAL> —**120.** Wakefield, A. J. et al. Ileal-lymphoid-nodular hyperplasia, non-specific colitis, and pervasive developmental disorder in children. lancet 351, 637–641 (1998). —**121.** Royal Courts of Justice. Wakefield v channel four television corporation & anor [2005] EWHC 2410 (QB) (04 november 2005). (2005). <http://www.bailii.org/ew/cases/EWHC/QB/2005/2410.html> —**122.** BBC news - profile: Dr andrew wakefield. <http://news.bbc.co.uk/2/hi/health/3513365.stm> —**123.** MMR row doctor andrew wakefield struck off register | society | the guardian. <http://www.theguardian.com/society/2010/may/24/mmr-doctor-andrew-wakefield-struck-off> —**124.** Justia. Immunostimulating method patent (patent # 4,755,382 issued july 5, 1988) - justia patents database. <http://patents.justia.com/patent/4755382> —**125.** Flaherty, D. K. The vaccine-autism connection: A public health crisis caused by unethical medical practices and fraudulent science. Ann Pharmacother 45, 1302–1304 (2011). —**126.** Pharmaceutiques. Pharmaceutiques - archives : Revue de presse. (2003). <http://www.pharmaceutiques.com/phq/rdp/art/12005> —**127.** The Telegraph. Reed elsevier begins hunt for a successor to sir crispin davis - telegraph. (2008). <http://www.telegraph.co.uk/finance/newsbysector/mediatechnologyandtelecoms/2793149/Reed-Elsevier-begins-hunt-for-a-successor-to-Sir-Crispin-Davis.html> —**128.** Wakefield, A. et al. RETRACTED: Ileal-lymphoid-nodular hyperplasia, non-specific colitis, and pervasive developmental disorder in children. The Lancet 351, 637–641 (1998). —**129.** The Sunday Times. MMR doctor andrew wakefield fixed data on autism | the sunday times. (2009). <http://www.thesundaytimes.co.uk/sto/public/news/article148992.ece> —**130.** Dyer, C. US parents take government to court over MMR vaccine. BMJ 334, 1241 (2007). —**131.** The Telegraph. Six city chiefs made knights in honours list - telegraph. (2004). <http://www.telegraph.co.uk/finance/2887791/Six-City-chiefs-made-knights-in-honours-list.html> —**132.** Forbes. Rupert murdoch & family. Forbes. (2015). <http://www.forbes.com/profile/rupert-murdoch/> —**133.** Le Monde. James Murdoch démissionne de la direction du. Le Monde.fr: International (2011). <http://www.lemonde.fr/europe/article/2011/11/23/james-murdoch-demissionne-de-la-direction-du-sun-et-du-times_1608220_3214.html> —**134.** Reuters. James murdoch to quit GSK board. reuters (2012). <http://www.reuters.com/article/2012/01/27/us-glaxosmithkline-idUSTRE80Q0OJ20120127> —**135.** Wikipédia. Scandale du piratage téléphonique par News International. Wikipédia (2013). <https://fr.wikipedia.org/w/index.php?title=Scandale_du_piratage_t\%C3\%A9l\%C3\%A9phonique_par_News_International\&oldid=97957770> —**136.** Adventures in Autism. Adventures in autism: Revisiting james murdoch, brian deer, the GlaxoSmithKline and the attack on andrew wakefield. (2011). <http://adventuresinautism.blogspot.fr/2011/07/revisiting-james-murdoch-brian-deer.html> —**137.** Wakefield, A. J. Callous disregard: Autism and vaccines—the truth behind a tragedy. (Skyhorse Publishing, 2011). —**138.** Mercola, Joseph. A special interview with dr. andrew wakefield. (2010). <http://mercola.fileburst.com/PDF/ExpertInterviewTranscripts/InterviewAndrewWakefield.pdf> —**139.** InVS. Épidémie de rougeole en france. (2014). <http://www.invs.sante.fr/Dossiers-thematiques/Maladies-infectieuses/Maladies-a-prevention-vaccinale/Rougeole/Points-d-actualites/Archives/Epidemie-de-rougeole-en-France.-Actualisation-des-donnees-de-surveillance-au-23-janvier-2014> —**140.** Poursinoff, Anny. Le vaccin contre la rougeole, une nécessité à relativiser. Rue89. (2011). <http://www.rue89.com/2011/05/31/le-vaccin-contre-la-rougeole-une-necessite-a-relativiser-206375> —**141.** Gregory, Andrew. First measles death in five years and doctors warn epidemic could claim more lives. Mirror. (2013). <http://www.mirror.co.uk/news/uk-news/first-measles-death-five-years-1840895> —**142.** The Editorial Board. The aftermath of measles vaccine scare in britain. The New York Times (2013). <http://www.nytimes.com/2013/05/23/opinion/the-aftermath-of-measles-vaccine-scare-in-britain.html> —**143.** Le Parisien. Californie : flambée de rougeole à Disneyland. leparisien.fr. (2015). <http://www.leparisien.fr/laparisienne/sante/californie-flambee-de-rougeole-a-disneyland-22-01-2015-4470289.php> —**144.** California Department of Public Health. California department of public health confirms 59 cases of measles. (2015). <http://www.cdph.ca.gov/Pages/NR15-008.aspx> —**145.** CDC. CDC - coverage 2013 national immunization survey infographic - vaccines. (2014). <http://www.cdc.gov/vaccines/imz-managers/coverage/nis/child/infographic-2013.html> —**146.** 20 Minutes. États-unis: La rougeole envahit la californie depuis disneyland. 20minutes.fr. (2015). <http://www.20minutes.fr/sante/1524203-20150123-etats-unis-rougeole-envahit-californie-depuis-disneyland> —**147.** Le Figaro. Des dizaines de cas de rougeole en californie. Le figaro. (2015). <http://www.lefigaro.fr/flash-actu/2015/01/22/97001-20150122FILWWW00519-des-dizaines-de-cas-de-rougeole-en-californie.php> —**148.** La Dépêche. USA : Une épidémie qui part de disneyland. Ladepeche.fr. (2015). <http://www.ladepeche.fr/article/2015/01/26/2036650-usa-une-epidemie-qui-part-de-disneyland.html> —**149.** Paris Match. La rougeole s'est déclarée à disneyland - avant le super bowl, la peur d'une épidémie. ParisMatch.com. (2015). <http://www.parismatch.com/Actu/Sport/Avant-le-Super-Bowl-la-peur-d-une-epidemie-700280> —**150.** France Info. Aux États-unis, certains parents refusent de faire vacciner leurs enfants contre la rougeole. France info. (2015). <http://www.franceinfo.fr/emission/en-direct-du-monde/2014-2015/aux-etats-unis-certains-parents-refusent-de-faire-vacciner-leurs-enfants-contre-la> —**151.** TF1. Les vidéos info - une épidémie de rougeole partie de disneyland inquiète les services sanitaires américain. (2014). <http://videos.tf1.fr/infos/2015/une-epidemie-de-rougeole-partie-de-disneyland-inquiete-les-services-8555184.html> —**152.** Le Quotidien du Médecin. Flambée de cas de rougeole aux États-unis : Les anti-vaccins mis en accusation. Le quotidien du médecin. (2014).

<http://www.lequotidiendumedecin.fr/actualites/article/2014/06/27/flambee-de-cas-de-rougeole-aux-etats-unis-les-anti-vaccins-mis-en-accusation_703586> —**153.** Los Angeles Times. Blame disneyland measles outbreak on anti-science stubbornness. Los Angeles Times (2015). <http://www.latimes.com/opinion/editorials/la-ed-measles-disneyland-20150116-story.html> —**154.** Inserm. Grippe. (2012). <http://www.inserm.fr/thematiques/immunologie-inflamma-tion-infectiologie-et-microbiologie/dossiers-d-information/grippe> —**155.** Le Figaro. Un vaccin peu efficace contre la grippe cet hiver. (2015). <http://sante.lefigaro.fr/actualite/2015/01/29/23317-vaccin-peu-efficace-contre-grippe-cet-hi-ver> —**156.** Inpes. Les grippes. (2011). <http://www.inpes.sante.fr/10000/themes/grippes/index.asp> —**157.** InVS, ANSM & HCSP. Campagne de vaccination contre la grippe saisonnière une priorité de santé publique. (2013). <http://www.grog.org/documents/dp_grippe_2013_081013.pdf> —**158.** Direction générale de la santé. Avis du conseil supérieur d'hygiène publique de france. (2004). <http://www.hcsp.fr/explore.cgi/a_mt_160104_grippe_collecti-vite.pdf> —**159.** Groupe d'Expertise et d'Information sur la Grippe. Couverture vaccinale. <http://www.grippe-geig.-com/webapp/website/website.html?id=2535762\&pageId=198625> —**160.** Savulescu, C. et al. Higher vaccine effecti-veness in seasons with predominant circulation of seasonal influenza a(H1N1) than in a(H3N2) seasons: Test-negative case-control studies using surveillance data, spain, 2003-2011. vaccine 32, 4404–4411 (2014). —**161.** Vidal. Grippe : Le seuil épidémique a été franchi en france, prédominance de la souche virale a(H3N2) mutée. (2015). <http://www.-vidal.fr/actualites/14905/grippe_le_seuil_epidemique_a_ete_franchi_en_france_predominance_de_la_souche_virale_a_h3n2_mutee/> —**162.** CDC. Early estimates of seasonal influenza vaccine effectiveness united states, january 2015. (2015). <http://www.cdc.gov/mmwr/preview/mmwrhtml/mm6401a4.htm> —**163.** Sanofi-Pasteur, S. P. . premier pro-ducteur mondial de vaccin contre la grippe. Dossier de presse, la grippe saisonnière. (2013). <http://www.sanofipas-teur.com/fr/Documents/PDF/Press_Kit_Seasonal_Influenza_FR_2013-09.pdf> —**164.** Pebody, Richard & Warburton, F. Low effectiveness of seasonal influenza vaccine in preventing laboratory-confirmed influenza in primary care in the united kingdom: 2014/15 midseason result. (2015). <http://www.eurosurveillance.org/ViewArticle.aspx?ArticleId=21025> —**165.** Osterholm, M. T., Kelley, N. S., Sommer, A. & Belongia, E. A. Efficacy and effectiveness of influenza vaccines: A systematic review and meta-analysis. Lancet Infect. Dis. 12, 36–44 (2012). —**166.** Osterholm, Michael et al. The compelling need for game- changing influenza vaccines. CIDRAP. (2012). <http://www.ci-drap.umn.edu/sites/default/files/public/downloads/ccivi_report.pdf> —**167.** Bach, J.-F. Immunosénescence. Comptes Rendus Biologies 325, 751–753 (2002). —**168.** Haut Conseil de la Santé Publique. Avis relatif à l'utilisation du vaccin contre la grippe saisonnière FluarixTetra. (2014). <https://www.mesvaccins.net/textes/hcspa20140523_placefluarixte-tragrippe.pdf> —**169.** Kieninger, D. et al. Immunogenicity, reactogenicity and safety of an inactivated quadrivalent in-fluenza vaccine candidate versus inactivated trivalent influenza vaccine: A phase III, randomized trial in adults aged 18 years. BMC Infect Dis 13, 343 (2013). —**170.** Domachowske, J. B. et al. A randomized trial of candidate inactiva-ted quadrivalent influenza vaccine versus trivalent influenza vaccines in children aged 317 years. J Infect Dis 207, 1878–1887 (2013). —**171.** Jain, V. K. et al. Vaccine for prevention of mild and moderate-to-severe influenza in chil-dren. N. Engl. J. Med. 369, 2481–2491 (2013). —**172.** Jain, V. K. et al. Vaccine for prevention of mild and moderate-to-severe influenza in children. N. Engl. J. Med. 369, 2481–2491 (2013). —**173.** Kieninger, D. et al. Immunogenicity, reactogenicity and safety of an inactivated quadrivalent influenza vaccine candidate versus inactivated trivalent influenza vaccine: A phase III, randomized trial in adults aged 18 years. BMC Infect Dis 13, 343 (2013). —**174.** Food and Drug Administration. FLUARIX QUADRIVALENT (influenza vaccine). (2014). <http://www.fda.gov/downloads/BiologicsBloodVaccines/Vaccines/ApprovedProducts/UCM220624.pdf> —**175.** Cour des Comptes. La campagne de lutte contre la grippe a(H1N1) : Bilan et enseignements. (2011). <https://www.c-comptes.fr/content/download/1512/14991/version/1/file/5_lutte_contre_la_grippe_A_H1N1.pdf> —**176.** Inserm. Grippe a/H1N1 : Bilan et perspectives de la recherche à un an. (2010). <http://www.inserm.fr/espace-journalistes/grip-pe-a-h1n1-bilan-et-perspectives-de-la-recherche-a-un-an> —**177.** InVS. Épidémie de grippe a(H1N1)2009 : Premiers éléments de bilan en france. Bulletin Épidémiologique Hebdomadaire (2010). <http://www.invs.sante.fr/beh/2010/24_25_26/beh_24_25_26_2010.pdf> —**178.** Morgan, O. W. et al. Morbid obesi-ty as a risk factor for hospitalization and death due to 2009 pandemic influenza a(H1N1) disease. PLoS ONE 5, e9694 (2010). —**179.** Fezeu, L. et al. Obesity is associated with higher risk of intensive care unit admission and death in in-fluenza a(H1N1) patients: A systematic review and meta-analysis. Obes Rev 12, 653–659 (2011). —**180.** Zarychanski, R. et al. Correlates of severe disease in patients with 2009 pandemic influenza (h1N1) virus infection. CMAJ 182, 257—264 (2010). —**181.** Tricco, A. C., Lillie, E., Soobiah, C., Perrier, L. & Straus, S. E. Impact of h1N1 on socially disad-vantaged populations: Systematic review. PLoS ONE 7, e39437 (2012). —**182.** Viasus, D. et al. Factors associated with severe disease in hospitalized adults with pandemic (h1N1) 2009 in spain. Clin. Microbiol. Infect. 17, 738–746 (2011). —**183.** Ribeiro, A. F. et al. Risk factors for death from influenza a(H1N1)pdm09, state of são paulo, brazil, 2009. PLoS ONE 10, e0118772 (2015). —**184.** Murhekar, M. et al. Risk factors associated with death among influenza a (h1N1) patients, tamil nadu, india, 2010. J. Postgrad. Med. 59, 9 (2013). —**185.** Van Kerkhove, M. D. et al. Risk factors for se-vere outcomes following 2009 influenza a (h1N1) infection: A global pooled analysis. PLoS Med. 8, e1001053 (2011). —**186.** Résumé des caractéristiques du produit pandemrix. <http://www.ema.europa.eu/docs/fr_FR/document_library/EPAR_-_Product_Information/human/000832/WC500038121.pdf> —**187.** Pelat, C. et al. Field effectiveness of pandemic and 2009-2010 seasonal vaccines against 2009-2010 a(H1N1) influenza: Estimations from surveillance data in france. PLoS ONE 6, e19621 (2011). —**188.** Hardelid, P. et al. Effectiveness of pandemic and seasonal influenza vaccine in preven-ting pandemic influenza a(H1N1)2009 infection in england and scotland 2009-2010. Euro Surveill. 16, (2011). —**189.** Valenciano, M. et al. Estimates of pandemic influenza vaccine effectiveness in europe, 2009-2010: Results of influenza monitoring vaccine effectiveness in europe (i-MOVE) multicentre case-control study. PLoS Med. 8, e1000388 (2011).

—190. Centers for Disease Control and Prevention. H1N1 flu | non-safety-related voluntary recall of sanofi pasteur pediatric vaccine (december 2009). (2009). <http://www.cdc.gov/h1n1flu/vaccination/syringes_qa.htm> **—191.** Dauvilliers, Y. et al. Increased risk of narcolepsy in children and adults after pandemic h1N1 vaccination in france. brain 136, 2486–2496 (2013). **—192.** Le Parisien. La facture de la grippe A s'alourdit. leparisien.fr. (2013). <http://www.leparisien.frsociete/la-facture-de-la-grippe-a-s-alourdit-20-12-2013-3427137.php> **—193.** Medical Products Agency de Suède. Report from an epidemiological study in sweden on vaccination with pandemrix and narcolepsy - medical products agency, sweden. (2011). <https://lakemedelsverket.se/english/All-news/NYHETER-2011/Report-from-an-epidemiological-study-in-Sweden-on-vaccination-with-Pandemrix-and-narcolepsy-/> **—194.** Jefferson, T. et al. Vaccines for preventing influenza in healthy adults. Cochrane Database Syst Rev CD001269 (2010). doi:10.1002/14651858.CD001269.pub4 **—195.** Goldman, G. S. Comparison of VAERS fetal-loss reports during three consecutive influenza seasons was there a synergistic fetal toxicity associated with the two-vaccine 2009/2010 season? Hum Exp Toxicol 32, 464–475 (2013). **—196.** Stowe, J., Andrews, N., Wise, L. & Miller, E. Investigation of the temporal association of guillain-barré syndrome with influenza vaccine and influenzalike illness using the united kingdom general practice research database. Am. J. Epidemiol. 169, 382–388 (2009). **—197.** Fell, D. B. et al. Fetal death and preterm birth associated with maternal influenza vaccination: Systematic review. BJOG 122, 17–26 (2015). **—198.** Håberg, S. E. et al. Risk of fetal death after pandemic influenza virus infection or vaccination. N. Engl. J. Med. 368, 333—340 (2013). **—199.** Bednarczyk, R. A., Adjaye-Gbewonyo, D. & Omer, S. B. Safety of influenza immunization during pregnancy for the fetus and the neonate. Am. J. Obstet. Gynecol. 207, S38–46 (2012). **—200.** Groupes Régionaux d'Observation de la Grippe. Estimation GROG du coût direct de l'épidémie de grippe 2005/2006. <http://openrome.org/documents/eco/2007_JNI_poster_ecogrippe.pdf> **—201.** INRS. Influenza aviaire, grippe aviaire et menace de pandémie : Un nouvel enjeu en santé au travail. (2006). <http://www.inrs.fr/dms/inrs/CataloguePapier/DMT/TI-TC-107/tc107.pdf> **—202.** Institut Pasteur. Grippe. Institut pasteur. (2011). <https://www.pasteur.fr/fr/institut-pasteur/presse/fiches-info/grippe> **—203.** Boursier. Retraites : La pension moyenne atteint 1.288 euros en france. Boursier.com. (2014). <http://www.boursier.com/actualites/economie/retraites-la-pension-moyenne-atteint-1-288-euros-en-france-23806.html> **—204.** Groupe d'Expertise et d'Information sur la Grippe. Impact économique. <http://www.grippe-geig.com/webapp/website/website.html?id=2535762\&pageId=198621> **—205.** Europe 1. Roselyne bachelot : 'Faites-vous vacciner !'. Dailymotion. (2009). <http://www.dailymotion.com/video/xb4f0y_roselyne-bachelot-faites-vous-vacci_news> **—206.** Sénat. Grippe a - sénat. (2010). <http://www.senat.fr/commission/enquete/Grippe/index.html> **—207.** Sénat. La grippe a (h1N1)v : Retours sur la première pandémie du XXIe siècle (rapport). (2010). <http://www.senat.fr/rap/r09-685-1/r09-685-127.html> **—208.** Sénat. Communiqué du 5 aout. (2010). <http://www.senat.fr/presse/cp20100805.html> **—209.** Cour des Comptes. Le patrimoine immobilier des hôpitaux non affecté aux soins. (2012). <https://www.ccomptes.fr/content/download/1838/18436/version/1/file/Patrimoine_immobilier_hopitaux_non_affecte_aux_soins.pdf> **—210.** TF1. Journal télévisé. (2009). <http://www.wat.tv/embedframe/200162nIc0K1112384593#MYTF1NEWS/videos/catchup/jt-20h/2009/\&autoStart=0\&permalink=http://videos.tf1.fr/infos/2015/grumpy-cat-la-chatte-aux-oeufs-d-or-8609338.html> **—211.** Trépo, C., Chan, H. L. Y. & Lok, A. Hepatitis b virus infection. lancet 384, 2053–2063 (2014). **—212.** Inpes. L'hépatite b. (2012). <http://www.inpes.sante.fr/10000/themes/hepatites/hepatite-B.asp> **—213.** AFSSAPS. Etat des lieux des dispositifs médicaux de diagnostic in vitro de dépistage de l'antigène HBs du virus de l'hépatite b : Problématique des mutants de l'AgHBs. (2009). <http://www.ansm.sante.fr/var/ansm_site/storage/original/application/bdc3db923d4f6b75ad4cc895932a237b.pdf> — **214.** Antona, D. & Larsen, C. Épidémiologie de l'hépatite b en france. virologie 14, 23–34 (2010). **—215.** Soulié, J. C. et al. [The perinatal transmission of the hepatitis b virus in the paris area]. Ann Pediatr (Paris) 38, 595–601 (1991). — **216.** Denis, F., Tabaste, J. L. & Ranger-Rogez, S. [Prevalence of HBs ag in about 21,500 pregnant women. survey at twelve french university hospitals. the muticentric study group]. Pathol. Biol. 42, 533–538 (1994). **—217.** INRS. VIRUS DE l'HEPATITE b (VHB) - agent de l'hépatite b. (2011). <http://www.inrs.fr/eficatt/eficatt.nsf/\%28allDocParRef\%29/FCVHB?OpenDocument> **—218.** Institut Pasteur. Hépatites virales. Institut pasteur. (2013). <https://www.pasteur.fr/fr/institut-pasteur/presse/fiches-info/hepatites-virales> **—219.** InVS. Estimation nationale de la mortalité associée et imputable à l'hépatite c et à l'hépatite b en france métropolitaine en 2001. (2008). <http://www.invs.sante.fr/beh/2008/27/> **—220.** Inserm. Hépatites b et c : 4 000 morts par an en france. (2008). <http://www.inserm.fr/content/download/8723/65401/version/1/file/hepatites_b_c_IA_210.pdf> **—221.** Gouvernement du Canada, S. C. Figure 1 prévalence de l'immunité contre l'hépatite b acquise par vaccination, selon le groupe d'âge, population à domicile de 14 à 79 ans, canada, 2007 à 2011. (2013). <http://www.statcan.gc.ca/pub/82-003-x/2013011/article/11876/c-g/fig1-fra.htm> **—222.** Chiew Tong, N. K. et al. Immunogenicity and safety of an adjuvanted hepatitis b vaccine in pre-hemodialysis and hemodialysis patients. Kidney Int 68, 2298–2303 (2005). **—223.** Somi, M. H. & Hajipour, B. Improving hepatitis b vaccine efficacy in end-stage renal diseases patients and role of adjuvants. Int. Sch. Res. Not. 2012, e960413 (2012). **—224.** Assad, S. & Francis, A. Over a decade of experience with a yeast recombinant hepatitis b vaccine. vaccine 18, 57–67 (1999). **—225.** OMS. Hépatite b, aide-mémoire n204. (2014). <https://www.who.int/mediacentre/factsheets/fs204/fr/> **—226.** GlaxoSmithKline Inc. Monographie de produit, EngerixB. (2013). <http://www.gsk.ca/french/docs-pdf/product-monographs/Engerix-B.pdf> **—227.** Direction générale de la santé & Comité technique des vaccinations. Guide des vaccinations 2012, hépatite b. (2012). <http://www.inpes.sante.fr/10000/themes/vaccination/guide-vaccination-2012/pdf/GuideVaccinations2012_Vaccination_contre_hepatite_B.pdf> **—228.** InVS. Bilans réguliers de surveillance - maladies infectieuses. Bulletin Épidémiologique Hebdomadaire (2007). <http://www.invs.sante.fr/beh/2007/51_52/beh_51_52_2007.pdf> **—229.** Haut Conseil de la Santé Publique. Avis relatif à la vaccination contre l'hépatite b. (2008). <http://sante-etudiant.univ-pau.fr/live/digitalAssets/61/61691_hcsp_avis_vaccination__hepatite_b_021008.pdf> —**230.** Inserm. Incidence et prévalence des hépatites b et d. <http://www.ipubli.inserm.fr/bitstream/handle/10608/205/?sequence=12> —**231.** Assemblée Nationale & Sénat. N 237 - rapport de m. paul blanc, établi au nom de cet office, sur la politique vaccinale de la france. (2007). <http://www.assemblee-nationale.fr/13/rap-off/i0237.asp> —**232.** Antona, Denise. L'hépatite b en france : Aspects épidémiologiques et stratégie vaccinale. <http://opac.invs.sante.fr/doc_num.php?explnum_id=3713> —**233.** team, E. C. for D. P. & Comunication Unit- Eurosurveillance editorial, C. (ECDC)-Health. Surveillance and epidemiology of hepatitis b and c in europe a review. (2008). <http://www.eurosurveillance.org/ViewArticle.aspx?ArticleId=18880> —**234.** Roque-Afonso, A. M. et al. Viral and clinical factors associated with surface gene variants among hepatitis b virus carriers. Antivir. Ther. (Lond.) 12, 1255–1263 (2007). —**235.** Ogura, Y. et al. Prevalence and significance of naturally occurring mutations in the surface and polymerase genes of hepatitis b virus. J. Infect. Dis. 180, 1444–1451 (1999). —**236.** Avellón, A. & Echevarria, J. M. Frequency of hepatitis b virus 'a' determinant variants in unselected spanish chronic carriers. J. Med. Virol. 78, 24–36 (2006). —**237.** Song, B.-C. et al. Prevalence of naturally occurring surface antigen variants of hepatitis b virus in korean patients infected chronically. J. Med. Virol. 76, 194–202 (2005). —**238.** Société Nationale Française de Gastro-Entérologie. Controverse sur la vaccination anti-hépatite b : L'approche scientifique. (2001). <http://www.snfge.org/content/controverse-sur-la-vaccination-anti-hepatite-b-lapproche-scientifique> —**239.** Hamza, H. et al. Hepatitis b vaccine induces apoptotic death in hepa1-6 cells. Apoptosis 17, 516–527 (2012). —**240.** Initiative Citoyenne. Scientifiquement prouvé: Le vaccin anti-hépatite b DETRUIT les cellules du foie. un comble! (2012). <http://www.initiativecitoyenne.be/article-c-est-prouve-le-vaccin-anti-hepatite-b-detruit-les-cellules-du-foie-un-comble-109224685.html> —**241.** Hewitson, L. et al. Delayed acquisition of neonatal reflexes in newborn primates receiving a thimerosal-containing hepatitis b vaccine: Influence of gestational age and birth weight. J. Toxicol. Environ. Health Part A 73, 1298–1313 (2010). —**242.** GlaxoSmithKline Inc. Monographie de produit, twinrix. (2014). <http://www.gsk.ca/french/docs-pdf/product-monographs/Twinrix.pdf> —**243.** GlaxoSmithKline Inc. Twinrix | questions et réponses. (2015). <http://www.twinrix.ca/fr/q-and-a.html> —**244.** L'Express. Vaccin contre l'hépatite b: 2,4 millions d'euros d'indemnités pour une patiente. (2014). <http://www.lexpress.fr/actualite/societe/sante/vaccin-contre-l-hepatite-b-2-4-millions-d-euros-d-indemnites-pour-une-patiente_1566309.html> —**245.** Sénat. Vaccins : Convaincre et innover pour mieux protéger. (2007). <http://www.senat.fr/rap/r06-476/r06-47617.html> —**246.** Assemblée Nationale. 3043 - rapport de m. philippe nauche: Commission d'enquête - campagne de vaccination de masse contre l'hépatite b, à la responsabilité de l'Etat en la matière, à la prise en charge et à l'indemnisation des victimes (AFFAIRES CULTURELLES). (2001). <http://www.assemblee-nationale.fr/rapreso/r3043.asp#P231_30844> —**247.** Fromont, A. et al. Geographic variations of multiple sclerosis in france. brain 133, 1889–1899 (2010). —**248.** Grunitzky, Eric. La sclérose en plaques en afrique noire. African Journal of Neurological Sciences (2001). <http://ajns.paans.org/article.php3?id_article=127> —**249.** Martínez-Sernández, V. & Figueiras, A. Central nervous system demyelinating diseases and recombinant hepatitis b vaccination: A critical systematic review of scientific production. J. Neurol. 260, 1951–1959 (2013). —**250.** Beytout, Jean. Les polémiques autour de la vaccination. <http://www.infectiologie.com/site/medias/diaporamas/CEMI/2011/CEMI2011-BEYTOUT.pdf> —**251.** Touzé, E., Gout, O., Verdier-Taillefer, M. H., Lyon-Caen, O. & Alpérovitch, A. [The first episode of central nervous system demyelinization and hepatitis b virus vaccination]. Rev. Neurol. (Paris) 156, 242–246 (2000). —**252.** Touzé, E. et al. Hepatitis b vaccination and first central nervous system demyelinating event: A case-control study. neuroepidemiology 21, 180–186 (2002). —**253.** Zipp, F., Weil, J. G. & Einhäupl, K. M. No increase in demyelinating diseases after hepatitis b vaccination. Nat Med 5, 964–965 (1999). —**254.** ANSM. Vaccination anti hépatite b mise à jour des données et des études de pharmacovigilance. (2000). <http://ansm.sante.fr/var/ansm_site/storage/original/application/b460a-bed4a9a61d8dad78d4364033354.pdf> —**255.** Sadovnick, A. D. & Scheifele, D. W. School-based hepatitis b vaccination programme and adolescent multiple sclerosis. lancet 355, 549–550 (2000). —**256.** Le Houézec, D. Evolution of multiple sclerosis in france since the beginning of hepatitis b vaccination. Immunol. Res. 60, 219–225 (2014). —**257.** Ascherio, A. et al. Hepatitis b vaccination and the risk of multiple sclerosis. N. Engl. J. Med. 344, 327–332 (2001). —**258.** Confavreux, C., Suissa, S., Saddier, P., Bourdès, V. & Vukusic, S. Vaccinations and the risk of relapse in multiple sclerosis. N. Engl. J. Med. 344, 319–326 (2001). —**259.** The New England Journal of Medicine. Table of contents. (2001). <http://www.nejm.org/toc/nejm/344/5/> —**260.** DeStefano, F. et al. Vaccinations and risk of central nervous system demyelinating diseases in adults. Arch. Neurol. 60, 504–509 (2003). —**261.** National Vaccine Information Center. Hepatitis b vaccine facts. National vaccine information center (NVIC). <http://www.nvic.org/vaccines-and-diseases/Hepatitis-B.aspx> —**262.** Fourrier, A. et al. Hepatitis b vaccine and first episodes of central nervous system demyelinating disorders: A comparison between reported and expected number of cases. Br J Clin Pharmacol 51, 489–490 (2001). —**263.** Mikaeloff, Y. et al. Hepatitis b vaccine and risk of relapse after a first childhood episode of CNS inflammatory demyelination. brain 130, 1105–1110 (2007). —**264.** Mikaeloff, Y., Caridade, G., Suissa, S. & Tardieu, M. Hepatitis b vaccine and the risk of CNS inflammatory demyelination in childhood. neurology 72, 873–880 (2009). —**265.** ANSM. Vaccination contre le virus de l'hépatite b : Résumé des débats de la commission nationale de pharmacovigilance du 30 septembre 2008. (2008). <http://ansm.sante.fr/S-informer/Presse-Communiques-Points-presse/Vaccination-contre-le-virus-de-l-hepatite-B-resume-des-debats-de-la-Commission-nationale-de-pharmacovigilance-du-30-septembre-2008/\%28language\%29/fre-FR> —**266.** Payne, D. C. et al. Anthrax vaccination and risk of optic neuritis in the united states military, 1998-2003. Arch. Neurol. 63, 871–875 (2006). —**267.** Hernán, M. A., Jick, S. S., Olek, M. J. & Jick, H. Recombinant hepatitis b vaccine and the risk of multiple sclerosis: A prospective study. neurology 63, 838–842 (2004). —**268.** Geier, D. A. & Geier, M. R. A case-control study of serious autoimmune adverse events following hepatitis b immunization. autoimmunity 38, 295–301 (2005). —**269.** Farez, M. F. & Correale, J. Immunizations and risk of multiple sclerosis: Systematic review and meta-analysis. J. Neurol. 258, 1197–1206 (2011). —**270.** Tourbah, A. et al. Encephalitis after hepatitis b vaccination: Recurrent disseminated encephalitis or MS? neurology 53, 396–401 (1999). —**271.** Fulgenzi, A., Vietti, D. & Ferrero, M. E. Aluminium involvement in neurotoxicity. Biomed Res Int 2014, (2014). —**272.** Haute Autorité de Santé. Sclérose en plaques. (2006). <http://www.has-sante.fr/portail/upload/docs/application/pdf/07-024_sclerose-guide_sans_lap.pdf> —**273.** Le Quotidien du Médecin. le quotidien du médecin confirme son leadership. Le quotidien du médecin. (2012). <http://www.lequotidiendumede-cin.fr/actualites/breve/2012/10/15/le-quotidien-du-medecin-confirme-son-leadership_628842> —**274.** OMS. Foire aux questions sur la tuberculose ultra-résistante. <http://www.who.int/tb/challenges/xdr/faqs/fr/> —**275.** OMS. Rap-port 2013 sur la lutte contre la tuberculose dans le monde. (2013). <http://www.who.int/tb/publications/global_re-port/grtb13_executive_summary_fr.pdf> —**276.** Sanofi Pasteur. Tuberculose, conception et fabrication de vaccins, in-formation vaccination. <http://www.sanofipasteur.com/fr/principes_de_la_vaccination/maladies_evitables_par_la_vac-cination/tuberculose/default.aspx> —**277.** InVS. Epidémiologie de la tuberculose en france. (2012). <http://www.invs.-sante.fr/content/download/31923/161156/version/1/file/DiapoEpidFrancaisTB2012.pdf> —**278.** Direction générale de la santé & Comité technique des vaccinations. Guide des vaccinations 2012, tuberculose. (2012). <http://www.inpes.-sante.fr/10000/themes/vaccination/guide-vaccination-2012/pdf/GuideVaccinations2012_Vaccination_contre_la_tuber-culose_par_le_BCG_et_les_tests_tuberculiniques.pdf> —**279.** Ministère de la Santé Publique. Programme national de lutte contre la tuberculose 2007-2009. (2007). <http://www.sante.gouv.fr/programme-national-de-lutte-contre-la-tu-berculose-2007-2009.html> —**280.** Mipes. La tuberculose en ile-de-france. (2011). <http://www.mipes.org/-La-tuber-culose-en-Ile-de-France,108-.html> —**281.** Antoine, D et al. Les cas de tuberculose déclarés en france en 2012. Bulletin épidémiologique hebdomadaire (2014). <http://www.invs.sante.fr/beh/2014/20/2014_20_2.html> —**282.** OMS. Questions et réponses sur les vaccins antituberculeux. (2013). <http://www.who.int/tb/vaccinesfaqs/fr/> —**283.** Dye, C. Making wider use of the world's most widely used vaccine: Bacille calmetteGuérin revaccination reconsidered. J. R. Soc. Interface 10, 20130365 (2013). —**284.** Brandt, L. et al. Failure of the mycobacterium bovis BCG vaccine: Some species of environmental mycobacteria block multiplication of BCG and induction of protective immunity to tubercu-losis. Infect. Immun. 70, 672–678 (2002). —**285.** Andersen, P. & Woodworth, J. S. Tuberculosis vaccines—rethinking the current paradigm. Trends Immunol. 35, 387–395 (2014). —**286.** Krysztopa-Grzybowska, K. & Lutyńska, A. [Ad-vances in the development of new vaccines against tuberculosis. 100 years after the introduction of BCG]. Postepy Hig Med Dosw (Online) 68, 768–776 (2014). —**287.** OMS. Trial of BCG vaccines in south india for tuberculosis preven-tion: First report. Bull World Health Organ 57, 819–827 (1979). —**288.** GOV.UK. in Immunisation against infectious disease (2011). <https://www.gov.uk/government/uploads/system/uploads/attachment_data/file/148511/Green-Book-Chapter-32-dh_128356.pdf> —**289.** Antunes, J. L. & Waldman, E. A. Tuberculosis in the twentieth century: Time-se-ries mortality in são paulo, brazil, 1900-97. Cad Saude Publica 15, 463–476 (1999). —**290.** Vashishtha, V. M. & Ku-mar, P. Controversies and challenges in pediatric vaccination today. J. Pediatr. Sci. 2, (2010). —**291.** Inserm. Politiques vaccinales et impact épidémiologique de la vaccination. <http://www.ipubli.inserm.fr/bitstream/handle/10608/151/?se-quence=16> —**292.** Infuso, A., Falzon, D. & EuroTB network. European survey of BCG vaccination policies and sur-veillance in children, 2005. Euro Surveill. 11, 6–11 (2006). —**293.** Ministère de la Santé Publique. Vaccination par le BCG. (2009). <http://www.sante.gouv.fr/vaccination-par-le-bcg.html> —**294.** République Française. Code de la santé publique - article r3112-1. <http://www.codes-et-lois.fr/code-de-la-sante-publique/article-r3112-1> —**295.** InVS. InVS : Communiqué de presse : 24 mars - journée mondiale de la tuberculose. l'InVS publie les données de surveillance de la tuberculose 2009 ; Baisse des cas en france. (2011). <http://www.invs.sante.fr/presse/2011/communiques/cp_tubercu-lose_240311/> —**296.** Aït Belghiti, F & Antoine, D. L'épidémiologie de la tuberculose en france en 2013. Bulletin Épi-démiologique Hebdomadaire (2015). <http://www.invs.sante.fr/beh/2015/9-10/2015_9-10_3.html> —**297.** Service Public. Vaccin contre la tuberculose (BCG). (2014). <http://vosdroits.service-public.fr/particuliers/F700.xhtml> —**298.** Bannon, M. J. BCG and tuberculosis. Arch Dis Child 80, 80–83 (1999). —**299.** Mak, T. K., Hesseling, A. C., Hussey, G. D. & Cotton, M. F. Making BCG vaccination programmes safer in the HIV era. The Lancet 372, 786–787 (2008). —**300.** Bégué, P. Avenir de la vaccination par le BCG en france. (2005). <http://archive.wikiwix.com/cache/?url=http://www.academie-medecine.fr/vaccination/page2005.html\&title=Avenir\%20de\%20la\%20vaccination\%20-par\%20le\%20BCG\%20en\%20France\%20\%28article\%20en\%20ligne\%29.\%20Pierre\%20B\%C3\%A9gu\%C3\%A9\%2C\%20Acad\%C3\%A9mie\%20fran\%C3\%A7aise\%20de\%20m\%C3\%A9decine> —**301.** LUCA, S. & MIHAESCU, T. History of BCG vaccine. Maedica (Buchar) 8, 53–58 (2013). —**302.** Food and Drug Adminis-tration. Warning letter. (2012). <http://www.fda.gov/ICECI/EnforcementActions/WarningLetters/2012/ucm312929.htm> —**303.** Research, C. for B. E. and. Important information about BCG live (intravesical). <http://www.fda.gov/BiologicsBloodVaccines/Cellular-GeneTherapyProducts/ApprovedProducts/ucm310645.htm> —**304.** OncoLink. Bacillus calmette-guerin (BCG, TICE, TheraCys) | oncolink - cancer resources. (2011). <http://www.oncolink.org/treatment/article.cfm?c=143\&id=309> —**305.** Direction générale de la santé & Comité technique des vaccinations. Guide des vaccinations 2012, tétanos. (2012). <http://www.inpes.sante.fr/10000/themes/vaccination/guide-vaccination-2012/pdf/GuideVaccinations2012_Vaccination_contre_le_tetanos.pdf> —**306.** Centers for Disease Control and Pre-vention. Tetanus surveillance — united states, 1998–2000. (2003). <http://www.cdc.gov/mmwr/preview/mmwrhtml/ss5203a1.htm> —**307.** Dingli, K., Morgan, R. & Leen, C. Acute dys-tonic reaction caused by metoclopramide, versus tetanus. bmj 334, 899–900 (2007). —**308.** Centers for Disease Control and Prevention. Crude and age-adjusted rate per 100 of civilian, noninstitutionalized population with diagno-sed diabetes, united states, 19802011. (2014). <http://www.cdc.gov/diabetes/statistics/prev/national/figage.htm> — **309.** Haute Autorité de Santé. Mise en évidence de l'immunoprotection antitétanique en contexte d'urgence - note de cadrage. (2009). <http://www.has-sante.fr/portail/jcms/c_895662/fr/mise-en-evidence-de-limmunoprotection-antiteta-nique-en-contexte-durgence-note-de-cadrage> —**310.** InVS. Le tétanos en france entre 2008 et 2011. Bulletin Épidémiologique Hebdomadaire (2012). <http://www.invs.sante.fr/content/download/39487/184311/version/4/file/beh_26_2012.pdf> —**311.** INED. Causes de décès en france 1925 - 1999. Ined - institut national d'études démographiques. <http://www.ined.fr/fr/tout-savoir-population/chiffres/bases-donnees/causes-deces-depuis-1925/> —**312.** ChristopheJy. Français : Taux de mortalité par tétanos pour 100000 français de 1925 à 1999. (2013). <https://commons.wikimedia.org/wiki/File:Tetanos-mortalite-pour-100000-France-1925-1999.png> —**313.** Fraser, D. W. Tetanus in the united states, 19001969: Analysis by cohorts. Am. J. Epidemiol. 96, 306–312 (1972). —**314.** Maselle, S. Y., Matre, R., Mbise, R. & Hofstad, T. Neonatal tetanus despite protective serum antitoxin concentration. FEMS Microbiol Immunol 3, 171–175 (1991). —**315.** OMS. Les bases immunologiques de la vaccination - le tétanos. (1993). <http://www.apima.org/freevax/documentation/Tetanos/vaccin_tetanos.pdf> —**316.** Roper, M. H., Vandelaer, J. H. & Gasse, F. L. Maternal and neonatal tetanus. lancet 370, 1947–1959 (2007). —**317.** Talukdar, B., Rath, B., Puri, R. K. & Sachdev, H. P. Neonatal tetanus despite antenatal immunization. Indian Pediatr 31, 724–725 (1994). —**318.** Moraes-Pinto, M. I. de et al. Neonatal tetanus despite immunization and protective antitoxin antibody. J. Infect. Dis. 171, 1076–1077 (1995). —**319.** Livorsi, D. J., Eaton, M. & Glass, J. Generalized tetanus despite prior vaccination and a protective level of anti-tetanus antibodies. Am. J. Med. Sci. 339, 200–201 (2010). —**320.** Pryor, T., Onarecker, C. & Coniglione, T. Elevated antitoxin titers in a man with generalized tetanus. J Fam Pract 44, 299–303 (1997). —**321.** Crone, N. E. & Reder, A. T. Severe tetanus in immunized patients with high anti-tetanus titers. neurology 42, 761–764 (1992). —**322.** Demicheli, V., Barale, A. & Rivetti, A. in Cochrane database of systematic reviews (John Wiley & Sons, Ltd, 2013). <http://onlinelibrary.wiley.com/doi/10.1002/14651858.CD002959.pub3/abstract> —**323.** Newell, K. W., Lehmann, A. D., Leblanc, D. R. & Osorio, N. G. The use of toxoid for the prevention of tetanus neonatorum. Bull World Health Organ 35, 863–871 (1966). —**324.** Centers for Disease Control and Prevention. Tetanus surveillance — united states, 2001–2008. (2011). <http://www.cdc.gov/mmwr/preview/mmwrhtml/mm6012a1.htm> —**325.** European Centre for Disease Prevention and Control. Annual epidemiological report vaccine-preventable diseases 2014. (2014). <http://ecdc.europa.eu/en/publications/_layouts/forms/Publication_DispForm.aspx?List=4f55ad51-4aed-4d32-b960-af70113dbb90\&ID=1227> —**326.** Eubelen, C. et al. Effect of an audiovisual message for tetanus booster vaccination broadcast in the waiting room. BMC Fam Pract 12, 104 (2011). —**327.** Service Public. Calendrier des vaccinations. (2014). <http://vosdroits.service-public.fr/particuliers/F724.xhtml> —**328.** Haut Conseil de la Santé Publique. AVIS relatif aux rappels de vaccination antitétanique dans le cadre de la prise en charge des plaies. (2013). <http://www.hcsp.fr/Explore.cgi/Telecharger?NomFichier=hcspa20130524_rappelvaccinationantitetanique.pdf> —**329.** InVS. Enquête nationale de couverture vaccinale, france. (2011). <http://www.invs.sante.fr/Publications-et-outils/Rapports-et-syntheses/Maladies-infectieuses/2011/Enquete-nationale-de-couverture-vaccinale-France-janvier-2011> —**330.** Insee. Statistiques d'état civil sur les naissances en 2011. (2012). <http://www.insee.fr/fr/themes/document.asp?ref_id=sd20111> —**331.** Cissoko, Y. Coût directe de la prise en charge hospitalière et facteurs prédictifs de mauvais pronostic du tétanos a dakar (sénégal). Médecine D39Afrique Noire 61, 411–6 (2014). —**332.** OMS. Relevé épidémiologique hebdomadaire. 89, 177–188 (2014). —**333.** OMS, Unicef & UNFPA. Éliminer durablement le tétanos maternel et néonatal plan stratégique 20122015. (2012). <http://www.who.int/immunization/diseases/MNTEStrategicPlan_F.pdf> —**334.** Lam, P. K. et al. Prognosis of neonatal tetanus in the modern management era: An observational study in 107 vietnamese infants. Int. J. Infect. Dis. 33, 7–11 (2015). —**335.** Unicef. Tétanos maternel et néonatal, vaccination. <http://www.unicef.org/french/immunization/23245_mnt.html> —**336.** Thwaites, C. L., Beeching, N. J. & Newton, C. R. Maternal and neonatal tetanus. lancet 385, 362–370 (2015). —**337.** Unicef. Élimination du tétanos maternel et néo-natal. UNICEF. (2010). <http://www.unicef.org/french/health/index_43509.html> —**338.** OMS. Manuel d'application pratique pour l'élimination du tétanos néonatal. (1999). <http://whqlibdoc.who.int/hq/1999/WHO_V\&B_99.14_fre.pdf> —**339.** Unicef. Maternal and neonatal tetanus eliminated in china. (2012). <http://www.unicef.org/eapro/media_19860.html> —**340.** Unicef. Campagne de vaccination contre le tétanos maternel et néonatal. (2007). <http://www.unicef.org/wcaro/WCARO_Niger_Factsheet_Fr_CampagneTetanos.pdf> —**341.** Imdad, A. et al. The effect of umbilical cord cleansing with chlorhexidine on omphalitis and neonatal mortality in community settings in developing countries: A meta-analysis. BMC Public Health 13, S15 (2013). —**342.** OMS. Relevé épidémiologique hebdomadaire. 81, 197–208 (2006). —**343.** Alfen, N. van, Engelen, B. G. van & Hughes, R. A. in Cochrane database of systematic reviews (ed. The Cochrane Collaboration) (John Wiley & Sons, Ltd, 2009). <http://doi.wiley.com/10.1002/14651858.CD006976.pub2> —**344.** Dominicus, R., Galtier, F., Richard, P. & Baudin, M. Immunogenicity and safety of one dose of diphtheria, tetanus, acellular pertussis and poliomyelitis vaccine (repevax) followed by two doses of diphtheria, tetanus and poliomyelitis vaccine (revaxis) in adults aged ⩽ 40 years not receiving a diphtheria- and tetanus-containing vaccination in the last 20 years. vaccine 32, 3942–3949 (2014). —**345.** ANSM. BOOSTRIXTETRA, suspension injectable en seringue préremplie. (2015). <http://agence-prd.ansm.sante.fr/php/ecodex/frames.php?specid=62404793\&typedoc=N\&ref=N0214502.htm> —**346.** Ministère de la Santé Publique. Tableau de correspondances entre les valences vaccinales recommandées dans le calendrier vaccinal et les vaccins disponibles en france. <http://www.sante.gouv.fr/IMG/pdf/3-7_-_Tableau_de_correspondances_entre_les_valences_vaccinales_recommandees_dans_le_calendrier_vaccinal_et_les_vaccins_disponibles_en_France.pdf> —**347.** ANSM. Résumé des caractéristiques du produit DTVax. (2011). <http://agence-prd.ansm.sante.fr/php/ecodex/rcp/R0190629.htm> —**348.** Questions comptoir. Le Moniteur des pharmacies (2012). <http://www.acppav.org/pmb/opac_css/doc_num.php?explnum_id=1743> —**349.** E3M. DT polio : Des autorités sanitaires sous influence. (2012). <http://www.myofasciite.fr/Contenu/Divers/DTPolioAutoritesSanitairesInfluence.pdf> —**350.** Sénat. Vaccination DT polio. (2009). <http://www.senat.fr/questions/base/2009/qSEQ091111086.html> —**351.** Ministère de la Santé Publique. Notice patient - REVAXIS, suspension injectable en seringue préremplie. vaccin diphtérique, tétanique et poliomyélitique (inactivé), (adsorbé) - base de données publique des médicaments. (2015). <http://base-donnees-publique.medicaments.gouv.fr/affichageDoc.php?specid=60917345\&typedoc=N> —**352.** Ministère de la Santé Publique. Notice patient - INFANRIXTETRA, suspension injectable en seringue préremplie. vaccin diphtérique, tétanique, coquelucheux acellulaire, poliomyélitique inactivé, adsorbé - base de données publique des médicaments. (2012). <http://base-donnees-publique.medicaments.gouv.fr/affichageDoc.php?specid=69777706\&typedoc=N> —**353.** Résumé des caractéristiques du produit, infanrix hexa. <http://ec.europa.eu/health/documents/community-register/2014/20140930129832/anx_129832_fr.pdf> —**354.** EurekaSanté. TÉTAGRIP. Eurekasante.fr par vidal. (2012). <http://www.eurekasante.fr/medicaments/vidal-famille/medicament-dtetg501-TETAGRIP.html> —**355.** Hemilä, H. & Koivula, T. in Cochrane database of systematic reviews (John Wiley & Sons, Ltd, 1996). <http://onlinelibrary.wiley.com/doi/10.1002/14651858.CD006665.pub3/abstract> —**356.** Jahan, K., Ahmad, K. & Ali, M. A. Effect of ascorbic acid in the treatment of tetanus. Bangladesh Med Res Counc Bull 10, 24–28 (1984). —**357.** Dey, P. K. Efficacy of vitamin c in counteracting tetanus toxin toxicity. Naturwissenschaften 53, 310 (1966). —**358.** Sikendar, R. I., Samad, B. us, Ali, S. & Memon, M. I. Post traumatic tetanus and role of magnesium sulphate. J Ayub Med Coll Abbottabad 21, 132–135 (2009). —**359.** Karanikolas, M. et al. Prolonged high-dose intravenous magnesium therapy for severe tetanus in the intensive care unit: A case series. J. Med. Case Reports 4, 100 (2010). —**360.** Société d'Anesthésie Réanimation d'Afrique Noire Francophone. Tétanos grave et sulfate de magnésium à propos d'un cas en unité de soins intensifs du centre hospitalier universitaire de libreville. (2013). <http://saranf.net/Tetanos-grave-et-sulfate-de.html> —**361.** Attygalle, D. & Rodrigo, N. Magnesium sulphate for control of spasms in severe tetanus. can we avoid sedation and artificial ventilation? anaesthesia 52, 956–962 (1997). —**362.** Thwaites, C. L. et al. Magnesium sulphate for treatment of severe tetanus: A randomised controlled trial. lancet 368, 1436–1443 (2006). —**363.** Direction générale de la santé & Comité technique des vaccinations. Guide des vaccinations 2012, diphtérie. (2012). <http://www.inpes.sante.fr/10000/themes/vaccination/guide-vaccination-2012/pdf/GuideVaccinations2012_Vaccination_contre_la_diphterie.pdf> —**364.** Haut Conseil de la Santé Publique. Conduite à tenir lors de l'apparition d'un cas de diphtérie. (2011). <http://www.sante.gouv.fr/IMG/pdf/rapport_du_HCSP_Conduite_a_tenir_lors_de_l_apparition_d_un_cas_de_diphterie.pdf> —**365.** Scott, S. & Duncan, C. J. Human demography and disease. (Cambridge University Press, 2005). —**366.** GOV.UK. in Immunisation against infectious disease (2011). <https://www.gov.uk/government/uploads/system/uploads/attachment_data/file/147952/Green-Book-Chapter-15.pdf> —

367. Jungeblut, C. W. Studies on the inactivation of diphtheria toxin by vitamin c (l-ascorbic acid). The Journal of Infectious Diseases 69, 70–80 (1941). —**368.** Al Aswad, I. H. & Shubair, M. E. Efficacy of diphtheria and tetanus vaccination in gaza, palestine. East. Mediterr. Health J. 15, 285–294 (2009). —**369.** Blatter, M., Friedland, L. R., Weston, W. M., Li, P. & Howe, B. Immunogenicity and safety of a tetanus toxoid, reduced diphtheria toxoid and three-component acellular pertussis vaccine in adults 19-64 years of age. vaccine 27, 765–772 (2009). —**370.** Haute Autorité de Santé. Avis de la commission pour le repevax. (2004). <http://www.has-sante.fr/portail/upload/docs/application/pdf/ct031585.pdf> —**371.** Chiappini, E., Stival, A., Galli, L. & Martino, M. de. Pertussis re-emergence in the post-vaccination era. BMC Infect Dis 13, 151 (2013). —**372.** Haute Autorité de Santé. Avis de la commission pour l'INFANRIX hexa. (2013). <http://www.has-sante.fr/portail/upload/docs/application/pdf/ct031585.pdf> —**373.** Gajdos, V. et al. Immunogenicity and safety of combined adsorbed low-dose diphtheria, tetanus and inactivated poliovirus vaccine (REVAXIS) versus combined diphtheria, tetanus and inactivated poliovirus vaccine (DT polio) given as a booster dose at 6 years of age. Hum Vaccin 7, 549–556 (2011). —**374.** team, E. C. for D. P. & Comunication Unit- Eurosurveillance editorial, C. (ECDC)-Health. La diphtérie dans les années 1990 - possédons-nous toutes les réponses ? (1997). <http://www.eurosurveillance.org/images/dynamic/EM/v02n08/v02n08.pdf> —**375.** García-Corbeira, P., Dal-Ré, R., García-de-Lomas, J. & Aguilar, L. Low prevalence of diphtheria immunity in the spanish population: Results of a cross-sectional study. vaccine 17, 1978–1982 (1999). —**376.** Public Health, England. Public health control and management of diphtheria (in england and wales). (2015). <https://www.gov.uk/government/uploads/system/uploads/attachment_data/file/416108/Diphtheria_Guidelines_Final.pdf> —**377.** Lang, P.-O. Adverse effects of the herd immunity or when childhood vaccination becomes deleterious for the epidemiology of infectious diseases in adults. GÃriatrie Psychol. Neuropsychiatr. Vieil. 9, 11–19 (2011). —**378.** Antona, D. La rougeole en france en 2009. (2009). <http://www.geres.org/docpdf/J19\%2006da2.pdf> —**379.** McDonald, K. L., Huq, S. I., Lix, L. M., Becker, A. B. & Kozyrskyj, A. L. Delay in diphtheria, pertussis, tetanus vaccination is associated with a reduced risk of childhood asthma. J. Allergy Clin. Immunol. 121, 626–631 (2008). —**380.** ANSM. Résumé des caractéristiques du produit BoostrixTetra. (2012). <http://agence-prd.ansm.sante.fr/php/ecodex/rcp/R0214502.htm> —**381.** Nakayama, T., Aizawa, C. & Kuno-Sakai, H. A clinical analysis of gelatin allergy and determination of its causal relationship to the previous administration of gelatin-containing acellular pertussis vaccine combined with diphtheria and tetanus toxoids. J. Allergy Clin. Immunol. 103, 321–325 (1999). —**382.** Nakayama, T. & Aizawa, C. Change in gelatin content of vaccines associated with reduction in reports of allergic reactions. J. Allergy Clin. Immunol. 106, 591–592 (2000). —**383.** Institute of Medicine (US) Vaccine Safety Committee. Adverse events associated with childhood vaccines: Evidence bearing on causality. (National Academies

Press (US), 1994). <http://www.ncbi.nlm.nih.gov/books/NBK236291/> —**384.** Infectious Disease Surveillance Center, Japon. Incidence of diphtheria in japan, 1945-1997. <http://idsc.nih.go.jp/iasr/19/224/graph/f2241.gif> —**385.** Infectious Disease Surveillance Center, Japon. Diphtheria in japan. <http://idsc.nih.go.jp/iasr/19/224/tpc224.html> —**386.** Pfeiffer, J. K. Innate host barriers to viral trafficking and population diversity: Lessons learned from poliovirus. Adv Virus Res 77, 85–118 (2010). —**387.** Rutty, C. Brève histoire de la polio. <http://www.polio-vaccine.com/fr/histoire/histoire_rutty.pdf> —**388.** Nathanson, N. & Kew, O. M. From emergence to eradication: The epidemiology of poliomyelitis deconstructed. Am. J. Epidemiol. 172, 1213–1229 (2010). —**389.** LaForce, F. M., Lichnevski, M. S., Keja, J. & Henderson, R. H. Clinical survey techniques to estimate prevalence and annual incidence of poliomyelitis in developing countries. Bull. World Health Organ. 58, 609–620 (1980). —**390.** Ministère de la Santé Publique. Poliomyélite antérieure aiguë (PAA). (2010). <http://www.sante.gouv.fr/poliomyelite-anterieure-aigue-paa.html> —**391.** Direction générale de la santé & Comité technique des vaccinations. Guide des vaccinations 2012, poliomyélite. (2012). <http://www.inpes.sante.fr/10000/themes/vaccination/guide-vaccination-2012/pdf/GuideVaccinations2012_Vaccination_contre_la_poliomyelite.pdf> —**392.** Monto, A. S. Francis field trial of inactivated poliomyelitis vaccine: Background and lessons for today. Epidemiol Rev 21, 7–23 (1999). —**393.** Singh, J. et al. Epidemiological evaluation of oral polio vaccine efficacy in delhi. Indian J Pediatr 59, 321–323 (1992). —**394.** Deivanayagam, N., Nedunchelian, K., Ahamed, S. S. & Rathnam, S. R. Clinical efficacy of trivalent oral poliomyelitis vaccine: A case-control study. Bull World Health Organ 71, 307–309 (1993). —**395.** Kotb, M. M., Shouman, A. E. & Mortagy, A. Epidemiological evaluation of oral polio vaccine efficacy in cairo. J Egypt Public Health Assoc 68, 617–625 (1993). —**396.** Sutter, R. W. et al. Outbreak of paralytic poliomyelitis in oman: Evidence for widespread transmission among fully vaccinated children. lancet 338, 715–720 (1991). —**397.** Jenkins, H. E. et al. Effectiveness of immunization against paralytic poliomyelitis in nigeria. N. Engl. J. Med. 359, 1666–1674 (2008). —**398.** Mateen, F. J., Shinohara, R. T. & Sutter, R. W. Oral and inactivated poliovirus vaccines in the newborn: A review. vaccine 31, 2517–2524 (2013). —**399.** OMS. Questions fréquentes sur la poliomyélite. (2015). <http://www.who.int/topics/poliomyelitis/faq/fr/> —**400.** Liu, G.-F. et al. A case-control study on children with guillain-barre syndrome in north china. Biomed. Environ. Sci. 16, 105–111 (2003). —**401.** Kinnunen, E., Färkkilä, M., Hovi, T., Juntunen, J. & Weckström, P. Incidence of guillain-barré syndrome during a nationwide oral poliovirus vaccine campaign. neurology 39, 1034–1036 (1989). —**402.** Haber, P., Sejvar, J., Mikaeloff, Y. & DeStefano, F. Vaccines and guillain-barré syndrome. Drug Saf 32, 309–323 (2009). —**403.** GOV.UK. in Immunisation against infectious disease (2011). <https://www.gov.uk/government/uploads/system/uploads/attachment_data/file/148141/Green-Book-Chapter-26-Polio-updated-18-January-2013.pdf> —**404.** Axelsson, P. 'Do not eat those apples; they've been on the ground!': Polio epidemics and preventive measures. Asclepio Arch. Iberoam. Hist. Med. Antropol. Médica 61, 23–38 (2009). —**405.** OMS. Poliomyelitis in 1953. (1955). <http://whqlibdoc.who.int/bulletin/1955/Vol12/Vol12-No4/bulletin_1955_12\%284\%29_595-649.pdf> —**406.** OMS. Immunization summary (the 2014 edition). (2014). <http://www.who.int/immunization/monitoring_surveillance/Immunization_Summary_2013.pdf> —**407.** Kew, O. M. et al. Possible eradication of wild poliovirus type 3–worldwide, 2012. MMWR Morb. Mortal. Wkly. Rep. 63, 1031—1033 (2014). —**408.** OMS. Initiative mondiale pour l'éradication de la poliomyélite, situation en 2000. (2001). <http://libdoc.who.int/hq/2001/WHO_POLIO_01.03_fre.pdf> —**409.** Tukei, P. M. Polio eradication by the year 2000. Afr J Health Sci 3, 65 (1996). —**410.** Fondation Gates. Polio, strategy overview. Bill & melinda gates foundation. <http://www.gatesfoundation.org/What-We-Do/Global-Development/Polio> —**411.** Rotary. Sommet mondial sur la vaccination : Promesses de financement pour l'éradication de la polio. (2013). <https://www.rotary.org/myrotary/fr/global-vaccine-summit-yields-us4-billion-funding-commitments-polio-endgame-plan> —**412.** IMEP. Info polio. (2013). <http://www.polioeradication.org/Portals/0/Document/Media/Newsletter/PN201304_FR.pdf> —**413.** Rasch, G., Schreier, E., Kiehl, W. & Kurth, R. [Worldwide eradication of poliomyelitis]. Wien. Klin. Wochenschr. 113, 839–845 (2001). —**414.** Modlin, J. & Wenger, J. Achieving and maintaining polio eradication new strategies. N. Engl. J. Med. 371, 1476–1479 (2014). —**415.** Polio Global Eradication Initiative. Annual report 2009. (2010). <http://www.polioeradication.org/content/publications/AnnualReport2009_ENG.pdf> —**416.** Diop, O. M., Burns, C. C., Wassilak, S. G., Kew, O. M. & Centers for Disease Control and Prevention (CDC). Update on vaccine-derived polioviruses - worldwide, july 2012-december 2013. MMWR Morb. Mortal. Wkly. Rep. 63, 242–248 (2014). —**417.** Pavlov, D. N., Van Zyl, W. B., Van Heerden, J., Grabow, W. O. K. & Ehlers, M. M. Prevalence of vaccine-derived polioviruses in sewage and river water in south africa. Water Res. 39, 3309–3319 (2005). —**418.** Jain, S. et al. Polio eradicationLessons from the past and future perspective. J Clin Diagn Res 8, ZC56–ZC60 (2014). —**419.** OMS. Relevé épidémiologique hebdomadaire. 84, 281–288 (2009). —**420.** OMS. Le directeur général de l'OMS célèbre l'élimination de la poliomyélite en inde. (2014). <http://www.who.int/dg/speeches/2014/india-polio-free/fr/> —**421.** Vaincre la poliomyélite. La surveillance des cas de polio. <http://www.polio-vaccine.com/fr/eradication/surveillance.html> —**422.** Laxmivandana, R., Yergolkar, P., Gopalkrishna, V. & Chitambar, S. D. Characterization of the non-polio enterovirus infections associated with acute flaccid paralysis in south-western india. PLoS ONE 8, e61650 (2013). —**423.** Kaushik, R., Kharbanda, P. S., Bhalla, A., Rajan, R. & Prabhakar, S. Acute flaccid paralysis in adults: Our experience. J Emerg Trauma Shock 7, 149—154 (2014). —**424.** Saraswathy Subramaniam, T. S., Apandi, M. A., Jahis, R., Samsudin, M. S. & Saat, Z. Viral aetiology of acute flaccid paralysis surveillance cases, before and after vaccine policy change from oral polio vaccine to inactivated polio vaccine. J Trop Med 2014, (2014). —**425.** OMS. Case count of polio. (2015). <https://extranet.who.int/polis/public/CaseCount.aspx> —**426.** Mansoor, F., Hamid, S., Mir, T., Abdul Hafiz, R. & Mounts, A. Incidence of traumatic injection neuropathy among children in pakistan. East. Mediterr. Health J. 11, 798–804 (2005). —**427.** Vashisht, N. & Puliyel, J. Polio programme: Let us declare victory and move on. Indian J Med Ethics 9, 114–117 (2012). —**428.**

Puliyel, J. National polio surveillance india data 2000 -2010. <http://jacob.puliyel.com/paper.php?id=248> —**429.** Lloyd-Smith, J. O. Vacated niches, competitive release and the community ecology of pathogen eradication. Philos Trans R Soc Lond B Biol Sci 368, (2013). —**430.** Jiang, P. et al. Evidence for emergence of diverse polioviruses from c-cluster coxsackie a viruses and implications for global poliovirus eradication. Proc Natl Acad Sci U S A 104, 9457–9462 (2007). —**431.** Combelas, N., Holmblat, B., Joffret, M.-L., Colbère-Garapin, F. & Delpeyroux, F. Recombination between poliovirus and coxsackie a viruses of species c: A model of viral genetic plasticity and emergence. viruses 3, 1460—1484 (2011). —**432.** Rieder, E. et al. Will the polio niche remain vacant? Dev Biol (Basel) 105, 111–122; discussion 149–150 (2001). —**433.** Centers for Disease Control and Prevention. Progress toward poliomyelitis eradication —india, december 1995 and january 1996. (1996). <http://www.cdc.gov/mmwr/preview/mmwrhtml/00041414.htm> —**434.** OMS. Relevé épidémiologique hebdomadaire. 89, 165–176 (2014). —**435.** National Post. Virus that can cause polio-like paralysis on the rise in canada. National post. (2014). <http://news.nationalpost.com/news/canada/virus-that-can-cause-polio-like-paralysis-on-the-rise-in-canada> —**436.** Puliyel, J. M., Gupta, M. A. & Mathew, J. L. Polio eradication & the future for other programmes: Situation analysis for strategic planning in india. Indian J. Med. Res. 125, 1–4 (2007). —**437.** Sathyamala, C. Polio eradication programme in india. Indian J. Med. Res. 125, 695–696 (2007). —**438.** La Croix. En inde, la polio est éradiquée. (2014). <http://www.la-croix.com/Actualite/Monde/En-Inde-la-polio-est-eradiquee-2014-01-13-1088618> —**439.** L'Express. L'Inde se débarrasse enfin de la polio. (2014). <http://www.lexpress.fr/actualite/societe/sante/l-inde-se-debarrasse-enfin-de-la-polio_1313463.html> —**440.** Le Figaro. L'Inde se débarrasse de la polio. (2014). <http://sante.lefigaro.fr/actualite/2014/01/13/21856-linde-se-debarrasse-polio> —**441.** Sanofi Pasteur. la victoire de l'Inde sur la polio est pour nous tous un appel à l'action déclare le PDG de sanofi pasteur. (2014). <http://sanofipasteur.com/fr/articles/la-victoire-de-l-Inde-sur-la-polio-est-pour-nous-tous-un-appel-a-l-action.aspx> —**442.** IMEP. Contributions and pledges to the global polio eradication initiative, 1985-2018. <http://www.polioeradication.org/Portals/0/Document/Financing/HistoricalContributions.pdf> —**443.** IMEP. Financial resource requiements. (2014). <http://www.polioeradication.org/Portals/0/Document/Financing/FRR_EN_A4.pdf> —**444.** Klepac, P., Metcalf, C. J. E., McLean, A. R. & Hampson, K. Towards the endgame and beyond: Complexities and challenges for the elimination of infectious diseases. Philos. Trans. R. Soc. Lond. B Biol. Sci. 368, 20120137 (2013). —**445.** Politique Internale. Fondations gates : En finir avec la poliomyélite. (2011). <http://www.politiqueinternationale.com/revue/read2.php?id_revue=130\&id=972\&content=texte> —**446.** O'Reilly, K. M. et al. The effect of mass immunisation campaigns and new oral poliovirus vaccines on the incidence of poliomyelitis in pakistan and afghanistan, 200111: A retrospective analysis. lancet 380, 491–498 (2012). —**447.** La Croix. Au pakistan, des extrémistes bloquent l'éradication de la polio. (2013). <http://www.la-croix.com/Actualite/Monde/Au-Pakistan-des-extremistes-bloquent-l-eradication-de-la-polio-_NG_-2013-01-02-894361> —**448.** Peshawar, A. P. in. Pakistan jails 471 parents who refused to give polio vaccine to children. The guardian. (2015). <http://www.theguardian.com/society/2015/mar/02/parents-jailed-pakistan-refusing-children-polio-vaccinations> —**449.** HHS hides information on how vaccines cause autism. (2015). <https://www.youtube.com/watch?v=17E1ORNFomg> —**450.** Dailymotion. Partie 03 -une épidémie d'assassinats de vaccinateurs polio. Dailymotion. <http://www.dailymotion.com/video/x1aixhs_partie-03-une-epidemie-d-assassinats-de-vaccinateurs-polio_news> —**451.** Le Potentiel. La première phase des journées nationales de vaccination 2013 s'est clôturée samedi. (2013). <http://www.lepotentielonline.com/index.php?option=com_content\&view=article\&id=1314:la-premiere-phase-des-journees-nationales-de-vaccination-2013-s-est-cloturee-samedi\&catid=88:sociale> —**452.** Eudier, J.-P. & Tarte, D. Chroniques d'un voyage au congo. (2007). <http://www.ounaimiao.org/?AFRIQUE-ET-VACCINATIONS> —**453.** OMS. Comité consultatif mondial de la sécurité vaccinale, 11-12 décembre 2013. (2014). <http://www.who.int/vaccine_safety/committee/reports/Dec_2013/fr/> —**454.** Fitzpatrick, M. The cutter incident: How america's first polio vaccine led to a growing vaccine crisis. J R Soc Med 99, 156 (2006). —**455.** Petricciani, J., Sheets, R., Griffiths, E. & Knezevic, I. Adventitious agents in viral vaccines: Lessons learned from 4 case studies. biologicals 42, 223–236 (2014). —**456.** Pershouse, M. A., Heivly, S. & Girtsman, T. The role of SV40 in malignant mesothelioma and other human malignancies. Inhal Toxicol 18, 995–1000 (2006). —**457.** Poulin, D. L. & DeCaprio, J. A. Is there a role for SV40 in human cancer? J. Clin. Oncol. 24, 4356–4365 (2006). —**458.** Qi, F., Carbone, M., Yang, H. & Gaudino, G. Simian virus 40 transformation, malignant mesothelioma and brain tumors. Expert Rev Respir Med 5, 683–697 (2011). —**459.** Cristaudo, A. et al. [SV40: A possible co-carcinogen of asbestos in the pathogenesis of mesothelioma?]. Med Lav 93, 499–506 (2002). —**460.** Butel, J. S., Vilchez, R. A., Jorgensen, J. L. & Kozinetz, C. A. Association between SV40 and non-hodgkin's lymphoma. Leuk. Lymphoma 44 Suppl 3, S33–39 (2003). —**461.** Immunization safety review: SV40 contamination of polio vaccine and cancer. (National Academies Press, 2003). —**462.** Elswood, B. F. & Stricker, R. B. Polio vaccines and the origin of AIDS. Med. Hypotheses 42, 347–354 (1994). —**463.** Worobey, M. et al. Origin of AIDS: Contaminated polio vaccine theory refuted. nature 428, 820 (2004). —**464.** Baguley, D. SUBACUTE SCLEROSING PANENCEPHALITIS AND SALK VACCINE. The Lancet 302, 763–765 (1973). —**465.** Pastoret, P.-P. Human and animal vaccine contaminations. Biologicals 38, 332–334 (2010). —**466.** Lwoff, A. & Lwoff, M. Remarques méthodologiques à propos de la thermosensibilité du développement viral. Annales de l'Institut Pasteur 101, 313–315 (1961). —**467.** Ogra, P. L. Effect of tonsillectomy and adenoidectomy on nasopharyngeal antibody response to poliovirus. N. Engl. J. Med. 284, 59–64 (1971). —**468.** Haute Autorité de Santé. Évaluation des actes d'amygdalectomie à l'amygdalotome. (2006). <http://www.has-sante.fr/portail/upload/docs/application/pdf/rapport_amygdalectomie_amygdalotome.pdf> —**469.** Strebel, P. M., Ion-Nedelcu, N., Baughman, A. L., Sutter, R. W. & Cochi, S. L. Intramuscular injections within 30 days of immunization with oral poliovirus vaccine a risk factor for vaccine-associated paralytic poliomyelitis. N. Engl. J. Med. 332, 500–506 (1995). —**470.** Bosley, A. R. J., Speirs, G. & Markham, N. I. Provocation poliomyelitis: Vaccine associated paralytic poliomyelitis related to a rectal abscess in an infant. J. Infect. 47,

82–84 (2003). —**471.** Health Protection Scotland. Poliomyelitis - immunisation and vaccines - HPS. (2013). <http://www.hps.scot.nhs.uk/immvax/poliomyelitis.aspx> —**472.** Sutter, R. W. et al. Attributable risk of DTP (diphtheria and tetanus toxoids and pertussis vaccine) injection in provoking paralytic poliomyelitis during a large outbreak in oman. J. Infect. Dis. 165, 444–449 (1992). —**473.** Gromeier, M. & Wimmer, E. Mechanism of injury-provoked poliomyelitis. J. Virol. 72, 5056–5060 (1998). —**474.** OMS. Global polio eradication progress 2000. (2001). <http://stacks.cdc.gov/view/cdc/13108/cdc_13108_DS2.pdf> —**475.** Jungeblut, C. W. A FURTHER CONTRIBUTION TO VITAMIN c THERAPY IN EXPERIMENTAL POLIOMYELITIS. J Exp Med 70, 315–332 (1939). — **476.** Klenner, F. R. Virus pneumonia and its treatment with vitamin c. South Med Surg 110, 36–38 (1948). —**477.** Klenner, F. R. The treatment of poliomyelitis and other virus diseases with vitamin c. South Med Surg 111, 209–214 (1949). —**478.** Klenner, F. R. Massive doses of vitamin c and the virus diseases. South Med Surg 113, 101–107 (1951). —**479.** Klenner, F. R. The vitamin and massage treatment for acute poliomyelitis. South Med Surg 114, 194–197 (1952). —**480.** Jones, J. H. & Foster, C. Dietary deficiencies and poliomyelitis; effects of low protein and of low tryptophan diets on the response of mice to the lansing strain of poliomyelitis virus. Arch Biochem 11, 481–487 (1946). — **481.** Kim-Farley, R. J. et al. Outbreak of paralytic poliomyelitis, taiwan. lancet 2, 1322–1324 (1984). —**482.** Roberts, J. Polio: The virus and the vaccine. (2004). <http://www.vaclib.org/basic/polio/polio1.pdf> —**483.** Devitalizing composition of matter. (1943). <http://www.freepatentsonline.com/2329074.html> —**484.** EHESP. Projet d'estimation des risques sanitaires. (2010). <http://documentation.ehesp.fr/memoires/2010/persan_igs/insecticides.pdf> —**485.** Lie, E. et al. Does high organochlorine (OC) exposure impair the resistance to infection in polar bears (ursus maritimus)? Part II: Possible effect of OCs on mitogen- and antigen-induced lymphocyte proliferation. J. Toxicol. Environ. Health Part A 68, 457–484 (2005). —**486.** Rozee, K. R., Lee, S. H., Crocker, J. F. & Safe, S. H. Enhanced virus replication in mammalian cells exposed to commercial emulsifiers. Appl Environ Microbiol 35, 297–300 (1978). —**487.** Upham, J. et al. The pesticide adjuvant, toximul, alters hepatic metabolism through effects on downstream targets of PPARalpha. Biochim. Biophys. Acta 1772, 1057–1064 (2007). —**488.** Direction générale de la santé & Comité technique des vaccinations. Guide des vaccinations 2012, coqueluche. (2012). <http://www.inpes.sante.fr/10000/themes/vaccination/guide-vaccination-2012/pdf/GuideVaccinations2012_Vaccination_contre_la_coqueluche.pdf> —**489.** Haut Conseil de la Santé Publique. Conduite à tenir devant un ou plusieurs cas de coqueluche. (2008). <http://www.hcsp.fr/Explore.cgi/avisrapportsdomaine?clefr=36> —**490.** Grimprel, E. La coqueluche en pratique en 2006. Revue Française d'Allergologie et d'Immunologie Clinique (2006). <http://www.sp2a.fr/pdf/CFP2A-2006/coqueluche-en-pratique.pdf> —**491.** InVS. Diphtérie-tétanos, poliomyélite, coqueluche / données / couverture vaccinale. (2011). <http://www.invs.sante.fr/Dossiers-thematiques/Maladies-infectieuses/Maladies-a-prevention-vaccinale/Couverture-vaccinale/Donnees/Diphterie-tetanos-poliomyelite-coqueluche> —**492.** Institut Pasteur. Coqueluche. Institut pasteur. (2013). <http://www.pasteur.fr/fr/institut-pasteur/presse/fiches-info/coqueluche> —**493.** Institut Pasteur. Vaccins disponibles au centre médical. Institut pasteur. (2015). <http://www.pasteur.fr/fr/sante/vaccinations-internationales/vaccins-disponibles-au-centre-medical> —**494.** Zhang, L., Prietsch, S. O. M., Axelsson, I. & Halperin, S. A. Acellular vaccines for preventing whooping cough in children. Cochrane Database Syst Rev 3, CD001478 (2012). —**495.** team, E. C. for D. P. & Comunication Unit- Eurosurveillance editorial, C. (ECDC)-Health. Marked decline in pertussis followed reintroduction of pertussis vaccination in sweden. (1999). <http://www.eurosurveillance.org/ViewArticle.aspx?ArticleId=84> —**496.** Olin, P. et al. Declining pertussis incidence in sweden following the introduction of acellular pertussis vaccine. vaccine 21, 2015–2021 (2003). —**497.** Romanus, V., Jonsell, R. & Bergquist, S. O. Pertussis in sweden after the cessation of general immunization in 1979. Pediatr. Infect. Dis. J. 6, 364–371 (1987). —**498.** Inpes. Vaccination. le point sur la coqueluche. (2012). <http://www.inpes.sante.fr/CFESBases/catalogue/pdf/1168.pdf> — **499.** Carollo, M. et al. Humoral and b-cell memory responses in children five years after pertussis acellular vaccine priming. vaccine 32, 2093–2099 (2014). —**500.** Labtest. Diagnostic de la coqueluche. (2013). <http://www.labtestsonline.fr/tests/Pertussis.html?tab=3> —**501.** Zouari, A. et al. [The re-emergence of pertussis in tunisia]. Med Mal Infect 41, 97–101 (2011). —**502.** Mughal, A. A. Diagnosis of pertussis in vaccinated children of khairpur, sindh, pakistan by cough plate method. J. Microbiol. Infect. Dis. 01, 68–72 (2011). —**503.** Mughal, A., Kazi, Y. F., Bukhari, H. A. & Ali, M. Pertussis resurgence among vaccinated children in khairpur, sindh, pakistan. Public Health 126, 518–522 (2012). — **504.** Lin, Y.-C. et al. Epidemiological shift in the prevalence of pertussis in taiwan: Implications for pertussis vaccination. J. Med. Microbiol. 56, 533–537 (2007). —**505.** Sotir, M. J. et al. A countywide outbreak of pertussis: Initial transmission in a high school weight room with subsequent substantial impact on adolescents and adults. Arch Pediatr Adolesc Med 162, 79–85 (2008). —**506.** Torres, J. et al. [Outbreak of whooping cough with a high attack rate in well-vaccinated children and adolescents]. Enferm. Infecc. Microbiol. Clin. 29, 564–567 (2011). —**507.** Fabiánová, K., Benes, C. & Kríz, B. A steady rise in incidence of pertussis since nineties in the czech republic. Epidemiol Mikrobiol Imunol 59, 25–33 (2010). —**508.** Hochwald, O., Bamberger, E. S., Rubin, L., Gershtein, R. & Srugo, I. A pertussis outbreak among daycare children in northern israel: Who gets sick? Isr. Med. Assoc. J. 12, 283–286 (2010). —**509.** Eshofonie, A. O., Lin, H., Valcin, R. P., Martin, L. R. & Grunenwald, P. E. An outbreak of pertussis in rural texas: An example of the resurgence of the disease in the united states. J Community Health 40, 88–91 (2015). —**510.** Cordova, S. P., Gilles, M. T. & Beers, M. Y. The outbreak that had to happen: Bordetella pertussis in north-west western australia in 1999. Commun. Dis. Intell. 24, 375–379 (2000). —**511.** Linstow, M.-L. von, Pontoppidan, P. L., König, C.-H. W. von, Cherry, J. D. & Hogh, B. Evidence of bordetella pertussis infection in vaccinated 1-year-old danish children. Eur J Pediatr 169, 1119–1122 (2010). —**512.** UCLA Health. James cherry, MD, pediatric infectious diseases. <https://www.uclahealth.org/provider/james-cherry-md> —**513.** Cherry, J. D. Adult pertussis in the pre- and post-vaccine eras: Lifelong vaccine-induced immunity? Expert Rev Vaccines 13, 1073–1080 (2014). —**514.** Grimprel, E. et al. Long-term human serum antibody responses after immunization with whole-cell pertussis vaccine in france. Clin Diagn

Lab Immunol 3, 93–97 (1996). —**515.** Litt, D. J., Neal, S. E. & Fry, N. K. Changes in genetic diversity of the bordetella pertussis population in the united kingdom between 1920 and 2006 reflect vaccination coverage and emergence of a single dominant clonal type. J. Clin. Microbiol. 47, 680–688 (2009). —**516.** Mooi, F. R., Loo, I. H. van & King, A. J. Adaptation of bordetella pertussis to vaccination: A cause for its reemergence? Emerging Infect. Dis. 7, 526–528 (2001). —**517.** Mooi, F. R. et al. Polymorphism in the bordetella pertussisVirulence factors p.69/Pertactin and pertussis toxin in the netherlands: Temporal trends and evidence for vaccine-driven evolution. Infect. Immun. 66, 670–675 (1998). —**518.** Zieliński, A. & Rosińska, M. Comparison of adverse effects following immunization with vaccine containing whole-cell vs. acellular pertussis components. Przegl Epidemiol 62, 589–596 (2008). —**519.** Ray, P. et al. Encephalopathy after whole-cell pertussis or measles vaccination: Lack of evidence for a causal association in a retrospective case-control study. Pediatr. Infect. Dis. J. 25, 768–773 (2006). —**520.** Kuno-Sakai, H. & Kimura, M. Safety and efficacy of acellular pertussis vaccine in japan, evaluated by 23 years of its use for routine immunization. Pediatr Int 46, 650–655 (2004). —**521.** Gale, J. L. et al. Risk of serious acute neurological illness after immunization with diphtheria-tetanus-pertussis vaccine. a population-based case-control study. jama 271, 37–41 (1994). —**522.** Miller, D. L., Ross, E. M., Alderslade, R., Bellman, M. H. & Rawson, N. S. Pertussis immunisation and serious acute neurological illness in children. Br Med J (Clin Res Ed) 282, 1595–1599 (1981). —**523.** Steinman, L. et al. Pertussis toxin is required for pertussis vaccine encephalopathy. Proc Natl Acad Sci U S A 82, 8733–8736 (1985). —**524.** Cody, C. L., Baraff, L. J., Cherry, J. D., Marcy, S. M. & Manclark, C. R. Nature and rates of adverse reactions associated with DTP and DT immunizations in infants and children. pediatrics 68, 650–660 (1981). —**525.** Hinman, A. R. & Koplan, J. P. Pertussis and pertussis vaccine. reanalysis of benefits, risks, and costs. jama 251, 3109–3113 (1984). —**526.** EurekaSanté. REPEVAX. Eurekasante.fr par vidal. <http://www.eurekasante.fr/medicaments/vidal-famille/medicament-gp1594-RE-PEVAX.html> —**527.** David A Geier, M. R. G. An evaluation of serious neurological disorders following immunization: A comparison of whole-cell pertussis and acellular pertussis vaccines. Brain Amp Dev. 26, 296–300 (2004). —**528.** OMS. Observed rate of vaccine reactions: Diphtheria, pertussis, tetanus vaccines. (2014). <http://www.who.int/vaccine_safety/initiative/tools/DTP_vaccine_rates_information_sheet.pdf> —**529.** Wilson, K., Potter, B., Manuel, D., Keelan, J. & Chakraborty, P. Revisiting the possibility of serious adverse events from the whole cell pertussis vaccine: Were metabolically vulnerable children at risk? Med. Hypotheses 74, 150–154 (2010). —**530.** Wharton, M. Vaccine safety: Current systems and recent findings. Curr. Opin. Pediatr. 22, 88–93 (2010). —**531.** Reyes, I. S., Hsieh, D. T., Laux, L. C. & Wilfong, A. A. Alleged cases of vaccine encephalopathy rediagnosed years later as dravet syndrome. pediatrics 128, e699–e702 (2011). —**532.** Zamponi, N. et al. Vaccination and occurrence of seizures in SCN1A mutation-positive patients: A multicenter italian study. Pediatr. Neurol. 50, 228–232 (2014). —**533.** Tro-Baumann, B. et al. A retrospective study of the relation between vaccination and occurrence of seizures in dravet syndrome. epilepsia 52, 175–178 (2011). —**534.** McIntosh, A. M. et al. Effects of vaccination on onset and outcome of dravet syndrome: A retrospective study. Lancet Neurol 9, 592–598 (2010). —**535.** Petrelli, C. et al. Early clinical features in dravet syndrome patients with and without SCN1A mutations. Epilepsy Res. 99, 21–27 (2012). —**536.** Verbeek, N. E. et al. Prevalence of SCN1A-related dravet syndrome among children reported with seizures following vaccination: A population-based ten-year cohort study. PLoS One 8, (2013). —**537.** Rosander, C. & Hallböök, T. Dravet syndrome in sweden: A population-based study. Dev Med Child Neurol (2015). doi:10.1111/dmcn.12709 —**538.** Bayat, A., Hjalgrim, H. & Møller, R. S. The incidence of SCN1A-related dravet syndrome in denmark is 1:22,000: A population-based study from 2004 to 2009. epilepsia 56, e36–39 (2015). —**539.** Patel, M. K., Patel, T. K. & Tripathi, C. B. Diphtheria, pertussis (whooping cough), and tetanus vaccine induced recurrent seizures and acute encephalopathy in a pediatric patient: Possibly due to pertussis fraction. J Pharmacol Pharmacother 3, 71–73 (2012). —**540.** Centers for Disease Control and Prevention. International notes pertussis —england and wales. (1982). <http://www.cdc.-gov/mmwr/preview/mmwrhtml/00001197.htm> —**541.** Campbell, H. et al. Accelerating control of pertussis in england and wales. Emerg Infect Dis 18, 38–47 (2012). —**542.** Hansen SN, Schendel DE & Parner ET. Explaining the increase in the prevalence of autism spectrum disorders: The proportion attributable to changes in reporting practices. JAMA Pediatr 169, 56–62 (2015). —**543.** Zenopa. Otsuka et lundbeck pour la co-développer de nouveaux vaccins d'Alzheimer. (2013). <http://fr.zenopa.com/news/801672213/otsuka-et-lundbeck-pour-la-co-developper-de-nouveaux-vaccins-d39alzheimer> —**544.** Hertz-Picciotto, I. & Delwiche, L. The rise in autism and the role of age at diagnosis. Epidemiology 20, 84–90 (2009). —**545.** CDC. NIP: Vacsafe/Concerns/Autism/FAQs-autism and MMR. (2007). <http://web.archive.org/web/20070102082155/http://www.cdc.gov/nip/vacsafe/concerns/autism/autism-mmr.htm> —**546.** Chess, S. Autism in children with congenital rubella. J Autism Child Schizophr 1, 33–47 (1971). —**547.** Chess, S. Follow-up report on autism in congenital rubella. J Autism Dev Disord 7, 69–81 (1977). —**548.** Schaefer, G. B. & Mendelsohn, N. J. Genetics evaluation for the etiologic diagnosis of autism spectrum disorders. Genet. Med. 10, 4–12 (2008). —**549.** Frye, R. E. & Rossignol, D. A. Mitochondrial dysfunction can connect the diverse medical symptoms associated with autism spectrum disorders. Pediatr Res 69, 41R–47R (2011). —**550.** Chinnery, P. F. in GeneReviews() (eds. Pagon, R. A. et al.) (University of Washington, Seattle, 1993). <http://www.ncbi.nlm.nih.-gov/books/NBK1224/> —**551.** Geier, D. A., Kern, J. K., King, P. G., Sykes, L. K. & Geier, M. R. An evaluation of the role and treatment of elevated male hormones in autism spectrum disorders. Acta Neurobiol Exp (Wars) 72, 1–17 (2012). —**552.** Auyeung, B. et al. Fetal testosterone and autistic traits. Br J Psychol 100, 1–22 (2009). —**553.** Auyeung, B., Taylor, K., Hackett, G. & Baron-Cohen, S. Foetal testosterone and autistic traits in 18 to 24-month-old children. Mol. Autism 1, 11 (2010). —**554.** Werling, D. M. & Geschwind, D. H. Sex differences in autism spectrum disorders. Curr Opin Neurol 26, 146–153 (2013). —**555.** Geier, D. A. & Geier, M. R. A prospective assessment of androgen levels in patients with autistic spectrum disorders: Biochemical underpinnings and suggested therapies. Neuro Endocrinol. Lett. 28, 565–573 (2007). —**556.** El-Baz, F., Hamza, R. T., Ayad, M. S. E. & Mahmoud, N. H. Hyperandrogenemia in male autistic children and adolescents: Relation to disease severity. Int J Adolesc Med Health 26, 79–84 (2014). —**557.** Tordjman, S., Ferrari, P., Sulmont, V., Duyme, M. & Roubertoux, P. Androgenic activity in autism. Am J Psychiatry 154, 1626–1627 (1997). —**558.** Baron-Cohen, S. L'autisme : une forme extrême du cerveau masculin ? Terrain Rev. D'ethnologie L'Europe 17–32 (2004). doi:10.4000/terrain.1703 —**559.** Sarachana, T. & Hu, V. W. Genome-wide identification of transcriptional targets of RORA reveals direct regulation of multiple genes associated with autism spectrum disorder. Mol. Autism 4, 14 (2013). —**560.** Raz, R. et al. Autism spectrum disorder and particulate matter air pollution before, during, and after pregnancy: A nested case-control analysis within the nurses' health study II cohort. Environ. Health Perspect. 123, 264–270 (2015). —**561.** Lyall, K., Schmidt, R. J. & Hertz-Picciotto, I. Maternal lifestyle and environmental risk factors for autism spectrum disorders. Int J Epidemiol 43, 443–464 (2014). —**562.** Kałużna-Czaplińska, J., Michalska, M. & Rynkowski, J. Homocysteine level in urine of autistic and healthy children. Acta Biochim. Pol. 58, 31–34 (2011). —**563.** Kałużna-Czaplińska, J., Żurawicz, E., Michalska, M. & Rynkowski, J. A focus on homocysteine in autism. Acta Biochim. Pol. 60, 137–142 (2013). —**564.** Nevison, C. D. A comparison of temporal trends in united states autism prevalence to trends in suspected environmental factors. Environ. Health 13, 73 (2014). —**565.** Courrier International. Roundup : L'herbicide le plus vendu au monde. (2005). <http://www.courrierinternational.com/article/1999/07/01/roundup-l-herbicide-le-plus-vendu-au-monde> —**566.** Carneiro, R. T. A. et al. Removal of glyphosate herbicide from water using biopolymer membranes. J. Environ. Manage. 151, 353–360 (2015). —**567.** notre-planete.info. L'herbicide le plus vendu dans le monde, le glyphosate, contamine notre organisme. (2013). <http://www.notre-planete.info/actualites/3764-glyphosate-danger-sante> —**568.** Carlo, G. L., Mariea, T. J. & others. Wireless radiation in the aetiology and treatment of autism: Clinical observations and mechanisms. (2007). <http://www.buergerwelle.de/assets/files/emr_autism_acnem_final_1.pdf?cultureKey=\&q=pdf/emr_autism_acnem_final_1.pdf> —**569.** Mortazavi, S. M. J. et al. Mercury release from dental amalgam restorations after magnetic resonance imaging and following mobile phone use. Pak. J. Biol. Sci. 11, 1142–1146 (2008). —**570.** Byun, Y.-H. et al. Mobile phone use, blood lead levels, and attention deficit hyperactivity symptoms in children: A longitudinal study. PLoS ONE 8, e59742 (2013). —**571.** Angelidou, A. et al. Perinatal stress, brain inflammation and risk of autism-review and proposal. BMC Pediatr 12, 89 (2012). —**572.** Zhang, B. et al. Mitochondrial DNA and anti-mitochondrial antibodies in serum of autistic children. J. Neuroinflammation 7, 80 (2010). —**573.** Theoharides, T. C. Is a subtype of autism an allergy of the brain? Clin Ther 35, 584–591 (2013). —**574.** Anti-inflammatory compositions for treating brain inflammation. (2012). <http://www.google.com.ar/patents/US8268365> —**575.** Rossignol, D. A. & Frye, R. E. Evidence linking oxidative stress, mitochondrial dysfunction, and inflammation in the brain of individuals with autism. Front Physiol 5, (2014). —**576.** L'énigme de l'autisme, la piste bactérienne. (2015). <https://www.youtube.com/watch?v=9RSZW065pcI> —**577.** Schmidt, C. Mental health: Thinking from the gut. nature 518, S12–S15 (2015). —**578.** D'Eufemia, P. et al. Abnormal intestinal permeability in children with autism. Acta Paediatr. 85, 1076–1079 (1996). —**579.** Valicenti-McDermott, M. et al. Frequency of gastrointestinal symptoms in children with autistic spectrum disorders and association with family history of autoimmune disease. J Dev Behav Pediatr 27, S128–136 (2006). —**580.** Peters, B. et al. Rigid-compulsive behaviors are associated with mixed bowel symptoms in autism spectrum disorder. J Autism Dev Disord 44, 1425–1432 (2014). —**581.** Coury, D. L. et al. Gastrointestinal conditions in children with autism spectrum disorder: Developing a research agenda. pediatrics 130, S160–S168 (2012). —**582.** The Editors of The Lancet. RetractionIleal-lymphoid-nodular hyperplasia, non-specific colitis, and pervasive developmental disorder in children. The Lancet 375, 445 (2010). —**583.** Wakefield, A. J. et al. Enterocolitis in children with developmental disorders. Am. J. Gastroenterol. 95, 2285–2295 (2000). —**584.** Wakefield, A. et al. RETRACTED: Ileal-lymphoid-nodular hyperplasia, non-specific colitis, and pervasive developmental disorder in children. The Lancet 351, 637–641 (1998). —**585.** General Medical Council. Fitness to practise panel hearing. (2010). <http://briandeer.com/solved/gmc-chargesheet.pdf> —**586.** Uhlmann, V. et al. Potential viral pathogenic mechanism for new variant inflammatory bowel disease. Mol Pathol 55, 84–90 (2002). —**587.** Wakefield, A. J., Ashwood, P., Limb, K. & Anthony, A. The significance of ileocolonic lymphoid nodular hyperplasia in children with autistic spectrum disorder. Eur J Gastroenterol Hepatol 17, 827–836 (2005). —**588.** Galiatsatos, P., Gologan, A. & Lamoureux, E. Autistic enterocolitis: Fact or fiction? Can J Gastroenterol 23, 95–98 (2009). —**589.** Larry king - jim carrey & jenny McCarthy. (2015). <https://www.youtube.com/watch?v=HX-SCdjDOrA> —**590.** Jenny McCarthy's Autism Organization. Treatments to explore generation rescue. <http://www.generationrescue.org/recovery/biomedical-treatment/treatments-to-explore> —**591.** Offit, P. A. Vaccines and autism revisited the hannah poling case. N. Engl. J. Med. 358, 2089–2091 (2008). —**592.** US Court of Federal Claims. Decision awarding damages. (2010). <https://www.generationrescue.org/assets/Documents/Hannah-Poling-case.pdf> —**593.** Lawyers And Settlements. Poling family receives $1.5 million in first autism vaccine settlement. (2010). <http://www.lawyersandsettlements.com/settlements/14938/poling-family-receives-1-5-million-in-autism-vaccine.html#.VVw3gEa9EQs> —**594.** Amanda Ernst. U.S. officials concede vaccines led to disorder. (2008). <http://www.law360.com/articles/49378/u-s-officials-concede-vaccines-led-to-disorder> —**595.** Kirby, D. The vaccine-autism court document every american should read. The huffington post. (2008). <http://www.huffingtonpost.com/david-kirby/the-vaccineautism-court-d_b_88558.html> —**596.** Attkisson, S., 2008 & Pm, 3. Learning from a previous vaccine-autism case? (2008). <http://www.cbsnews.com/news/learning-from-a-previous-vaccine-autism-case/> —**597.** Poling, J. S., Frye, R. E., Shoffner, J. & Zimmerman, A. W. Developmental regression and mitochondrial dysfunction in a child with autism. J Child Neurol 21, 170–172 (2006). —**598.** US Court of Federal Claims. Decision awarding damages. (2012). <http://www.uscfc.uscourts.gov/sites/default/files/opinions/CAMPBELL-SMITH.MOJABI-PROFFER.12.13.2012.pdf> —**599.** Tribunale di Milano. Sentenza. (2012). <http://www.rescuepost.com/files/vaccine-italia-decision.pdf> —**600.** GlaxoSmithKline Inc. Infanrix hexa, summary bridging report. (2011). <https://autismoevaccini.files.wordpress.com/2012/12/vaccin-dc3a9cc3a8s.pdf> —**601.** Ministero della Salute. Autismo provocato da vaccini, il ministero ha proposto appello. (2014). <http://www.salute.gov.it/portale/news/p3_2_1_1_1.jsp?lingua=italiano\&menu=notizie\&p=dalministero\&id=1845> —**602.** La Stampa. Autismo e vaccino trivalente. i pediatri: 'Non esiste alcuna correlazione'. LaStampa.it. (2012). <http://www.lastampa.it/2012/04/26/scienza/benessere/gravidanza-parto-pediatria/autismo-e-vaccino-trivalente-i-pediatri-non-esiste-alcuna-correlazione-vx7BxazujZdcla0ylpWuMI/pagina.html> —**603.** Cheatham, T. HHS question. (2008). <https://childhealthsafety.files.wordpress.com/2011/01/attkisson-cbs-hrsa-email-exchanges-autistic-conditions-vaccines.pdf> —**604.** Merck. Merck announces appointment of dr. julie gerberding as executive vice president for strategic communications, global public policy and population health. (2014). <http://www.mercknewsroom.com/news-release/corporate-news/merck-announces-appointment-dr-julie-gerberding-executive-vice-president> —**605.** CDC chief admits that vaccines trigger autism. (2015). <https://www.youtube.com/watch?v=Dh-nkD5LSIg> —**606.** DeStefano, F., Bhasin, T. K., Thompson, W. W., Yeargin-Allsopp, M. & Boyle, C. Age at first measles-mumps-rubella vaccination in children with autism and school-matched control subjects: A population-based study in metropolitan atlanta. pediatrics 113, 259–266 (2004). —**607.** Hooker, B. S. Measles-mumps-rubella vaccination timing and autism among young african american boys: A reanalysis of CDC data. Transl. Neurodegener. 3, 16 (2014). —**608.** Hooker, B. S. Retraction: Measles-mumps-rubella vaccination timing and autism among young african american boys: A reanalysis of CDC data. Transl. Neurodegener. 3, 22 (2014). —**609.** Statement of william w. thompson, ph.D., regarding the 2004 article examining the possibility of a relationship between MMR vaccine and autism. (2014). <http://www.morganverkamp.com/august-27-2014-press-release-statement-of-william-w-thompson-ph-d-regarding-the-2004-article-examining-the-possibility-of-a-relationship-between-mmr-vaccine-and-autism/> —**610.** Centers for Disease Control and Prevention. CDC 2004 pediatrics statement - concerns about autism | vaccine safety. (2014). <http://www.cdc.gov/vaccinesafety/Concerns/Autism/cdc2004pediatrics.html> —**611.** eplettner. Fraud at the CDC uncovered, 340% risk of autism hidden from public. CNN iReport. (2014). <http://ireport.cnn.com/docs/DOC-1164794> —**612.** DeStefano, F. Age at first measles-mumps-rubella vaccination in children with autism and school-matched control subjects: A population-based study in metropolitan atlanta. (2004). <http://iom.edu/~/media/Files/Activity\%20Files/PublicHealth/ImmunizationSafety/DeStefanoslides.pdf> —**613.** Van Meter, K. C. et al. Geographic distribution of autism in california: A retrospective birth cohort. Autism Res 3, 19–29 (2010). —**614.** Taylor, B., Jick, H. & MacLaughlin, D. Prevalence and incidence rates of autism in the UK: Time trend from 20042010 in children aged 8 years. BMJ Open 3, e003219 (2013). —**615.** Taylor, B. et al. Autism and measles, mumps, and rubella vaccine: No epidemiological evidence for a causal association. The Lancet 353, 2026–2029 (1999). —**616.** Wikipedia.en. Bandim health project. Wikipedia, the free encyclopedia (2015). <https://en.wikipedia.org/w/index.php?title=Bandim_Health_Project\&oldid=662127502> —**617.** UK Parliament. Early day motion 1197 - MHRA. UK parliament. (2013). <http://www.parliament.uk/business/publications/business-papers/commons/early-day-motions\&edm-detail1/?session=2012-13\&edmnumber=1197> —**618.** Kaye, J. A., Melero-Montes, M. del M. & Jick, H. Mumps, measles, and rubella vaccine and the incidence of autism recorded by general practitioners: A time trend analysis. bmj 322, 460–463 (2001). —**619.** NHS England. NHS immunisation statistics, england 2012-13. (2013). <http://www.hscic.gov.uk/catalogue/PUB11665/nhs-immu-stat-eng-2012-13-rep.pdf> —**620.** Division, P. H. W. H. P. Public health wales health protection division - national immunisation uptake data. <http://www.wales.nhs.uk/sites3/page.cfm?orgid=457\&pid=54144> —**621.** Dales L, Hammer S & Smith NJ. TIme trends in autism and in mmr immunization coverage in california. jama 285, 1183–1185 (2001). —**622.** Google. Vaccine inassignee:'Us health' - google search. (2015). <https://www.google.fr/search?tbo=p\&tbm=pts\&hl=en\&q=inassignee:\%22Us+Health\%22\&gws_rd=cr\&ei-ij9cVZyRG8OzUaXVgcAL#hl-cn\&tbm-pts\&q=vaccine+inassignee:\%22Us+Health\%22> —**623.** Madsen, K. M. et al. A population-based study of measles, mumps, and rubella vaccination and autism. N. Engl. J. Med. 347, 1477–1482 (2002). —**624.** Madsen, K. M. et al. Thimerosal and the occurrence of autism: Negative ecological evidence from danish population-based data. pediatrics 112, 604–606 (2003). —**625.** Andrews, N. et al. Thimerosal exposure in infants and developmental disorders: A retrospective cohort study in the united kingdom does not support a causal association. pediatrics 114, 584–591 (2004). —**626.** OMS. Thiomersal and vaccines. WHO. (2014). <http://www.who.int/vaccine_safety/committee/topics/thiomersal/en/> —**627.** Pichichero, M. E., Cernichiari, E., Lopreiato, J. & Treanor, J. Mercury concentrations and metabolism in infants receiving vaccines containing thiomersal: A descriptive study. lancet 360, 1737–1741 (2002). —**628.** Hviid A, Stellfeld M, Wohlfahrt J & Melbye M. ASsociation between thimerosal-containing vaccine and autism. jama 290, 1763–1766 (2003). —**629.** Price, C. S. et al. Prenatal and infant exposure to thimerosal from vaccines and immunoglobulins and risk of autism. pediatrics 126, 656–664 (2010). —**630.** Bose-O'Reilly, S., McCarty, K. M., Steckling, N. & Lettmeier, B. Mercury exposure and children's health. Curr Probl Pediatr Adolesc Health Care 40, 186–215 (2010). —**631.** Garrecht, M. & Austin, D. W. The plausibility of a role for mercury in the etiology of autism: A cellular perspective. Toxicol Environ Chem 93, 1251–1273 (2011). —**632.** Eke, D. & Celik, A. Genotoxicity of thimerosal in cultured human lymphocytes with and without metabolic activation sister chromatid exchange analysis proliferation index and mitotic index. Toxicol In Vitro 22, 927–934 (2008). —**633.** Minami, T., Miyata, E., Sakamoto, Y., Yamazaki, H. & Ichida, S. Induction of metallothionein in mouse cerebellum and cerebrum with low-dose thimerosal injection. Cell Biol. Toxicol. 26, 143–152 (2010). —**634.** Minami, T., Miyata, E., Sakamoto, Y., Yamazaki, H. & Ichida, S. Induction of metallothionein in mouse cerebellum and cerebrum with low-dose thimerosal injection. Cell Biol. Toxicol. 26, 143–152 (2010). —**635.** MonBebe. Calculer le poids et la taille de bébé. <http://www.monbebe.com/guide_monbebe/_calculer_le_poids_et_la_taille_de_bebe> —**636.** Redwood, L., Bernard, S. & Brown, D. Predicted mercury concentrations in hair from infant immunizations: Cause for concern. neurotoxicology 22, 691–697 (2001). —**637.** NCIRS. Thiomersal. (2009). <http://www.ncirs.edu.au/immunisation/factsheets/thiomersal-fact-sheet.pdf> —**638.**Gerber, J. S. & Offit, P. A. Vaccines and autism: A tale of shifting hypotheses.

Clin Infect Dis 48, 456–461 (2009). —**639.**Geier, D. A., Young, H. A. & Geier, M. R. Thimerosal exposure & increasing trends of premature puberty in the vaccine safety datalink. Indian J. Med. Res. 131, 500–507 (2010). —**640.**Kern, J. K. et al. Thimerosal exposure and the role of sulfation chemistry and thiol availability in autism. Int J Environ Res Public Health 10, 3771–3800 (2013). —**641.**Bernard, S., Enayati, A., Redwood, L., Roger, H. & Binstock, T. Autism: A novel form of mercury poisoning. Med. Hypotheses 56, 462–471 (2001). —**642.**Geier, D., King, P. & Geier, M. Mitochondrial dysfunction, impaired oxidative-reduction activity, degeneration, and death in human neuronal and fetal cells induced by low-level exposure to thimerosal and other metal compounds. Toxicol Environ Chem 91, 735–749 (2009). —**643.**Parran, D. K., Barker, A. & Ehrich, M. Effects of thimerosal on NGF signal transduction and cell death in neuroblastoma cells. Toxicol. Sci. 86, 132–140 (2005). —**644.**Gallagher, C. M. & Goodman, M. S. Hepatitis b vaccination of male neonates and autism diagnosis, NHIS 1997-2002. J. Toxicol. Environ. Health Part A 73, 1665–1677 (2010). —**645.**Delong, G. A positive association found between autism prevalence and childhood vaccination uptake across the u.S. population. J. Toxicol. Environ. Health Part A 74, 903–916 (2011). —**646.**Laidler, J. R. US department of education data on 'autism' are not reliable for tracking autism prevalence. pediatrics 116, e120–e124 (2005). —**647.**Goldberg, W. A. et al. Language and other regression: Assessment and timing. J Autism Dev Disord 33, 607–616 (2003). —**648.**Kern, J. K. et al. Evidence of parallels between mercury intoxication and the brain pathology in autism. Acta Neurobiol Exp (Wars) 72, 113–153 (2012). —**649.**Kern, J. K. & Jones, A. M. Evidence of toxicity, oxidative stress, and neuronal insult in autism. J Toxicol Environ Health B Crit Rev 9, 485–499 (2006). —**650.**Palmer, R. F., Blanchard, S. & Wood, R. Proximity to point sources of environmental mercury release as a predictor of autism prevalence. Health Place 15, 18–24 (2009). —**651.**Thomas Curtis, J., Chen, Y., Buck, D. J. & Davis, R. L. Chronic inorganic mercury exposure induces sex-specific changes in central TNF expression: α mportance in autism? Neurosci. Lett. 504, 40–44 (2011). —**652.**Curtis, J. T., Hood, A. N., Chen, Y., Cobb, G. P. & Wallace, D. R. Chronic metals ingestion by prairie voles produces sex-specific deficits in social behavior: An animal model of autism. Behav. Brain Res. 213, 42–49 (2010). —**653.**Majewska, M. D., Urbanowicz, E., Rok-Bujko, P., Namyslowska, I. & Mierzejewski, P. Age-dependent lower or higher levels of hair mercury in autistic children than in healthy controls. Acta Neurobiol Exp (Wars) 70, 196–208 (2010). —**654.**Geier, D. A., Kern, J. K., King, P. G., Sykes, L. K. & Geier, M. R. Hair toxic metal concentrations and autism spectrum disorder severity in young children. Int. J. Environ. Res. Public. Health 9, 4486–4497 (2012). —**655.**Centre Ressources Autismes, Nord Pas de Calais. CARS, echelle d'évaluation de l'Autisme infantile. <http://www.cra-npdc.fr/wp-content/uploads/2012/03/cars.pdf> —**656.**Elsheshtawy, E., Tobar, S., Sherra, K., Atallah, S. & Elkasaby, R. Study of some biomarkers in hair of children with autism: Middle East Curr. Psychiatry 18, 6–10 (2011). —**657.**Woods, J. S. et al. Urinary porphyrin excretion in neurotypical and autistic children. Environ Health Perspect 118, 1450–1457 (2010). —**658.**Woods, J. S. Altered porphyrin metabolism as a biomarker of mercury exposure and toxicity. Can. J. Physiol. Pharmacol. 74, 210–215 (1996). —**659.**Nataf, R. et al. Porphyrinuria in childhood autistic disorder: Implications for environmental toxicity. Toxicol. Appl. Pharmacol. 214, 99–108 (2006). —**660.**Nishiyama, S., Taguchi, T. & Onosaka, S. Induction of zinc-thionein by estradiol and protective effects on inorganic mercury-induced renal toxicity. Biochem. Pharmacol. 36, 3387–3391 (1987). —**661.**Tang, C. Y. et al. Influence of polluted SY river on child growth and sex hormones. Biomed. Environ. Sci. 25, 291–296 (2012). —**662.**Wikipédia. Thiomersal. Wikipédia (2015). <https://fr.wikipedia.org/w/index.php?title=Thiomersal\&oldid=112394071> —**663.**Centers for Disease Control and Prevention. Notice to readers: Thimerosal in vaccines: A joint statement of the american academy of pediatrics and the public health service. (1999). <http://www.cdc.gov/mmwr/preview/mm-wrhtml/mm4826a3.htm> —**664.**Bigham, M. & Copes, R. Thiomersal in vaccines: Balancing the risk of adverse effects with the risk of vaccine-preventable disease. Drug Saf 28, 89–101 (2005). —**665.**AFSSAPS. Point presse, le thiomersal. (2009). <http://www.sante.gouv.fr/IMG/pdf/Fiche-Thiomersal-2.pdf> —**666.**notre-planete.info. Comment manger du poisson sans s'intoxiquer au mercure ? (2013). <http://www.notre-planete.info/actualites/actu_3653_poisson_mercure_sante.php> —**667.**Non-au-mercure-dentaire. MERCURE AMALGAME DENTAIRE PLOMBAGE NAMD MELET GROSMAN INTOXICATION METAUX LOURDS. <http://www.non-au-mercure-dentaire.org/mercure.php> —**668.**Evaluation of certain food additives and contaminants: Sixty-seventh report of the joint FAO/WHO expert committee on food additives ; [Rome, 20 - 29 june 2006]. (World Health Organization, 2007). —**669.**notre-planete.info. Augmentation des émissions de mercure dans les pays en développement. (2013). <http://www.notre-planete.info/actualites/actu_3613_emissions_mercure_monde.php> —**670.**AFSSAPS, InVS & AFSSA. Evaluation des risques sanitaires liés à l'exposition de la population française à l'aluminium. (2003). <http://opac.invs.sante.fr/doc_num.php?explnum_id=5228> —**671.**Crapper McLachlan, D. R. et al. Intramuscular desferrioxamine in patients with alzheimer's disease. lancet 337, 1304–1308 (1991). —**672.**Kawahara, M. & Kato-Negishi, M. Link between aluminum and the pathogenesis of alzheimer's disease: The integration of the aluminum and amyloid cascade hypotheses. Int J Alzheimers Dis 2011, (2011). —**673.**Zatta, P. et al. A fatal case of aluminium encephalopathy in a patient with severe chronic renal failure not on dialysis. Nephrol. Dial. Transplant. 19, 2929–2931 (2004). —**674.**Kumar, V., Bal, A. & Gill, K. D. Aluminium-induced oxidative DNA damage recognition and cell-cycle disruption in different regions of rat brain. toxicology 264, 137–144 (2009). —**675.**Offit, P. A. & Jew, R. K. Addressing parents' concerns: Do vaccines contain harmful preservatives, adjuvants, additives, or residuals? <http://pediatrics.aappublications.org> —**676.**Petrovsky, N. & Aguilar, J. C. Vaccine adjuvants: Current state and future trends. Immunol Cell Biol 82, 488–496 (2004). —**677.**He, P., Zou, Y. & Hu, Z. Advances in aluminum hydroxide-based adjuvant research and its mechanism. Hum Vaccin Immunother 11, 477–488 (2015). —**678.**Inserm. Vaccins et vaccination. (2010). <http://www.inserm.fr/thematiques/immunologie-inflammation-infectiologie-et-microbiologie/dossiers-d-information/vaccins-et-vaccination> —**679.**HogenEsch, H. Mechanism of immunopotentiation and safety of aluminum adjuvants. Front. Immun. 3, 406 (2013). —**680.**Terhune, T. D. & Deth, R. C. A role for impaired regulatory t cell function in adverse responses to aluminum adjuvant-containing vaccines in genetically susceptible individuals. vaccine 32, 5149–5155 (2014). —**681.**Bergfors, E. & Trollfors, B. Sixty-four children with persistent itching nodules and contact allergy to aluminium after vaccination with aluminium-adsorbed vaccines-prognosis and outcome after booster vaccination. Eur. J. Pediatr. 172, 171–177 (2013). —**682.**Bergfors, E. et al. How common are long-lasting, intensely itching vaccination granulomas and contact allergy to aluminium induced by currently used pediatric vaccines? A prospective cohort study. Eur. J. Pediatr. 173, 1297–1307 (2014). —**683.**Bergfors, E., Björkelund, C. & Trollfors, B. Nineteen cases of persistent pruritic nodules and contact allergy to aluminium after injection of commonly used aluminium-adsorbed vaccines. Eur. J. Pediatr. 164, 691–697 (2005). —**684.**Gente Lidholm, A. et al. Unexpected loss of contact allergy to aluminium induced by vaccine. Contact Derm. 68, 286–292 (2013). —**685.**Petrik, M. S., Wong, M. C., Tabata, R. C., Garry, R. F. & Shaw, C. A. Aluminum adjuvant linked to gulf war illness induces motor neuron death in mice. Neuromolecular Med. 9, 83–100 (2007). —**686.**Asa, P. B., Wilson, R. B. & Garry, R. F. Antibodies to squalene in recipients of anthrax vaccine. Exp. Mol. Pathol. 73, 19–27 (2002). —**687.**Khan, Z. et al. Slow CCL2-dependent translocation of biopersistent particles from muscle to brain. BMC Med. 11, 99 (2013). —**688.**Asa, P. B., Cao, Y. & Garry, R. F. Antibodies to squalene in gulf war syndrome. Exp. Mol. Pathol. 68, 55–64 (2000). —**689.**Golomb, B. A. Acetylcholinesterase inhibitors and gulf war illnesses. PNAS 105, 4295–4300 (2008). —**690.**Gherardi, R. K. et al. Macrophagic myofasciitis: An emerging entity. groupe d'Etudes et recherche sur les maladies musculaires acquises et dysimmunitaires (GERMMAD) de l'Association française contre les myopathies (AFM). lancet 352, 347–352 (1998). —**691.**Vaccins & aluminium - myofasciite à macrophages. (2015). <https://www.youtube.com/watch?v=Bh6vBWMZWYU> —**692.**Shoenfeld, Y. & Agmon-Levin, N. 'ASIA' - autoimmune/inflammatory syndrome induced by adjuvants. J. Autoimmun. 36, 4–8 (2011). —**693.**OMS. Comité consultatif mondial sur la sécurité des vaccins. WHO. (2002). <http://www.who.int/vaccine_safety/committee/reports/june_2002/fr/> —**694.**Gherardi, R. K. [Lessons from macrophagic myofasciitis: Towards definition of a vaccine adjuvant-related syndrome]. Rev. Neurol. (Paris) 159, 162–164 (2003). —**695.**Gherardi, R. K. et al. Macrophagic myofasciitis lesions assess long-term persistence of vaccine-derived aluminium hydroxide in muscle. brain 124, 1821–1831 (2001). —**696.**Verdier, F. et al. Aluminium assay and evaluation of the local reaction at several time points after intramuscular administration of aluminium containing vaccines in the cynomolgus monkey. vaccine 23, 1359–1367 (2005). —**697.**Académie Nationale de Médecine. Les adjuvants vaccinaux: Quelle actualité en 2012 ? (2012). <http://www.academie-medecine.fr/wp-content/uploads/2013/10/adjuvants-vaccinaux-rapport-ANM1.pdf> —**698.**Haut Conseil de la Santé Publique. Aluminium et vaccins. (2013). <http://www.hcsp.fr/Explore.cgi/Telecharger?NomFichier=hcspr20130711_aluminiumetvaccins.pdf> —**699.**Guis, S. et al. Identical twins with macrophagic myofasciitis: Genetic susceptibility and triggering by aluminic vaccine adjuvants? Arthritis & Rheumatism 47, 543–545 (2002). —**700.**Guis, S. et al. HLADRB1*01 and macrophagic myofasciitis. Arthritis & Rheumatism 46, 2535–2537 (2002). —**701.**Santiago, T., Rebelo, O., Negrão, L. & Matos, A. Macrophagic myofasciitis and vaccination: Consequence or coincidence? Rheumatol. Int. 35, 189–192 (2015). —**702.**Ragunathan-Thangarajah, N. et al. Distinctive clinical features in arthro-myalgic patients with and without aluminum hydroxyde-induced macrophagic myofasciitis: An exploratory study. J. Inorg. Biochem. 128, 262–266 (2013). —**703.**Couette, M. et al. Long-term persistence of vaccine-derived aluminum hydroxide is associated with chronic cognitive dysfunction. J. Inorg. Biochem. 103, 1571–1578 (2009). —**704.**Hommet, C. et al. Latéralisation cérébrale et interactions hémisphériques chez le sujet âgé : Place de la test d'écoute dichotique. Psychol. Neuropsychiatr. Vieil. 7, 65–72 (2009). —**705.**Koeger, A.-C. Maladies auto-immunes et prothèses mammaires en silicone. <http://www.ipubli.inserm.fr/bitstream/handle/10608/201/?sequence=35> —**706.**Académie Nationale de Médecine. Le refus des vaccinations. aspects actuels en 2012 et solutions en santé publique. (2012). <http://www.academie-medecine.fr/publication100036465/> —**707.**Food and Drug Administration. Database of select committee on GRAS substances (SCOGS) reviews. (2015). <http://www.accessdata.fda.gov/scripts/fcn/fcnNavigation.cfm?filter=aluminum\&sortColumn=\&rpt=scogsListing#> —**708.**Nutrition, C. for F. S. & Applied. GRAS substances (SCOGS) database. (2015). <http://www.fda.gov/Food/IngredientsPackagingLabeling/GRAS/SCOGS/ucm2006852.htm> —**709.**Turk, J. L. Von pirquet, allergy and infectious diseases: A review. J R Soc Med 80, 31–33 (1987). —**710.**Igea, J. M. The history of the idea of allergy. allergy 68, 966–973 (2013). —**711.**Molina, C. L'allergie à l'aube du troisième millénaire. (John Libbey Eurotext, 1995). —**712.**Archive.org. Full text of 'a study of the cause of sudden death following the injection of horse serum'. <https://www.archive.org/stream/astudycausesudd00andegoog/astudycausesudd00andegoog_djvu.txt> —**713.**Klossek, J.-M., Annesi-Maesano, I., Pribil, C. & Didier, A. Un tiers des adultes ont une rhinite allergique en France (enquête INSTANT). Presse Médicale 38, 1220–1229 (2009). —**714.**Black, C. A. P. Delayed type hypersensitivity: Current theories with a historic perspective. Dermatol. Online J. 5, (1999). —**715.**Gell, P. G. H. & Benacerraf, B. II. studies on hypersensitivity delayed hypersensitivity to denatured proteins in guinea pigs. immunology 2, 64–70 (1959). —**716.**Benacerraf, B. & Gell, P. G. H. Studies on hypersensitivityI. delayed and arthus-type skin reactivity to protein conjugates in guinea pigs. immunology 2, 53–63 (1959). —**717.**Ganeshan, K. et al. Impairing oral tolerance promotes allergy and anaphylaxis: A new murine food allergy model. J. Allergy Clin. Immunol. 123, 231–238.e4 (2009). —**718.**Rupa, P., Hamilton, K., Cirinna, M. & Wilkie, B. N. A neonatal swine model of allergy induced by the major food allergen chicken ovomucoid (gal d 1). Int. Arch. Allergy Immunol. 146, 11–18 (2008). —**719.**Inserm. Anaphylaxie. (2010). <http://www.inserm.fr/thematiques/immunologie-inflammation-infectiologie-et-microbiologie/dossiers-d-information/anaphylaxie> —**720.**Sicherer, S. H. Epidemiology of food allergy. J. Allergy Clin. Immunol. 127, 594–602 (2011). —**721.**Bublin, M. & Breiteneder, H. Cross-reactivity of peanut allergens. Curr Allergy Asthma Rep 14, (2014). —**722.**Allergen.org. IUIS allergen nomenclature home page. <http://www.allergen.org/> —**723.**Bublin, M. et al. IgE cross-reactivity between the major peanut allergen ara h 2 and the nonhomologous allergens ara h 1 and ara h 3. J. Al-

lergy Clin. Immunol. 132, 118–124 (2013). —**724.**UCFA. Utrecht center for food allergy - DBPCFC. <http://ucfa.nl/in-depth-information/dbpcfc/> —**725.**Maloney, J. M., Rudengren, M., Ahlstedt, S., Bock, S. A. & Sampson, H. A. The use of serum-specific IgE measurements for the diagnosis of peanut, tree nut, and seed allergy. J. Allergy Clin. Immunol. 122, 145–151 (2008). —**726.**Barre, A., Jacquet, G., Sordet, C., Culerrier, R. & Rougé, P. Homology modelling and conformational analysis of IgE-binding epitopes of ara h 3 and other legumin allergens with a cupin fold from tree nuts. Mol. Immunol. 44, 3243–3255 (2007). —**727.**Barre, A. et al. Vicilin allergens of peanut and tree nuts (walnut, hazelnut and cashew nut) share structurally related IgE-binding epitopes. Mol. Immunol. 45, 1231—1240 (2008). —**728.**Mittag, D. et al. Ara h 8, a bet v 1-homologous allergen from peanut, is a major allergen in patients with combined birch pollen and peanut allergy. J. Allergy Clin. Immunol. 114, 1410–1417 (2004). —**729.**Choi, J. H. et al. An IgE-mediated allergic reaction caused by mulberry fruit. Allergy Asthma Immunol Res 7, 195–198 (2015). —**730.**Bolhaar, S. T. H. P. et al. Severe allergy to sharon fruit caused by birch pollen. Int. Arch. Allergy Immunol. 136, 45–52 (2005). —**731.**Mittag, D. et al. Soybean allergy in patients allergic to birch pollen: Clinical investigation and molecular characterization of allergens. J. Allergy Clin. Immunol. 113, 148–154 (2004). —**732.**Vieths, S., Scheurer, S. & Ballmer-Weber, B. Current understanding of cross-reactivity of food allergens and pollen. Ann. N. Y. Acad. Sci. 964, 47–68 (2002). —**733.**Bublin, M. Kiwifruit allergies. Adv. Food Nutr. Res. 68, 321–340 (2013). —**734.**Ministry of Health, N. Z. Immunisation handbook 2014. <http://immunisation.book.health.govt.nz/Appendices/Appendix+1+The+history+of+immunisation+in+New+Zealand > —**735.**Centers for Disease Control and Prevention. Recommended schedule for active immunization of normal infants and children. (1983). <http://www.cdc.gov/vaccines/schedules/images/schedule1983s.jpg> —**736.**Centers for Disease Control and Prevention. Notice to readers: Recommended childhood immunization schedule —united states, 2000. (2000). <http://www.cdc.gov/mmwr/preview/mmwrhtml/mm4902a4.htm> —**737.**Centers for Disease Control and Prevention. Advisory committee on immunization practices (ACIP) recommended immunization schedule for persons aged 0 through 18 years united states, 2013. (2013). <http://www.cdc.gov/mmwr/preview/mmwrhtml/su6201a2.htm> —**738.**Ministère de la Santé Publique. Le nouveau calendrier vaccinal. (1990). <http://www.invs.sante.fr/beh/1990/9005/beh_05_1990.pdf> —**739.**Inpes. Calendrier des vaccinations 2015. (2015). <http://www.inpes.sante.fr/10000/themes/vaccination/calendrier/calendrier-vaccination.asp> —**740.**EurekaSanté. IMMUGRIP. (2015). <http://www.eurekasante.fr/medicaments/vidal-famille/medicament-oimmug01-IMMUGRIP.html> —**741.**Comprendrequechoisir. INFANRIX HEXA : La fiche complète. ComprendreChoisir.com. <http://medicament.comprendrechoisir.com/medicament/voir/5072/infanrix-hexa> —**742.**OMS. Immunological adjuvants. (1976). <http://whqlibdoc.who.int/trs/WHO_TRS_595.pdf> —**743.**Woodhour, A. F., Metzgar, D. P., Stim, T. B., Tytell, A. A. & Hilleman, M. R. New metabolizable immunologic adjuvant for human use. i. development and animal immune response. Exp Biol Med (Maywood) 116, 516–523 (1964). —**744.**Weibel, R. E., McLean, A., Woodhour, A. F., Friedman, A. & Hilleman, M. R. Ten-year follow-up study for safety of adjuvant 65 influenza vaccine in man. Exp Biol Med (Maywood) 143, 1053–1056 (1973). —**745.**Smith, J. W., Fletcher, W. B., Peters, M., Westwood, M. & Perkins, F. J. Response to influenza vaccine in adjuvant 65-4. J Hyg (Lond) 74, 251–259 (1975). —**746.**Merck. Merck says emulsion of peanut oil extends longevity of flu shot. (1964). <http://pqasb.pqarchiver.com/djreprints/doc/132896455.html? FMT=ABS\&FMTS=ABS:AI\&type=historic\&date=Nov\%2019,\%201964\&author=\&pub=Wall\%20Street\%20-Journal\&edition=\&startpage=\&desc=Merck\%20Says\%20Emulsion\%20Of\%20Peanut\%20Oil\%20Extends\%20Longevity\%20of\%20Flu\%20Shot> —
747.Influenza vaccine compositions containing 3-o-deacylated monophosphoryl lipid a. (1994). <http://www.-google.com/patents/WO1994019013A1> —**748.** Vaccine compositions comprising inactivated immunogens and live chicken anaemia virus (CAV). (2004). <http://www.freepatentsonline.com/EP0838222.html> —**749.** NOVEL PEANUT SKIN EXTRACT AS a VACCINE ADJUVANT. (2006). <http://www.freepatentsonline.com/WO2005089262A3.html> —**750.** Influenza vaccine. (2007). <http://www.freepatentsonline.com/y2007/0141078.html> —**751.** Sustained release vaccine composition. (2008). <http://www.freepatentsonline.com/y2008/0199491.html> —**752.** Vaccine adjuvants: Preparation methods and research protocols. (Humana Press, 2000). <https://books.google.fr/books?id=y3et5Aw5KbkC\&pg=PA5\&lpg=PA5\&dq=Vaccine+Adjuvants+ +o+hagan+vegetable+oil+peanut\&source=bl\&ots=Eguky_ozJr\&sig=Y4qj0bnLbMSOpl6I0bwZWGB9WsI\&hl=fr\&sa=X\&ei=HOcRVOTIBInSaPa8gvgO#v=onepage\&q=Vaccine\%20Adjuvants\%20\%20o\%20hagan\%20vegetable\%20oil\%20peanut\&f=false> —**753.** Nutrition, C. for F. S. & Applied. GRAS substances (SCOGS) database: Peanut oil (packaging). <http://www.fda.gov/Food/IngredientsPackagingLabeling/GRAS/SCOGS/ucm260946.htm> —**754.** ADJUVANT COMPOSITIONS AND METHODS OF USE. (2011). <http://www.freepatentsonline.com/EP2384120A1.html> —**755.** VACCINES AND VECTORS WITH LIQUID ACTIVE PRINCIPLES CONTAINING AN OIL WHICH CAN BE METABOLISED. (1991). <http://www.freepatentsonline.com/WO1991000107A1.html> —**756.** VACCINE COMPRISING AN OIL IN WATER EMULSION ADJUVANT. (2008). <http://www.freepatentsonline.com/WO2008043774A1.html> —**757.** OMS. Adjuvants à base de squalène dans les vaccins. WHO. (2006). <http://www.who.int/vaccine_safety/committee/topics/adjuvants/squalene/questions_and_answers/fr/> —**758.** Bloom. Le prix hideux de la beauté. (2012). <http://www.bloomassociation.org/download/FR_Squalene_LONG.pdf> —**759.** Merck. Renseignements pour le consommateur - pneumovax. <http://www.merck.ca/assets/fr/pdf/products/ci/PNEUMOVAX_23-CI_F.pdf> —**760.** GlaxoSmithKline Inc. Renseignements pour le consommateur - twinrix. <http://www.twinrix.ca/media/pdf/ConsumerLeaflet_French.pdf> —**761.** Justice, M. de la. Lois codifiées règlements codifiés. (2015). <http://laws-lois.justice.gc.ca/fra/lois/P-21/page-1.html> —

762. Justice, M. de la. Lois codifiées règlements codifiés. (2015). <http://laws-lois.justice.gc.ca/fra/lois/a-1/page-11.html> —**763.** Commissioner, O. of the. Legislation - fair packaging and labeling act. <http://www.fda.gov/RegulatoryInformation/Legislation/ucm148722.htm> —**764.** Schneider, E. Allergies aux poissons et aux viandes. <http://www.congres-allergologie.com/images/client/163/files/presentations_chairman/1064/V-AT4_4_SCHNEIDER_E.pdf> —**765.** Halsey, N. A. et al. Immediate hypersensitivity reactions following monovalent 2009 pandemic influenza a (h1N1) vaccines: Reports to VAERS. vaccine 31, 6107–6112 (2013). —**766.** Rouleau, I. et al. Increased risk of anaphylaxis following administration of 2009 AS03-adjuvanted monovalent pandemic a/H1N1 (h1N1pdm09) vaccine. vaccine 31, 5989–5996 (2013). —**767.** Maitra, A., Sherriff, A., Griffiths, M. & Henderson, J. Pertussis vaccination in infancy and asthma or allergy in later childhood: Birth cohort study. bmj 328, 925–926 (2004). —**768.** Kemp, T. et al. Is infant immunization a risk factor for childhood asthma or allergy? Epidemiology 8, 678–680 (1997). —**769.** Hurwitz, E. L. & Morgenstern, H. Effects of diphtheria-tetanus-pertussis or tetanus vaccination on allergies and allergy-related respiratory symptoms among children and adolescents in the united states. J Manipulative Physiol Ther 23, 81–90 (2000). —**770.** Anderson, H. R. et al. Immunization and symptoms of atopic disease in children: Results from the international study of asthma and allergies in childhood. Am J Public Health 91, 1126–1129 (2001). —**771.** Gong, H. in Clinical methods: The history, physical, and laboratory examinations (eds. Walker, H. K., Hall, W. D. & Hurst, J. W.) (Butterworths, 1990). <http://www.ncbi.nlm.nih.gov/books/NBK358/> —**772.** Umass-Med. Top 25 public health journals: Evidence-based practice for public health. <http://library.umassmed.edu/ebpph/top25.cfm> —**773.** Sampson, H. A. Anaphylaxis and emergency treatment. pediatrics 111, 1601–1608 (2003). —**774.** Allergies planétaires, à qui la faute ? (2014). <https://www.youtube.com/watch?v=OUuwPG7xjk8#t=11> —**775.** Asthme, allergies et accouchement à l'hôpital. 7/13. (2013). <https://www.youtube.com/watch?v=mq-_ejwT7_Q> —**776.** Holbreich, M. et al. Amish children living in northern indiana have a very low prevalence of allergic sensitization. J. Allergy Clin. Immunol. 129, 1671–1673 (2012). —**777.** Riedler, J., Eder, W., Oberfeld, G. & Schreuer, M. Austrian children living on a farm have less hay fever, asthma and allergic sensitization. Clin. Exp. Allergy 30, 194–200 (2000). —**778.** Rutkowski, K., Sowa, P., Rutkowska-Talipska, J., Sulkowski, S. & Rutkowski, R. Allergic diseases: The price of civilisational progress. Postepy Dermatol Alergol 31, 77–83 (2014). —**779.** Hill, D. A. et al. Commensal bacteria-derived signals regulate basophil hematopoiesis and allergic inflammation. Nat Med 18, 538–546 (2012). —**780.** Centre des Mardi. Intolérance congéniale au glucose et au galactose. <http://www.centredesmardi.org/article1.php?im=37\&lg=FR\&ia=96> —**781.** OMS. Liste des membres et du conseiller du comité d'urgence du règlement sanitaire international (2005) concernant la pandémie de grippe (h1N1) 2009. (2010). <http://www.who.int/ihr/emerg_comm_members_2009/fr/> —**782.** CSL. Panvax h1N1 approval for registration for use in australia by therapeutic goods administration. (2009). <http://www.csl.com.au/s1/cs/auhq/1187378853299/news/1249870443804/prdetail.htm> —**783.** Les Echos. Pfizer effectue une incursion sur le marché des vaccins. Lesechos.fr. (2006). <http://www.lesechos.fr/10/10/2006/LesEchos/19769-120-ECH_pfizer-effectue-une-incursion-sur-le-marche-des-vaccins.htm> —**784.** Pfizer. New pH1N1 vaccine available for swine. (2009). <http://press.pfizer.com/press-release/new-ph1n1-vaccine-available-swine> —**785.** Ferguson, N. M., Galvani, A. P. & Bush, R. M. Ecological and immunological determinants of influenza evolution. nature 422, 428–433 (2003). —**786.** Ferguson, N. M. et al. Strategies for containing an emerging influenza pandemic in southeast asia. nature 437, 209–214 (2005). —**787.** Ferguson, N. M. et al. Strategies for mitigating an influenza pandemic. nature 442, 448–452 (2006). —**788.** Cauchemez, S., Valleron, A.-J., Boëlle, P.-Y., Flahault, A. & Ferguson, N. M. Estimating the impact of school closure on influenza transmission from sentinel data. nature 452, 750–754 (2008). —**789.** UK Parliament. House of commons - scientific advice and evidence in emergencies - science and technology committee. <http://www.publications.parliament.uk/pa/cm201011/cmselect/cmsctech/498/49809.htm> —**790.** UK Parliament. House of commons hansard written answers. (2009). <http://www.publications.parliament.uk/pa/cm200809/cmhansrd/cm090716/text/90716w0029.htm> —**791.** Imperial College. Home - professor sir. john beddington. <http://www.imperial.ac.uk/people/j.beddington> —**792.** Tazi-Ahnini, R. et al. Structure and polymorphism of the human gene for the interferon-induced p78 protein (MX1): Evidence of association with alopecia areata in the down syndrome region. Hum. Genet. 106, 639–645 (2000). —**793.** CASMI. Sir gordon duff. <http://casmi.org.uk/sir-gordon-duff/> —**794.** Cabinet Office. The lead government department and its role guidance and best practice. <https://www.gov.uk/government/uploads/system/uploads/attachment_data/file/61355/lead-government-departments-role.pdf> —**795.** Chatham House. Professor david r harper CBE CBiol FSB FFPH hon FRSPH. Chatham house. <http://www.chathamhouse.org//node/12710> —**796.** Harper Public Health Consulting. Harper public health consulting limited. (2015). <http://harperpublichealth.com/> —**797.** GOV.UK. Professor dame sally davies. <https://www.gov.uk/government/people/sally-davies> —**798.** Imperial College. Professor dame sally davies. <http://www1.imperial.ac.uk/publichealth/about/womeninscience/athenaswanevents/womeninpublichealthlecture/> —**799.** Daily Mail. Stop your children being flu 'super spreaders', parents told. Mail online. (2014). <http://www.dailymail.co.uk/news/article-2852466/Stop-children-flu-super-spreaders-health-chiefs-tell-parents-Dame-Sally-Owens-says-crucial-two-four-year-olds-vaccinated.html> —**800.** GlaxoSmithKline Inc. Board of directors | GSK. (2015). <http://www.gsk.com/en-gb/about-us/board-of-directors/> —**801.** Daily Mail. Government virus expert paid 116k by swine flu vaccine manufacturers. Mail online. (2009). <http://www.dailymail.co.uk/news/article-1202389/Government-virus-expert-paid-116k-swine-flu-vaccine-manufacturers.html> —**802.** Russell, B. J. 1.5bn swine flu vaccine boost for GSK and astra. (2009). <http://www.telegraph.co.uk/finance/6432931/1.5bn-swine-flu-vaccine-boost-for-GSK-and-Astra.html> —**803.** Drug Development Technology. Pandemrix - adjuvanted h1N1 influenza vaccine. <http://www.drugdevelopment-technology.com/projects/pandemrix/> —**804.** Cardiff University. Dr meirion evans - research. <http://medi-

cine.cf.ac.uk/person/dr-meirion-rhys-evans/research/> —**805.** Five Nations Health Protection. Conference booklet 2006 cardiff. (2006). <http://5nations.org.uk/Downloads/ConferenceBooklet-2006-Cardiff.pdf> —**806.** Evans, M. R. & Watson, P. A. Why do older people not get immunised against influenza?: A community survey. vaccine 21, 2421—2427 (2003). —**807.** Merck Serono. Merck serono resumes stimuvax clinical program in lung cancer. (2010). —**808.** AstraZeneca. Live attenuated influenza vaccine, LAIV. (2014). <http://www.astrazeneca.co.uk/medicines/infection/Product/live-attenuated-influenza-vaccine-laiv> —**809.** St Gerorge's University of London. Professor george griffin. <http://www.sgul.ac.uk/research-profiles-a-z/professor-george-griffin> —**810.** Department of Health UK. SPI members biographies : Scientific pandemic influenza advisory committee (SPI). (2011). <http://webarchive.nationalarchives.gov.uk/+/www.dh.gov.uk/ab/SPI/DH_095670?PageOperation=email#_12> —**811.** Hall, A. J. The united kingdom joint committee on vaccination and immunisation. vaccine 28, Supplement 1, A54–A57 (2010). —**812.** Whittle, H. et al. Observational study of vaccine efficacy 14 years after trial of hepatitis b vaccination in gambian children. bmj 325, 569 (2002). —**813.** Sara L Thomas, J. G. W. Contacts with varicella or with children and protection against herpes zoster in adults: A case-control study. lancet 360, 678–82 (2002). —**814.** OMS. Strategic advisory group of experts on immunization (SAGE) decade of vaccines working group (established march 2013). WHO. (2014). <http://www.who.int/immunization/sage/sage_wg_decade_vaccines/en/> —**815.** Wikipédia. National institute for biological standards and control. Wikipedia, the free encyclopedia (2014). <http://en.wikipedia.org/w/index.php?title=National_Institute_for_Biological_Standards_and_Control\&oldid=607264547> —**816.** NBSB. Annual report & accounts. (2009). <http://www.nibsc.org/PDF/NBSB\%20Annual\%20Report\%202009.pdf?q=reportaccounts> —**817.** Sanofi Pasteur. Sanofi pasteur renforce la préparation a la pandémie avec le premier essai clinique d'un nouveau vaccin h7N1 sur culture cellulaire. (2006). <http://www.sanofipasteur.com/fr/Documents/PDF/PR/20060919-Sanofipasteur-renforce-la-preparation-\%C3\%A0-la-pandemie-avec-le-premier-essai-clinique-d-un-nouveau-vaccin-H7N1-sur-la-culture-cellulaire.pdf> —**818.** Commission Européenne. Un vaccin contre l'influenza avise se révèle prometteur lors d'essais cliniques. (2007). <http://europa.eu/rapid/press-release_IP-07-1298_fr.htm?locale=en> —**819.** Medicines Act 1968. Medicines act 1968 advisory bodies, annual reports 2007. —**820.** Information, N. C. for B., Pike, U. S. N. L. of M. 8. R., MD, B. & Usa, 2. No items found - PubMed - NCBI. —**821.** University College of London. Susan michie. <http://www.ucl.ac.uk/health-psychology/people/michie> —**822.** Gardner, B., McAteer, J., Davies, A. & Michie, S. How can MMR uptake be increased? A literature review and intervention feasibility study. report to the national social marketing centre. (2008). <http://discovery.ucl.ac.uk/103057/> —**823.** Gardner, B., McAteer, J., Davies, A. & Michie, S. Views towards compulsory MMR vaccination in the UK. Arch Dis Child 95, 658–659 (2010). —**824.** Lorencatto, F., Michie, S. & West, R. Method for identifying behaviour change techniques (BCTs) for stop smoking behavioural support delivered in practice. <http://www.uknscc.org/uknscc2011_poster_128.php> —**825.** NICE. Behaviour change: Individual approaches | guidance and guidelines. (2012). <http://www.nice.org.uk/guidance/ph49/documents/behaviour-change-minutes-pdg-1> —**826.** Brown, J., Michie, S. & West, R. The case of stop smoking services in england. Br. J. Psychiatry 202, 74–74 (2013). —**827.** ISIRV. Angus nicoll, head, programme for influenza and other respiratory viruses, ECDC, sweden. <http://www.isirv.org/site/index.php/board-members/10-board/180-angus-nicoll> —**828.** Nicoll, A., Ciancio, B., Tsolova, S., Blank, P. & Yilmaz, C. The scientific basis for offering seasonal influenza immunisation to risk groups in europe. Euro Surveill. 13, (2008). —**829.** University of Leicester. University of leicester professor karl nicholson leads human clinical trial with avian influenza vaccine. <http://www.le.ac.uk/ebulletin-archive/ebulletin/news/press-releases/2000-2009/2006/06/nparticle.2006-06-07.html> —**830.** Times Higher Education. Flu vaccine misses its target. Times higher education. (1994). <http://www.timeshighereducation.co.uk/news/flu-vaccine-misses-its-target/154342.article> —**831.** Cooper, N. J. et al. Effectiveness of neuraminidase inhibitors in treatment and prevention of influenza a and b: Systematic review and meta-analyses of randomised controlled trials. bmj 326, 1235 (2003). —**832.** Nicholson, K. G. et al. Efficacy and safety of oseltamivir in treatment of acute influenza: A randomised controlled trial. neuraminidase inhibitor flu treatment investigator group. lancet 355, 1845–1850 (2000). —**833.** DBIO. Top 100 journals in biology and medicine. (2009). <http://dbiosla.org/publications/resources/dbio100.html> —**834.** Cohen, D. Complications: Tracking down the data on oseltamivir. bmj 339, b5387 (2009). —**835.** Kaiser L et al. Impact of oseltamivir treatment on influenza-related lower respiratory tract complications and hospitalizations. Arch Intern Med 163, 1667–1672 (2003). —**836.** The Bureau of Investigative Journalism. WHO swine flu advisors had links to drug companies. (2010). <https://www.thebureauinvestigates.com/2010/06/07/who-swine-flu-advisors-had-links-to-drug-companies/> —**837.** Cohen, D. & Carter, P. WHO and the pandemic flu 'conspiracies'. bmj 340, c2912 (2010). —**838.** OMS. Biographie succincte du dr margaret chan. WHO. <http://www.who.int/dg/chan/fr/> —**839.** Sénat. La grippe a (h1N1)v : Retours sur la première pandémie du XXIe siècle (rapport). (2010). <http://www.senat.fr/rap/r09-685-1/r09-685-112.html> —**840.** Flu Summit. Prof peter openshaw. <http://www.flusummit.org/engine/speakers/openshaw> —**841.** Imperial College. Honours and memberships - peter openshaw - professor of experimental medicine. (2015). <http://www.imperial.ac.uk/people/p.openshaw/honours-and-memberships.html> —**842.** Bavarian Nordic. Bavarian nordic. (2015). <http://www.bavarian-nordic.com/> —**843.** Nguyen-Van-Tam, J. S., Openshaw, P. J. M. & Nicholson, K. G. Antivirals for influenza: Where now for clinical practice and pandemic preparedness? The Lancet 384, 386–387 (2014). —**844.** Bewick, T. et al. Clinical and laboratory features distinguishing pandemic h1N1 influenza-related pneumonia from interpandemic community-acquired pneumonia in adults. thorax thx.2010.151522 (2011). doi:10.1136/thx.2010.151522 —**845.** University College of London. Prof deenan pillay. <http://www.ucl.ac.uk/slms/people/show.php?UPI=DPILL78> —**846.** GOV.UK. Expert advisory group on AIDS - groups. <https://www.gov.uk/government/groups/expert-advisory-group-on-aids> —**847.** GOV.UK. EXPERT ADVISORY GROUP ON AIDS, providing expert scientific advice on HIV. (2010).

<https://www.gov.uk/government/uploads/system/uploads/attachment_data/file/274473/EAGA-Annual-Report-2009.pdf> —**848.** International Vaccine Institute. International workshop to discuss vaccines against influenza at IVI. (2007). <http://www.ivi.int/web/www/07_01;jsessionid=F70D1563D5408D89C1FBE5730D918812?
p_p_id=EXT_BBS\&p_p_lifecycle=0\&p_p_state=normal\&p_p_mode=view\&p_p_col_id=column-
1\&p_p_col_pos=1\&p_p_col_count=2\&_EXT_BBS_struts_action=\%2Fext\%2Fbbs\
%2Fview_message\&_EXT_BBS_sCategory=\&_EXT_BBS_sSubCategory=\&_EXT_BBS_sTitle=\&_EXT_BBS_sW
riter=\&_EXT_BBS_sTag=\&_EXT_BBS_sContent=\&_EXT_BBS_sCategory2=\&_EXT_BBS_sSubCategory2=\&_
EXT_BBS_sKeyType=\&_EXT_BBS_sKeyword=\&_EXT_BBS_curPage=9\&_EXT_BBS_messageId=88> —**849.** IN-
FLUENZA VIRUS NEURAMINIDASE CRYSTAL STRUCTURE AND THEIR USE THEREOF. (2007).
<http://www.freepatentsonline.com/WO2007141516A2.html> —**850.** Air, G. M. Influenza neuraminidase. Influenza
Other Respi Viruses 6, 245–256 (2012). —**851.** Sanofi Pasteur MDS. Sanofi pasteur MSD dédié au vaccin et à la prévention des maladies infectieuses. <http://www.spmsd.fr/> —**852.** LinkedIn. Jonathan van-tam. (2014). <https://uk.-
linkedin.com/pub/jonathan-van-tam/14/8b3/a8b> —**853.** OMS. Grippe a(H1N1): Le niveau d'alerte pandémique
passe en phase 6. WHO. (2009).
<http://www.who.int/mediacentre/news/statements/2009/h1n1_pandemic_phase6_20090611/fr/> —**854.** OMS.
Qu'est-ce que la phase 6? (2009). <http://www.who.int/csr/disease/swineflu/frequently_asked_questions/levels_pande-
mic_alert/fr/> —**855.** Les économistes des plateaux télé. (2012). <https://www.youtube.com/watch?v=SDU742g-
QoZw> —**856.** NEJM. About NEJM - past and present. New england journal of medicine.
<http://www.nejm.org/page/about-nejm/history-and-mission> —**857.** Altman, L. K. New england journal of medicine
names third editor in a year. The New York Times: U.S. (2000). <http://www.nytimes.com/2000/05/12/us/new-en-
gland-journal-of-medicine-names-third-editor-in-a-year.html> —**858.** NEJM. Media center - the NEJM editor-in-chief.
New england journal of medicine. (2015). <http://www.nejm.org/page/media-center/editor-in-chief> —**859.** Mitka M.
NEJM editor jerome p. kassirer, md, loses post over 'administrative issues'. jama 282, 622–623 (1999). —**860.** Kassirer,
J. P. On the take: How america's complicity with big business can endanger your health. (Oxford University Press,
2005). —**861.** DeAngelis, C. D. Book review. N. Engl. J. Med. 351, 2459–2459 (2004). —**862.** NIH. Changing the
face of medicine | dr. marcia angell.
<http://www.nlm.nih.gov/changingthefaceofmedicine/physicians/biography_10.html> —**863.** Angell, M. The truth
about the drug companies. The New York Review of Books (2004).
<http://www.nybooks.com/articles/archives/2004/jul/15/the-truth-about-the-drug-companies/> —**864.** Angell, M.
Drug companies & doctors: A story of corruption. The New York Review of Books (2009). <http://www.nybooks.-
com/articles/archives/2009/jan/15/drug-companies-doctorsa-story-of-corruption/> —**865.** Government Publishing
Office. Congressional record, volume 154 issue 91. (2008). <http://origin.www.gpo.gov/fdsys/pkg/CREC-2008-06-
04/html/CREC-2008-06-04-pt1-PgS5029-2.htm> —**866.** Cooney, E. Psychiatrists under fire supported by mass. general. (2008). <http://lcmedia.typepad.com/pharmola/2008/06/psychiatrists-under-fire-supported-by-mass-generalby-eli-
zabeth-cooneyjune-11-2008three-harvard-psychiatrists-facing-a-us.html#more> —**867.** The Wall Street Journal. I was
doing the right thing. Wall Street Journal: Opinion (2008). <http://www.wsj.com/articles/SB122965241735720719>
—**868.** Nature News Blog. Harvard scientists disciplined for not declaring ties to drug companies. (2011).
<http://blogs.nature.com/news/2011/07/harvard_scientists_disciplined.html> —**869.** The Harvard Crimson. Docu-
ment: The doctors' apology letter. (2011). <http://www.thecrimson.com/flash-graphic/2011/7/2/medical-school-col-
leagues-letter/> —**870.** InCites. Second bimonthly period of 2007 - top 10 researchers in psychiatry/Psychology.
<http://in-cites.com/top/2007/second07-psy.html> —**871.** ESI Topics. Attention deficit hyperactivity disorder
(ADHD/ADD) - interview with dr. joseph biederman. (2005). <http://www.esi-topics.com/add/interviews/JosephBie-
derman.html> —**872.** United States District Court for the Eastern district of Pennsylvania. United states of america v.
janssen pharmaceuticals, inc. (2013). <http://www.justice.gov/sites/default/files/opa/legacy/2013/11/04/janssen-in-
fo.pdf> —**873.** Fisk, J. F. C. J%J pushed risperdal with golf, popcorn, witness says. Bloomberg.com. <http://www.-
bloomberg.com/news/articles/2012-09-25/j-j-pushed-risperdal-with-golf-popcorn-witness-says> —**874.** Statista.com.
Top antipsychotic drug sales in the united states 2011-2012 | statistic. Statista.
<http://www.statista.com/statistics/242480/sales-of-antipsychotic-drugs-in-the-us/> —**875.** Jansen. Risperdal.
<http://www.janssenpharmaceuticalsinc.com/assets/risperdal.pdf> —**876.** NIH. Risperidone: MedlinePlus drug infor-
mation. (2012). <http://www.nlm.nih.gov/medlineplus/druginfo/meds/a694015.html#side-effects> —**877.** AFSSAPS.
Rapport public d'évaluation, risperdal. (2005).
<http://ansm.sante.fr/var/ansm_site/storage/original/application/74364a3a13ca6a7a543da09fb576ea30.pdf> —**878.**
Rosenheck, R. A. et al. Long-acting risperidone and oral antipsychotics in unstable schizophrenia. N. Engl. J. Med.
364, 842–851 (2011). —**879.** Samson, K. NerveCenter: Senate probe seeks industry payment data on individual acade-
mic researchers. Ann Neurol. 64, A7–A9 (2008). —**880.** United States District Court for the district of Massachusetts.
United states v. GlaxoSmithKline. <http://www.justice.gov/sites/default/files/opa/legacy/2012/07/02/us-
complaint.pdf> —**881.** Keller, M. B. et al. Efficacy of paroxetine in the treatment of adolescent major depression: A
randomized, controlled trial. J Am Acad Child Adolesc Psychiatry 40, 762–772 (2001). —**882.** Harris, G. Top psychia-
trist didn't report drug makers' pay. The New York Times: Health / Health Care Policy (2008). <http://www.nytimes.-
com/2008/10/04/health/policy/04drug.html> —**883.** Gottlieb, S. FDA censures NEJM editor. BMJ 320, 1562 (2000).
—**884.** Sibbald, B. NEJM's new editor cut ties with 20 drug companies before taking helm. CMAJ 163, 1182–1182
(2000). —**885.** Drazen, J. M. & Curfman, G. D. Financial associations of authors. N. Engl. J. Med. 346, 1901–1902
(2002). —**886.** Lexchin, J. & Light, D. W. Commercial influence and the content of medical journals. bmj 332, 1444–
1447 (2006). —**887.** Wilkes, M. S., Doblin, B. H. & Shapiro, M. F. Pharmaceutical advertisements in leading medical

journals: Experts' assessments. Ann. Intern. Med. 116, 912–919 (1992). —**888.** Godlee, F., Smith, J. & Marcovitch, H. Wakefield's article linking MMR vaccine and autism was fraudulent. bmj 342, (2011). —**889.** Deer, B. How the case against the MMR vaccine was fixed. bmj 342, (2011). —**890.** hwadmin. Wakefield's article linking MMR vaccine and autism was fraudulent. bmj 342, (2011). —**891.** Godlee, F. Institutional and editorial misconduct in the MMR scare. bmj 342, (2011). —**892.** Godlee, F. The fraud behind the MMR scare. bmj 342, (2011). —**893.** Whoriskey, P. As drug industry's influence over research grows, so does the potential for bias. The Washington Post (2012). <http://www.washingtonpost.com/business/economy/as-drug-industrys-influence-over-research-grows-so-does-the-potential-for-bias/2012/11/24/bb64d596-1264-11e2-be82-c3411b7680a9_story.html> —**894.** Bombardier, C. et al. Comparison of upper gastrointestinal toxicity of rofecoxib and naproxen in patients with rheumatoid arthritis. N. Engl. J. Med. 343, 1520–1528 (2000). —**895.** Topol, E. J. Failing the public health rofecoxib, merck, and the FDA. N. Engl. J. Med. 351, 1707–1709 (2004). —**896.** Government Publishing Office. RISK AND RESPONSIBILITY: THE ROLES OF FDA AND PHARMACEUTICAL COMPANIES IN ENSURING THE SAFETY OF APPROVED DRUGS, LIKE VIOXX. (2005). <http://www.gpo.gov/fdsys/pkg/CHRG-109hhrg21483/html/CHRG-109hhrg21483.htm> —**897.** Bekelman JE, Li Y & Gross CP. Scope and impact of financial conflicts of interest in biomedical research: A systematic review. jama 289, 454–465 (2003). —**898.** Bhandari, M. et al. Association between industry funding and statistically significant pro-industry findings in medical and surgical randomized trials. CMAJ 170, 477–480 (2004). —**899.** Ridker P & Torres J. Reported outcomes in major cardiovascular clinical trials funded by for-profit and not-for-profit organizations: 2000-2005. jama 295, 2270–2274 (2006). —**900.** Borzak S. FUnding of clinical trials. jama 296, 1969–1969 (2006). —**901.** The Washington Post. Scientists and drug company connections. The Washington Post (2012). <http://www.washingtonpost.com/business/economy/scientists-and-drug-company-connections/2012/11/24/f4711d8e-36a1-11e2-9cfa-e41bac906cc9_graphic.html> —**902.** Danger vaccin col de l'utérus (gardasil). (2011). <https://www.youtube.com/watch?v=xAvG-1TFtdM> —**903.** Wikipédia. Liste des ministres français de la Santé. Wikipédia (2014). <https://fr.wikipedia.org/w/index.php?title=Liste_des_ministres_fran\%C3\%A7ais_de_la_Sant\%C3\%A9&oldid=106953341> —**904.** Haut Conseil de la Santé Publique. Les déclarations publiques d'intérêts des membres du collège, des commissions et des comités techniques. —**905.** Rue89. Cancer : Une pub interdite plombe le vaccin gardasil. (2010). <http://rue89.nouvelobs.com/2010/12/07/cancer-linterdiction-dune-pub-plombe-le-vaccin-gardasil-178864> —**906.** Haute Autorité de Santé. Haute autorité de santé - login. (2015). <http://www.has-sante.fr/portail/plugins/ModuleHAS/custom/privateLoginHAS.jsp?redirect=http\%3A\%2F\%2Fwww.has-sante.fr\%2Fportail\%2Fupload\%2Fdocs\%2Fapplication\%2Fpdf\%2F2009-07\%2Fbaldauf_jean-jacques_-_declaration_publique_dinterets_du_29-05-09.pdf> —**907.** Ouverture.net. Le figaro oublie d'indiquer les liens d'intérêts d'un médecin auteur d'un article. (2012). <http://www.ouvertures.net/le-figaro-oublie-d\%C2\%B4indiquer-les-liens-d\%C2\%B4interets-d\%C2\%B4un-medecin-auteur-d\%C2\%B4un-article/> —**908.** Haute Autorité de Santé. En tant que professionnel de terrain, qu'est ce qui permet d'expliquer la recommandation de la HAS d'organiser le dépistage du cancer du col de l'utérus ? (2010). <http://www.has-sante.fr/portail/jcms/c_1000378/fr/en-tant-que-professionnel-de-terrain-quest-ce-qui-permet-dexpliquer-la-recommandation-de-la-has-dorganiser-le-depistage-du-cancer-du-col-de-luterus?xtmc=\&xtcr=1> —**909.** Ouverture.net. Conseil de l'ordre des médecins : tout article doit indiquer les liens d'intérêts du praticien. (2012). <http://www.ouvertures.net/conseil-de-l\%C2\%B4ordre-des-medecins-tout-article-doit-indiquer-les-liens-dinteret-du-praticien/> —**910.** Le Figaro. Peut-on mieux prévenir le cancer du col de l'utérus ? Le figaro. (2012). <http://www.lefigaro.fr/sciences/2012/02/09/01008-20120209ARTFIG00799-peut-on-mieux-prevenir-le-cancer-du-col-de-l-uterus.php> —**911.** Haute Autorité de Santé. État des lieux et recommandations pour le dépistage du cancer du col de l'utérus en france. (2010). <http://www.has-sante.fr/portail/upload/docs/application/pdf/2010-11/argumentaire_recommandations_depistage_cancer_du_col_de_luterus.pdf> —**912.** Krémer, P. Pilule : enquête sur ces médecins liés aux laboratoires. Le Monde.fr: Société (2013). <http://www.lemonde.fr/societe/article/2013/01/10/pilule-enquete-sur-ces-medecins-lies-aux-laboratoires_1814864_3224.html> —**913.** Assemblée Nationale. Mme roselyne bachelot-narquin. <http://www.assemblee-nationale.fr/13/tribun/fiches_id/332.asp> —**914.** Parlement Européen. Roselyne BACHELOT-NARQUIN. <http://www.europarl.europa.eu/meps/fr/28179/ROSELYNE_BACHELOT-NARQUIN_home.html> —**915.** Fakir. Le vrai CV de roselyne bachelot. (2009). <http://www.fakirpresse.info/Le-vrai-CV-de-Roselyne-Bachelot.html> —**916.** Là-bas si j'y suis. L'alibi des lobbies. (2009). <http://la-bas.org/spip.php?page=article\&id_article=1796> —**917.** L'alibi des lobbies. <http://media.la-bas.org/mp3/091124/091124.mp3> —**918.** Wikipédia. Jean Narquin. Wikipédia (2015). <https://fr.wikipedia.org/w/index.php?title=Jean_Narquin\&oldid=114757988> —**919.** AstraZeneca. Merger partners in brief. <http://archive.wikiwix.com/cache/?url=http://www.astrazeneca.com/about-us/history/merger-partners-in-brief?itemId=3888482\%26nav=yes\&title=Historique\%20de\%20ZenecaGroup\%20PLC> —**920.** Haute Autorité de Santé. Avis de la commission pour le fluenz. (2012). <http://www.has-sante.fr/portail/upload/docs/application/pdf/2012-08/fluenz_18072012_ct12345.pdf> —**921.** Haut Conseil de la Santé Publique. Vaccination contre la grippe saisonnière par le vaccin fluenz. (2011). <http://www.hcsp.fr/explore.cgi/avis-rapportsdomaine?clefr=235> —**922.** Rosenwald, M. S. Sales of MedImmune's flu vaccine drop sharply. The Washington Post (2006). <http://www.washingtonpost.com/wp-dyn/content/article/2006/02/02/AR2006020202320.html> —**923.** Joyeux. Pétition à l'attention de madame la ministre de la santé marisol tourraine. (2015). <http://petition.ipsn.eu/penurie-vaccin-dt-polio/index.php?utm_source=TRANSCRIPT\&utm_medium=Newsletter-gratuite\&utm_campaign=201505-26-DTP_VdT> —**924.** Le Parisien. Polémique sur la vaccination : le Pr Joyeux invite Touraine à débattre. leparisien.fr. (2015). <http://www.leparisien.fr/societe/polemique-sur-la-vaccination-le-pr-joyeux-invite-tourraine-a-debattre-01-06-2015-4823043.php> —**925.** NPA Quimper. La ministre soigne la santé d'un labo (le canard enchainé). Le blog du NPA 29. (2012). <http://npa29quimper.over-blog.fr/article-la-ministre-soigne-

la-sante-d-un-labo-le-canard-enchaine-109247837.html> —**926.** ANSM. Commission d'autorisation de mise sur le marché des médicaments. (2012). <http://www.sante.gouv.fr/IMG/pdf/Commission_AMM_Missions-Composition_Juin2012.pdf> —**927.** Assises du médicament. Déclaration publique d'intérêts. —**928.** Public Sénat. Audition médiator. (2011). <http://replay.publicsenat.fr/vod/audition/auditions-mediator-daniel-vittecoq-et-jean-francois-bergmann/68657> —**929.** Sénat. Mission commune d'information sur le mediator : Compte rendu de la semaine du 28 mars 2011. (2011). <http://www.senat.fr/compte-rendu-commissions/20110328/mediator.html#toc6> —**930.** ANSM. Décision DG n2012-238 portant nominations à l'ANSM. (2012). <http://www.france-biotech.org/wp-content/uploads/2012/09/nomination_ansm.pdf> —**931.** ANSM. Médicaments en cardiologie, endocrinologie, gynécologie, urologie. (2014). <http://ansm.sante.fr/L-ANSM2/Directions-produits/Medicaments-en-cardiologie-endocrinologie-gynecologie-urologie/\%28offset\%29/1> —**932.** European Medicines Agency. Emmerich 2015-01-13 DOI form version-number: 2 public declaration of interests and confidentiality undertaking of european medicines agency. (2015). <http://www.ema.europa.eu/docs/en_GB/document_library/contacts/emmerichj_DI.pdf> —**933.** Corporama. Société EUTHERAPIE à SURESNES, 92150 (SIREN 402230197). <https://corporama.com/fr/societe/eutherapie/402230197> —**934.** ANSM. Point sur l'utilisation des nouveaux anticoagulants oraux pradaxa (dabigatran), xarelto (rivaroxaban) et eliquis (apixaban). (2013). <http://ansm.sante.fr/S-informer/Presse-Communiques-Points-presse/Point-sur-l-utilisation-des-nouveaux-anticoagulants-oraux-Pradaxa-dabigatran-Xarelto-rivaroxaban-et-Eliquis-apixaban-Communique> —**935.** Pradaxa: L'ANSM appelle à ne pas arrêter le traitement. (2013). <https://www.youtube.com/watch?v=sWgYP1qKMlo> —**936.** Le Parisien. Anticoagulant Pradaxa : premières plaintes en France après quatre décès. leparisien.fr. (2013). <http://www.leparisien.frlaparisienne/sante/anticoagulant-pradaxa-premieres-plaintes-en-france-apres-quatre-deces-09-10-2013-3209453.php> —**937.** Ministère de la Santé Publique. Marisol touraine lance www.transparence.sante.gouv.fr, un site internet unique sur les liens d'intérêts entre entreprises et professionnels de santé. (2014). <http://www.sante.gouv.fr/marisol-touraine-lance-www-transparence-sante-gouv-fr-un-site-internet-unique-sur-les-liens-d-interets-entre-entreprises-et-professionnels-de-sante.html> —**938.** Ministère de la Santé Publique. Base de données publique transparence santé. (2015). <https://www.transparence.sante.gouv.fr/flow/rechercheBeneficiaires;jsessionid=7A10DF9C2E76AF435A5D8DA1C4067B89.sunshine-public?execution=e1s1> —**939.** Marianne. au delà du mediator, le conflit d'intérêt est dans tout le secteur . Marianne. (2011). <http://www.marianne.net/Au-dela-du-Mediator-le-conflit-d-interet-est-dans-tout-le-secteur_a202419.html> —**940.** Le Figaro. Mediator : Les parlementaires mis en cause. (2011). <http://sante.lefigaro.fr/actualite/2011/02/25/10758-mediator-parlementaires-mis-cause> —**941.** David Thomas. Affaire mediator : Le député gérard bapt lave blanc ! Mais pas encore plus blanc ! . Le post. (2011). <http://archives-lepost.huffingtonpost.fr/article/2011/02/24/2416458_affaire-mediator-le-depute-gerard-bapt-lave-blanc-mais-pas-encore-plus-blanc.html> —**942.** RachelBertrand. Enquête sur mediator : Les parlementaires effacent discrètement leurs conflits d'intérêt d'un site internet compromettant. AgoraVox. (2011). <http://www.agoravox.fr/tribune-libre/article/enquete-sur-mediator-les-90823> —**943.** Haute Autorité pour la transparence de la vie publique. Déclaration d'intérêts et d'activités au titre d'un mandat parlementaire. (2014). <http://www.hatvp.fr/livraison/dossiers/bapt-gerard-dia-depute-31.pdf> —**944.** S, R. Affaire mediator : Le sénat censure wikipedia. Le post. (2011). <http://archives-lepost.huffingtonpost.fr/article/2011/04/07/2458559_affaire-mediator-le-senat-censure-wikipedia.html> —**945.** Wikipédia. Gérard Bapt : Historique des versions. Wikipédia <https://fr.wikipedia.org/w/index.php?title=G\%C3\%A9rard_Bapt\&action=history> —**946.** Geo IP Tool. Regardez mon information d'IP: 217.156.140.234. <https://geoiptool.com/fr/?IP=217.156.140.234> —**947.** Attkisson, S., 2008 & Pm, 6. How independent are vaccine defenders? (2008). <http://www.cbsnews.com/news/how-independent-are-vaccine-defenders/> —**948.** Offit, P. A. Deadly choices: How the anti-vaccine movement threatens us all. (Basic Books, 2011). <https://books.google.fr/books?id=t_poH5CczDUC\&pg=PA201\&lpg=PA201\&dq=aap+342,000+wyeth\&source=bl\&ots=VJalqkwJGr\&sig=o_CegIro19nWygPR2tzRrxhdq64\&hl=fr\&sa=X\&ei=aRb-U4jRFpLbaJmSgbgO#v=onepage\&q\&f=false> —**949.** American Academy of Pediatrics. HPV vaccine recommendations. (2012). <http://pediatrics.aappublications.org/content/early/2012/02/22/peds.2011-3865.full.pdf> —**950.** American Academy of Pediatrics. Human papillomavirus (HPV). (2009). <http://www2.aap.org/immunization/illnesses/hpv/hpv.html> —**951.** Every Child By Two. Vaccine benefits. <http://www.ecbt.org/index.php/facts_and_issues/article/vaccine_benefits> —**952.** Every Child By Two. Vaccinate your baby. <http://www.ecbt.org/index.php/about/article/vaccinate_your_baby> —**953.** SourceWatch. Every child by two. <http://www.sourcewatch.org/index.php/Every_Child_By_Two> —**954.** LinkedIn. Craig engesser | LinkedIn. <https://www.linkedin.com/pub/craig-engesser/7/356/244> —**955.** Every Child By Two. Policy on acceptance of funding from external partners. (2009). <http://www.ecbt.org/images/articles/PolicyOnAcceptanceOfFundingFromExternalPartners.pdf> —**956.** Google. Recherche google. (2015). <https://www.google.fr/search?q=wyeth+grant+site:www.ecbt.org\%2F\&ei=TOleVcnRFImP7Ab4qYHQBA> —**957.** Left Brain Right Brain. Paul offit explains the money side of the rotavirus vaccine he worked on. Left brain right brain. (2009). <http://leftbrainrightbrain.co.uk/2009/09/14/paul-offit-explains-the-money-side-of-the-rotavirus-vaccine-he-worked-on/> —**958.** Wikipédia. Gardasil. Wikipédia (2015). <https://fr.wikipedia.org/w/index.php?title=Gardasil\&oldid=115173152> —**959.** RealClearPolitics. Rick perry: Gardasil 'was about saving people's lives'. (2011). <http://www.realclearpolitics.com/video/2011/09/13/rick_perry_gardasil_was_about_saving_peoples_lives.html> —**960.** The Texas Tribune. On the records: In debate, perry understated his merck support. The texas tribune. (2011). <http://www.texastribune.org/2011/09/13/records-fact-checking-perrys-merck-contributions/> —**961.** CNN. Did bachmann's drug lobbyist claims ring true? (2011). <http://www.cnn.com/2011/POLITICS/09/13/truth.squad.lobbyist.claim/index.html> —**962.** CBS News. Super PAC backing rick perry to spend $55 million to beat rivals, documents reveal. Msnbc.com. (2011). <http://www.nbcnews.com/id/44402386/ns/politics-decision_2012/t/super-pac-ba-cking-rick-perry-spend-million-beat-rivals-documents-reveal/> —**963.** Cooper, K. Republican governors association raises $22 million, lists donors (updated). Roll call blog: Political MoneyLine blog. (2014). <http://blogs.rollcall.com/moneyline/republican-governors-association-raises-22-million-lists-donors/?dcz=> —**964.** Public Integrity. Big oil fuels pro-perry super PAC, contributions total $5.5 million. Center for public integrity. (2012). <http://www.publicintegrity.org/2012/01/31/8063/big-oil-fuels-pro-perry-super-pac-contributions-total-55-million> —**965.** Fitzgerald, A. Perry's merck donations more than acknowledged during debate. Bloomberg.com. (2011). <http://www.bloomberg.com/news/articles/2011-09-13/perry-s-merck-donations-greater-than-said> —**966.** IRS. Basic search. <http://forms.irs.gov/app/pod/basicSearch/search?execution=e1s1\&max=10\&offset=10> —**967.** Bristol-Myers Squibb. Bristol-myers squibb and pfizer announce charitable donations of more than $1 million to support cardiovascu-lar education for patients and caregivers. (2014). <http://news.bms.com/press-release/bristol-myers-squibb-and-pfi-zer-announce-charitable-donations-more-1-million-support-c> —**968.** American Heart Association. Clinical practice guidelines for prevention. (2014). <http://my.americanheart.org/professional/ScienceNews/Clinical-Practice-Guideli-nes-for-Prevention_UCM_457211_Article.jsp> —**969.** American Heart Association. 2013 ACC/AHA guideline on the treatment of blood cholesterol to reduce atherosclerotic cardiovascular risk in adults. (2013). <https://circ.ahajour-nals.org/content/early/2013/11/11/01.cir.0000437738.63853.7a.full.pdf> —**970.** Bristol-Myers Squibb. HIGH-LIGHTS OF PRESCRIBING INFORMATION, pravachol. (2014). <http://packageinserts.bms.com/pi/pi_prava-chol.pdf> —**971.** Pfizer. TRUMENBA (meningococcal group b vaccine) is now available. (2014). <http://www.pfizer.-com/news/press-release/press-release-detail/trumenba_meningococcal_group_b_vaccine_is_now_available> —**972.** Bright, M. & McVeigh, T. Meningitis advisers funded by drug firms. The guardian. (2000). <http://www.theguardian.-com/uk/2000/sep/03/tracymcveigh.martinbright> —**973.** France 24. Santé - GlaxoSmithKline condamné à une amende de 3 milliards de dollars pour fraude. France 24. (2012). <http://www.france24.com/fr/20120703-glaxosmi-thkline-fraude-amende-record-pharmacie-industrie-justice-etats-unis-sante/> —**974.** NY Daily News. British drugma-ker to pay $3 billion in fines. NY daily news. (2012). <http://www.nydailynews.com/life-style/health/glaxosmithkline-pay-3-billion-fines-largest-health-care-fraud-settlement-u-s-history-article-1.1106795> —**975.** AFSSAPS. Suspension de l'autorisation de mise sur le marché des médicaments contenant de la rosiglitazone (avandia, avandamet, avaglim). (2010). <http://archive.wikiwix.com/cache/?url=http://www.afssaps.fr/Infos-de-securite/Communiques-Points-presse/Suspension-de-l-autorisation-de-mise-sur-le-marche-des-medicaments-contenant-de-la-rosiglitazone-Avandia-R-Avandamet-R-Avaglim-R-Communique\&title=\%5B1\%5D> —**976.** Daily Mail. GlaxoSmithKline to pay $3billion fine after pleading guilty to healthcare fraud - the biggest in u.S. history. Mail online. (2012). <http://www.dailymail.-co.uk/news/article-2167742/GlaxoSmithKline-pay-3b-fine-pleading-guilty-healthcare-fraud.html> —**977.** Reuters. Forte amende en chine pour GSK et prison pour un ex-dirigeant. (2014). <http://fr.reuters.com/article/idFRKBN0-HE0X920140919> —**978.** Pharmaceutical Manufacturing. Mark reilly sex tape adds to GSK bribery scandal woes. (2014). <http://www.pharmamanufacturing.com/industrynews/2014/mark-reilly-sex-tape-gsk-bribery/> —**979.** GlaxoSmithKline Inc. Sir andrew witty | GSK. <http://www.gsk.com/en-gb/about-us/board-of-directors/sir-andrew-witty/> —**980.** Treanor, J. GlaxoSmithKline chief's pay package more than doubles to 6.7m. The guardian. (2012). <http://www.theguardian.com/business/2012/mar/12/glaxosmithkline-chief-pay-andrew-witty> —**981.** Department of Justice. GlaxoSmithKline to plead guilty and pay $3 billion to resolve fraud allegations and failure to report safety data. (2012). <http://www.justice.gov/opa/pr/glaxosmithkline-plead-guilty-and-pay-3-billion-resolve-fraud-allegations-and-failure-report> —**982.** Thomas, K. & Schmidt, M. S. GlaxoSmithKline agrees to pay $3 billion in fraud settlement. The New York Times (2012). <http://www.nytimes.com/2012/07/03/business/glaxosmithkline-agrees-to-pay-3-bil-lion-in-fraud-settlement.html> —**983.** Bilan. Marc faber prédit une nouvelle crise. Bilan. (2014). <http://www.bi-lan.ch/node/1014314> —**984.** Perceval. Délits et crimes financiers : Pourquoi les banquiers ne vont jamais en prison. Fortune. (2014). <http://fortune.fdesouche.com/332371-delits-et-crimes-financiers-pourquoi-les-banquiers-ne-vont-ja-mais-en-prison> —**985.** Bilan. Les bonus des mastodontes de la city font encore des vagues. Bilan. (2014). <http://www.bilan.ch/node/1014260> —**986.** Department of Justice. Abbott labs to pay $1.5 billion to resolve criminal & civil investigations of off-label promotion of depakote. (2012). <http://www.justice.gov/opa/pr/abbott-labs-pay-15-billion-resolve-criminal-civil-investigations-label-promotion-depakote> —**987.** Department of Justice. #07-782: 09-28-07 bristol-myers squibb to pay more than $515 million to resolve allegations of illegal drug marketing and pricing. (2007). <http://www.justice.gov/archive/opa/pr/2007/September/07_civ_782.html> —**988.** Department of Justice. #09-038: Eli lilly and company agrees to pay $1.415 billion to resolve allegations of off-label promotion of zyprexa (2009-01-15). (2009). <http://www.justice.gov/archive/opa/pr/2009/January/09-civ-038.html> —**989.** Statista.com. Top antipsychotic drug sales in the united states 2011-2012. Statista. (2015). <http://www.statista.com/statistics/242480/sales-of-antipsychotic-drugs-in-the-us/> —**990.** Wikipedia.en. Medicines and healthcare products regulatory agency. Wikipedia, the free encyclopedia (2015). <https://en.wikipedia.org/w/in-dex.php?title=Medicines_and_Healthcare_Products_Regulatory_Agency\&oldid=659452438> —**991.** Department of Justice. Justice department announces largest health care fraud settlement in its history. (2009). <http://www.justice.-gov/opa/pr/justice-department-announces-largest-health-care-fraud-settlement-its-history> —**992.** Virapen, J. & Even, P. Médicaments effets secondaires la mort. (Le Cherche midi, 2014). —**993.** Rutube. Morts sur ordonnance. (2015). <http://rutube.ru/video/bbef05f1f3be51841ab5344fd51afe8c/> —**994.** Prozac,FDA advisory commitee hearing sep-tember 20th 1991. (1991). <https://www.youtube.com/watch?v=Om2J9g-ssKo> —**995.** Finances.net. Bruxelles sanc-tionne le laboratoire lundbeck pour une entente concernant les médicaments génériques. Finances.net. (2013). <http://www.finances.net/infos/actions/Bruxelles-sanctionne-le-laboratoire-Lundbeck-pour-une-entente-concernant-les-m\%C3\%A9dicaments-g\%C3\%A9n\%C3\%A9riques-462716> —**996.** Le MOCI. UE/Concurrence : Les laboratoires servier écopent d'une amende de 331 millions d'euros. Le moci. (2014). <http://www.lemoci.com/ueconcurrence-les-laboratoires-servier-ecopent-dune-amende-de-331-millions-deuros/> —**997.** Francetvinfo. La commission européenne veut sanctionner neuf groupes pharmaceutiques pour des accords anticoncurrentiels. Francetv info. (2013). <http://www.francetvinfo.fr/economie/entreprises/la-commission-europeenne-veut-sanctionner-neuf-groupes-pharmaceutiques_339012.html> —**998.** Autorité de la Concurrence. Ouvrir de nouvelles voies de croissance. (2014). <http://www.autoritedelaconcurrence.fr/doc/synthese2013web.pdf> —**999.** Department of Justice. #07-1000: 12-13-07 merck settles clean water act violations at its montgomery county, pennsylvania pharmaceutical plant. (2007). <http://www.justice.gov/archive/opa/pr/2007/December/07_enrd_1000.html> —**1000.** EasyBourse. Merck verse 688 m $ pour avoir menti sur l'efficacité de son médicament anti-cholestéro. (2013). <https://www.easybourse.com/bourse/sante/article/25144/merck-verse-688-m-pour-avoir-menti-sur-lefficacite-de-son-medicament-anti-cholesterol.html> —**1001.** United States District Court for the Eastern district of Pennsylvania. Merck mumps vaccine antitrust litigation. (2012). <http://freepdfhosting.com/24cea13c07.pdf> —**1002.** The Wall Street Journal. Did merck unfairly monopolize the market for a mumps vaccine? WSJ blogs - pharmalot. (2014). <http://blogs.wsj.com/pharmalot/2014/09/10/did-merck-unfairly-monopolize-the-market-for-a-mumps-vaccine/> —**1003.** European Medicines Agency. European medicines agency acts on deficiencies in roche medicines-safety reporting. (2012). <http://www.ema.europa.eu/ema/index.jsp?curl=pages/news_and_events/news/2012/06/news_detail_001539.jsp\&mid=WC0b01ac058004d5c1> —**1004.** OMS. Variole. WHO. (2015). <http://www.who.int/topics/smallpox/fr/> —**1005.** Direction générale de la santé. Bulletin officiel n2002-50. (2002). <http://www.sante.gouv.fr/fichiers/bo/2002/02-50/a0503932.htm> —**1006.** EuroSurveillance. RECOMMANDATIONS BICHAT* SUR LA PRISE EN CHARGE CLINIQUE DES PATIENTS ATTEINTS DE VARIOLE LIÉE OU NON À UN ACTE DE BIOTERRORISME. (2004). <http://ec.europa.eu/health/ph_threats/Bioterrorisme/clin_gui_smallpox_fr.pdf> —**1007.** Sanofi Pasteur. Couverture vaccinale. (2014). <http://sanofipasteur.com/fr/la_valeur_des_vaccins/couverture_vaccinale/> —**1008.** Unicef. Sept maladies maîtrisées par le vaccin. (1996). <http://www.unicef.org/french/pon96/hevaccin.htm> —**1009.** AFSSAPS. Fiche n7 'variole'. (2008). <http://ansm.sante.fr/var/ansm_site/storage/original/application/bb3-da7fdb5614350cc875ec6b7403f48.pdf> —**1010.** INED. Le vaccin contre la variole. Ined - institut national d'études démographiques. <http://www.ined.fr/fr/tout-savoir-population/memos-demo/fiches-pedagogiques/le-vaccin-contre-la-variole/> —**1011.** OMS. L'éradication de la variole. (1979). <http://whqlibdoc.who.int/publications/a41464_fre.pdf> —**1012.** MaxiSciences. Variole : Des échantillons du virus découverts dans des fioles aux etats-unis. Gentside découverte. (2014). <http://www.maxisciences.com/variole/variole-des-echantillons-du-virus-decouverts-dans-des-fioles-aux-etats-unis_art33015.html> —**1013.** Roush SW, Murphy TV & Vaccine-Preventable Disease Table Working Group a. HIstorical comparisons of morbidity and mortality for vaccine-preventable diseases in the united states. jama 298, 2155–2163 (2007). —**1014.** McKinlay, J. B. & McKinlay, S. M. The questionable contribution of medical measures to the decline of mortality in the united states in the twentieth century. Milbank Mem Fund Q Health Soc 55, 405–428 (1977). —**1015.** Milot, J. La mortalité infantile au tournant du XXe siècle au canada français. Paediatr Child Health 15, e6–e8 (2010). —**1016.** Medicalorama. La scarlatine. <http://www.medicalorama.com/html/sante_enfants/scarlatine> —**1017.** Duncan, C. J., Duncan, S. R. & Scott, S. The dynamics of scarlet fever epidemics in england and wales in the 19th century. Epidemiol Infect 117, 493–499 (1996). —**1018.** Comprendre les lumières. (2013). <https://www.youtube.com/watch?v=mqM7g-tv3DY> —**1019.** Maclure, A. & Stewart, G. T. Admission of children to hospitals in glasgow: Relation to unemployment and other deprivation variables. lancet 2, 682–685 (1984). —**1020.** Prix Galien. Lauréats : Lauréats par spécialités médicales. (2015). <http://www.prixgalien.com/fr/05/02/laureats-par-s-pecialites-medicales.htm> —**1021.** Skyrock. Vaccination contre le cancer du col de l'uterus, pour ou contre ? Skyrock. (2009). <http://gardasil-nsj.skyrock.com/> —**1022.** Ross JS et al. Pooled analysis of rofecoxib placebo-controlled clinical trial data: Lessons for postmarket pharmaceutical safety surveillance. Arch Intern Med 169, 1976–1985 (2009). —**1023.** Food and Drug Administration. Sequence of events with VIOXX, since opening of IND. (2005). <http://www.fda.gov/ohrms/dockets/ac/05/briefing/2005-4090B1_04_E-FDA-TAB-C.htm> —**1024.** Wadman, M. Merck settles vioxx lawsuits for $4.85 billion. Nat. News (2007). doi:10.1038/450324b —**1025.** Zinka, B., Rauch, E., Buettner, A., Ruëff, F. & Penning, R. Unexplained cases of sudden infant death shortly after hexavalent vaccination. vaccine 24, 5779–5780 (2006). —**1026.** Kries, R. von et al. Sudden and unexpected deaths after the administration of hexavalent vaccines (diphtheria, tetanus, pertussis, poliomyelitis, hepatitis b, haemophilius influenzae type b): Is there a signal? Eur. J. Pediatr. 164, 61–69 (2005). —**1027.** Traversa, G. et al. Sudden unexpected deaths and vaccinations during the first two years of life in italy: A case series study. PLoS ONE 6, e16363 (2011). —**1028.** Flanagan, K. L. et al. Heterologous ('nonspecific') and sex-differential effects of vaccines: Epidemiology, clinical trials, and emerging immunologic mechanisms. Clin. Infect. Dis. 57, 283–289 (2013). —**1029.** Gervassi, A. L. & Horton, H. Is infant immunity actively suppressed or immature? Virology (Auckl) 5, 1–9 (2014). —**1030.** Wikipedia.en. List of largest pharmaceutical settlements. Wikipedia, the free encyclopedia (2015). <https://en.wikipedia.org/w/index.php?title=List_of_largest_pharmaceutical_settlements\&oldid=652098644> —**1031.** Roth, A. et al. Low birth weight infants and calmette-guérin bacillus vaccination at birth: Community study from guinea-bissau. Pediatr. Infect. Dis. J. 23, 544–550 (2004). —**1032.** Kristensen, I., Fine, P., Aaby, P. & Jensen, H. Routine vaccinations and child survival: Follow up study in guinea-bissau, west AfricaCommentary: An unexpected finding that needs confirmation or rejection. bmj 321, 1435 (2000). —**1033.** Aaby, P. et al. Testing the hypothesis that diphtheriatetanuspertussis vaccine has negative non-specific and sex-differential effects on child survival in high-mortality countries. BMJ Open 2, (2012). —**1034.** Aaby, P., Jensen, H., Gomes, J., Fernandes, M. & Lisse, I. M. The introduction of diphtheria-tetanus-pertussis vaccine and child mortality in rural guinea-bissau: An observational study. Int J Epidemiol 33, 374–380 (2004). —**1035.** Sankoh, O. et al. The non-specific effects of vaccines and other childhood interventions: The contribution of INDEPTH health and demographic surveillance systems. Int J Epidemiol 43, 645–653 (2014). —**1036.** Bawah, A. A. et al. The impact of immunization on the association between poverty and child survival: Evidence from kassena-nankana district of northern ghana. Scand J Public Health 38, 95–103 (2010). —**1037.** Elguero, E., Simondon, K. B., Vaugelade, J., Marra, A. & Simondon, F. Non-specific effects of vaccination on child survival? A prospective study in senegal. Trop. Med. Int. Health 10, 956–960 (2005). —**1038.** Breiman, R. F. et al. Effect of infant immunisation on childhood mortality in rural bangladesh: Analysis of health and demographic surveillance data. The Lancet 364, 2204–2211 (2004). —**1039.** Fine, P. E. M. & Smith, P. G. Editorial: 'Non-specific effects of vaccines' an important analytical insight, and call for a workshop. Trop. Med. Int. Health 12, 1–4 (2007). —**1040.** London School of Hygiene and Tropical Medicine. Peter smith. <http://www.lshtm.ac.uk/aboutus/people/smith.peter> —**1041.** OMS. Relevé épidémiologique hebdomadaire. 83, 285–292 (2008). —**1042.** Ministère de la Santé Publique. Calendrier vaccinal et recommandations vaccinales 2013. (2013). <http://www.social-sante.gouv.fr/IMG/pdf/Calendrier_vaccinal_ministere_sante_2014.pdf> —**1043.** Garly, M.-L. et al. Hepatitis b vaccination associated with higher female than male mortality in guinea-bissau: An observational study. Pediatr. Infect. Dis. J. 23, 1086–1092 (2004). —**1044.** Krishnan, A. et al. Non-specific sex-differential effect of DTP vaccination may partially explain the excess girl child mortality in ballabgarh, india. Trop. Med. Int. Health 18, 1329–1337 (2013). —**1045.** Gil, A. et al. Vaccination and heterologous immunity: Educating the immune system. Trans. R. Soc. Trop. Med. Hyg. 109, 62–69 (2015). —**1046.** Knudsen, K. M. et al. Child mortality following standard, medium or high titre measles immunization in west africa. Int J Epidemiol 25, 665–673 (1996). —**1047.** Smedman, L. et al. Immunosuppression after measles vaccination. Acta Paediatr. 83, 164–168 (1994). —**1048.** Aaby, P. et al. Differences in female-male mortality after high-titre measles vaccine and association with subsequent vaccination with diphtheria-tetanus-pertussis and inactivated poliovirus: Reanalysis of west african studies. lancet 361, 2183–2188 (2003). —**1049.** Aaby, P. et al. Early diphtheria-tetanus-pertussis vaccination associated with higher female mortality and no difference in male mortality in a cohort of low birthweight children: An observational study within a randomised trial. Arch Dis Child archdischild–2011–300646 (2012). doi:10.1136/archdischild-2011-300646 —**1050.** Benn, C. S. et al. Interaction between neonatal vitamin a supplementation and timing of measles vaccination: A retrospective analysis of three randomized trials from guinea-bissau. vaccine 32, 5468–5474 (2014). —**1051.** Pourcyrous, M., Korones, S. B., Arheart, K. L. & Bada, H. S. Primary immunization of premature infants with gestational age ≤ 35 weeks: Cardiorespiratory complications and c-reactive protein responses associated with administration of single and multiple separate vaccines simultaneously. J. Pediatr. 151, 167–172 (2007). —**1052.** Stensballe, L. G. et al. Acute lower respiratory tract infections and respiratory syncytial virus in infants in guinea-bissau: A beneficial effect of BCG vaccination for girls community based case-control study. vaccine 23, 1251–1257 (2005). —**1053.** Miller, N. Z. & Goldman, G. S. Infant mortality rates regressed against number of vaccine doses routinely given: Is there a biochemical or synergistic toxicity? Hum Exp Toxicol 0960327111407644 (2011). doi:10.1177/0960327111407644 —**1054.** Sage journals. Human & experimental toxicology. (2015). <http://het.sagepub.com/> —**1055.** Central Intelligence Agency. The world factbook, infant mortality rate. (2015). <https://www.cia.gov/library/publications/the-world-factbook/rankorder/2091rank.html> —**1056.** Child Mortality Estimates. Neonatal mortality estimates. <http://www.childmortality.org/files_v19/download/NMR.xlsx> —**1057.** Central Intelligence Agency. The world factbook, death rate. (2015). <https://www.cia.gov/library/publications/the-world-factbook/rankorder/2066rank.html> —**1058.** GlaxoSmithKline Inc. HIGHLIGHTS OF PRESCRIBING INFORMATION, rotarix. (2014). <https://www.gsksource.com/pharma/content/dam/GlaxoSmithKline/US/en/Prescribing_Information/Rotarix/pdf/ROTARIX-PI-PIL.PDF> —**1059.** Food and Drug Administration. Approved products - summary basis for regulatory action - rotarix. (2008). <http://www.fda.gov/BiologicsBloodVaccines/Vaccines/ApprovedProducts/ucm133543.htm> —**1060.** Institut Pierre Delbet. Professeur pierre delbet. (2014). <http://www.institutpierredelbet.org/professeur,pierre,delbet.html> —**1061.** Insecula.com. Douleur. <http://www.insecula.com/oeuvre/O0015628.html> —**1062.** Delbet, P. Politique préventive du cancer. (Sciences libres, 2009). —**1063.** Delbet, P. La carence en magnésium. (1929). 70, 228–230 (1929). —**1064.** Hercberg, S. Statut minéral et vitaminique de la population française. <http://www.ipubli.inserm.fr/bitstream/handle/10608/190/?sequence=24> —**1065.** Le Quotidien du Médecin. Le pain a sa place dans une alimentation équilibrée. Le quotidien du médecin. (2001). <http://www.lequotidiendumedecin.fr/> —**1066.** Neveu, A., Billi, M. & Farma, J. I. Le chlorure de magnésium dans les maladies infectieuses. (Sciences libres, 2010). —**1067.** Nice Matin. L'ex-élue niçoise faxe aux antilles son remède miracle contre la dengue. (2010). <http://www.nicematin.com/article/derniere-minute/lex-elue-nicoise-faxe-aux-antilles-son-remede-miracle-contre-la-dengue.283775.html> —**1068.** Portail de la Guadeloupe. Chlorure de magnésium, remède contre le chikungunya et ebola. <http://www.portail-guadeloupe.com/chlorure-magnesium-soigner-chikungunya.html> —**1069.** Portail de la Guadeloupe. Comment soigner et guérir du chikungunya - témoignages et étude scientifique. <http://www.portail-guadeloupe.com/soigner-guerir-chikungunya.html> —**1070.** Souccar, T. Du chlorure de magnésium contre ebola. sérieusement ? <http://www.thierrysouccar.com/blog/du-chlorure-de-magnesium-contre-ebola-serieusement> —**1071.** De Lamballerie, X. et al. On chikungunya acute infection and chloroquine treatment. Vector Borne Zoonotic Dis. 8, 837–839 (2008). —**1072.** dimitri. Chikungunya | chlorure de magnésium. (2013). <http://www.chlorure-de-magnesium.fr/chikungunya/> —**1073.** AMESSI. Les bienfaits du chlorure de magnésium. (2014). <http://www.amessi.org/les-bienfaits-du-chlorure-de-magnesium> —**1074.** Alternative Santé. Imposture du tétanos. (2014). <http://www.alternativesante.fr/vaccins/le-roman-du-tetanos/> —**1075.** Légifrance. Décret n 2007-1111 du 17 juillet 2007 relatif à l'obligation vaccinale par le vaccin antituberculeux BCG. (2007). <http://www.legifrance.gouv.fr/affichTexte.do?cidTexte=JORFTEXT000000464863\&dateTexte=\&categorieLien=id> —**1076.** Légifrance. Code de la santé publique - article l3111-2. <http://www.legifrance.gouv.fr/affichCodeArticle.do?cidTexte=LE-

GITEXT000006072665\&idArticle=LEGIARTI000006687781> —**1077.** Légifrance. Code de la santé publique - article r3111-2. <http://www.legifrance.gouv.fr/affichCodeArticle.do?idArticle=LEGIARTI000006911702\&cidTexte=LEGITEXT000006072665> —**1078.** Légifrance. Code de la santé publique - article l3111-1. <http://www.legifrance.gouv.fr/affichCodeArticle.do;jsessionid=E67F2E97EEA8FCA30-DE980807202A051.tpdjo07v_3?cidTexte=LEGITEXT000006072665\&idArticle=LEGIARTI000006687777\&dateTexte=\&categorieLien=cid> —**1079.** Ligue Nationale Pour la Liberté des Vaccinations. Législation vaccinale en france. (2015). <http://www.infovaccin.fr/legislation_vaccinale.html> —**1080.** Légifrance. Code de la santé publique - article l3131-1. <http://www.legifrance.gouv.fr/affichCodeArticle.do;jsessionid=01D-FEDC827C587653E38F62126C04A1D.tpdjo02v_2?idArticle=LEGIARTI000006687867\&cidTexte=LEGI-TEXT000006072665\&dateTexte=20091004> —**1081.** Haut Conseil de la Santé Publique. Avis relatif aux ruptures de stocks et aux tensions d'approvisionnement des vaccins combinés contenant la valence coqueluche. (2015). <http://ansm.sante.fr/content/download/74407/946347/version/1/file/rs-1503092vacc_coqueluche_reco_HCS.pdf> —**1082.** Votre Santé. Des crèches exigent toujours le BCG : C'est illégal ! (2015). <http://www.votre-sante.com/news.php?dateedit=1240683522> —**1083.** Service Public. Faut-il faire vacciner son enfant pour l'inscrire en collectivité ? (2014). <http://vosdroits.service-public.fr/particuliers/F767.xhtml> —**1084.** ALIS. ALIS - association liberté information santé. (2015). <http://www.alis-france.com/lois.php> —**1085.** ALIS. Précisions au sujet des contre-indications aux vaccinations. <http://www.alis-france.com/download/precision_contre_indications.pdf> —**1086.** Légifrance. Code de la santé publique - article l3116-4. <http://www.legifrance.gouv.fr/affichCodeArticle.do?cidTexte=LEGI-TEXT000006072665\&idArticle=LEGIARTI000006687829> —**1087.** France 3 Bourgogne. Yonne : Que risquent les parents auxerrois qui refusent de faire vacciner leur enfant ? . France 3 bourgogne. (2015). <http://france3-regions.francetvinfo.fr/bourgogne/2015/03/09/yonne-que-risquent-les-parents-auxerrois-qui-refusent-de-faire-vacciner-leur-enfant-671055.html> —**1088.** Conseil Constitutionnel. Décision n 2015-458 QPC du 20 mars 2015. (2015). <http://www.conseil-constitutionnel.fr/conseil-constitutionnel/francais/les-decisions/acces-par-date/decisions-depuis-1959/2015/2015-458-qpc/decision-n-2015-458-qpc-du-20-mars-2015.143458.html> —**1089.** Légifrance. Code de la santé publique - article l1111-4. <http://www.legifrance.gouv.fr/affichCodeArticle.do?idArticle=LEGIAR-TI000006685767\&cidTexte=LEGITEXT000006072665> —**1090.** Wikipédia. Vaccination. Wikipédia (2015). <https://fr.wikipedia.org/w/index.php?title=Vaccination\&oldid=115051536> —**1091.** Sanofi Pasteur. Chiffres clés, sanofi pasteur, conception et fabrication de vaccins, information vaccination. (2015). <http://www.sanofipasteur.com/fr/sanofi_pasteur/chiffres_cles/> —**1092.** Loin du troupeau. Éloge de l'immobilité. (2012). <http://loindutroupeau.blogspot.fr/2012/09/eloge-de-limmobilite.html> —**1093.** Loin du troupeau. Vers l'épuisement des ressources. (2013). <http://loindutroupeau.blogspot.fr/2013/02/vers-lepuisement-des-ressources.html> —**1094.** Holland, M. Monitoring system to globally track false social media claims on dangers of vaccines. DailyTelegraph. (2013). <http://www.dailytelegraph.com.au/technology/monitoring-system-to-globally-track-false-social-media-claims-on-dangers-of-vaccines/story-fni0byb5-1226640823800> —**1095.** Ordre des Médecins. Ordre des médecins, twitter. (2015). <https://twitter.com/ordre_medecins> —**1096.** Académie de Médecine. La vaccination demeure un des fondements de la médecine préventive. (2015). <http://www.academie-medecine.fr/wp-content/uploads/2015/06/15.6.16-BEGUE-v-15.6.18-EC.pdf> —**1097.** Le Monde. CESE : 'La pétition contre le mariage pour tous est irrecevable'. Le Monde.fr: Société (2013). <http://www.lemonde.fr/societe/article/2013/02/22/ce-se-la-petition-contre-le-mariage-pour-tous-est-irrecevable_1836889_3224.html> —**1098.** LCI. Pourquoi une pétition anti-vaccin fait polémique. (2015). <http://lci.tf1.fr/science/pourquoi-une-petition-anti-vaccin-fait-polemique-8615492.html> —**1099.** Dailymotion. Alain juppé démontre à david pujadas qu'il était de droite et qu'il ne l'est plus. Dailymotion. <http://www.dailymotion.com/video/x276cww_alain-juppe-demontre-a-david-pujadas-qu-il-etait-de-droite-et-qu-il-ne-l-est-plus_webcam> —**1100.** Dailymotion. Georges marchais sur l'immigration. Dailymotion. (2012). <http://www.dailymotion.com/video/xq70wb_georges-marchais-sur-l-immigration_news> —**1101.** Histoire revisitée. Dossier : Petite histoire de la 'préférence nationale'. Site de réinformation historique. <http://histoirerevisitee.over-blog.com/dossier-petite-histoire-de-la-preference-nationale.html>